“十二五”职业教育国家规划教材
经全国职业教育教材审定委员会审定
高职高专汽车类课程改革成果教材

汽车拆装与调整

第 2 版

主　编　董继明
副主编　李英丽　王贤高
参　编　张朝杰　陈海燕
　　　　曾显恒　张学涛

机 械 工 业 出 版 社

本书是“十二五”职业教育国家规划教材，经全国职业教育教材审定委员会审定。

本书选取汽车维修拆装过程中的典型工作任务，从提高学生能力出发，提炼出适于教学的教学项目，不仅较全面、系统地介绍了汽车各总成的拆装、调整过程，同时也较为系统地介绍了汽车各部分的构造、原理。本书主要以大众桑塔纳等典型轿车为主进行介绍，分为汽车拆装前的准备、车身的拆装与调整、发动机的拆装与调整、底盘的拆装与调整4个项目，21个工作任务，具有很强的实用性和系统性。

本书可作为高职高专院校汽车专业教材，亦可供汽车工业部门、汽车维修企业和汽车运输部门的技术人员参考。

本教材配有电子课件，凡使用本书作为教材的教师均可登录机械工业出版社教育服务网 www.cmpedu.com 注册后下载。咨询邮箱：cmpgaozhi@sina.com。咨询电话：010-88379375。

图书在版编目（CIP）数据

汽车拆装与调整/董继明主编. —2版. —北京：机械工业出版社，2019.8（2022.1重印）
“十二五”职业教育国家规划教材 经全国职业教育教材审定委员会审定 高职高专汽车类课程改革成果教材
ISBN 978-7-111-61964-2

Ⅰ.①汽… Ⅱ.①董… Ⅲ.①汽车-装配(机械)-高等职业教育-教材②汽车-调试方法-高等职业教育-教材 Ⅳ.①U463

中国版本图书馆CIP数据核字（2019）第025572号

机械工业出版社（北京市百万庄大街22号 邮政编码100037）
策划编辑：葛晓慧 责任编辑：葛晓慧
责任校对：刘丽华 李锦莉
责任印制：单爱军
北京虎彩文化传播有限公司印刷
2022年1月第2版 · 第3次印刷
184mm×260mm · 18印张 · 443千字
标准书号：ISBN 978-7-111-61964-2
定价：49.00元

电话服务	网络服务
客服电话：010-88361066	机 工 官 网：www.cmpbook.com
010-88379833	机 工 官 博：weibo.com/cmp1952
010-68326294	金 书 网：www.golden-book.com
封底无防伪标均为盗版	机工教育服务网：www.cmpedu.com

前　言

本书紧密围绕高等职业教育人才培养目标和人才需求确定教材内容，适应汽车检测与维修技术专业教学改革需要，结合参编院校多年教学经验编写而成。

本书以从实践中归纳的典型工作任务入手，提炼出适合教师教学和学生学习训练的任务情境，注重知识的应用和能力素质的培养，任务明确，内容选择简练，基础理论浅显，以够用为度，技能操作简单实用，循序渐进，非常适合汽车检测与维修及相近专业的入门学习。

全书共有汽车拆装前的准备、车身的拆装与调整、发动机的拆装与调整、底盘的拆装与调整共4个项目，并根据具体的任务又划分出21个工作任务。每一任务首先明确学习任务与目标（学习目标）；以案例导入学习任务（任务载体）；借丰富的图片、插图和简练的文字阐明每个具体工作任务的操作方法及工作要求（技能操作），目的在于使学生掌握专项操作技能；结合所完成的任务，讲述其相关理论知识（相关知识）；介绍任务所涉及的最新领域与相关的技能（知识与能力拓展）；最后还设置了课后思考题。同时，为了引导学生独立思考，培养其计划、决策能力，每一任务设计了任务工单，方便学习与教学。

本书有以下特点：

1）本书紧密结合“1+X”职业技能等级证书相关要求，对教材内容进行编排。

2）本书随书配套操作视频的二维码，方便学生直观学习重点、难点，另外还配有课件、试卷等资源，可实现“互联网+”教学。

3）本书内容新颖，满足教学改革需要。每个任务都是经过社会调查与企业专家论证，教学专家研讨提炼，并与企业一线技术人员共同编写完成的。

4）本书内容全面，适应性强。通过精心设计的任务情境，将汽车结构、保养、维修、检测、新技术等理论知识巧妙地串联起来，具有一定的系统性，也可以作为传统汽车构造课程理论与操作的选用教材。

5）本书对传统操作内容进行筛选，摒弃过时的和难度较大的操作内容，具有很强的实用性。同时，选用常用车型与设备，方便教学单位教学。

本书由河南职业技术学院董继明任主编，郑州职业技术学院李英丽、河南职业技术学院王贤高任副主编，张朝杰、陈海燕、曾显恒及河南聚龙汽车销售服务有限公司张学涛参加编写。

本书的编写中，得到许多专家和同行的热情支持，并参阅了许多国内外公开出版和发表的文献，在此一并表示感谢。

由于编者水平有限，书中难免存在不妥与疏漏之处，恳请读者批评指正。

编　者

二维码索引

（续）

序号	名称	图形	页码	序号	名称	图形	页码
15	外啮合机油泵		118	22	二档		184
16	内啮合机油泵		119	23	三档		184
17	电动燃油泵		128	24	四档		184
18	膜片弹簧离合器		164	25	倒档		184
19	离合器拆卸		171	26	拆卸前制动器		250
20	空档		184	27	安装前制动器		251
21	一档		184				

目　录

项目一　汽车拆装前的准备

任务一　汽车拆装技术资料的准备

学习目标

1. 能通过与客户交流、查阅相关技术资料等方式获取车辆信息。
2. 熟悉维修车间场地布置。
3. 掌握汽车维修拆装设备的操作方法。
4. 熟悉汽车维修拆装工具并掌握其使用方法。
5. 熟悉维修车间安全文明生产要求。

任务情境

客户的桑塔纳3000轿车进店维修，需更换零部件。维修人员接受工作任务并做好零部件拆装的准备工作。

任务分析

该任务是汽车拆装修理的准备阶段，首先要熟悉汽车维修的工作过程，熟悉车辆的种类与基本的配置；登记车辆的相关信息，准备与维修车辆相关的维修资料；确定需要维修拆装的项目，查阅相关的技术资料，得到相关零件的结构、拆装步骤和技术要求等，为实际操作做准备。

任务实施的相关专业知识

我国GB/T 3730.1—2001《汽车和挂车类型的术语和定义》中对汽车的定义是：由动力驱动，具有四个或四个以上车轮的非轨道承载的车辆。

一、汽车分类

（一）按GB/T 3730.1—2001分类

GB/T 3730.1—2001中把汽车分为乘用车和商用车两种。

1. 乘用车

乘用车（passenger car）指在其设计和技术特性上主要用于载运乘客及其随身行李和/或临时物品的汽车，包括驾驶人座位在内最多不超过9个座位。它也可以牵引一辆挂车。乘用车具体划分为普通乘用车、活顶乘用车、高级乘用车、小型乘用车、敞篷车、仓背乘用车、旅行车、多用途乘用车、短头乘用车、越野乘用车、专用乘用车共11种。

（1）普通乘用车（saloon，sedan）　封闭式车身；固定式车顶（顶盖），有的顶盖一部分可开启，如图1-1所示。

（2）活顶乘用车（convertible saloon）　具有固定侧围框架可开启式车身；车顶为硬顶或软顶，如图1-2所示。

图1-1　普通乘用车

图1-2　活顶乘用车

（3）高级乘用车（pullman saloon）　封闭式车身，前、后座之间可以设有隔板；固定式硬车顶，有的顶盖一部分可开启；4个或4个以上座位，至少两排，如图1-3所示。

（4）小型乘用车（coupe）　封闭式车身，通常后部空间较小；固定式硬车顶，有的顶盖一部分可开启；2个或2个以上的座位，至少一排；2个侧门，也可有一个后开启门，如图1-4所示。

（5）敞篷车（convertible，open tourer）　可开启式车身；车顶可为软顶或硬顶，至少有两个位置：第一个位置遮覆车身，第二个位置车顶卷收或可拆除，如图1-5所示。

图1-3　高级乘用车

图1-4　小型乘用车

（6）仓背乘用车（hatchback）　封闭式车身；固定式硬车顶，有的顶盖一部分可以开启；4个或4个以上的座位，至少两排，后座椅可折叠或可移动，以形成一个装载空间；2个或4个侧门，车身后部有一仓门，如图1-6所示。

（7）旅行车（station wagon）　封闭式车身，车尾外形可提供较大的内部空间；固定式硬车顶；4个或4个以上座位，至少两排，座椅的一排或多排可拆除，或装有向前翻倒的座椅靠背，以提供装载平台；2个或4个侧门，并有一后开启门，如图1-7所示。

图 1-5　敞篷车

图 1-6　仓背乘用车

（8）多用途乘用车（multipurpose passenger car）　上述（1）~（7）车辆以外的，只有单一车室载运乘客及其行李或物品的乘用车，如图 1-8 所示。

图 1-7　旅行车

图 1-8　多用途乘用车

（9）短头乘用车（forward control passenger car）　一半以上的发动机长度位于车辆前风窗玻璃最前点以后，并且转向盘的中心位于车辆总长的前 1/4 部分内，如图 1-9 所示。

（10）越野乘用车（off-road passenger car）　所有车轮同时驱动，或其几何特性、技术特性和它的性能允许在非道路上行驶的一种乘用车，如图 1-10 所示。

图 1-9　短头乘用车

图 1-10　越野乘用车

（11）专用乘用车（special purpose passenger car）　运载乘员或物品并完成特定功能的乘用车，它具备完成特定功能所需的特殊车身和/或装备，如旅居车、防弹车、救护车、殡仪车等。图 1-11 所示为国产旅居车。

2. 商用车

商用车（commercial vehicle）指在设计和技术特性上用于运送人员和货物的汽车，并可以牵引挂车。商用车包括客车、半挂牵引车、货车。其中，客车分为小型客车、城市客车、长途客车、旅游客车、铰接客车、无轨电车、越野客车、专用客车8种；货车包括普通货车、多用途货车、全挂牵引车、越野货车、专用作业车、专用货车6种。

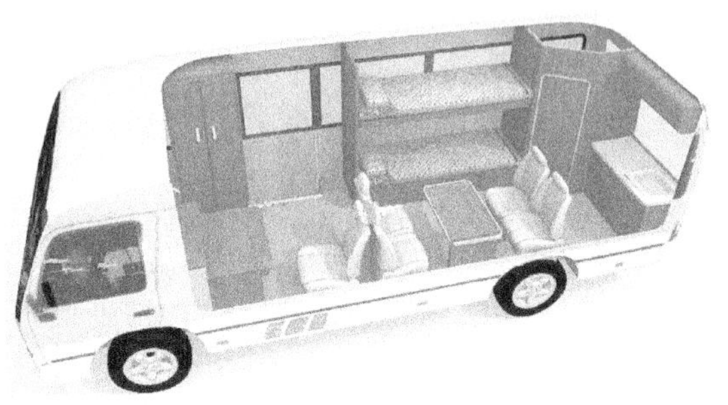

图1-11　国产旅居车

（1）客车（bus）　在设计和技术特性上用于载运乘客及其随身行李的商用车辆，包括驾驶人座位在内座位数超过9座。客车有单层的或双层的，也可牵引一挂车。图1-12所示为城市客车。

图1-12　城市客车

（2）半挂牵引车（semi-trailer towing vehicle）　装备有特殊装置、用于牵引半挂车的商用车辆，如图1-13所示。

图1-13　半挂牵引车与挂车

（3）货车（goods vehicle）　一种主要为载运货物而设计和装备的商用车辆。图1-14所示为越野货车。

（4）挂车（trailer）　就其设计和技术特性需由汽车牵引，才能正常使用的一种无动力的道路车辆，用于载运人员和/或货物及特殊用途。挂车分为牵引杆挂车、半挂车、中置轴挂车等，如图1-13所示。

图1-14　越野货车

（5）汽车列车（combination vehicles）　一辆汽车与一辆或多辆挂车的组合。汽车列车分为乘用车

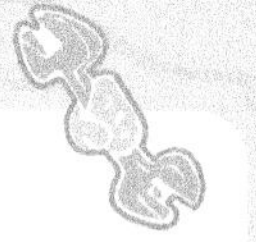

列车、客车列车、货车列车、牵引杆挂车列车、铰接列车、双挂列车、双半挂列车和平板列车等，如图 1-15 所示。

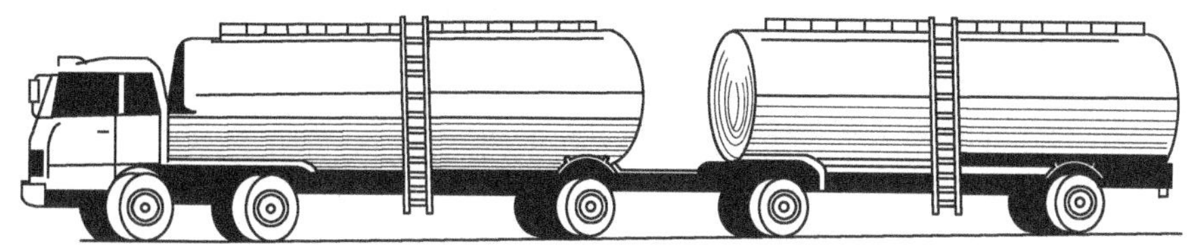

图 1-15　汽车列车

（二）按汽车动力装置分类

1. 活塞式内燃机汽车

根据使用的燃料不同，活塞式内燃机汽车通常分为汽油车和柴油车。汽油和柴油在近期内仍将是活塞式内燃机的主要燃料，而各种代用燃料的研究工作也在大力开展，如以丙烷和丁烷为主的液化石油气（LPG）、压缩天然气（CNG）、甲醇和乙醇以及它们的衍生产品等。活塞式内燃机还可按照其活塞的运动方式分为往复活塞式内燃机和旋转活塞式内燃机等类型。

2. 电动汽车

电动汽车的动力装置是直流电动机。电动汽车的优点是无废气排出、不产生污染、噪声小、能量转换效率高、易实现操纵自动化。电动机的供能装置通常是化学蓄电池。由于传统的铅蓄电池在重量、充电间隔时间、使用寿命、放电能力等方面还不完全令人满意，限制了电动汽车的普及。目前，碱性蓄电池（镍-镉电池、镍-铁电池）的研究取得了较大的进展。这种电池性能好、重量轻，但是其制造工艺较复杂，致使价格过高。此外，电动机的供能装置也可以是太阳能电池。

3. 混合动力汽车

混合动力汽车是指车上装有两个以上动力源的汽车。车载动力源有多种：蓄电池、燃料电池、太阳能电池、内燃机车的发电机组。当前混合动力汽车一般是指内燃机再加上蓄电池作为动力源的汽车，由计算机管理系统精确控制，按照不同工况安排使用不同的动力，使其始终处于油耗低、污染少的最优工况。当需要大功率而内燃机功率不足时，由电池来补充；当负荷少时，富余的功率可发电给电池充电。因为有了电池，可以十分方便地回收制动、下坡、怠速时的能量。在繁华市区，还可关停内燃机，由电池单独驱动，从而降低能量消耗，实现零排放。

4. 燃气轮机汽车

与活塞式内燃机相比，燃气轮机功率大，质量小，转矩特性好，所使用的燃油无严格限制，但其耗油量大，噪声较大，制造成本也较高。

（三）按汽车行驶机构的特征分类

1. 轮式汽车

轮式汽车是通过车轮承载车重，并传递驱动和制动力矩的汽车。轮式汽车通常可分为非全轮驱动和全轮驱动两种形式。汽车的驱动形式一般用符号“$n \times m$”表示，其中 n 为车轮总数（在 1 个轮毂上安装双轮辋和轮胎仍算 1 个车轮），m 为驱动轮数。例如普通轿车和普

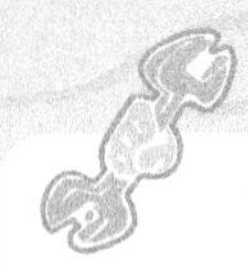

通货车属于 4×2 型，越野汽车属于 4×4 型，东风 EQ2080 越野汽车属于 6×6 型等。

2. 其他形式的汽车

其他形式的汽车有履带式汽车、雪橇式汽车、螺旋推进式汽车、气垫式汽车、步行机构式汽车等。

（四）按汽车行驶道路条件分类

1. 公路用车

公路用车指主要行驶于道路和等级公路的汽车。公路用车的长度、宽度、高度、单轴负荷等均受交通法规的限制。

2. 非公路用车

非公路用车主要有两类：一类是本身的外廓尺寸、单轴负荷等参数超出了法规限制而不适于公路行驶，只能在矿山、机场和工地内的无路地区或专用道路上行驶的汽车，如大吨位矿用自卸车、大型挖掘机等；另一类是既能在非公路地区行驶又可在公路上行驶的越野汽车。

（五）按轿车车身结构分类

1. 三厢轿车

轿车车身结构由三个相互封闭用途各异的厢组成：前部的发动机舱、中部的乘员舱和后部的行李舱，如图 1-16 所示。

图 1-16　三厢轿车

早期的发动机舱只是用来安置轿车发动机、变速器及转向机构等总成。现代轿车发动机舱则还有被动安全的作用，当轿车发生意外正面碰撞时，发动机舱会折皱变形以吸收碰撞产生的巨大能量，减少碰撞对车内、外人员的猛烈冲击，起到保护车内乘员的作用。车身中部乘员舱设计坚固，刚性大，遇到碰撞和翻滚的冲击时车厢变形小，有利于车祸后顺利地打开车门逃生。后部行李舱除用于放置行李外，还起降低后车追尾所致伤害的功能。三厢轿车中间高两头底，从侧面看前后对称，造型美观大方。其缺点是车身长，在交通拥挤的大城市里行驶及停泊都不方便。

2. 两厢轿车

两厢轿车前部与三厢轿车没有区别，作用也一样。不同之处在于这种轿车将乘员舱近似等高向后延伸，把后行李舱和乘员舱合为一体，从而减少为发动机舱和乘员舱两厢。由于两厢轿车也有独立的前发动机舱，与三厢轿车一样，具有良好的正面碰撞保护性能。

两厢轿车尾部有宽大的后车门，使这种轿车具备了使用灵活、用途广泛的特点：放倒（平）后排座位，就可以获得比三厢轿车大得多的载物空间，如图 1-17 所示。

3. 单厢轿车

单厢轿车其实就是面包车（厢式车）的变种。面包车空间较大，既可载客，又可载货。但单厢轿车没有单独的发动机舱，在发生正面撞击时没有缓冲。由于严格的安全法规，北美和欧洲已禁止生产这种原始形态的单厢轿车，但受该车型的启发，结合两厢轿车和面包车的特点，生产出了新型的单厢轿车。与典型的两厢轿车相比，这种单厢轿车的高度更高（约为1.6m)。单厢轿车虽然也有突出的前鼻，但发动机舱和乘员舱的构架是连贯一体的。单厢轿车的优点是：内部空间增大，脚部和头部空间更充裕。世界上最成功的单厢轿车是雷诺的风景和雪铁龙的毕加索（图1-18)。

图1-17　两厢轿车

图1-18　雪铁龙毕加索单厢轿车

二、汽车编号与标识

（一）国产汽车产品型号编制规则

汽车产品型号一般在汽车车辆信息铭牌上，国产或者通过正规渠道进口的车型铭牌一般在前乘员侧车门处，上面标注了车辆生产日期，发动机型号与参数以及车架号、车辆的VIN代码等重要信息。图1-19所示为长安福特轿车车辆信息铭牌。

中国·长安福特马自达汽车有限公司制造			
☆ LVSHFFAL19N011881 ☆			
品牌	福特牌	型号	CAF7152AC4
发动机型号		ZY	
发动机排量/额定功率		1.5 L / 76 kW	
最大设计总质量		1505 kg	
制造年月	2009-02	乘坐人数	5

图1-19　汽车车辆信息铭牌

国家标准GB/T 18411—2001《道路车辆 产品标牌》规定了道路车辆产品标牌的形式。标牌中规定有按照GB 16737—2004《道路车辆 世界制造厂识别代号（WMI)》备案了的世界制造厂识别代号、车辆制造厂合法的名称全称及其厂标或商标，以及车辆的主要特征参数等。汽车型号应由汉语拼音字母和阿拉伯数字组成。

汽车型号包括如下三部分（图1-20)：

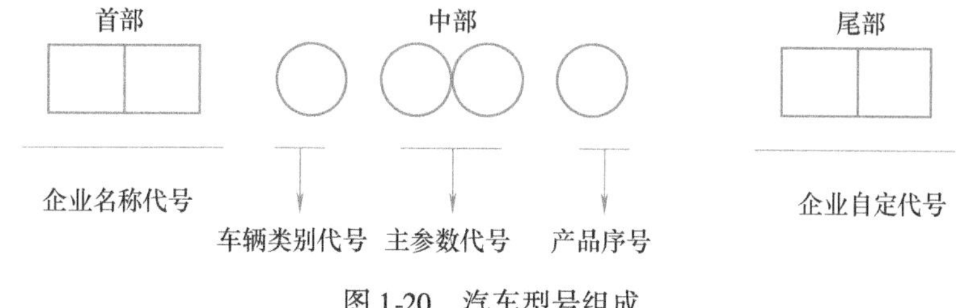

图1-20　汽车型号组成

1. 首部

由2个或3个汉语拼音字母组成，是识别企业名称的代号。如CA、EQ、SH、NJ、JN、JL、SP、CQ、SX、LZW、CAF等。CA代表第一汽车制造厂，EQ代表第二汽车制造厂，CAF表示长安福特等。

2. 中部

由4位阿拉伯数字组成。左起首位数字表示车辆类别代号，中间两位数字表示汽车的主要特征参数，最末位是由企业自定的产品序号，其含义见表1-1。

表1-1　汽车型号中4位阿拉伯数字代号的含义

首位数字表示车辆类别		中间两位数字表示各类汽车的主要特征参数	最末位数字表示
载货汽车	1	表示汽车的总质量（t）①数值	企业自定产品序号
越野汽车	2		
自卸汽车	3		
牵引汽车	4		
专用汽车	5		
客车	6	表示汽车的总长度（0.1m）②数值	
轿车	7	表示发动机的工作容积（0.1L）数值	
半挂车及专用半挂车	9	表示汽车的总质量（t）①数值	

① 当汽车总质量大于100t时，允许用3位数字。

② 当汽车总长度大于10m时，计算单位为m。

3. 尾部

分为两部分，前部由汉语拼音字母组成，表示专用汽车分类代号，如X表示厢式汽车，G表示罐式汽车等；后部是企业自定代号，可用汉语拼音字母或阿拉伯数字表示，如CA7200表示：中国第一汽车集团公司生产的轿车，发动机排量为2.0L，第一代产品。

型号BJ2020SJ表示：北京汽车制造厂生产的越野汽车，厂定总质量为2t，第一代产品；型号EQ1092表示：东风汽车公司生产的载货汽车，厂定总质量为9t，第三代产品。

（二）国外汽车型号

各个品牌的汽车型号表示方法不太一样，尤其是国产和进口汽车有很大区别。

1. 奥迪汽车型号

第一个字母为A，如奥迪A2、A3、A4、A6、A8系列等。后面的数字越大表示等级越高：A2、A3系列是小型轿车；A4系列是中级轿车；A6系列是高级轿车；A8系列是豪华轿车。

除了以A字开始的轿车外，奥迪还有S系列和TT系列。其中，S系列轿车多是高性能车型，但并非是越野车，主要有S3、S6及S8等；TT系列全部是跑车。

2. 奔驰汽车型号

奔驰汽车前面的字母表示类型和级别：A级是小型单厢车，C级为小型轿车，E级为中级轿车，S级为高级轿车，M级为SUV，G级为越野车，V级为多功能厢式车，SLK为小型跑车，CLK为中型跑车，SL为高级跑车，CL为高级轿跑车，SLR为超级跑车。

型号中间的数字，如280、300及500代表发动机排量，分别表示发动机排量为2.8L、3L及5L。

型号尾部的字母L表示为加长车型，Diesel表示柴油。例如S600L表示高级、排量为6L、加长型轿车。

3. 宝马汽车型号

宝马汽车公司主要有轿车、跑车、越野车三大车种。

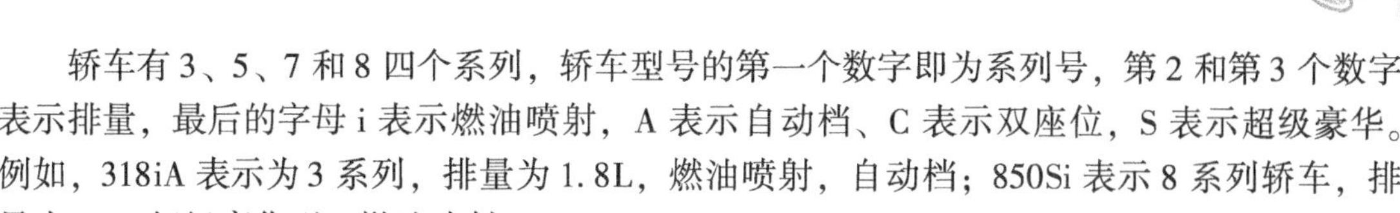

轿车有3、5、7和8四个系列，轿车型号的第一个数字即为系列号，第2和第3个数字表示排量，最后的字母i表示燃油喷射，A表示自动档、C表示双座位，S表示超级豪华。例如，318iA表示为3系列，排量为1.8L，燃油喷射，自动档；850Si表示8系列轿车，排量为5L，超级豪华型，燃油喷射。

跑车型号以Z开始，主打车型有Z3、Z4、Z8等，后面的数字越大表示越高级。

越野车以X开始，代表车型是X5。

（三）车辆识别代号（VIN）

车辆识别代号（Vehicle Identification Number，VIN）是由车辆制造厂为该车辆指定的一组字码，由世界制造厂识别代号（WMI）、车辆说明部分（VDS）、车辆指示部分（VIS）三部分组成，包括制造厂代号、产地、出厂年月等信息，可以说是汽车的一张身份证。

车辆识别代号一般出现在前风窗玻璃驾驶位侧（图1-21）和副驾驶位地毯下面和发动机舱内车辆铭牌上。在B柱下方也会发现VIN，此处的另一个用意是防范车辆被盗后被解体或者倒卖。

图1-21　汽车风窗上的VIN码

1. 车辆识别代号（VIN）的意义和作用

现在国外各汽车公司生产的汽车大都使用了车辆识别代号（VIN）。它由一组字母和阿拉伯数字组成，共17位，是识别一辆汽车不可缺少的编码。

VIN的每位代码代表着汽车的某一方面的信息或参数。按照识别代号编码顺序，从VIN中可以识别出该车的生产国家、制造公司或生产厂家、车的类型、品牌名称、车型系列、车身形式、发动机型号、车型年款（属哪年生产的年款型车）、安全防护装置型号、检验数字、装配工厂名称和出厂顺序号码等。

VIN具有很强的唯一性、通用性、可读性以及最大限度的信息载量和可检索性。VIN可用于：

（1）车辆管理　VIN是登记注册、信息化管理的关键字，美国DMV的VDS。

（2）车辆检测　年检和排放检测。

（3）车辆防盗　识别车辆和零部件，防止盗抢数据库。

（4）车辆维修　诊断、计算机匹配、配件订购、客户关系管理。

（5）二手车交易　查询车辆历史信息。

（6）汽车召回　年代、车型、批次和数量。

（7）车辆保险　保险登记、理赔、浮动费率的信息查询。

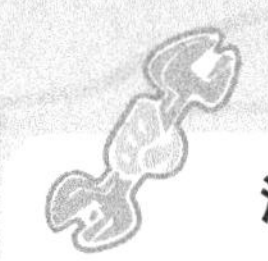

另外，利用VIN数据规定还可以鉴别出拼装车、走私车。因为拼装的进口汽车一般不按VIN规定进行组装。

2. VIN的组成

VIN的组成如图1-22所示。

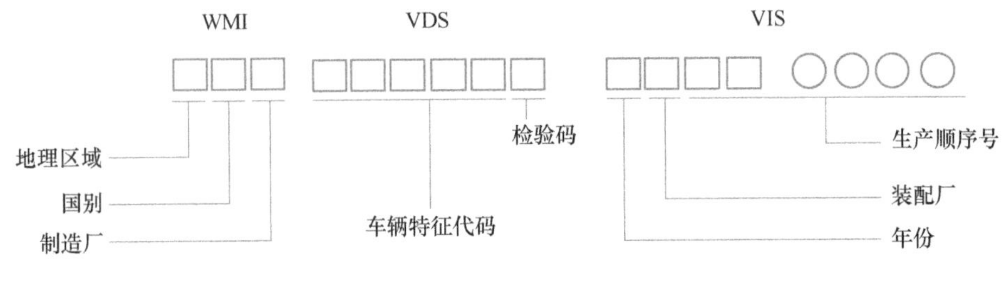

注：□ 代表字母或数字；
○ 代表数字。数字为0～9共10个阿拉伯数字，字母为A～Z共23个大写英文字母（I、O及Q不能使用）。

图1-22　VIN的组成

（1）世界制造厂识别代号（WMI）　世界制造厂识别代号由国际标准化组织按地理区域分配给各国，各国再分配给本国的制造厂，所有的WMI代号由美国汽车工程师学会（SAE）保存并核对。中国由天津汽研中心标准所代理，国家经贸委备案。

（2）车辆描述部分（VDS）　第4－9位，车辆的类型和配置。若其中的一位或几位字符不用，必须用选定的字母或数字占位。一般包含以下信息：车系、动力系统（包括发动机型号、变速器形式）、车身形式、约束系统配置（气囊、安全带等）、校验位（第9位，0～9或X）。

（3）车辆指示部分（VIS）　第10～17位，制造厂为了区别每辆车而指定的一组字符，最后四位字符应是数字。一般包含以下信息：车型年代（第10位，字母或数字，不能为数字0、字母O、Q、I、Z）、装配厂（第11位，字母或数字）、生产顺序号（最后6位，一般为数字）。

如果制造厂生产的某种类型的车辆产量≥500辆，VIS的第3～8位表示生产顺序号；如果制造厂的产量<500辆，则此部分的第3、4、5位与WMI中的第3位字码一起来表示一个车辆制造厂。

3. VIN标牌的位置

VIN标牌的位置各大汽车厂不完全一样，一般在：左风挡仪表盘上、门柱上、发动机车架等大部件上；左侧轮罩内；转向柱上；散热器支架上；发动机前部的加工垫上；质保和保养手册、车主手册上。

4. 车辆识别代号（VIN）实例

例1　风神蓝鸟车型代码

L G B C 1 A E 0 6 3 R 0 0 0 8 1 4

L G B：东风汽车公司。

C：品牌系列。C：风神“蓝鸟”EQ7200 系列，E：NISSAN SUNNY 2.0 系列。

1：车身类型。1—四门三厢，2—四门二厢，3—五门二厢，4—三门二厢。

A：发动机特征。A—2.0L，B—待定。

E：约束系统类型。

0：变速器形式。0—AT，2—MT。

6：检验位。

3：年份。

R：装配厂。R—风神一厂（襄樊），Y—风神二厂（花都）。

000814：生产序号。

任务实施

一、汽车维修流程

汽车维修流程如图 1-23 所示。

1. 预约

预约一般由维修接待人员通过电话完成。

流程包括自我介绍，确认客户的需求，介绍维修服务项目，解答客户的问题，依据客户的意愿确定预约的日期和时间，登记客户的电话、姓名。

2. 接待与诊断

接待与诊断由维修接待人员与维修技师完成。

流程包括自我介绍，询问车辆状况并记录，调阅用户车辆档案，列出任务单项目，维修接待人员不能确认项目原因时由维修技师诊断、确定维修项目列出维修任务单，维修接待人员核查任务单、确定任务单项目并估算工时备件及费用，征求客户意见并估算完工时间与客户商量确定交车时间，引导客户付款。图 1-24 所示为维修接车单与施工单。

若顾客要求，可带领顾客前往零件部门或是车辆展示中心。如果故障项目增加、修理时间延长、修理费用变动，要及时告知客户工单变化情况并征求客户同意。如果需要顾客做出决定，可向顾客提供一些替代方案，以及相关费用。经顾客确认，才可进行后续维修工作。

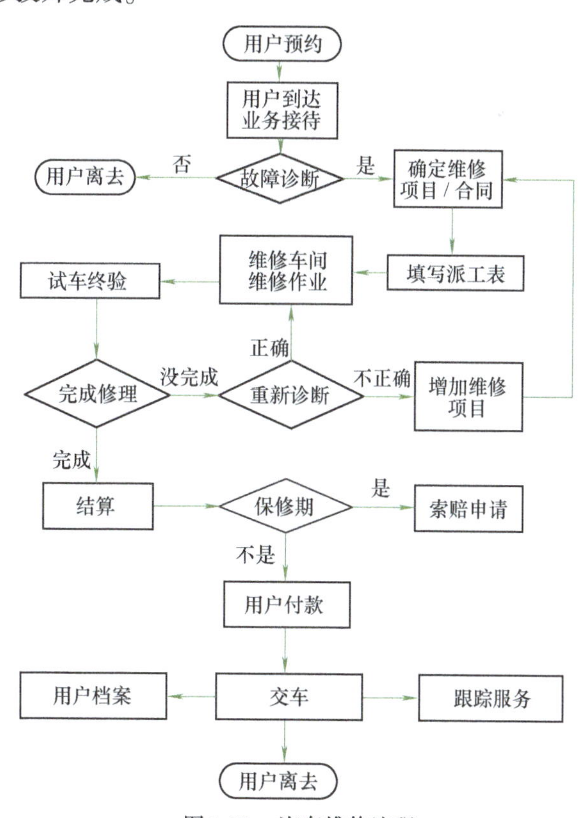

图 1-23　汽车维修流程

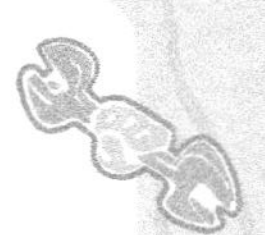

维修接车单　　NO:

电话:
预约电话:

日期:________
单号:________
是否预约: □是 □否

服务顾问	客户确认

客户资料	
新客户:	□是　□否
客户名称:	
电话:	
地址:	

车辆信息	
车型:	
车辆号:	
公里数:	
底盘号:	

客户描述	服务顾问建议

预计材料费:	
预计工时费:	
总计:	
预付定金:	
接车时间:	

付款方式:	□现金 □银行卡 □支票 □其他
清洗车辆:	□是 □否
车内有贵重物品:	□是 □否
旧件交还客户:	□是 □否
预约交车时间:	

车头　车尾
前保险杠　后保险杠
发动机罩　前风窗　车门　车门　车门　车门　后风窗　行李箱

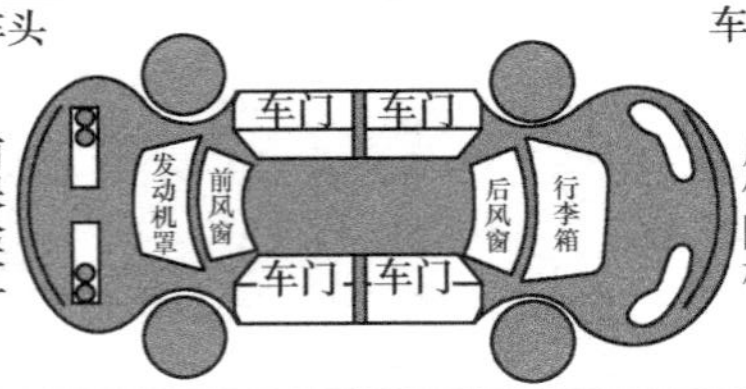

油量指示:

随车附件:
□CD 机　□点烟器
□随车工具　□备胎
□千斤顶　□门锁（电动）
□玻璃升降　□轮盖
□刮水器（左__右__后__）
□仪表显示________
□车牌
□其他________

备注:　车间确认:

1. 本人同意所列维修项目所需的材料，并委托贵公司维修。
2. 预计费用仅需参考，结算金额以实际发生费用为准。

第一联：前台（白）第二联：车间（红）第三联：客户（黄）

施工单　　NO:

电话:
预约电话:

接待日期:

客户签名:	接待员:

工单 NO________　接待员:________

车牌号		VIN No.			
客户 ID		客户姓名			
邮政编码		地址			
电话 1		电话 2			
车型		SFN		外观色	内饰色
上次行驶公里		入厂预定		卡号	

此次入厂情报		交车预定时间
此次行驶公里	下次入厂预定	

委托事项	维修内容	必要的备件

开始时间		完成时间		主修签字		主任签字		检验员签字	

图 1-24　维修接车单与施工单

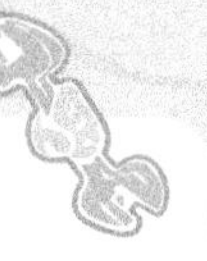

3. 调度

调度由维修车间调度人员完成。

根据维修车间生产情况、车辆维修内容和维修人员技术状况将维修单合理安排给维修班组和维修人员。

4. 维修操作

维修操作由维修技师、车间管理人员和维修接待人员完成。

维修技师根据维修任务单项目进行维修操作，根据实际情况提出需增加的维修项目，与管理人员和维修接待进行沟通，完成后由车间管理人员考核完成情况，由维修接待征询用户意见。

5. 质量控制

质量控制由维修技师、车间管理人员和维修接待人员完成。

由车间管理人员检验完成质量，核查增加项目的维修情况，若不合格，返回责任技师重新维修，由维修接待征询用户意见。

6. 开票与索赔

开票与索赔由开票员与索赔员完成。

维修检验合格后，由开票员依据维修作业单记录开票，计算价格进行预结算，如果拆换零件在保修期内，则填写索赔单，将账目存档。

7. 交车与结算

交车与结算由维修接待人员、财务出纳完成。

在交车前审查交修单上工作是否已全部完成。仔细审核每一项工时及零件费用，并将全部维修费用与原始报价进行比较，确认交修单上的维修项目都经过维修与复验。通知顾客接车并解释修理项目。由出纳结算收款。维修接待人员清理车辆，给顾客开出门证，交接车辆。

二、车辆的检查与信息填写

1. 车型信息

在发动机舱靠近驾驶室的后壁或靠近减振筒的侧壁，也有的在前乘员侧面处，可找到车辆铭牌，登记有车辆型号、发动机型号、车辆识别代码，并由此看出生产日期，如图 1-25 所示。

2. 行驶里程

坐在驾驶人座位，前方两个仪表分别为发动机转速表和车速里程表，其中在车速里程表上显示有行驶里程，如图 1-26 所示。一些近些年生产的车辆很多有单独的多功能显示屏显示行驶里程，如图 1-27 所示，其上边一排数字显示单次行程，下边一排数字显示总行程。

3. 燃油数量

在组合仪表上找到显示的仪表，表针指示“E”处表示燃油接近用完，指示“F”处表示油箱燃油已满，如图 1-27 所示。指针指示中间位置为现存油量。

三、车辆维修资料查询

查询车辆维修技术资料的途径主要有两个，一个是通过计算机进入厂家的维修服务系

统，另一个是查阅厂家向售后服务商分发的维修手册。

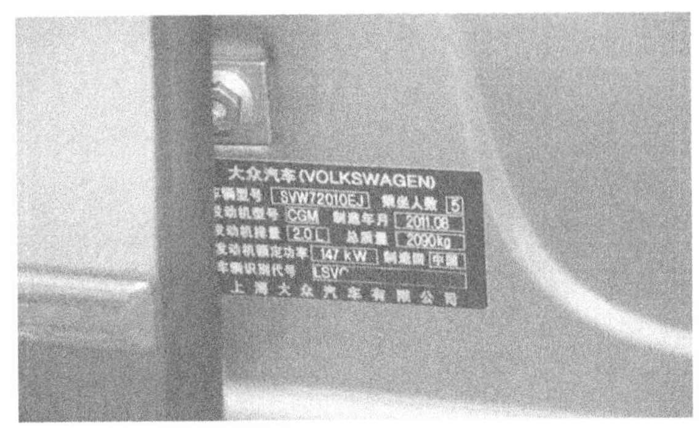

图 1-25 车辆铭牌位置

图 1-26 车速里程表

图 1-27 单独的多功能显示屏

1. 计算机查询（以上海大众汽车公司为例）

1）单击计算机桌面的上海大众售后服务信息系统 V3.0 图标，如图 1-28 所示。

2）弹出对话框，如图 1-29 所示，提示登录，输入密码，单击“登录”按钮，进入系统主界面，如图 1-30 所示。

图 1-28 上海大众售后服务信息系统 V3.0 图标

图 1-29 系统登录对话框

3）单击维修手册，选取车型，即可调出该车型的维修手册，如图 1-31 所示。

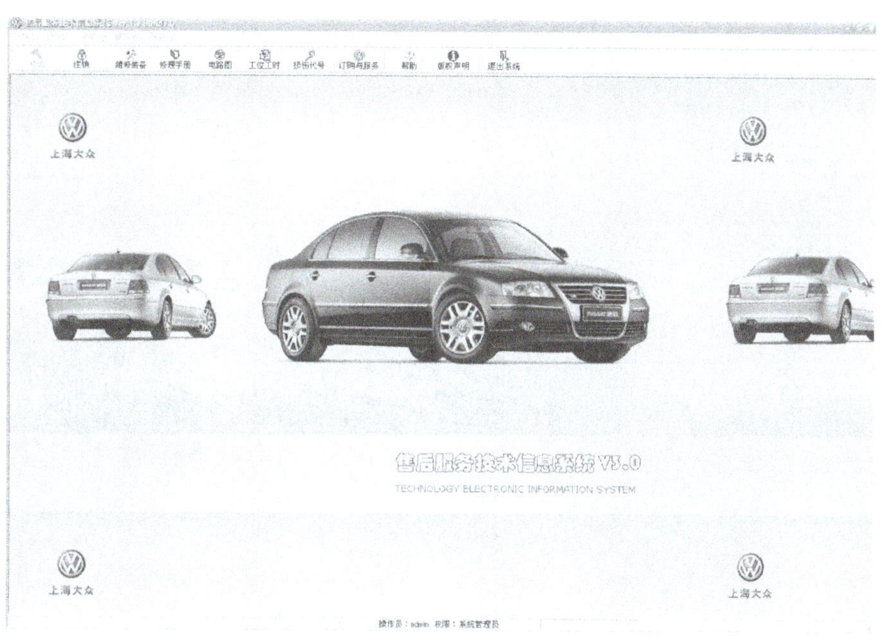

图 1-30　系统主界面

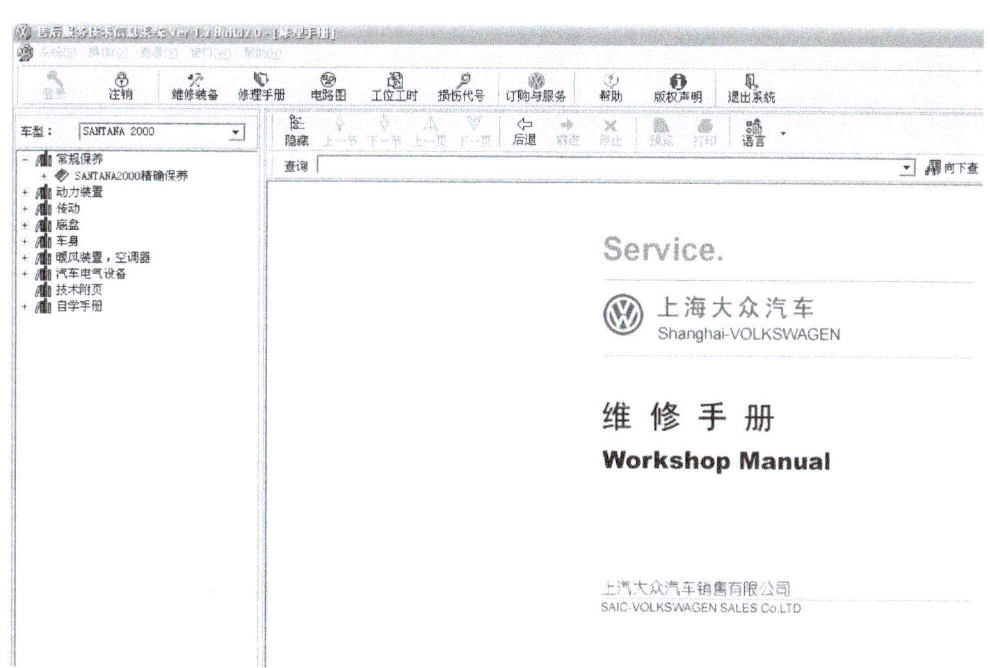

图 1-31　维修手册界面

4）选取需要查阅的部分，如离合器，即可查阅该部分维修手册内容，即离合器的拆装步骤与技术要求等，如图 1-32 所示。

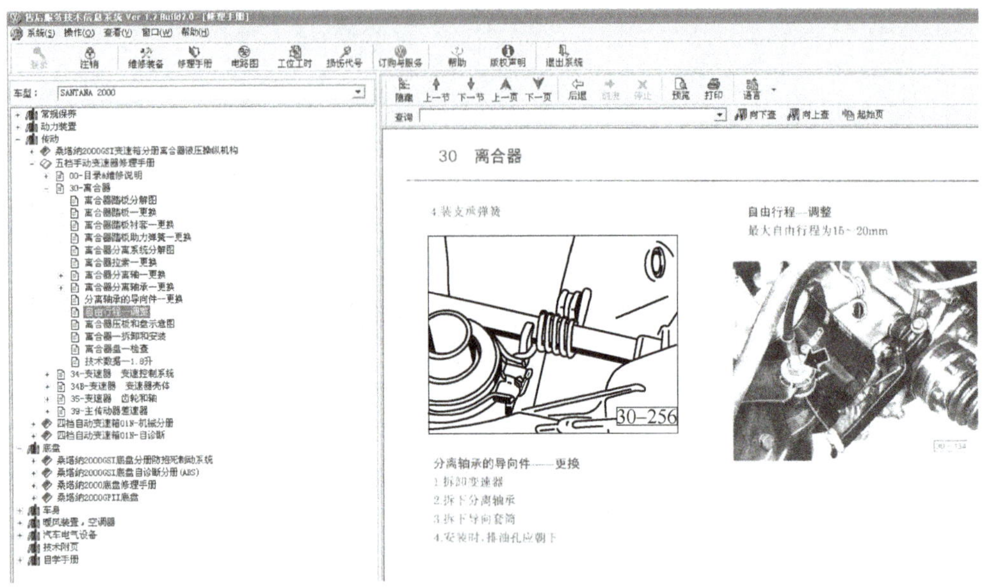

图 1-32　维修手册“离合器”界面

2. 查阅维修手册

确定维修车型，选取维修车型的维修手册，查询目录，找到相关部分的页码，找到查询内容的操作步骤和技术要求。

拓展提高

汽车行驶的基本原理

要使汽车行驶，必须在汽车行驶方向作用一个推动力，以克服汽车行驶中遇到的各种阻力，这个推动力称为驱动力，也称为牵引力。汽车在不同路面状况和不同工况下运行时，受到的阻力有滚动阻力、空气阻力、上坡阻力和加速阻力。

1. 驱动力的产生

汽车驱动力的产生如图 1-33 所示。发动机工作时产生转矩，经传动系统传至驱动轮上，驱动轮在转矩 M_t 的作用下对路面产生一个切向力 F_0，其方向与汽车行驶方向相反，大小为

$$F_0 = \frac{M_t}{r}$$

式中　r——车轮的滚动半径。

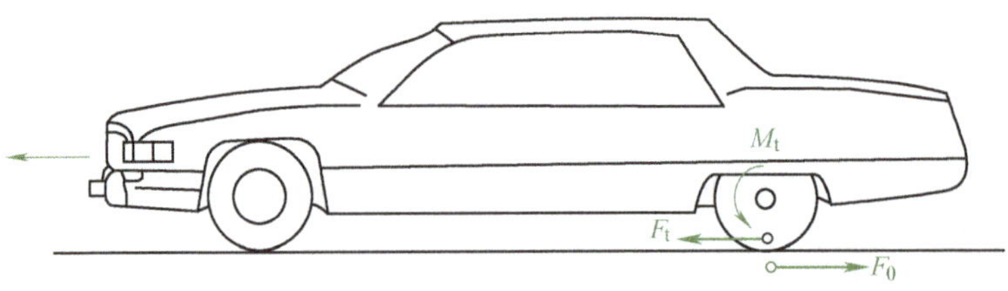

图 1-33　汽车驱动力的产生

由于驱动轮对路面作用一个切向力 F_0，路面给驱动轮一个反作用力 F_t，且 F_t 与 F_0 的大小相等、方向相反，F_t 就是驱动汽车行驶的外力，即驱动力。

2. 汽车的行驶阻力

汽车在行驶过程中受到的阻力有滚动阻力、空气阻力、上坡阻力和加速阻力。

（1）滚动阻力 F_f 车轮滚动时，由于轮胎与路面之间的摩擦以及轮胎和路面各自的变形而产生的阻力就是滚动阻力。只要汽车运动，滚动阻力就存在，其大小与汽车的总质量、路面性质、轮胎的结构及气压等有关。

（2）空气阻力 F_w 汽车行驶时，在汽车前部受到汽车自身的压力、后部因形成真空而产生向后的拉力、车身表面与空气间存在摩擦力，这些力总称为空气阻力。只要汽车运行，空气阻力就存在，其大小与车速、汽车迎风面积和外形等有关。

（3）上坡阻力 F_i 汽车上坡时，其重力沿路面方向形成一个与汽车行驶方向相反的阻力即上坡阻力。只有在上坡时，汽车才受到上坡阻力的影响，其大小与汽车总质量和道路的纵向坡度有关。

（4）加速阻力 F_j 汽车加速时，需克服其质量加速运动时的惯性力，这就是加速阻力。只有在加速时，汽车才受到加速阻力的影响，其大小与汽车的总质量和加速度有关。

汽车在不同路面状况和不同工况下的受力情况是不同的，见表 1-2。

表 1-2 汽车运行工况与受力分析

路面状况	运行工况	驱动力与行驶阻力的关系	路面状况	运行工况	驱动力与行驶阻力的关系
水平路面	等速行驶	$F_t=F_f+F_w$	纵向坡道	等速上行	$F_t=F_f+F_w+F_i$
	加速行驶	$F_t=F_f+F_w+F_j$		加速上行	$F_t=F_f+F_w+F_i+F_j$

3. 附着力与附着条件

汽车行驶时，路面阻止驱动轮滑转（打滑）的最大反作用力称为附着力，用 F_ϕ 表示。它与轮胎和路面的性质以及作用在驱动轮上的压力有关，其大小为

$$F_\phi=N\phi$$

式中 N——附着重力，即作用在所有驱动轮上的法向反作用力；

ϕ——附着系数，其数值因轮胎和路面性质而异，一般由试验测定。

汽车在冰雪、泥泞或松软的路面上行驶时，附着系数小使附着力很小，汽车的驱动力受到附着力的限制而不能克服较大的行驶阻力，出现打滑现象。若继续加速，则驱动轮只会加速滑转，而驱动力并没有增大。显然，附着力对驱动力起着制约的作用，即驱动力 F_t 的大小不仅与发动机动力有关，还受到附着力 F_ϕ 的限制，即附着条件为

$$F_t\leqslant F_\phi$$

要使驱动轮不产生滑转，附着力 F_ϕ 必须大于或等于驱动力 F_t。由此可见，保证汽车正常行驶要满足两个条件：一是驱动力必须大于或等于行驶阻力；二是驱动力必须小于或等于附着力。

思考问题

1. 试分析不同动力装置汽车的应用特点。

2. 试分析汽车 VIN 能起到什么作用。

任务二　汽车拆装设备的准备

学习目标

1. 能通过查阅资料等方式获取车辆信息。
2. 熟悉维修车间场地布置。
3. 掌握汽车维修拆装设备操作。
4. 了解汽车基本组成和各部分的名称。
5. 熟悉维修车间安全文明生产要求。

任务情境

客户桑塔纳轿车行驶 5000km 保养后，发现汽车车门下方底盘上有两处凹痕，如图 1-34 所示，由于是刚修完车发现的，客户认定是维修人员所为，要求修理厂修复赔偿。

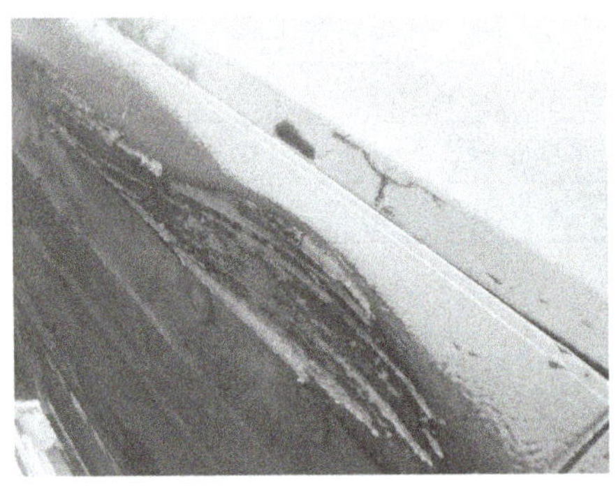

图 1-34　汽车车门下方底盘上的凹痕

任务分析

此处凹痕明显为修理工操作举升器不当，未按要求将举升器的支撑点顶至规定处造成的，其位置靠外，而此处车身钢板较薄弱，故导致车身凹陷。此故障需经钣金涂装才能修复，维修时间长，给修理厂和客户带来很大麻烦。同时，支撑点如此靠外，甚至可能导致车辆从举升器上滑落，造成人员和车辆损伤。

任务实施的相关专业知识

在汽车维修中，汽车维修设备是不可忽视的。常用拆装设备包括维修工作地沟、汽车举升设备、总成拆装运送设备与工作台架等。

1. 千斤顶

(1) 立式液压千斤顶　千斤顶是一种起重高度小（小于 1m）的简单的起重设备。它有机械式和液压式两种。机械式千斤顶分为齿条式与螺旋式两种，由于起重量小，操作费力，只用于一般机械维修工作。液压式千斤顶结构紧凑，工作平稳，有自锁作用，故使用广泛；其缺点是起重高度有限，起升速度慢；按照所能顶起的质量千斤顶可分为3000kg、5000kg、9000kg等多种不同规格，目前广泛使用的是液压式千斤顶，如图1-35所示。

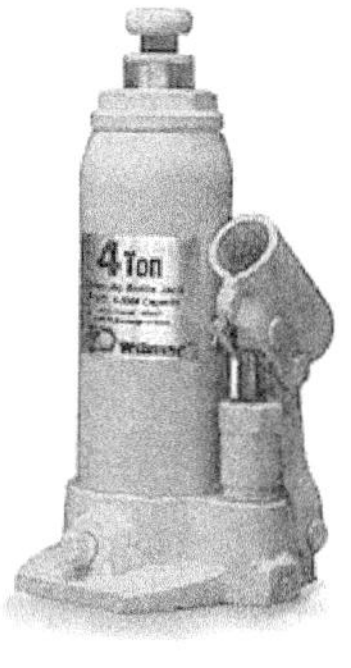

图1-36所示是液压千斤顶的工作原理。大油缸9和大活塞8组成举升液压缸。杠杆手柄1、小油缸2、小活塞3、单向阀4和7组成手动液压泵。如提起手柄使小活塞向上移动，小活塞下端油腔容积增大，形成局部真空，这时单向阀4打开，通过吸油管5从油箱12中吸油；用力压下手柄，小活塞下移，小活塞下腔压力升高，单向阀4关闭，单向阀7打开，下腔的油液经管道6输入举升大油缸9的下腔，迫使大活塞8向上移动，顶起重物。再次提起手柄吸油时，单向阀7自动关闭，使油液不能倒流，从而保证了重物不会自行下落。不断地往复扳动手柄，就能不断地把油液压入举升缸下腔，使重物逐渐地升起。如果打开截止阀11，举升缸下腔的油液通过管道10、截止阀11流回油箱，重物向下移动。

图1-35　立式液压千斤顶

(2) 卧式液压千斤顶　卧式液压千斤顶的工作原理和立式千斤顶相同，其使用更方便，行程较长，但其尺寸较大，不宜随车携带，是汽车维修企业常用的设备。图1-37所示为卧式液压千斤顶。

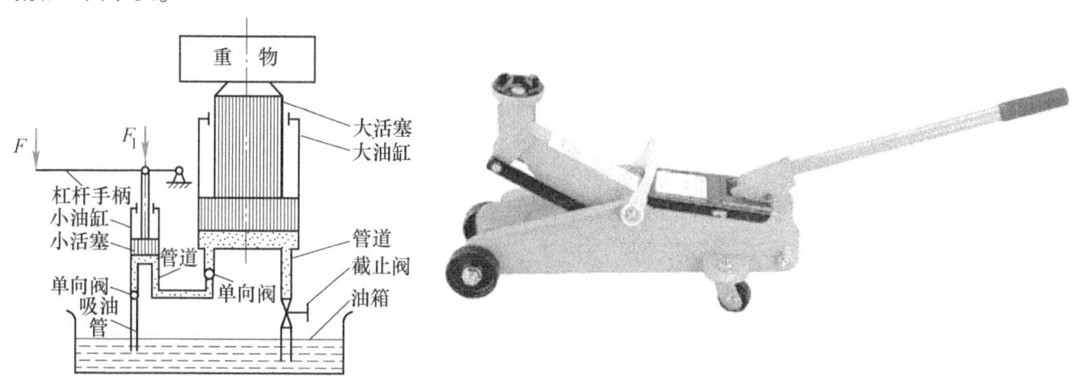

图1-36　液压千斤顶的工作原理　　图1-37　卧式液压千斤顶

2. 起重机

在发动机整体拆装过程中，离不开起重机。它具有移动使用方便，吊装能力强等特点，在汽车维修企业得到广泛应用。经常使用的起重机有门式、悬臂式、单轨式以及梁式四种类型。在汽车拆装实训中使用最多的是悬臂式起重机，它分为机械式和液压式两大类。图1-38所示为液压式起重机。

图1-38　液压式起重机

3. 维修地沟

汽车底盘维修作业约占维修工作总量的50%，若由工人躺在车下检修底盘机件，不仅因车下能见度差，不易接触机件，操作困难，难以保证质量，而且工作效率

低，增长了维修的停歇时间。

地沟是汽车维修企业广泛采用的设施，它在汽车维修中使用的历史较长。由于地沟建造费用低，安全可靠，不需要专门进行维护，故在小型汽车修理厂中使用较多，如图1-39所示。目前在现代化汽车特约维修站已很少采用。

4. 举升器

汽车维修最常见的举升设备是液压传动举升器。液压传动举升器用液压油（主要是矿物油）作介质，通过液压缸传递动力和运动。它的优点是工作比较平稳，容易控制，结构简单；其缺点是举升设备往往制成固定式，这不但增加了设备安装费，而且增加了设备保养维护工作。

固定式液压举升器常用的是双柱举升器，如图1-40所示，常用于举升轿车等小型车辆，两柱的间距依据维修车辆的宽度而设置，在维修作业的灵活性方面比维修地沟式有较多优点，同时也改善了工人的作业条件。目前此种举升设备应用较多。

图1-39　汽车维修地沟

图1-40　双柱汽车液压举升器

任务实施

1. 千斤顶的使用

1）起顶汽车前，应把千斤顶顶面拭擦洁净，拧紧液压开关，把千斤顶放置在被顶部位的下部，并使千斤顶与被顶部位相互垂直，以防千斤顶滑出而造成事故，如图1-41所示。

2）旋转顶面螺杆，改变千斤顶顶面与被顶部位的原始距离，使起顶高度符合汽车需要的顶置高度。

3）用三角形垫木将汽车着地车轮前、后塞住，防止汽车在被顶起过程中发生滑溜事故。

4）用手上下压动千斤顶手柄，被顶汽车逐渐升到一定高度，在车架下放入搁车凳，如图1-42所示。

5）慢慢拧松液压开关，使汽车缓缓平稳地下降，架稳在搁车凳上。

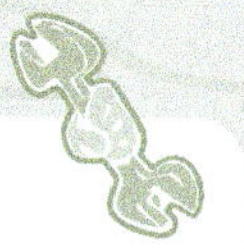

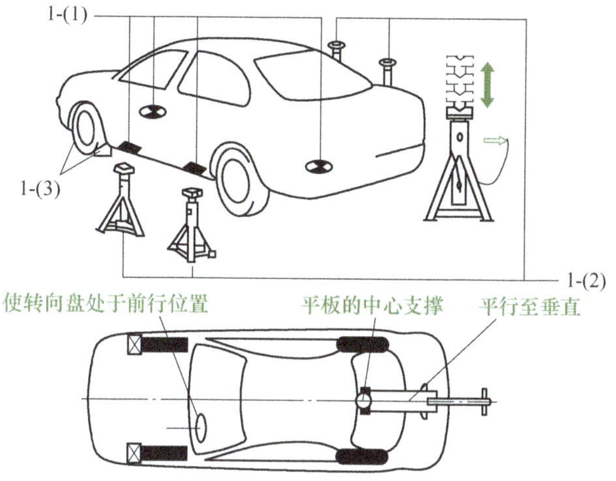

图 1-41　千斤顶的支撑位置

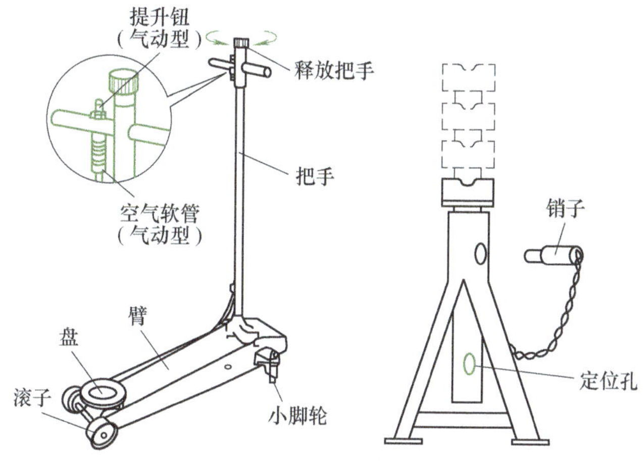

图 1-42　千斤顶工作原理

小贴士：

1）汽车在起顶或下降过程中，禁止在汽车底下操作。

2）应慢慢拧松液压开关，使汽车缓慢下降，汽车下降速度不能过快，否则易发生事故。

3）在松散绵软路面上使用千斤顶顶起汽车时，应在千斤顶底座下加垫一块有较大平面或物体表面大且能承受压力的材料（如木板等），防止千斤顶由于汽车重压而下沉。千斤顶与汽车接触位置应正确、牢固。

4）千斤顶把汽车顶起后，当液压开关处于拧紧状况时，若发生自动下降故障，则应当即查找缘由，及时排除故障后，才可接续使用。

5）发现千斤顶缺油时，应及时增补规定油液，不能用其他油液或水代替。

6）千斤顶不能用火烘热，以防皮碗、皮圈损坏。

7）千斤顶必须垂直放置，以免因油液渗漏而无效。

2. 汽车举升器的使用

举升汽车：

1）清理干净举升器周围的环境。

2）将升降臂放到最低位置。

3）将升降臂缩回到最短位置。

4）将升降臂向两侧摆开。

5）将车开到两立柱之间。

6）将橡胶垫安装在升降臂上，并将升降臂移到汽车支撑点位置。注意：四个升降臂必须同时接触汽车，并且按照厂家的要求找准汽车的支撑点，如图1-43、图1-44所示。

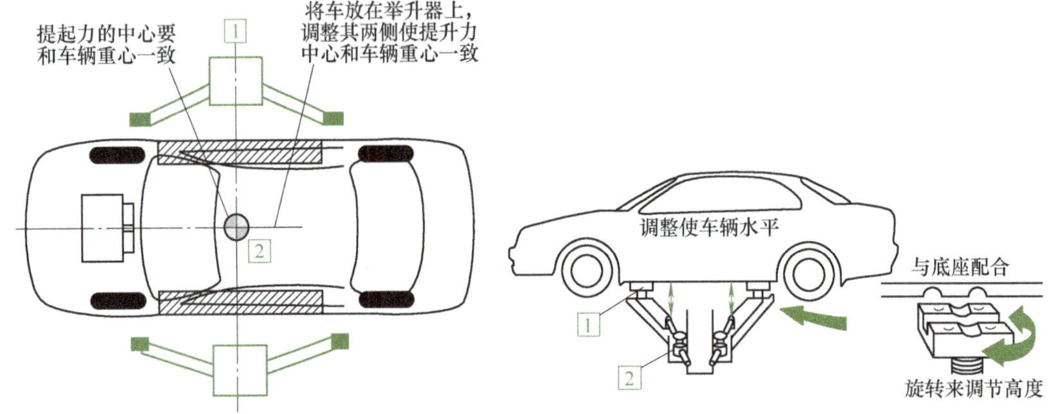

图1-43　汽车在举升器上的位置

车身底部都有支撑千斤顶的专用支撑点，家用车的支撑点通常在侧面裙边的内侧，好似底盘两侧的两道鳍，在前轮的后面20cm左右、后轮的前面20cm左右。这道鳍是突出于底盘钢板的，可以承受比较大的压强，如果把千斤顶支在底盘的钢板上，很可能对底盘造成不必要的损害。另外，支撑在悬架的下摆臂上也是不正确的操作，如果千斤顶打滑车辆掉落下来，底盘和千斤顶都会受损害。

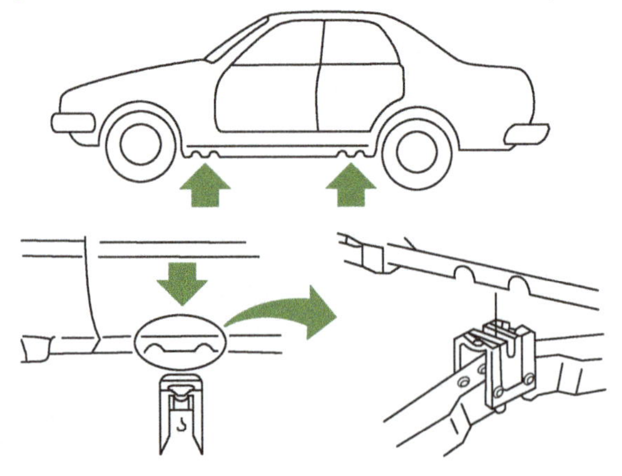

图1-44　汽车举升器支撑臂汽车支撑点位置

7）按上升按钮直到橡胶完全接触汽车，检查确信是否安全。

8）继续缓慢上升举升器，在确信平

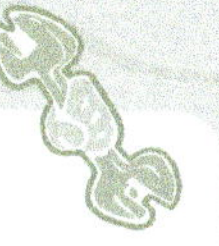

衡的状态下将车举升到需要的高度，松开上升按钮。

9）按下降操纵手柄将举升器下降到安全锁位置，然后对汽车进行修理。

下降汽车：

1）清理举升器周围和下面的障碍物，并让周围的人离开。

2）按上升按钮稍微举起汽车，拉开安全锁，并按下操纵手柄使汽车下降。

3）将摆臂向两端摆开，并将其缩短到最短位置。

4）开走汽车。

小贴士：

1）车辆的总质量不能大于举升器的举升能力。

2）根据车型以及泊车位置的不同，尽量使汽车的重心与举升器的重心接近；严防侧重。为了能打开车门，汽车与立柱间应留有一定的距离。

3）转动、伸缩、调整举升臂至汽车底盘指定位置并接触牢靠。

4）汽车举升前，操作职员应检查汽车周围职员的动向，防止意外。

5）汽车举升时，要在汽车离开地面较低位置举行反复升降，无异样现象时才可举升至所需高度。

6）汽车举升后，应落槽于棘牙之上并当即进行锁紧。

拓展提高

汽车的总体构造

现代汽车是由多个装置和机构组成的。不同型号、不同类型及不同厂家生产的汽车其基本构造都是由发动机、底盘、电器设备和车身四大部分组成，如图1-45所示。

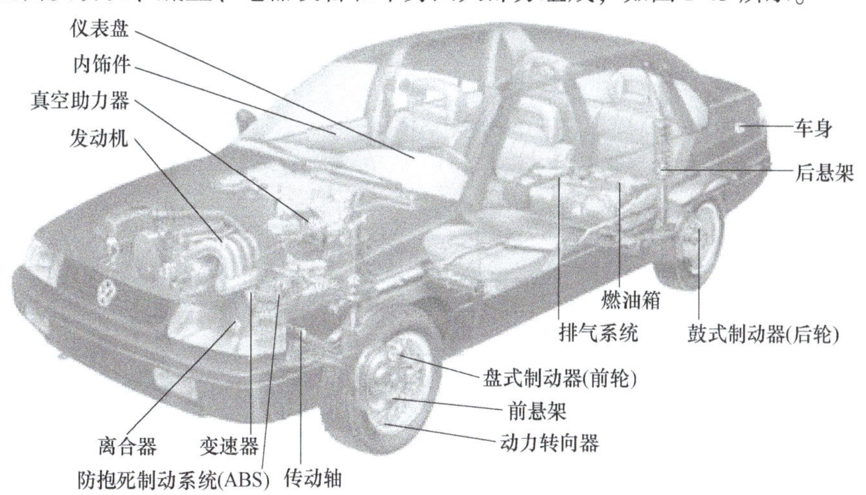

图1-45　汽车组成

1. 发动机

发动机是为汽车行驶提供动力的装置。现代汽车广泛采用往复活塞式内燃发动机。它是通过可燃混合气体在气缸内燃烧膨胀产生压力，推动活塞运动并通过连杆使曲轴旋转来对外输出功率的。汽油机主要包括两大机构和五大系统，它们是曲柄连杆机构、配气机构、燃料供给系统、冷却系统、润滑系统、点火系统和起动系统，如图 1-46 所示。

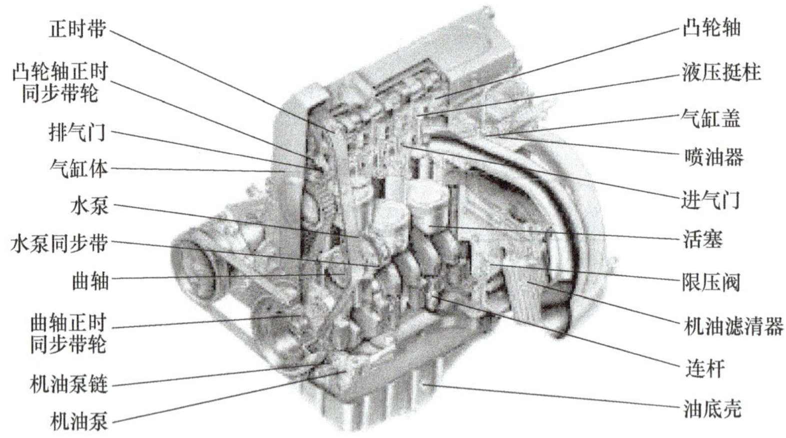

图 1-46　汽车发动机

2. 汽车底盘

底盘接受发动机的动力，使汽车产生运动，并保证汽车按照驾驶人的操纵正常行驶。底盘由传动系统、行驶系统、转向系统和制动系统组成。图 1-47 所示为轿车底盘的构成，图 1-48 所示为货车底盘的构成。

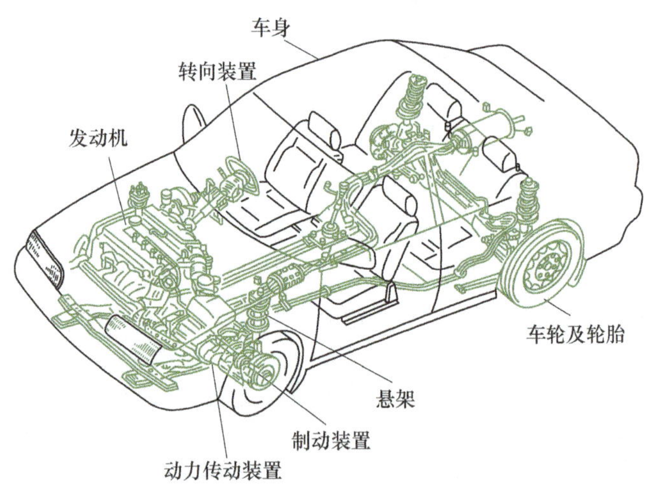

图 1-47　轿车底盘的构成

3. 汽车车身

车身是驾驶人工作的场所，也是装载乘员和货物的场所。车身应为驾驶人提供方便的操作条件，以及为乘员提供舒适安全的环境或保证货物完好无损。典型的车身包括车前钣金件、驾驶室、车后钣金件等部件。如图 1-49 所示，车身还包括车门、窗、车锁、内饰件、外饰件、附件、座椅及各钣金件等。图 1-50 所示为宝马最新的 i 系列电动汽车模块化车身和底盘。

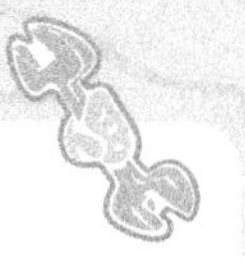

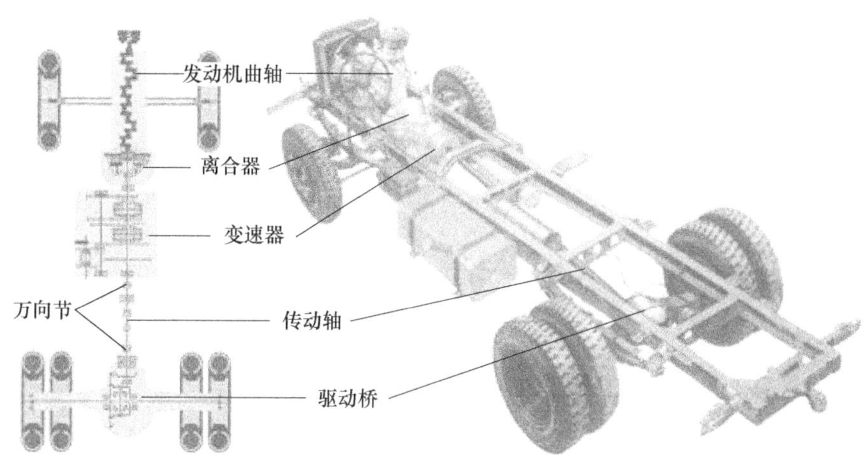

图 1-48　货车底盘的构成

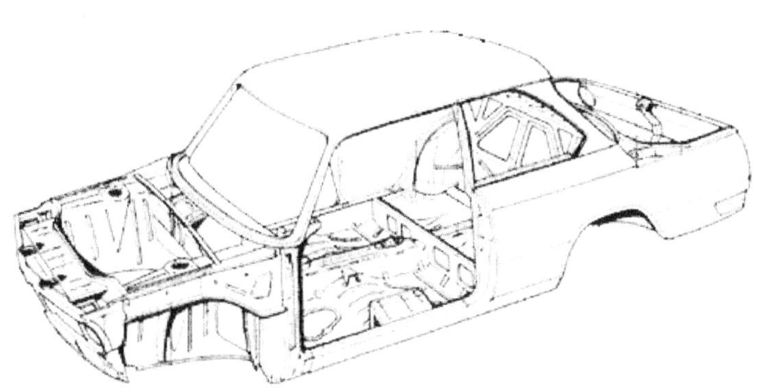

图 1-49　汽车车身

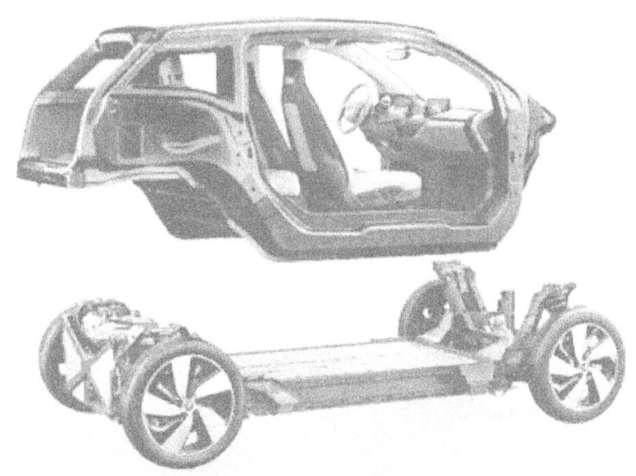

图 1-50　宝马最新的 i 系列电动汽车模块化车身和底盘

4. 电气设备

电气设备由电源组、发动机起动系统和点火系统、汽车照明和信号装置等组成。此外，在现代汽车上越来越多地装用各种电子设备：微处理机、中央计算机系统及各种人工智能装置等，显著地提高了汽车的性能。图 1-51 所示为桑塔纳 2000 型轿车全车电气设备布置略图。

图 1-51　桑塔纳 2000 型轿车全车电气设备布置略图

1—双音喇叭　2—空调压缩机　3—交流发电机　4—雾灯　5—前照灯　6—转向指示灯　7—空调储液干燥器　8—中间继电器　9—电动风扇双速热敏开关　10—风扇电动机　11—进气电预热器　12—化油器怠速截止电磁阀　13—热敏开关　14—机油油压开关　15—起动机　16—火花塞　17—风窗清洗液电动泵　18—冷却液液面传感器　19—分电器　20—点火线圈　21—蓄电池　22—制动液液面传感器　23—倒车灯开关　24—空调、暖风用鼓风机　25—车门接触开关　26—扬声器　27—点火控制器　28—风窗刮水器电动机　29—中央接线盒　30—前照灯变光开关　31—组合开关　32—空调及风量旋钮　33—雾灯开关　34—后窗电加热器开关　35—危急警告灯开关　36—收放机　37—顶灯　38—油箱油面传感器　39—后窗电加热器　40—组合后灯　41—牌照灯　42—电动天线　43—电动后视镜　44—中央集控门锁　45—电动摇窗机　46—顶灯　47—后盖集控锁　48—行李箱灯

思考问题

1. 举升器的安全锁有什么用途？
2. 汽车举升器支承点选择有什么要求？

任务三　汽车拆装工具的准备

学习目标

1. 熟悉维修车间场地布置。
2. 掌握汽车维修拆装工具的操作。
3. 了解描述汽车特征的主要参数。
4. 熟悉维修车间安全文明生产要求。

任务情境

客户大众宝来轿车行驶5000km维护后，发现汽车停车地点有漏油痕迹，检查发动机油尺（图1-52），发现发动机机油油位偏低，是汽车发动机油底壳放油螺塞处漏油所致（图1-53）。

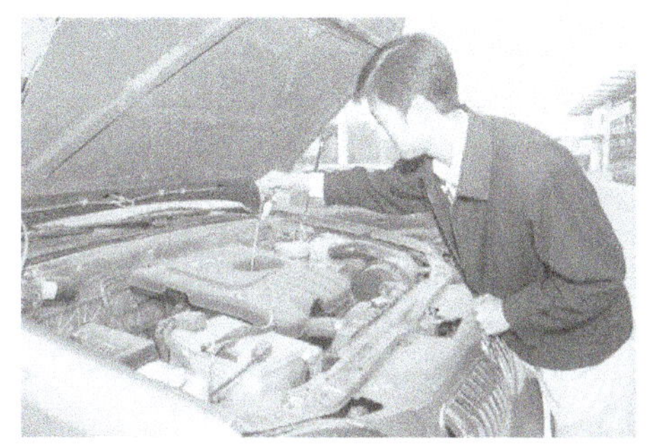

图1-52　检查发动机油尺

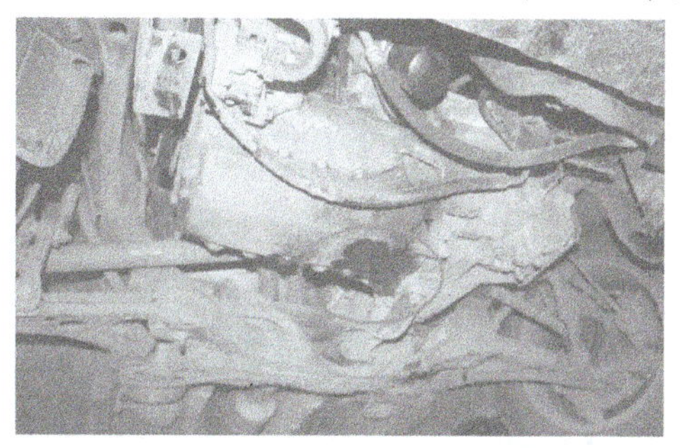

图1-53　汽车发动机油底壳放油螺塞处漏油

任务分析

发动机润滑油被誉为汽车的“血液”，能对发动机起到润滑、清洁、冷却、密封、减磨等作用。若发动机机油太少，会对汽车发动机内部零件造成伤害，若机油过多，则会产生积炭，油耗偏高，发动机运转阻力加大致使动力降低等不良影响。发动机机油量减少，大多是由于泄漏引起的。

常见车辆漏油的主要原因：

1）产品（配件）质量、材质或工艺不佳，结构设计存在问题。

2）装配不当，配合表面不清洁，衬垫破损、位移或未按操作规程、规范进行安装。

3）紧固螺母拧力不均、滑丝断扣或松旷脱落等导致工作失效。

4）密封材料长期使用后磨损过限，老化变质，变形失效。

5）润滑油添加过多、油面过高或加错油品。

6）零部件（边盖类、薄壁件）接合表面挠曲变形、壳体破损，使润滑油渗出。

7）通气塞、单向阀堵塞后，由于箱壳内、外气压差的作用，往往会引起密封薄弱处漏油。

由于是在发动机保养后出现的故障，进一步检查发现为油底壳放油螺塞螺纹损伤滑丝导致不能拧紧所致。其原因是轿车保养更换机油时维修人员拧紧放油螺塞时使用工具不当和用力过猛。因此正确的使用维修工具是对维修人员最基本的要求。

任务实施的相关专业知识

汽车维修常用拆装工具包括扳手、螺钉旋具、锤子、手钳、顶拔器等。

（一）扳手

1. 呆扳手

呆扳手是最常见的一种扳手，主要用于拆装一般标准规格的螺栓或螺母。其规格是以两端开口的宽度 S（mm）来表示的，如8～10mm、12～14mm等；通常是成套装备，有8件

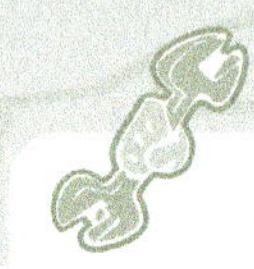

一套、10 件一套等；按其形状可分为单头和双头两种，如图 1-54 所示。

2. 梅花扳手

其两端是环状的，环的内孔由两个同心正六边形互相错转 30°而成。使用时，扳动 30°后即可换位再套，因而适用于狭窄场合下操作，如图 1-55 所示。与呆扳手相比，梅花扳手强度高，使用时不易滑脱，但套上、取下不方便。其规格以闭口尺寸 S 来表示，如 8 ~ 10mm、12 ~ 14mm 等，通常是成套装备，有 8 件一套、10 件一套等。

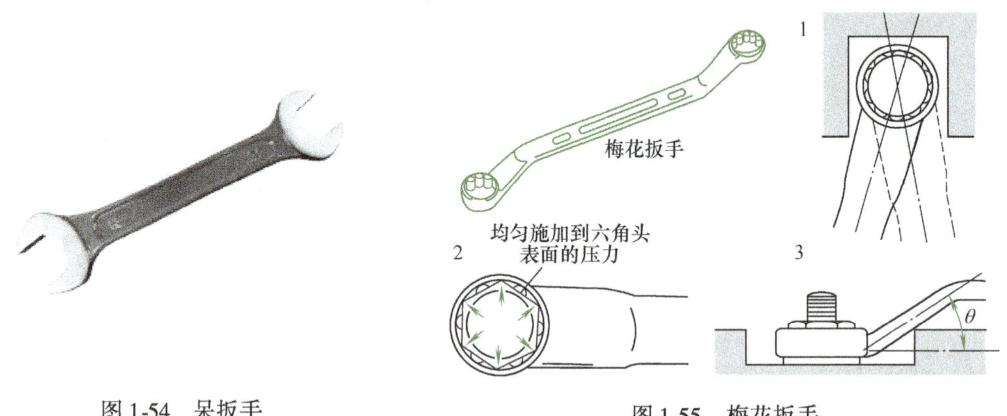

图 1-54　呆扳手

图 1-55　梅花扳手

3. 两用扳手

两用扳手一端为呆扳手，另外一端为梅花扳手，兼具两种扳手的特点，同时，两端尺寸相同，如图 1-56 所示。

4. 套筒扳手

套筒扳手是一种组合型工具，使用时由几件组成一把扳手。套筒扳手适用于拆装位置狭窄或需要一定力矩的螺栓或螺母。套筒扳手主要由套筒头（图 1-57）、手柄、快速摇柄（图 1-58）、棘轮手柄（图 1-59）、接头和接杆等组成，各种手柄适用于各种不同的场合，以操作方便或提高效率为原则，如活动手柄可以调整所需力臂；快速手柄用于快速拆装螺母、螺栓，同时还能配用扭力扳手显示扭紧力矩。常用套筒扳手的规格是 10 ~ 32mm。在汽车维修中还采用了许多专用套筒扳手，如火花塞套筒、轮毂套筒、轮胎螺母专用套筒（图 1-60）等。套筒扳手具有功能多、使用方便、安全可靠的特点，尤其对拆装部位空间狭小、凹下很深或不易接近等部位的螺栓、螺母更为方便、实用。常用的套筒扳手有 13 件、17 件和 24 件一套等多种规格。

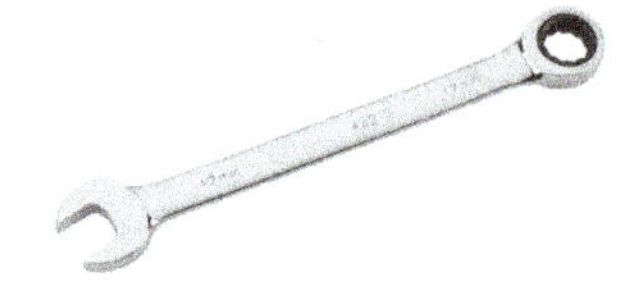

图 1-56　两用扳手

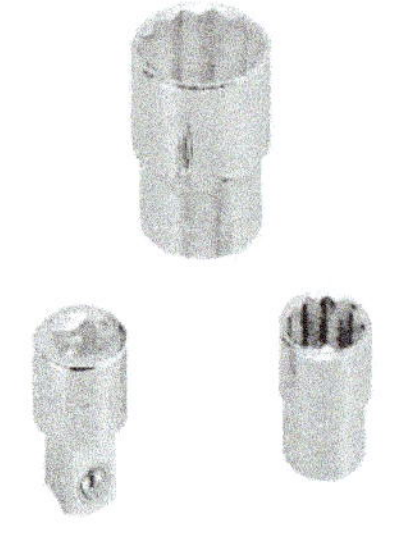

图 1-57　套筒头

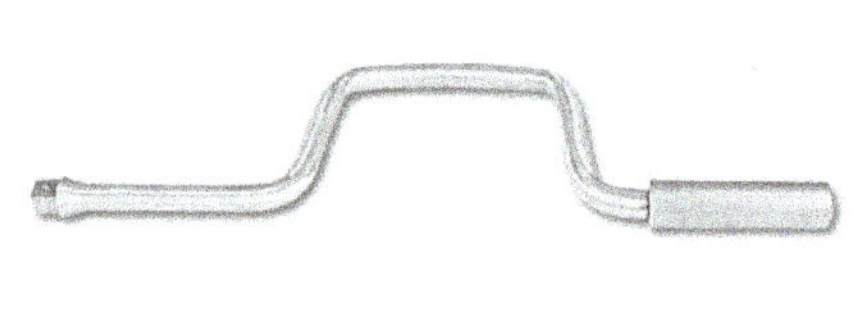

图 1-58　快速摇柄

图 1-59　棘轮手柄

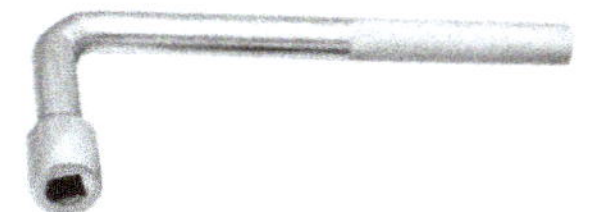
图 1-60　轮胎螺母专用套筒

5. 活扳手

其开口尺寸能在一定的范围内任意调整，使用场合与呆扳手相同，但活扳手操作起来不太灵活，如图 1-61 所示。其规格是以最大开口宽度（mm）来表示的，常用有 150mm、300mm 等。

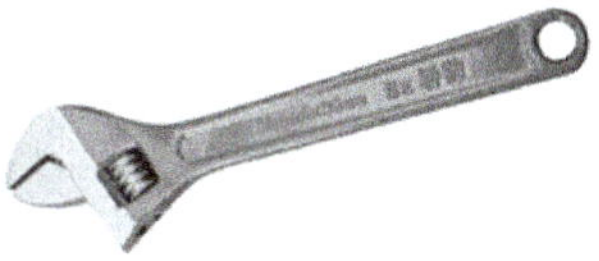

6. 扭力扳手

它是一种可读出所施力矩大小的专用工具，如图 1-62 所示。其规格是以最大可测力矩来划分的。扭力扳手除用来控制螺纹件旋紧力矩外，还可以用来测量旋转件的起动力矩，以检查配合、装配情况。

图 1-61　活扳手

7. 内六角扳手

内手角扳手是用来拆装内六角螺栓（螺塞）的，如图 1-63 所示。其规格以六角形对边尺寸 S 表示，有 3 ~ 27mm 尺寸的 13 种，汽车维修作业中使用成套内六角扳手拆装 M4 ~ M30 的内六角螺栓。

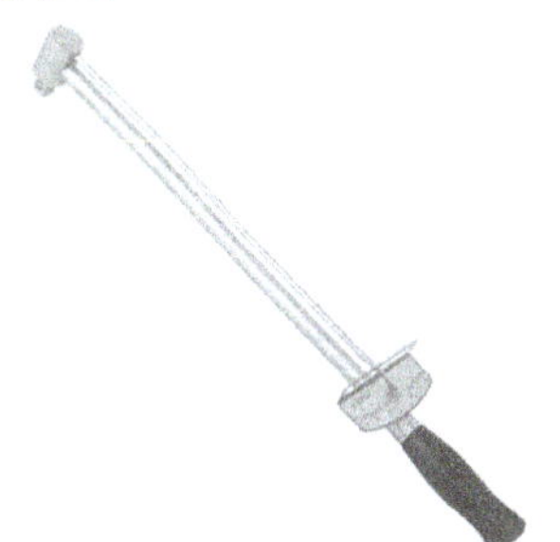
图 1-62　扭力扳手

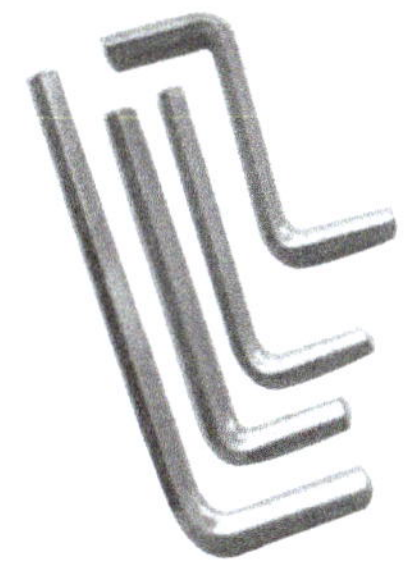
图 1-63　内六角扳手

（二）螺钉旋具

1. 一字螺钉旋具

一字螺钉旋具又称一字形螺钉旋具，用于旋紧或松开头部开一字槽的螺钉。如图 1-64 所示，一字螺钉旋具由手柄、刀体和刃口组成；其规格以刀体部分的长度表示，常用的规格有 100mm、150mm、200mm 和 300mm 等几种，使用时，应根据螺钉沟槽的宽度选用相应的规格。

2. 十字螺钉旋具

十字螺钉旋具又称十字槽螺钉旋具，用于旋紧或松开头部带十字沟槽的螺钉，规格与一字形螺钉旋具相同，如图 1-64 所示。

（三）锤子

其锤头一端平面略有弧形，是基本工作面，另一端是球面，如图 1-65 所示，用来敲击凹凸形状的工件。其规格以锤头质量来表示，以 0.5 ~ 0.75kg 的最为常用，两端工作面具有

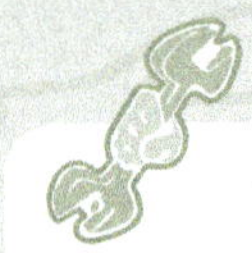

较高的硬度。

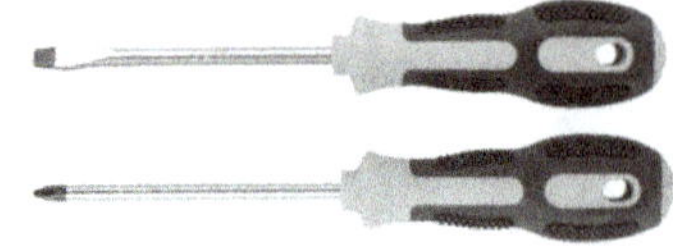

图 1-64　螺钉旋具

图 1-65　锤子

（四）钳子

1. 鲤鱼钳

鲤鱼钳（图 1-66）钳头的前部是平口细齿，适用于夹捏一般小零件，中部凹口粗长，用于夹持圆柱形零件，也可以代替扳手旋小螺栓、小螺母，钳口后部的刃口可剪切金属丝，由于一片钳体上有两个互相贯通的孔，又有一个特殊的销子，所以操作时钳口的张开度可以很方便地调节，以适应夹持不同大小的零件。鲤鱼钳是汽车维修作业中使用最多的钳子，规格以钳长来表示，一般有 165mm、200mm 两种。

图 1-66　鲤鱼钳

2. 钢丝钳

钢丝钳的用途和鲤鱼钳相仿，但其支销相对于两片钳体是固定的，如图 1-67 所示，故使用时不如鲤鱼钳灵活，但剪断金属丝的效果比鲤鱼钳要好，规格有 150mm、175mm、200mm 三种。

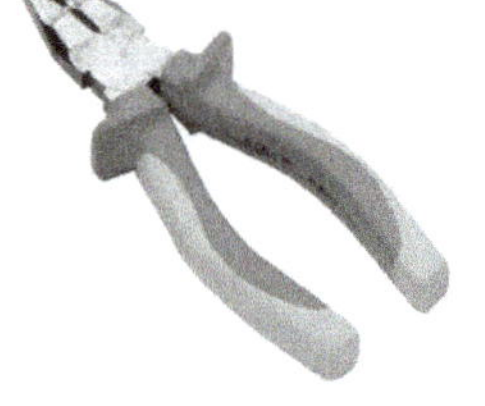

图 1-67　钢丝钳

3. 尖嘴钳

其头部细长，如图 1-68 所示，能在较小的空间工作，带刃口的能剪切细小零件，使用时不能用力太大，否则钳口头部会变形或断裂，规格以钳长来表示，常用 160mm 一种。

（五）顶拔器

用来拉出轴上零件，如将轴上齿轮、带轮、轴承从轴上拉出，或把轴承外圈、油封等孔内零件从孔里拉出。由于采用静压力拆卸零件，避免了冲击对过盈联接零件的损害，因此在拆卸过程中应用广泛，如图 1-69 所示。

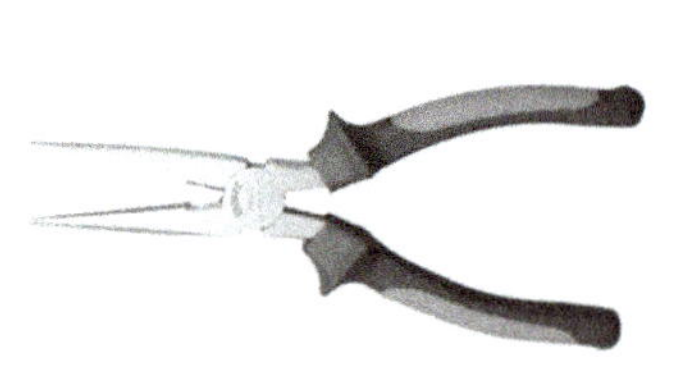

图 1-68　尖嘴钳

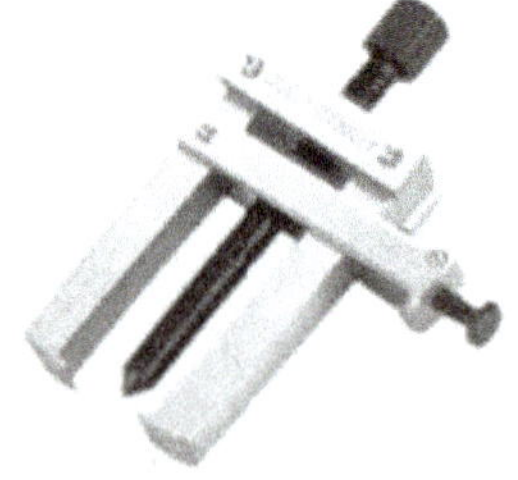

图 1-69　顶拔器

任务实施

汽车拆装工具的使用主要包括扳手的使用和螺钉旋具的使用。

1. 呆扳手的使用

所选用的扳手的开口尺寸必须与螺栓或螺母的尺寸相符合，若扳手开口过大，易滑脱并损伤螺母或螺栓的六角。为防止扳手损坏和滑脱，应使拉力作用在开口较厚的一边，以防损坏螺母和扳手，如图1-70所示。

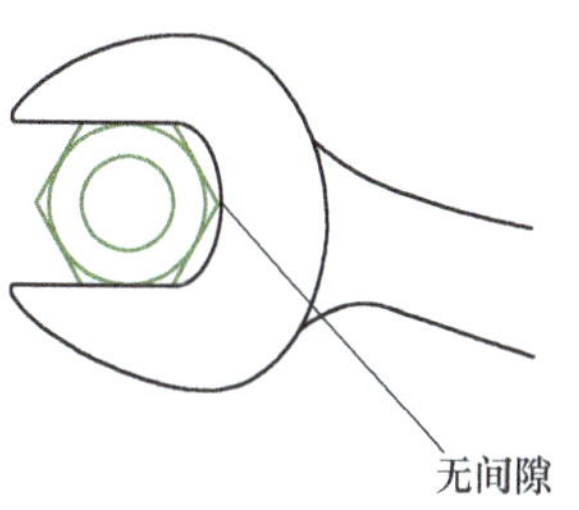

图1-70　呆扳手的使用

在狭窄场合扳手转过的角度受到限制，可将呆扳手翻转一周使用，反复操作，直至将螺母卸下，如图1-71所示。

对于双螺母的拆卸，为防止相对的零件也转动，可用一把扳手固定一个螺母，用另一把扳手旋转直至卸下另一螺母，如图1-72所示。

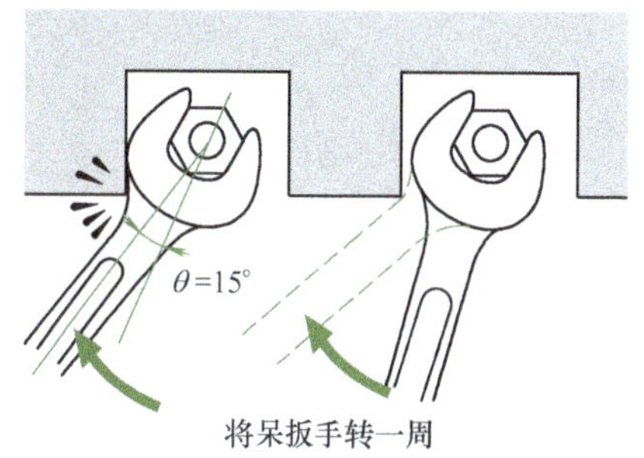

图1-71　呆扳手在狭窄场合的使用

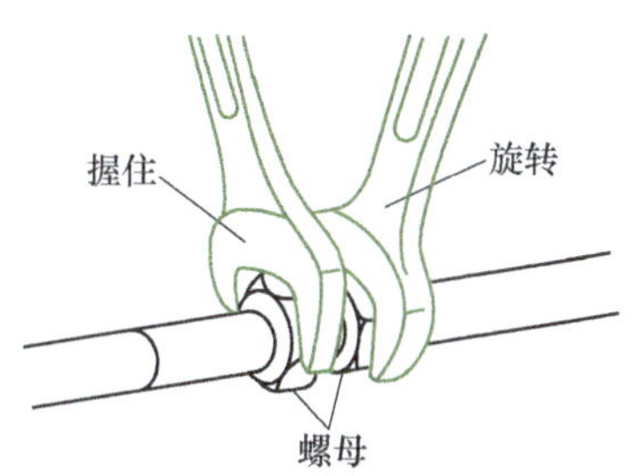

图1-72　双螺母的拆卸

2. 梅花扳手的使用

使用时首先应选择尺寸合适的扳手，否则，极易损伤扳手和螺母。应尽量使用拉力，如果由于空间限制无法拉动工具，可用手掌推它。已经拧得很紧的螺栓/螺母可以通过施加冲击力轻松松开，如图1-73所示。但是不能使用锤子和管子（用来加长轴）来增加力矩，如图1-74所示。

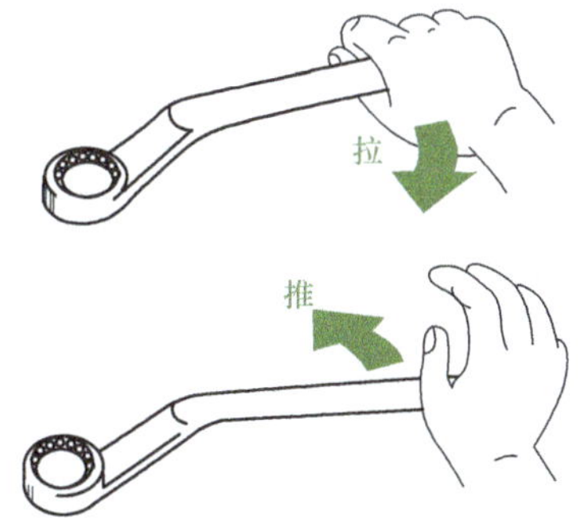

图1-73　梅花扳手的使用

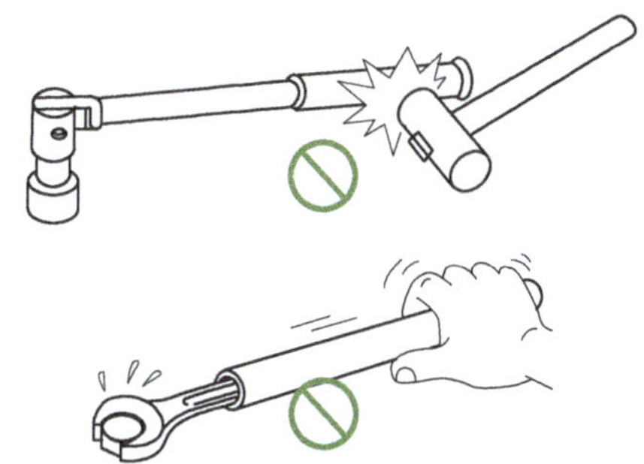

图1-74　扳手的不正确使用

3. 扭力扳手的使用

扭力扳手一般是在最终拧紧螺母时使用，以便将其拧紧至要求的标准值。使用时，左手按住扭力扳手头部，右手握住手柄，向怀里使用拉力拧紧螺母，眼睛注意观察显示的力矩数值，注意用力要均匀，避免突然发力，如图1-75所示。

4. 套筒扳手的使用

这种工具根据工作状态装上不同手柄和套筒后可以很轻松地拆下并更换螺母。这种工具利用一套套筒扳手夹持住螺母，将其拆下或更换。

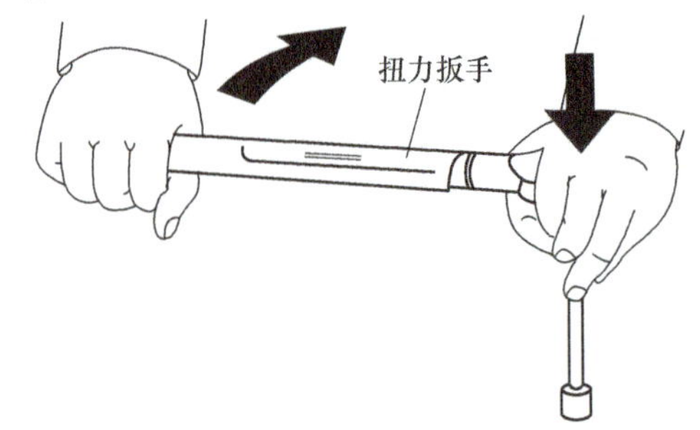

图1-75　扭力扳手的使用

(1) 套筒头　套筒头有大和小两种尺寸。大的一种可以获得比小的一种更大的力矩。套筒深度也有两种类型——标准型和深型，后者比标准型深2~3倍。较深的套筒可用于拆装螺栓突出的螺母。

套筒的钳口有两种类型——双六角形和六角形。六角形部分与螺母的表面有很大的接触面，这样就不容易损坏螺母的表面，如图1-76所示。

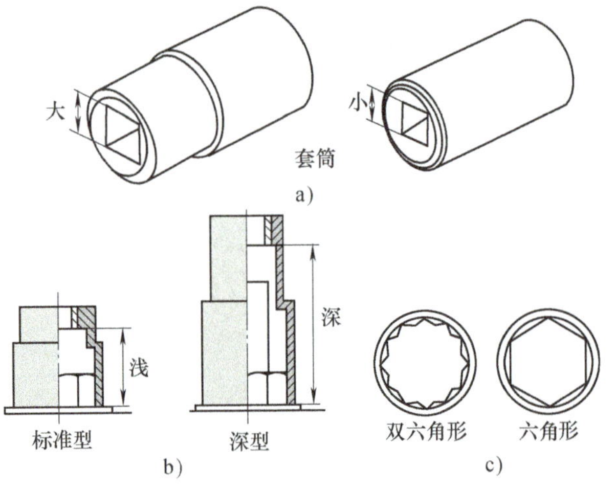

图1-76　套筒头的选用

a) 套筒头　b) 套筒深度类型　c) 套筒钳口

(2) 套筒接合器　套筒接合器用作改变套筒方形套头尺寸的联接器。但注意力矩要根据规定的拧紧极限施加，不要将超大力矩负载施加在套筒本身或小螺栓上，如图1-77所示。

(3) 万向节　套筒的方形套头部分可以前后或左右移动，手柄和套筒扳手之间的角度可以自由变化，使其成为在有限空间内工作的有用工具。但注意不要使手柄倾斜较大角度来施加力矩，而且不要使用于风动工具，以免万向节由于不能吸收旋转摆动而脱开，并造成工具、零件或车辆损坏，如图1-78所示。

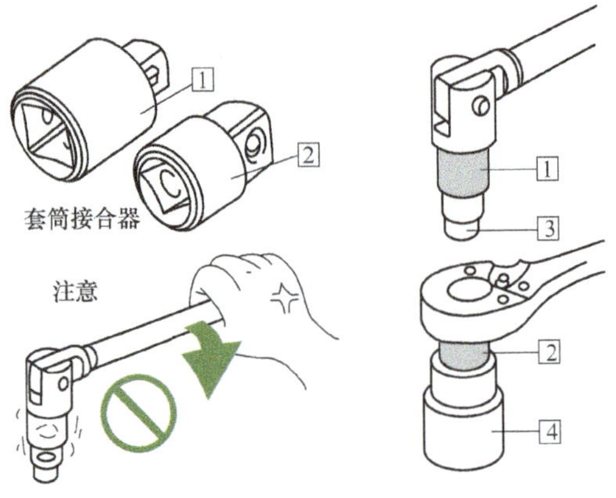

图1-77　套筒接合器的使用

1—套筒接合器（大—小）　2—套筒接合器（小—大）　3—小尺寸套筒　4—大尺寸套筒

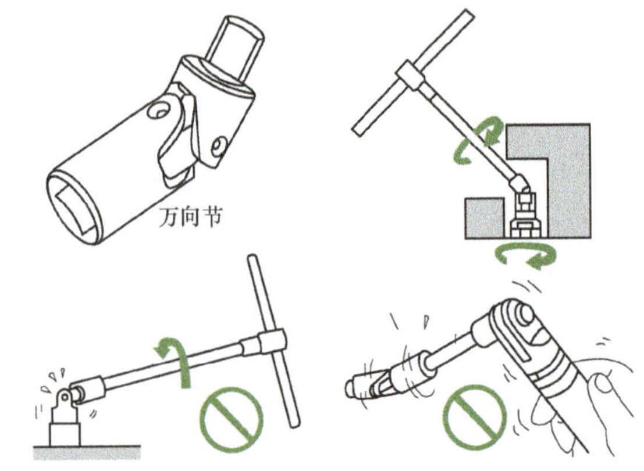

图1-78　万向节的使用

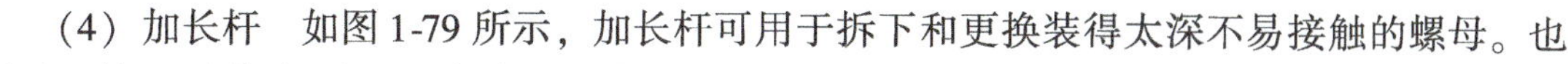

(4) 加长杆　如图 1-79 所示，加长杆可用于拆下和更换装得太深不易接触的螺母。也可用于将工具抬离平面一定高度，便于使用。

(5) 旋转手柄　此手柄用于拆下和更换要求用大力矩的螺母。套筒扳手头部可作铰式移动，这样可以调整手柄的角度使其与套筒扳手相配合。同时可以滑动手柄，以改变手柄长度，加大力矩。图 1-80 所示为旋转手柄的使用方法。

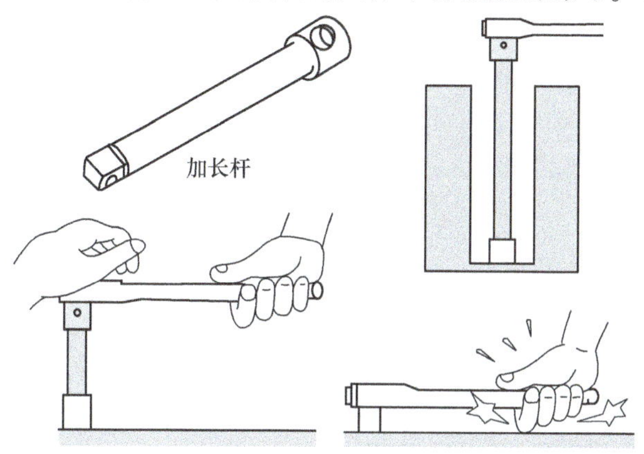

图 1-79　加长杆的使用

(6) 滑动手柄　滑动手柄可以通过滑动套筒的套头部分，使其工作更方便或改变扳手力矩。图 1-81 所示为滑动手柄的两种使用方法。

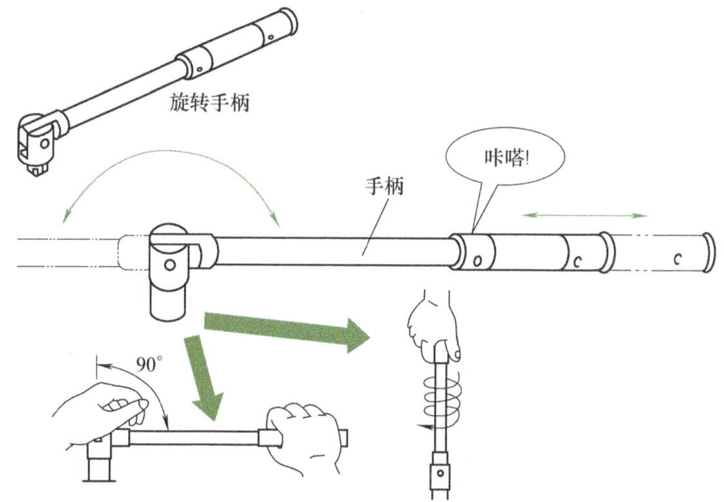

图 1-80　旋转手柄的使用方法

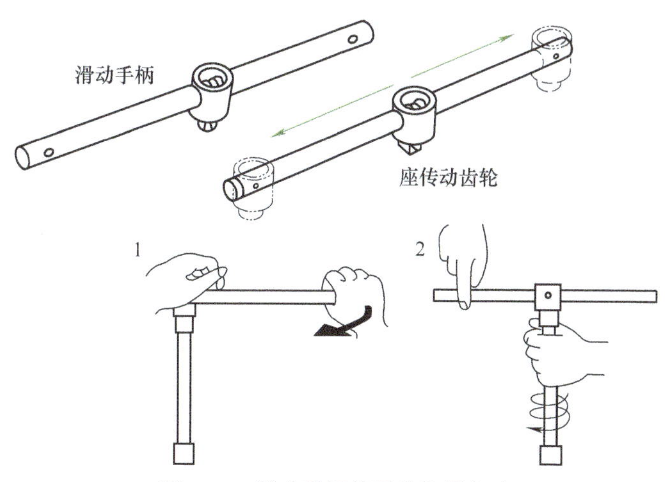

图 1-81　滑动手柄的两种使用方法

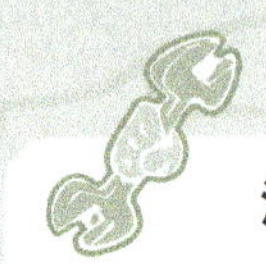

(7) 棘轮扳手　扳动棘轮扳手上的手柄可以改变扳手的用力方向，往左转可以拧紧螺母，往右转可以松开螺母。因此螺栓/螺母可以不需要取下套筒头而往复操作，提高了工作效率，同时，套筒扳手可以以小的回转角锁住，可以在有限的空间中工作，如图1-82所示。

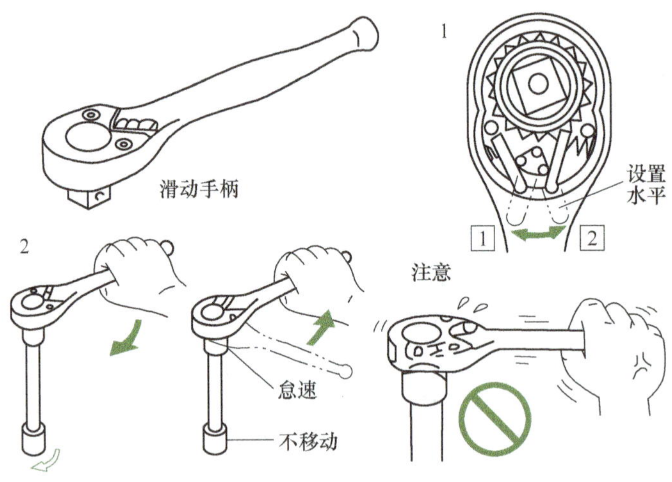

图1-82　棘轮扳手的使用

小贴士：

1）棘轮手柄适合在狭窄空间中使用。然而，由于棘轮的结构，它不可能获得很大的转矩。其内部的棘轮不能承受较大的力，因此不要施加过大力矩，以免损坏棘爪的结构。

2）滑动手柄要求极大的工作空间，但它能提供最快的工作速度。

3）旋转手柄在调整好手柄后可以迅速工作。但此手柄很长，很难在狭窄空间使用。

5. 活扳手的使用

活扳手使用时转动调节螺杆，使孔径与螺母头部配合完好，并注意使拉力作用在开口较厚的一边来转动扳手。否则，将使压力作用在调节螺杆上，使其损坏，如图1-83所示。

6. 螺钉旋具的使用

首先，选择尺寸合适、与螺钉槽的形状、大小合适的螺钉旋具；然后，保持螺钉旋具与螺钉尾端成直线，边用力边转动。注意不要用锂鱼钳或其他工具过度施加转矩，否则可能刮削螺钉的凹槽或损坏螺钉旋具尖头，如图1-84所示。

一些特殊螺钉旋具的不同用途如图1-85所示：

穿透螺钉旋具——可以锤击后部，传导力量用于上紧固定螺钉。

短柄螺钉旋具——可用在空间狭小的场合内拆卸并更换螺钉。

方柄螺钉旋具——可用扳手加大拧紧和拆卸力矩，用在需要大力矩的地方。

精密螺钉旋具——可用以拆卸并更换小零件。

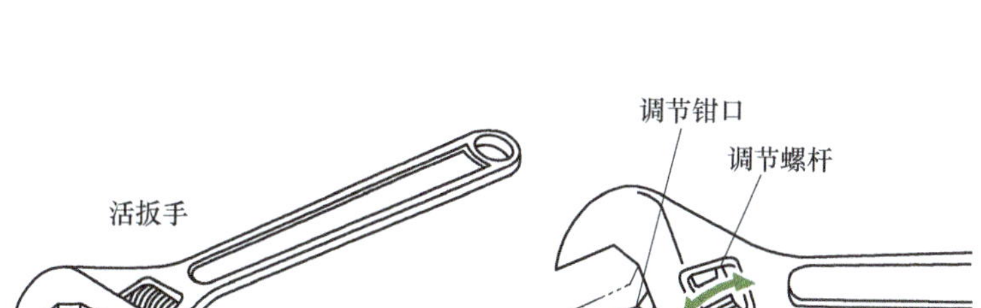

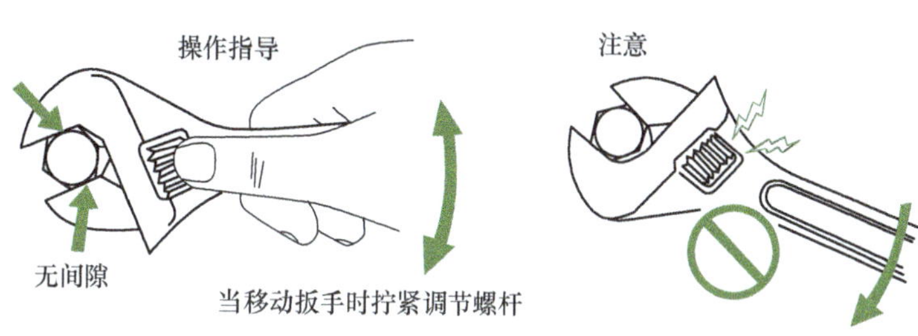

图 1-83 活扳手的使用

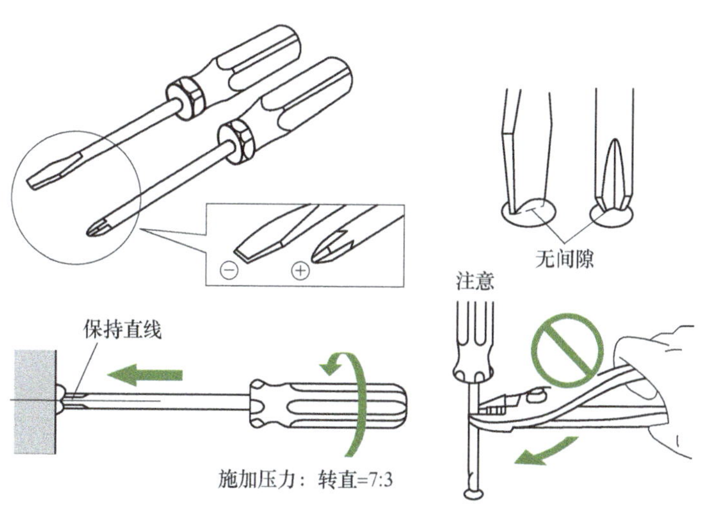

图 1-84 螺钉旋具的使用

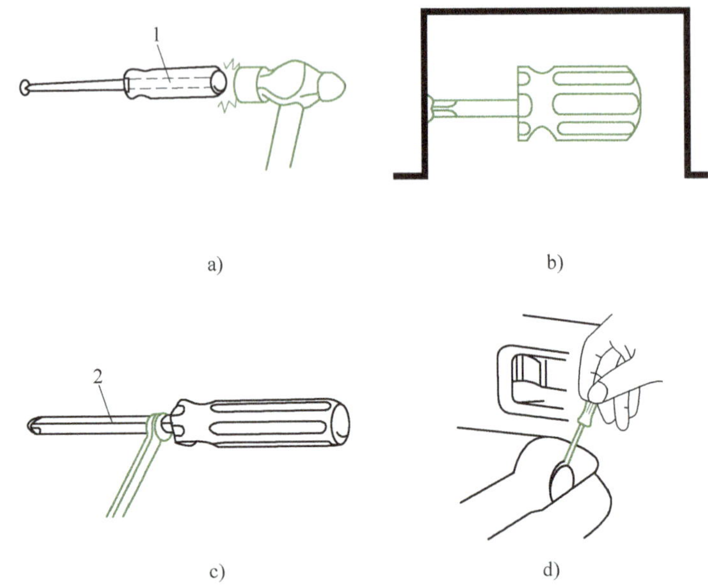

图1-85　特殊螺钉旋具的不同用途

a）穿透螺钉旋具　b）短柄螺钉旋具　c）方柄螺钉旋具　d）精密螺钉旋具

拓展提高

汽车的主要特征参数

1. 质量参数

整备质量：汽车完全装备好（但不包括货物、驾驶人及乘员）的质量。除了包括发动机、底盘和车身外，还包括燃料、润滑油、冷却液、随车工具和备用轮胎等的质量。

载质量：货车在硬质、良好的路面上行驶时所允许的最大额定装载质量。客车和轿车的载质量一般以乘坐人数表示，其额定乘员数即为车上的额定座位数。

总质量：汽车在满载时的总质量，即汽车装备质量与所载质量之和。

2. 尺寸参数

汽车的主要尺寸参数有车长、车宽、车高、轴距、轮距、前悬、后悬、接近角、离去角和离地距等。

（1）车长　车长是指汽车长度方向两极端点间的距离，如图1-86所示。车长是对汽车的用途、功能、使用方便性等影响最大的参数。

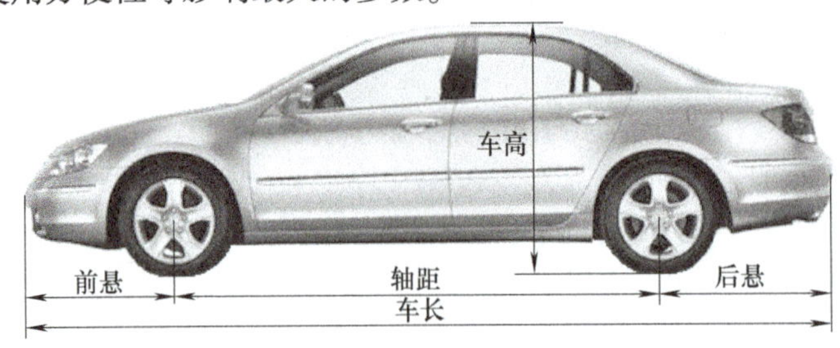

图1-86　汽车常见尺寸参数

（2）车宽　车宽是指汽车宽度方向两极端点间的距离。车宽主要影响乘坐空间和灵活性。

（3）车高　车高是指汽车最高点至地面间的距离。车高直接影响重心（操控性）和空间。轿车主要是出于降低全车重心的考虑，车高较低以确保高速转向时不会翻车。MPV 等为了营造宽阔的乘坐（头部空间）和载货空间，车身一般比较高。

（4）轴距　轴距是指汽车前轴中心至后轴中心的距离。在车长被确定后，轴距是影响乘坐空间最重要的因素，长轴距使乘员的纵向空间增大，还能提高直路巡航的稳定性，但转向灵活性下降，回旋半径增大。

（5）轮距　轮距是指同一车轴左、右轮胎胎面中心线间的距离。一般轿车的前轮距比后轮略大（相差约 10～50mm），即车身前半部比后半部略宽，这与气流动力学有关。轮距越大，转向极限和稳定性也会越高。

（6）前悬与后悬　前悬是指汽车最前端至前轴中心的距离。后悬是指汽车最后端至后轴中心的距离，如图 1-86 所示。

（7）接近角与离去角　接近角指汽车前端突出点向前轮引切线与地面的夹角。离去角指汽车后端突出点向后轮引切线与地面的夹角。接近角和离去角越大，则汽车的通过性越好，如图 1-87 所示。

图 1-87　接近角与离去角

（8）最小离地间隙　指满载时车体最低点与地面的距离。离地间隙高则汽车的通过性好，但离地距高也意味着重心高，影响操控性。

思考问题

1. 选用扳手的优先顺序是什么？
2. 与汽车通过性相关的参数有哪些？

项目二　车身的拆装与调整

任务一　汽车保险杠的拆装

学习目标

1. 通过查阅资料和观摩汽车获知汽车的整体结构。
2. 掌握前、后保险杠的更换方法。
3. 能对操作结果进行测试，检查和评估其修复质量。
4. 能根据环保要求，妥善处理辅料、废弃液体和损坏零部件。

任务情境

客户桑塔纳3000轿车发生碰撞，前保险杠严重损坏，变形脱落（图2-1）。

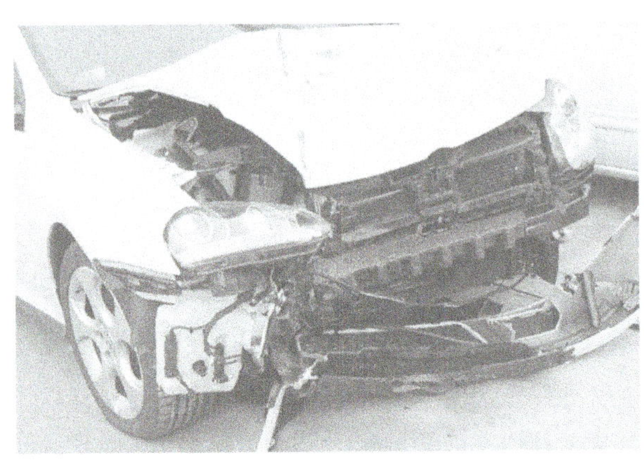

图2-1　碰撞损坏的汽车前保险杠

任务分析

汽车保险杠是吸收和缓和外界冲击力、防护车身前、后部的安全装置。目前轿车的前、后保险杠都是塑料制成的，称为塑料保险杠，其内大多有与车身相连的金属保险杠。塑料保险杠具有一定强度、刚性和装饰性，在汽车发生碰撞事故时能起到缓冲作用，保护车体不受损伤。从外观上看，可以很自然地与车体结合在一块，成为装饰轿车外形的重要部件。因此汽车碰撞和剐蹭后往往保险杠受损，需要拆卸后修复或更换。

任务实施的相关专业知识

一、汽车车身的种类

1. 非承载式车身

采用非承载式车身的汽车，其发动机、传动系统、车身的总成部分固定在一个刚性车架上，车架通过前、后悬架装置与车轮相连。轿车采用非承载式车身车型比较少，多数是卡车、专业越野车等。非承载式车身的汽车有刚性车架，又称底盘大梁架。这种车架一般都是矩形或者梯形的，布置在车身的最底部。图 2-2 所示就是一个非承载式车身的车架，上面的横、纵梁构成一个矩形结构。车架的振动通过弹性元件传到车身上，大部分振动被减弱或消除，发生碰撞时车架能吸收大部分冲击力，在坏路行驶时对车身起到保护作用，因此车厢变形小，平稳性和安全性好，而且厢内噪声低。其优点是有独立的大梁，底盘强度较高，这种车身最大优点就是车身强度高，钢架能够提供很强的车身刚性，也有利于提高安全性，对于载重车和越野车来说这一点非常重要。非承载式车身抗颠簸性能好，四个车轮受力由车架承担，而不会传递到车身上去，所以 SUV 和越野车用得比较多。图 2-3 所示为奔驰越野车非承载式车身与底盘大梁。

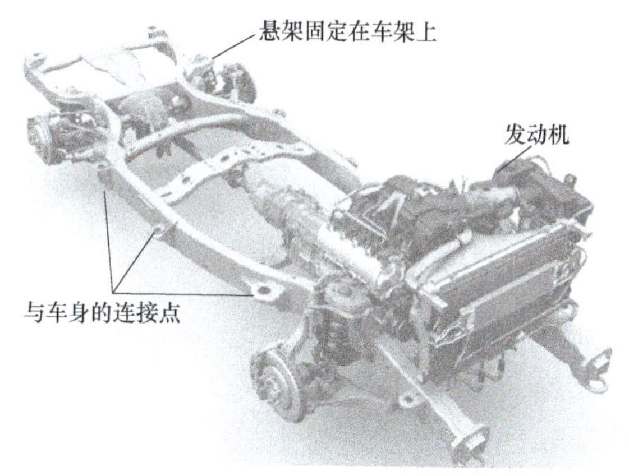

图 2-2　非承载式车身的车架

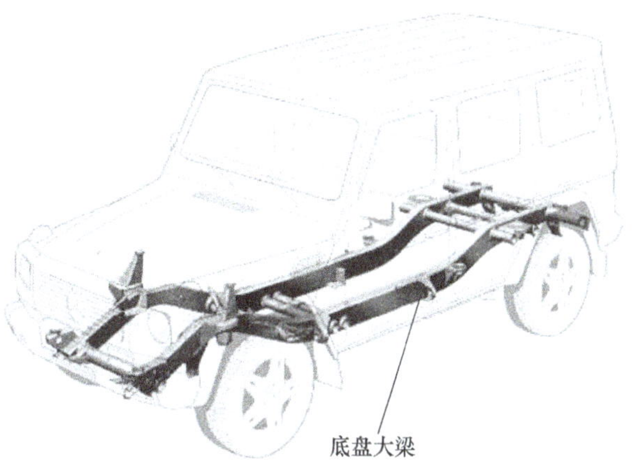

图 2-3　奔驰越野车非承载式车身与底盘大梁

2. 承载式车身

承载式车身的汽车没有刚性车架，只是加强了车头、侧围、车尾、底板等部位，发动机、前悬架、后悬架、传动系统的一部分等总成部件装配在车身上设计要求的位置，车身负载通过悬架装置传给车轮。承载式车身除了其固有的承载功能外，还要直接承受各种负荷力的作用。承载式车身不论在安全性还是在稳定性方面都有很大的提高，它具有质量小、高度低、装配容易等优点，如图 2-4 所示。

简单说，承载式车身就是整个车身为一体，悬架直接联在车身上。这样的车身优势是：高速行驶稳定较好，缺点是底盘强度远不如大梁结构的车身，当四个车轮受力不均匀时，车身会发生变形，同时由于道路负载会通过悬架装置直接传给车身本体，因此噪声和振动较大。

二、汽车车身的构造

车身安装在底盘的车架上，以供驾驶人、旅客乘坐或装载货物。轿车、客车的车身一般是整体结构，货车车身一般由驾驶室和货厢两部分组成。

承载式汽车车身结构主要包括：车身壳体（白车身），车门，车窗，车前钣制件，车身内外装饰件和车身附件，座椅以及通风、暖气、冷气、空气调节装置等。在货车和专用汽车上还包括车厢和其他装备。

1）车身壳体（白车身）是一切车身部件的安装基础，通常是指纵、横梁和支柱等主要承力元件以及与它们相连接的钣件共同组成的刚性空间结构。客车车身多数具有明显的骨架，而轿车车身和货车驾驶室则没有明显的骨架。车身壳体通常还包括在其上敷设的隔声、隔热、防振、防腐、密封等材料及涂层，如图2-4所示。

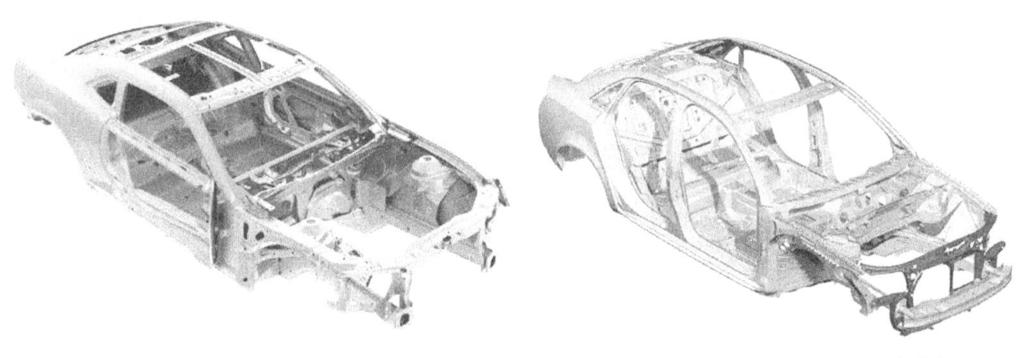

轿车车身壳体　　安装了前金属保险杠的车身壳体

图2-4　承载式车身壳体

2）车身钣金件和覆盖件形成了容纳发动机、车轮等部件的空间，如图2-5所示。

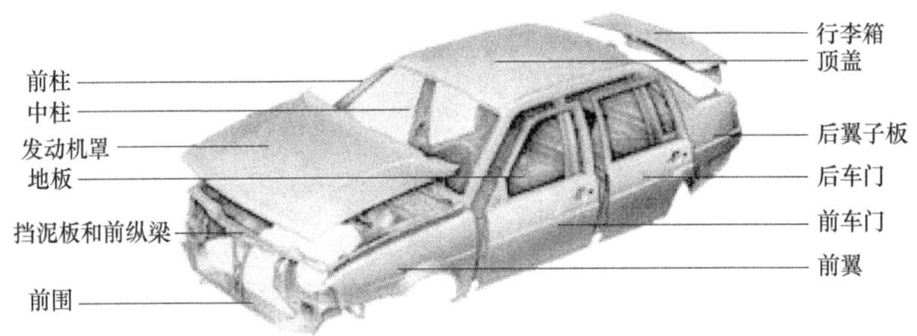

图2-5　汽车车身结构

3）车门通过铰链安装在车身壳体上，其结构较复杂，是保证车身的使用性能的重要部件。

4）车身外部装饰件主要是指装饰条、车轮装饰罩、标志、浮雕式文字等。散热器面罩、保险杠、灯具以及后视镜等附件亦有明显的装饰性。

5）车内部装饰件包括仪表板、顶篷、侧壁、座椅等表面覆饰物，以及窗帘和地毯。在轿车上广泛采用天然纤维或合成纤维的纺织品、人造革或多层复合材料、连皮泡沫塑料等表面覆饰材料；在客车上则大量采用纤维板、纸板、工程塑料板、铝板、花纹橡胶板以及复合

装饰板等覆饰材料。

6）车身附件有门锁、门铰链、玻璃升降器、各种密封件、风窗刮水器、风窗洗涤器、遮阳板、后视镜、拉手、点烟器、烟灰盒等。在现代汽车上常常装有无线电收放音机和杆式天线，在有的汽车车身上还装有无线电话机、电视机或加热食品的微波炉和小型电冰箱等附属设备。

7）车身内部的通风、暖气、冷气以及空气调节装置是维持车内正常环境、保证驾驶人和乘员安全舒适的重要装置。座椅也是车身内部重要装置之一。座椅由骨架、坐垫、靠背和调节机构等组成。坐垫和靠背应具有一定的弹性。调节机构可使座位前后或上下移动以及调节坐垫和靠背的倾斜角度。某些座椅还有弹性悬架和减振器，可对其弹性悬架加以调节以便在驾驶不同的体重作用下仍能保证坐垫离地板的高度适当。在某些货车驾驶室和客车车厢中还设置适应夜间长途行车需要的卧铺。

8）为保证行车安全，在现代汽车上广泛采用对乘员施加约束的安全带、头枕、气囊以及汽车碰撞时防止乘员受伤的各种缓冲和包垫装置。按照运载货物的种类不同，货车车厢可以是普通栏板式结构，平台式结构，倾卸式结构，闭式车厢，气、液罐以及运输散粒货物（谷物、粉状物等）所采用的气力吹卸专用容罐，或者是适于公路、铁路、水路、航空联运和国际联运的各种标准规格的集装箱。

任务实施

一、桑塔纳 3000 轿车前保险杠的拆装

1）拆卸前车牌上的 4 个铆钉，取下前车牌，如图 2-6 所示。

2）拆除进气格栅上的两个固定螺钉，如图 2-7 所示。

图 2-6　桑塔纳 2000 前保险杠拆卸（1）

图 2-7　桑塔纳前保险杠拆卸（2）

3）拿掉进气格栅，卸下前保险杠上方的 3 个螺钉，如图 2-8 所示。

4）拆除前翼子板下方两侧与保险杠相连的螺钉，如图 2-9 所示。

5）举升车辆，拆除前保险杠下方与车身相连接的螺钉，如图 2-10 所示。

6）取下前保险杠，如图 2-11、图 2-12 所示。

7）安装前保险杠按与拆卸相反的顺序进行。

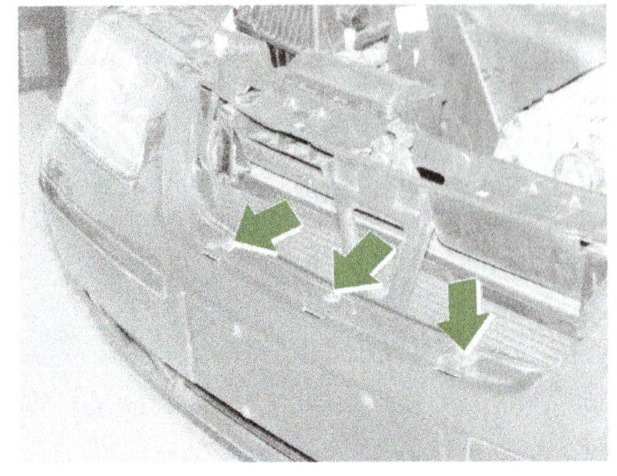
图 2-8　桑塔纳前保险杠拆卸（3）

图 2-9　桑塔纳前保险杠拆卸（4）

图 2-10　桑塔纳前保险杠拆卸（5）

图 2-11　桑塔纳前保险杠拆卸（6）

二、汽车后保险杠的拆卸

1）拆卸后车牌上的 4 个铆钉，取下后车牌，如图 2-13 所示。

图 2-12　桑塔纳前保险杠拆卸（7）

图 2-13　桑塔纳后保险杠拆卸（1）

2）拆掉后保险杠上的两个扣板，如图 2-14 所示。

3）卸下露出的两个联接螺钉，如图 2-15 所示。

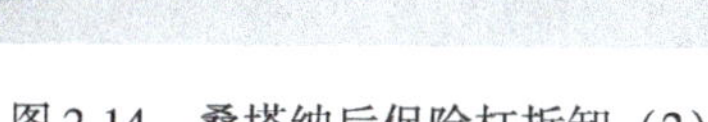

图 2-14　桑塔纳后保险杠拆卸（2）

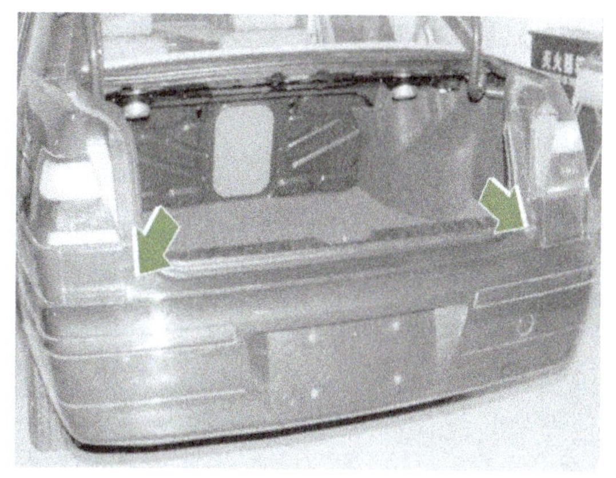

图 2-15　桑塔纳后保险杠拆卸（3）

4）拆除牌照灯上的固定螺钉，拆下后牌照灯，如图 2-16 所示。

5）拆掉牌照灯盒内的联接螺钉，如图 2-17 所示。

图 2-16　桑塔纳后保险杠拆卸（4）

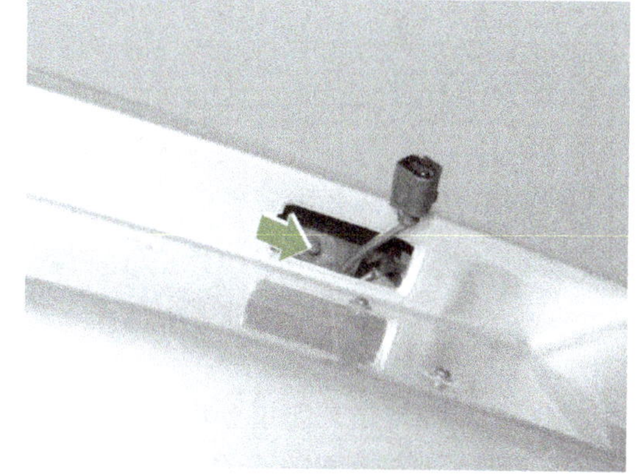

图 2-17　桑塔纳后保险杠拆卸（5）

6）拆掉后翼子板下方两侧与保险杠相联接的螺钉，如图 2-18 所示。

7）举升车辆，拆除后保险杠下方与车身相联接的螺钉，如图 2-19 所示。

图 2-18　桑塔纳后保险杠拆卸（6）

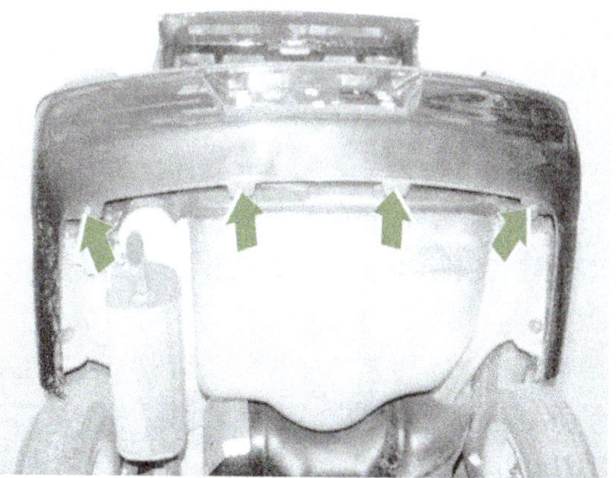

图 2-19　桑塔纳后保险杠拆卸（7）

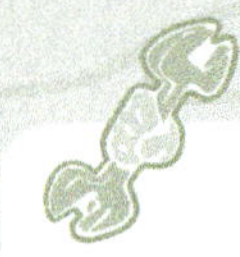

8）取下后保险杠，如图2-20所示。

图2-20　桑塔纳后保险杠拆卸（8）

9）安装后保险杠按与拆卸相反的顺序进行。

拓展提高

汽车的使用性能

汽车的使用性能是指汽车满足使用要求的程度，也是衡量汽车性能好坏的重要指标。汽车的使用性能包括：动力性、燃料经济性、制动性、操纵稳定性、行驶平顺性、乘坐舒适性、通过性、安全性、可靠性、耐久性、操作方便性和排放性等。

1. 汽车的动力性

汽车动力性可用下面几个方面指标进行评价。

（1）汽车的最高车速　汽车的最高车速是指汽车在水平的良好路面（混凝土或沥青）上能达到的最高行驶速度。

（2）汽车的加速能力　汽车的加速能力指汽车在各种使用条件下迅速增加汽车行驶速度的能力。汽车的加速能力强，表明汽车有较好的超车能力，汽车的加速能力通常用原地起步至某一速度（例如100km/h）的加速时间来衡量，或由原地起步行驶某一距离（例如400m）的加速时间来衡量。

（3）汽车的爬坡能力　汽车的爬坡能力用汽车满载时以最低档位在坚硬路面上等速行驶所能克服的大坡度来表示，称为最大爬坡度。它表示汽车最大牵引力的大小。

不同类型的汽车对上述三项指标要求各有不同。轿车与客车偏重于最高车速和加速能力，载货汽车和越野汽车对最大爬坡度要求较严。

（4）最大功率　最高输出功率一般用千瓦（kW）来表示。发动机的输出功率同转速关系很大，随着转速的增加，发动机的功率也相应提高，但是到了一定的转速以后，功率反而呈下降趋势。一般在汽车使用说明书中最高输出功率同时用每分钟转速来表示（r/min）。

（5）最大转矩　发动机从曲轴端输出的力矩，转矩的表示方法是N·m/（r/min），最大转矩一般出现在发动机的中、低转速范围，随着转速的提高，转矩反而会下降。

2. 汽车的燃料经济性

为降低汽车运输成本，要求汽车以最少的燃料消耗，完成尽量多的运输量。汽车以最少的燃料消耗量完成单位运输工作量的能力，称为燃料经济性。燃料经济性的衡量指标是：给定行驶里程的汽车燃料消耗量，或给定燃料消耗量能使汽车行驶的里程。例如，我国采用的指标是汽车行驶 100km 消耗的燃料量（L/100km）。

3. 汽车的制动性

汽车具有良好的制动性是安全行驶的保证，也是汽车动力性得以很好发挥的前提。汽车制动性有下述三方面的内容。

（1）制动效能　制动效能指汽车迅速减速直至停车的能力，常用制动过程中的制动时间、制动减速度和制动距离来评价。

（2）制动效能的恒定性　在短时间内连续制动后，制动器温度升高导致制动效能下降，称为制动器的热衰退。连续制动后制动效能的稳定程度为制动效能的恒定性。

（3）制动时的方向稳定性　制动时的方向稳定性是指汽车在制动过程中不发生跑偏、侧滑和失去转向的能力。当左、右侧制动动力不一样时，容易发生跑偏；当车轮抱死时，易发生侧滑或者失去转向能力。前轮抱死后，汽车将失去转向操纵能力；后轮抱死后，汽车后部很可能发生侧滑甩尾。可见，在车轮抱死时，会影响汽车制动的方向稳定性。

4. 汽车的操纵性和稳定性

汽车的操纵性是指汽车对驾驶人转向指令的响应能力，它直接影响到行车安全。轮胎的气压和弹性、悬架装置的刚度以及汽车重心的位置都对该性能有重要影响。

汽车的稳定性是汽车在受到外界扰动后恢复原来运动状态的能力，以及抵御发生倾覆和侧滑的能力。对于汽车来说，侧向稳定性尤为重要。当汽车在横向坡道上行驶、转弯以及受其他侧向力时，容易发生侧滑或者侧翻。汽车重心的高度越低，稳定性越好。合适的前轮定位角度使汽车具有自动回正和保持直线行驶的能力，提高了汽车直线行驶的稳定性。

5. 汽车的行驶平顺性和乘坐舒适性

汽车在行驶过程中，由于路面不平的冲击会造成汽车的振动，使乘客感到疲劳和不舒适，货物损坏。为防止上述现象的发生，不得不降低车速。同时振动还会影响汽车的使用寿命。汽车在行驶中对路面不平的降振程度，称为汽车的行驶平顺性。

6. 汽车的通过性

汽车在一定的载重量下能以较高的平均速度通过各种坏路及无路地带和克服各种障碍物（陡坡、台阶、壕沟等）的能力，称为汽车的通过性。各种汽车的通过能力是不一样的。轿车和客车由于经常在市内行驶，通过能力较差，而越野汽车、军用车辆、自卸汽车和载货汽车，就必须有较强的通过能力。

7. 汽车的安全性

安全性是指汽车在行驶时避免发生碰撞事故以及碰撞后可减轻损失或伤亡的性能。

汽车的安全性可分为主动安全性和被动安全性两项。

主动安全性：主动安全性是指汽车对操纵稳定性和制动性能等事故的预防能力。如汽车 ABS、ESP 等都可提高汽车的主动安全性。

被动安全性：被动安全性是指汽车发生不可避免的碰撞事故时，对驾驶人和乘员进行保护，尽可能减少其所受的伤害的能力，即提高汽车碰撞对人员的保护能力，如保险杠性能、防撞车身结构、安全带效能、安全气囊效能、安全玻璃性能等都可以提高被动安全性。图 2-21 所示为汽车安全气囊工作情况。

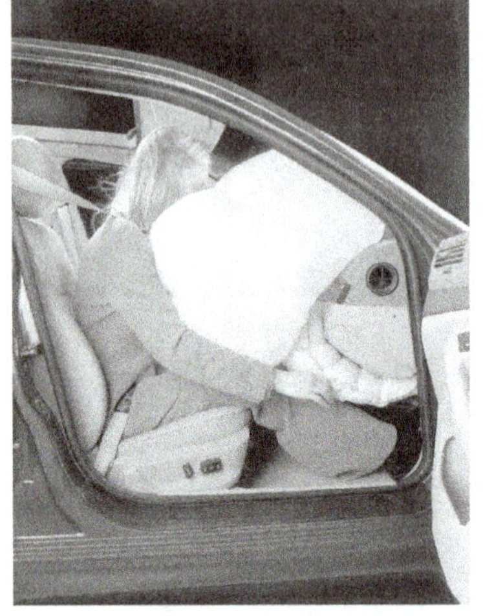
图 2-21　汽车安全气囊工作情况

8. 汽车的可靠性和耐久性

可靠性是指汽车在正常条件下、规定的时间内完成必要的工作的能力。如果汽车的零部件在规定的使用期限内不能保证性能要求，就称为“故障”或“不可靠”。零部件从开始正常工作直至不能正常工作而报废的整个过程称为使用寿命，可用零部件的工作时间或汽车的行驶里程来衡量。可靠性和耐久性的含义有相似之处，但可靠性针对故障而言，而耐久性指使用寿命的长短。

思考问题

1. 汽车保险杠能起到什么作用？
2. 汽车各项特征参数对汽车性能有什么影响？

任务二　汽车车门内饰板的拆装

学习目标

1. 熟悉维修车间场地布置。
2. 了解汽车内饰件的组成与作用。
3. 掌握汽车车门内饰板的拆装方法。
4. 熟悉维修车间安全文明生产要求。

任务情境

客户的桑塔纳 3000 轿车的电动窗工作出现异常。

任务分析

升降机部件都安装在车门内，在检查、维修和更换时，首先需拆卸车门内饰板。除此之外，汽车的线路大都掩盖在内饰下，在进行维修检查时，首先需熟练掌握内饰件的拆装方法。

任务实施的相关专业知识

汽车内饰件的组成：汽车内饰件包括仪表板、车门内护板、转向盘、座椅、顶篷、地垫、遮阳板、储物盒、烟灰盒等，还有一些附属设备，如音响、空调、通信、电视、照明灯具等。

1. 仪表台或仪表板

仪表板总成也称为仪表盘总成，它是汽车上主要内饰件，它壁薄、体积大，上面开有很多方孔、圆孔等仪表孔，且结构形状十分复杂。汽车中，绝大多数的操控开关都是驾驶人专用的，一般在转向盘前面，如仪表及仪表罩、灯光开关、刮水器开关等，如图 2-22 所示。

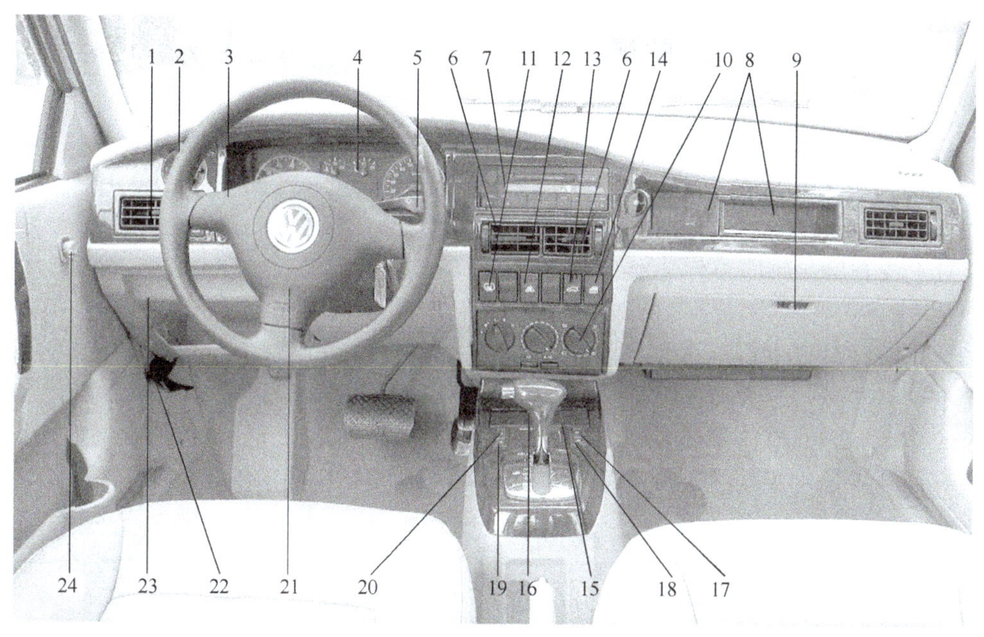

图 2-22 桑塔纳 3000 型轿车仪表板

1—出风口 2—灯光转换开关 3—转向信号灯和远光灯拨杆（转向盘后） 4—组合仪表 5—风窗刮水器和风窗洗涤装置 6—出风口 7—收音机/CD 播放机 8—杂物盒 9—杂物箱 10—空调开关 11—后窗加热开关 12—危险报警闪光灯开关 13—行李箱盖锁开启开关 14—车窗升降锁定开关 15—点烟器/烟灰盒 16—变速器杆 17—前乘员侧车窗玻璃升降开关 18—右后排乘员车窗玻璃升降开关 19—左后排乘员车窗玻璃升降开关 20—驾驶人侧车窗玻璃升降开关 21—转向盘 22—发动机罩开锁装置 23—熔丝护板壳 24—电动后视镜开关

2. 车门内饰板

车门内饰板占据了驾驶室内左、右两个侧面，是汽车内饰中重要的功能件和装饰件，使用十分频繁，车门内饰板上装有门锁内手柄、门锁开启按钮、玻璃升降手柄、扶手、杂物袋、扬声器等，并对肘部活动空间有直接影响。许多仪表板控制件和座椅的扶手都布置在车门内饰板上，如图 2-23 所示。

3. 座椅

汽车座椅是根据人体工程学原理设计的，它不仅要满足驾乘人员的使用功能，而且具有舒适的特点。座椅前后调节一般是靠滑道来完成的，座椅上下调节则靠螺旋升降装置，如图2-24所示。现在有的座椅在坐垫上还增加了加热、充冷气装置，以适用于高热、高寒地区不同用户的需要。

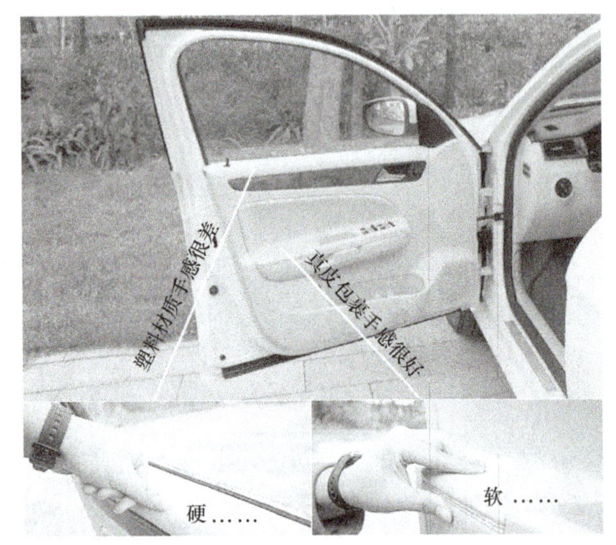

图2-23　汽车车门内饰板

4. 转向盘

转向盘是汽车的主要操作功能件，也是装饰件。转向盘一般由盘毂、圆周和盘辐及附件等组成。早期的转向盘功能单一，只有转向功能。随着技术的发展，现代汽车的转向盘集合了多种功能，在其上可布置一些操控件和按钮。这样驾驶人在手不离开转向盘的情况下就可以进行许多操作，既方便，又安全，如图2-25所示。此外轿车转向盘内都装有安全气囊，以保证汽车的被动安全性。转向盘的尺寸和形状直接影响到转向操纵的轻便性，选用较大直径的转向盘虽然操纵轻便，但是会使驾驶人进出驾驶室困难；选用较小直径的转向盘时，会要求驾驶人施加较大的力，从而使汽车操纵趋于困难。新型汽车中，一般都有转向助力装置，转向力不需要很大，从而提高了操纵舒适性。

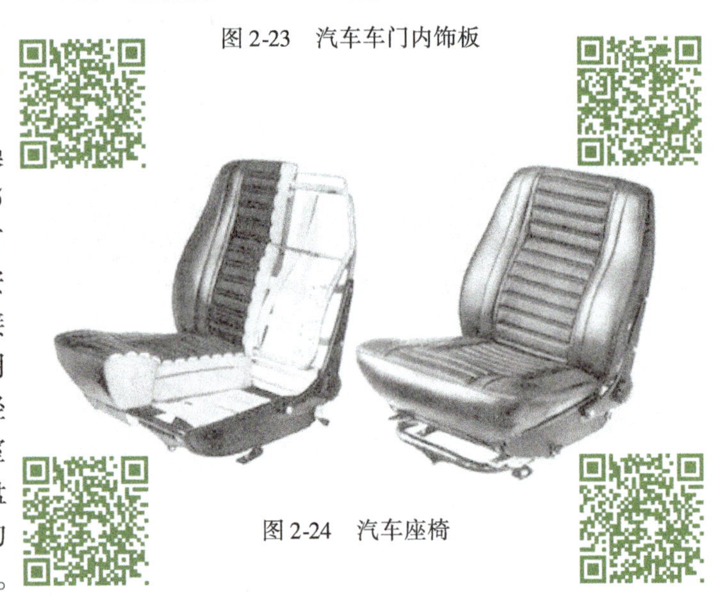

图2-24　汽车座椅

5. 顶篷、后围护板

车内顶篷、后围护板（主要用于商用车）是内饰件中材料和品种花样最多的一种复合层压制品。它的作用除了起装饰功能外，还起着隔热、隔声等功能，如图2-26所示。

顶篷、后围按其材料分为硬质的和软质的。硬质一般由基材和表皮构成，表皮材料的轿车顶篷一般使用TPO发泡片材、玻璃纤维、无纺涤纶布材料层压成形。软质的顶篷一般由基材和表皮构成，基材采用热固性或热塑性毡类压制成形，表皮材料选用针织面料、无纺布、PVC等。

6. 地垫

地垫主要起装饰、防污和防滑等作用。轿车中的地垫一般都采用美观、漂亮的复合成形垫（如橡胶、PVC、毛、麻类），橡胶的可热压成形，PVC的可注塑成形，如图2-27所示。

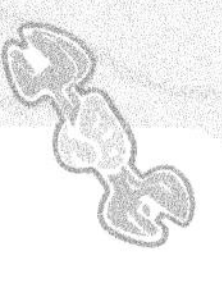

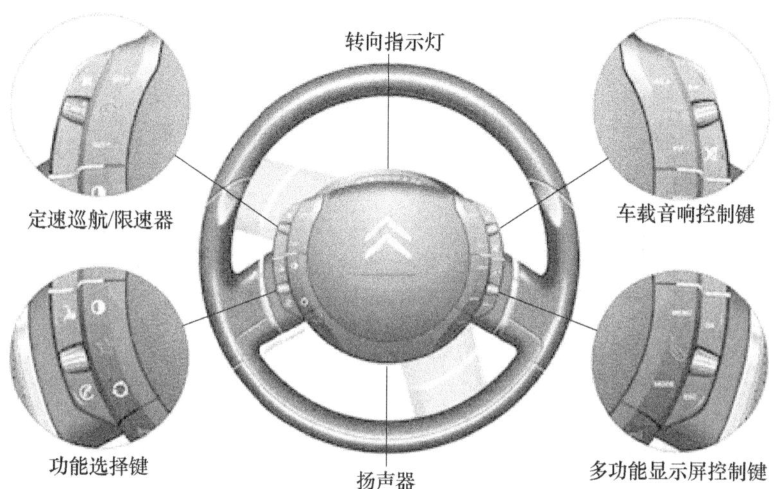

图 2-25　雪铁龙中央集控式转向盘

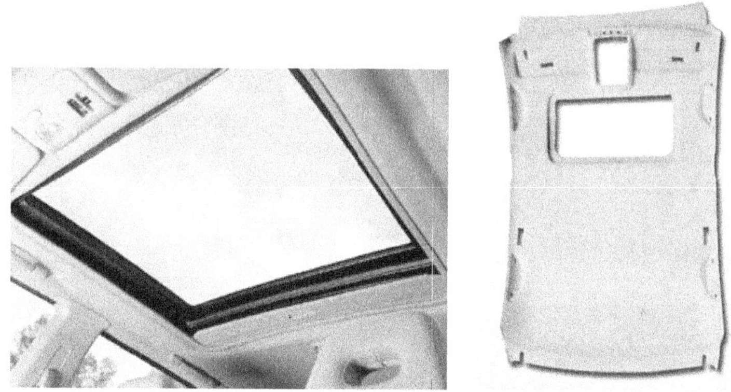

图 2-26　汽车顶篷

图 2-27　汽车整体地垫

任务实施

汽车车门内饰板拆卸（以别克凯越轿车左前门为例）

1）拆卸电动后视镜护板，拔下电动后视镜插头，如图2-28所示。

2）用螺钉旋具拆卸门拉手护罩，如图2-29所示。

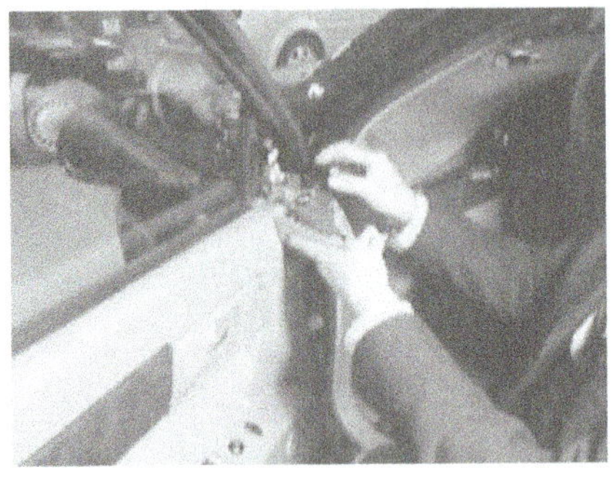

图2-28　拔下电动后视镜插头

图2-29　拆卸门拉手护罩

注意卡扣的位置，确认卡扣脱开再撬出。

3）用螺钉旋具撬开车门内饰板固定螺钉护罩，如图2-30所示。卸掉螺钉，如图2-31所示。

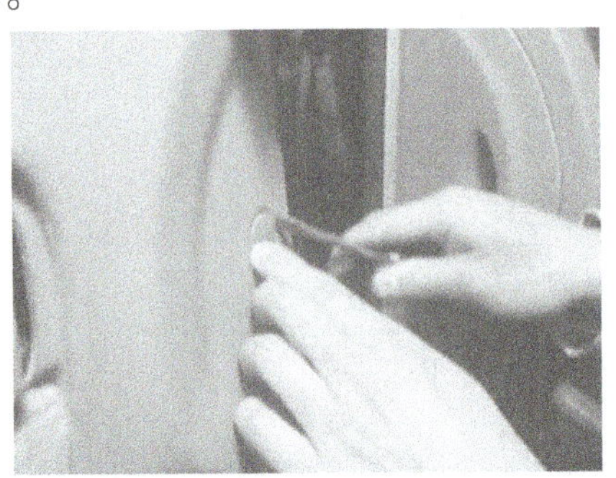

图2-30　拆卸车门内饰板固定螺钉护罩

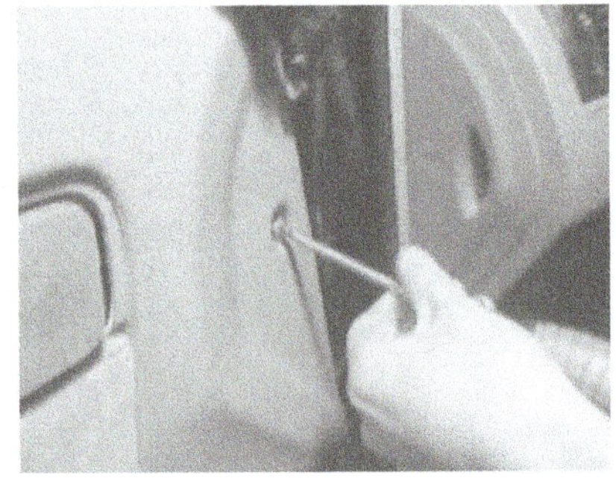

图2-31　拆卸车门内饰板固定螺钉

4）拆卸电动车窗组合开关固定螺钉，如图2-32所示。

5）取出电动车窗组合开关，如图2-33所示；拔下开关插头，如图2-34所示。

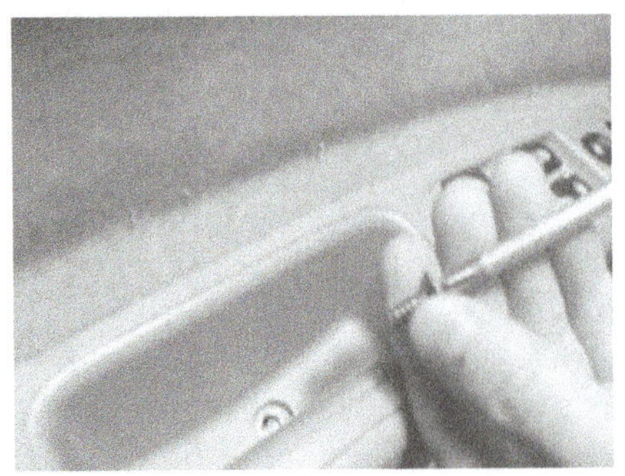

图2-32　拆卸电动车窗组合开关固定螺钉

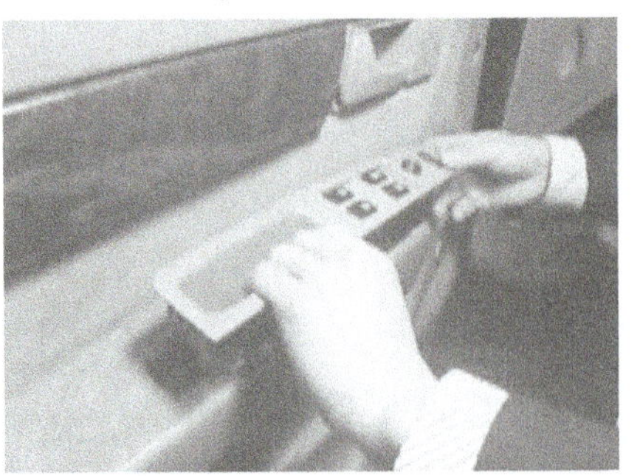

图2-33　取出电动车窗组合开关

6）拆卸车门内饰板下部固定螺钉（图2-35）。

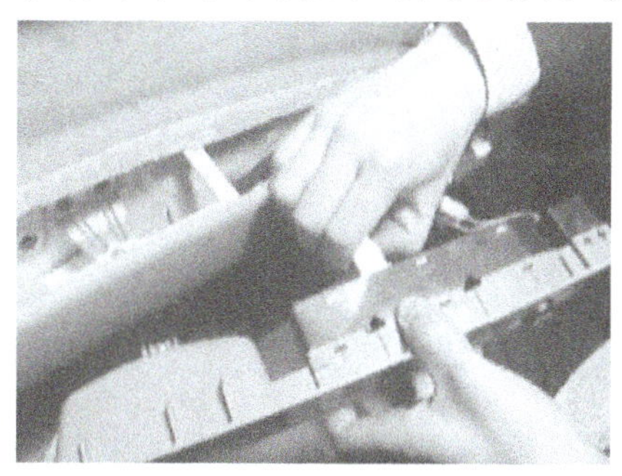

图2-34　拔下电动车窗组合开关插头

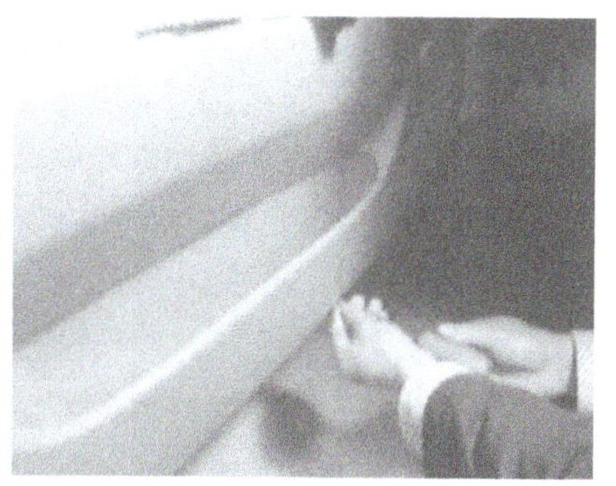

图2-35　拆卸车门内饰板下部固定螺钉

7）取下车门内饰板（图2-36），注意操作时均匀用力，并注意门锁位置。

8）用钳子拔下中控门锁插头（图2-37），拔下车门内部照明灯插头（图2-38）。

图2-36　取下车门内饰板

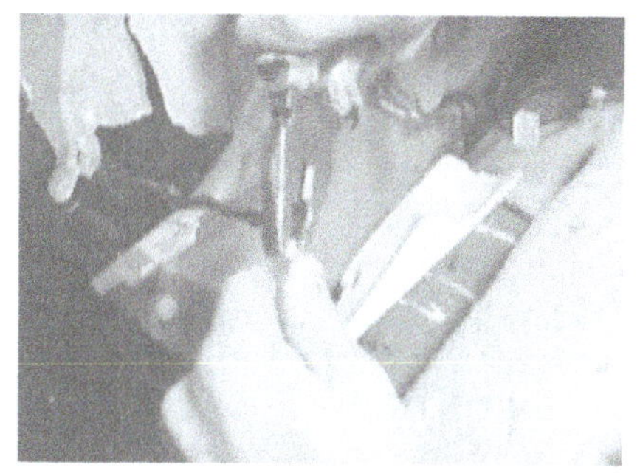

图2-37　拔下中控门锁插头

9）取下车门内饰板（图2-39）。

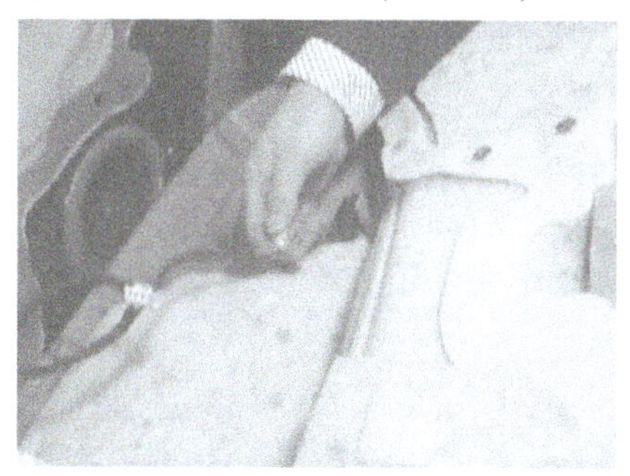

图2-38　拔下车门内部照明灯插头

图2-39　取下车门内饰板

拓展提高

一、汽车的总体布置形式

为满足不同使用要求，汽车的总体构造和布置形式可以是不同的。按发动机和各个总成相对位置的不同，现代汽车的布置形式通常有如下几种（图2-40）：

1）发动机前置后轮驱动（FR）。
2）发动机前置前轮驱动（FF）。
3）发动机后置后轮驱动（RR）。
4）发动机中置后轮驱动（MR）。
5）全轮驱动（NWD）。

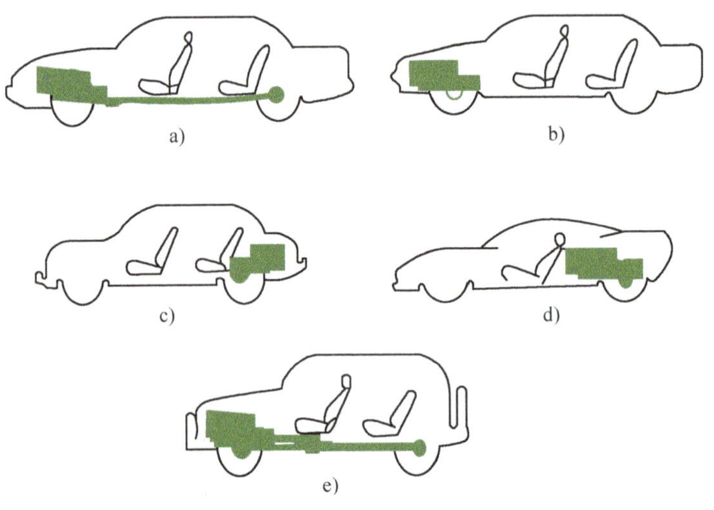

图 2-40　现代汽车的布置形式
a）FR 式　b）FF 式　c）RR 式　d）MR 式　e）NWD 式

前轮驱动车辆的传动效率比后轮驱动车辆要高。所有的前轮驱动车辆在设计的时候，不管发动机横置还是纵置，它的重心都偏于前轴，也就是在车头侧，与驱动轮的位置很近，传动距离短。其中，前横置发动机效率最高，这也是大多数前驱车所采用的布置方式。由于发动机的输出轴与汽车前轴平行，变速器与驱动桥做成一体固定在发动机旁，这种距离最短，且没有经过任何转换的传动效率是最高的。

大多数的后轮驱动车辆，采用的是前置或者前中置发动机、后轮驱动的布置方式，动力从发动机经过变速器出来以后，必须通过一根长长的传动轴，经万向节传递到后差速器，然后才能从后差速器分出两根半轴分别驱动两个后轮。这种过长的传动距离会损失动力。

车内空间拓展方面，前轮驱动车辆要好于后轮驱动车辆。正常行驶时车辆的操纵稳定性，前驱比后驱好。

汽车在加速时，重心后移，此时前轮承担的重量将减小，而后轮承担的重量将加大，也就是说车身前部的正压力会减小，而车身后部的正压力会增大。前轮与地面的摩擦力减小，而后轮与地面的摩擦力增大了。如果此时后轮是驱动轮，打滑的概率会小得多，有效牵引力自然就更大。相对于前轮驱动车辆，后轮驱动车辆能够提供更大的有效牵引力。如果要求汽车有好的加速性能，理论上就应该采用后驱设计。同时，后轮驱动车辆前轮只负责转向并不承担驱动的工作，因此后轮驱动车辆的转向角度要比前轮驱动车辆大得多。由于重心分布均匀，后轮驱动车辆的转弯性能要远高于前轮驱动车辆。

二、汽车前、后配重

前、后配重指车身前轴与车身后轴各自所承担重量的比。汽车的配重一般 50:50 是最平

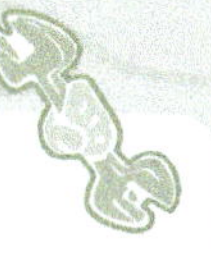

均的，宝马最引以为豪的就是50:50的前、后配重比。

但现实生活中经常遇到过弯、加速等情况，从力学角度来看，48:53～40:60时对付弯道加速会比较灵活，但爬坡就差一点；相反当前重于后时，过弯就会很迟钝。

为了达到汽车行驶的最佳性能，厂家会根据发动机安装位置和驱动形式不同，对车辆进行前、后轴重量的配比，这样的工作称为车辆配重。厂家根据产品定位，会对配重比例进行相应调整，最终达到预期效果。一辆配重均衡的汽车，不仅在运动性上能有优异表现，而且可以让动力更有效地传递到车轮，对加速和制动也能起到很大帮助。

1. FF前置前驱

前置前驱就是发动机布局在车辆前部，驱动轮为前轮的结构形式。其优势是省略了传动轴，减轻了车重，由于发动机离驱动轮更近，所以传输效率更高，而且结构相对简单，成本造价低，故多用于普通家用型轿车。

从配重角度出发，发动机和变速器的自重全部施压在前轮驱动轴上，所以无法避免会出现“头重尾轻”的情况，弊端是在加速或爬坡时，由于惯性后移，前轮附着力减少，导致车辆牵引力下降，曾在网络上关注度极高的某车型“爬坡门”事件就是此种现象的真实写照。另外在高速过弯时，由于前部惯性较大，容易导致转向不足，也就是俗称的车辆“推头”现象。这是此种结构不能避免的，所以前置前驱结构的汽车在运动性上有很大局限性。可以说前置前驱结构的家用轿车很难做到前、后平均配重。常见的前驱轿车多为60:40的配重比例。

2. FR前置后驱

前置后驱指发动机前置、后轮驱动的结构形式，这是一种最传统的驱动形式。大多数货车、皮卡、民用高级豪华轿车，还有部分客车都采用这种驱动形式，但由于传动效率降低、自重加大、影响燃油经济性、成本造价高等因素，所以采用该形式的小型轿车很少。

由于增加了驱动轴和后轮传动装置，所以车尾配重增加，使车辆更容易接近50:50的理想状态。由于惯性原理，前置后驱的汽车在加速时驱动轮附着力加大，牵引力和加速性要普遍优于前置前驱车型，前、后轴平均的配重方式也会得到良好的车辆稳定性和行驶平顺性。

3. MR中置后驱

发动机位于前轴与后轴之间，同时提供后轮驱动的结构统称为中置后驱。配重方面，前中置车型更容易做到50:50配重比例，而后中置车型则偏向于前轻后重的配比方式，由于中前置发动机与驱动轮距离较远，所以依然配有发动机传动轴，理论上讲，其形式与前置后驱相当，只是更为居中的发动机位置有助于更好地控制车辆配重。后中置车型由于省略了发动机传动轴，从而减轻了车重，传动效率也比前置后驱和前中置后驱车型高。从配重角度出发，中置后驱的重量更加集中，车辆平行摆动的惯性力矩小，转弯时，转向盘操作更加灵敏，运动特性突出。

4. RR后置后驱

后置后驱指发动机置于后轴之上，采用后轮驱动的结构形式，这种形式主要作用于大、中型客车，早年间有极少数车型也采用这种结构，如著名跑车品牌保时捷产品中的经典车型911即采用这种驱动形式。

由于重量全部集中于汽车后部，所以车辆重心偏后，后置发动机距驱动轴很近，所以传动效率很高，驱动轮获得的附着力加大，因此在加速时车辆更稳定，但由于重心偏后导致前轮附着力下降，高速转弯时会影响车辆的指向性。由于结构限制，所以保时捷将车辆配重的比例设定为40:60，这也是保时捷比较难驾驭的主要原因。

通过上述四种驱动形式可以看出，FR前置后驱和MR中置后驱的结构是最具运动特质的动力布局方式，两种形式最利于做到或者接近50:50的完美比重分配。大多数FF前置前驱和RR后置后驱车型由于结构的原因很难接近平均分配比重，所以这两种结构车型在运动特质上没有FR和MR那般出色的结构优势。

由于惯性原因，在加速状态下，后驱动轮能够获得更大的附着力，直接导致车辆的响应速度比前轮驱动车型快。而在弯道中，50:50配重的车辆重心位于轴心部位，前轮和后轮都不会有过大的负重，所以使得车辆的四个车轮都能保持较高的抓地力，通过极限比FF和RR形式都要高，不过由于动力全部作用于后轮之上，需要很高的驾驶技术，操作不当会导致转向过度，也就是俗称的甩尾。

思考问题

1. 汽车内饰都采用哪种连接方式？
2. 汽车前轮驱动与后轮驱动各有何特点？哪一种更好？

项目三　发动机的拆装与调整

任务一　发动机支承脚橡胶缓冲块的更换

学习目标

1. 了解汽车发动机的总体构造与工作原理。
2. 掌握发动机在汽车上的拆装方法。
3. 掌握相关工具的使用。

任务情境

一辆桑塔纳轿车发动机在怠速时有较大的振动，较高转速下，也能感觉全车振动。

任务分析

根据故障描述，发动机振动最可能的原因是发动机或变速器的支承或中间的橡胶缓冲块损坏或断裂。更换发动机支承脚橡胶缓冲块需吊出发动机。

一般情况下，以下两种情形需吊出发动机：一是发动机在事故中严重损毁；二是发动机性能严重下降需进行大修。尽管有些发动机修理工作可以在车辆上进行，但是大多数的发动机修理作业需要将发动机从车辆上拆卸下来。检修完毕，需要按照正确的方法装复发动机。

任务实施的相关专业知识

一、汽车发动机的类型

发动机是将某种形式的能量转换为机械能的机器。它是汽车的动力源。汽车使用的发动机主要是往复活塞式内燃机，即燃料在机器内部燃烧，产生的热能通过活塞的往复直线运动直接转化为机械能（图 3-1）。内燃机具有热效率高、结构紧凑、体积小、质量小和容易起动等优点，因而广泛用作汽车动力。汽车发动机可根据不同的分类方法进行分类。

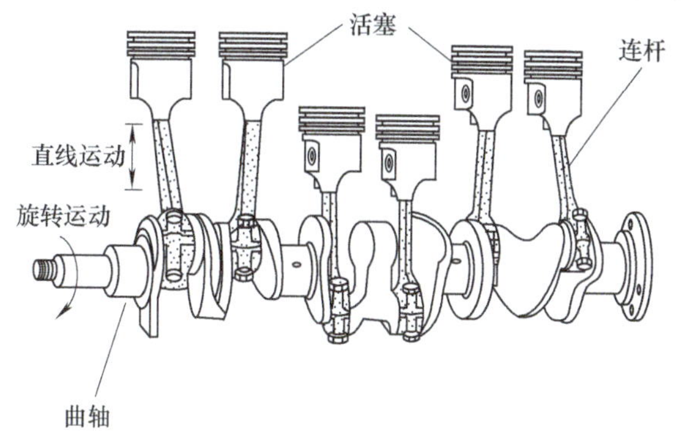

图 3-1　活塞往复运动通过连杆带动曲轴转变为旋转运动

1）按活塞运动方式的不同，汽车发动机可分为活塞在气缸内做往复直线运动的往复活塞式发动机和活塞在气缸内做旋转运动的转子式发动机。

2）按所用燃料不同，活塞式发动机主要分为汽油机、柴油机和气体燃料发动机（图 3-2）。使用汽油的内燃机称为汽油机，使用柴油的内燃机称为柴油机。汽油机和柴油机各有特点。汽油机转速高、质量小、噪声小、容易起动、制造成本低；柴油机压缩比大，热效率高，经济性能和排放性能较好。使用天然气、液化石油气（LPG）和其他气体燃料的活塞式发动机称为气体燃料发动机。

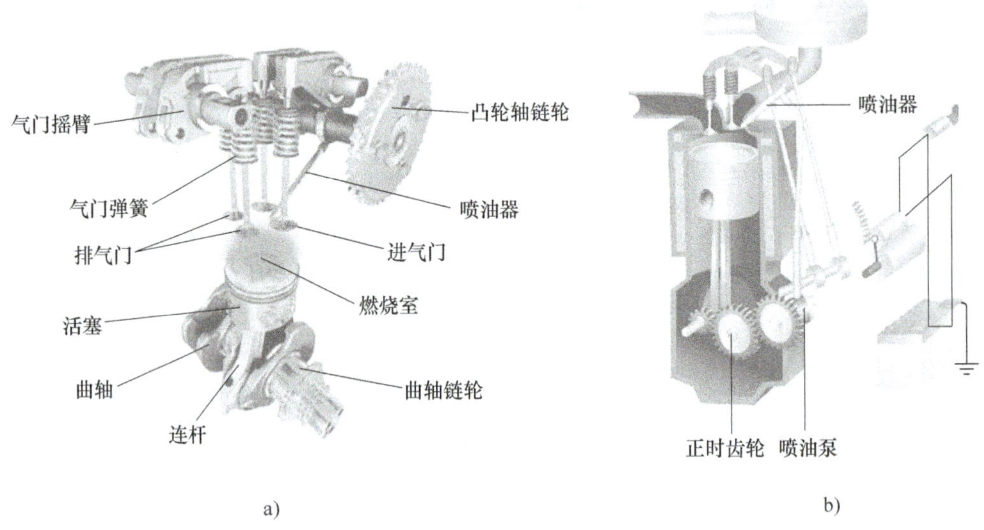

图 3-2　发动机按所用燃料分类

a）汽油机　b）柴油机

3）按发动机完成一个工作循环所需的行程数可分为四冲程发动机和二冲程发动机。曲轴旋转两圈（720°），活塞在气缸内上下往复运动四个行程，完成一个工作循环的发动机称为四冲程发动机；而曲轴旋转一圈（360°），活塞在气缸内上下往复运动两个行程，完成一个工作循环的发动机称为二冲程发动机。汽车发动机广泛使用四冲程发动机。

4）按冷却方式的不同，活塞式发动机分为水冷式发动机和风冷式发动机。水冷式发动机是利用冷却液作为冷却介质进行冷却的；而风冷式发动机是利用流动于气缸体与气缸盖外表面散热片之间的空气作为冷却介质进行冷却的。水冷式发动机冷却均匀，工作可靠，冷却效果好，被广泛应用于现代车用发动机。

5）按发动机气缸数目的不同可以分为单缸发动机和多缸发动机。仅有一个气缸的发动机称为单缸发动机；有两个以上气缸的发动机称为多缸发动机，如两缸、三缸、四缸、六缸、八缸、十二缸等都是多缸发动机。在同等缸径下，通常缸数越多，排量越大，功率也就越高；而在发动机排量相同的情况下，缸数越多，缸径越小，发动机转速就可以提高，从而获得较大的功率。

6）按发动机气缸排列方式的不同可分为单列式和双列式。单列式又称为直列式，发动机的各个气缸排成一列，一般是垂直布置的，但为了降低高度，可把气缸布置成倾斜的甚至水平的。双列式发动机把气缸排成两列，两列之间的夹角小于 180°（一般为 90°）时称为 V 形发动机，两列之间的夹角等于 180°时称为水平对置式发动机（图 3-3）。

7）按进气状态不同，发动机可分为增压式发动机和自然吸气式（非增压式）发动机。若进气是在接近大气状态下进行的，则为自然吸气式发动机；利用增压器将进气压力增高，进气密度增大的，则为增压式发动机。增压可以提高发动机功率。

目前，应用最广、数量最多的汽车发动机为四冲程往复活塞式发动机。

二、汽车发动机的总体构造

汽油发动机由曲柄连杆机构、配气机构和燃料供给系统、润滑系统、冷却系统、点火系统、起动系统组成（图 3-4），柴油机由两大机构四大系统组成（无点火系）。

表 3-1 列出汽油发动机的组成与作用。

图 3-5 所示为发动机的基本构成。

三、汽车发动机的基本术语

发动机的基本术语如图 3-6 所示。

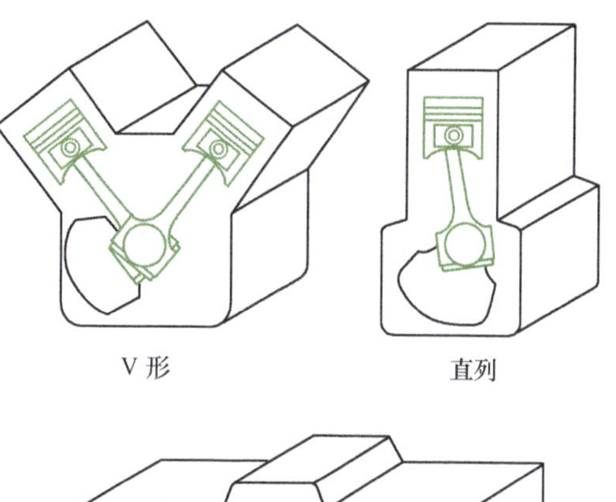

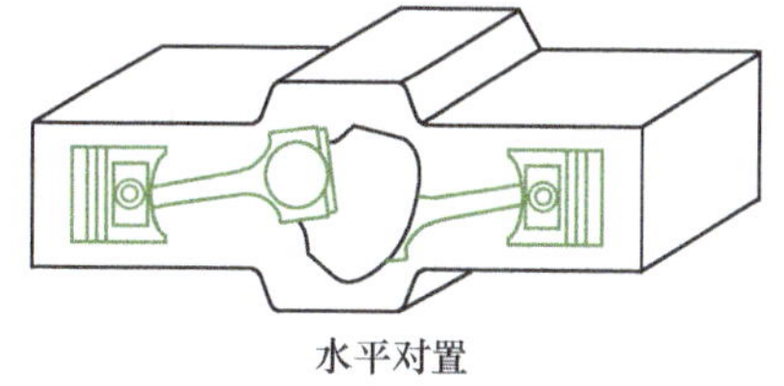

图 3-3　气缸的布置形式

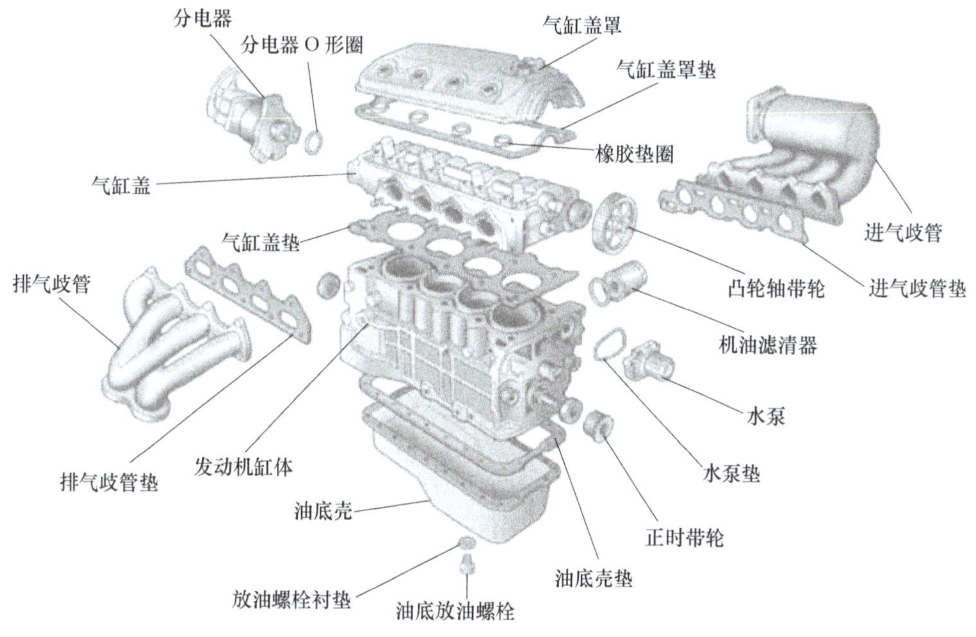

图 3-4　汽车发动机构造

表 3-1　汽油发动机的组成与作用

机构或系统	组　成	作　用
曲柄连杆机构	机体组：气缸体、气缸套、气缸垫、油底壳 活塞连杆组：活塞、活塞环、活塞销、连杆 曲轴飞轮组：曲轴、飞轮	发动机的主体部分，是发动机实现能量转换，并将活塞的往复直线运动转变成曲轴旋转运动的核心机构

（续）

机构或系统	组　　成	作　　用
配气机构	气门组：进气门、排气门、气门座圈、气门导管、气门弹簧 气门传动组：凸轮轴、液力挺柱、推杆、摇臂组件	根据发动机的工作状况，准确地控制各缸进、排气门的开启和闭合，以便及时向气缸供入混合气，并把燃烧后生成的废气从气缸中排出
燃料供给系统	空气供给装置：空气滤清器、进气歧管 燃油供给装置：汽油箱、汽油滤清器、汽油泵、 混合气形成装置：喷油器及控制装置 废气排出装置：排气歧管、排气消声器	提供新鲜的空气和清洁的燃油，并把两者形成的混合气输入气缸，同时将燃烧生成的废气净化后排入大气
润滑系统	机油泵、机油滤清器、机油细滤器、机油冷却器、限压阀、润滑油道、润滑压力表	将一定压力的润滑油输送到运动副的表面，以形成液体摩擦，从而减轻机件的磨损，延长发动机的使用寿命
冷却系统	水泵、散热器、膨胀水箱、风扇、节温器、气缸体、气缸内的循环水套、分水管、放水开关	通过冷却介质把受热机体的热量散失到大气中去，以保证发动机在最佳工作温度下正常工作
点火系统	蓄电池、发电机、点火线圈、分电器、火花塞、点火开关	利用点火系统产生的高压电火花，通过火花塞定时点燃气缸中被压缩的可燃混合气
起动系统	起动机及其附属装置	由起动机带动曲轴运转，使发动机由相对静止转入自行运转状态，当发动机正常工作后，起动机不再起作用

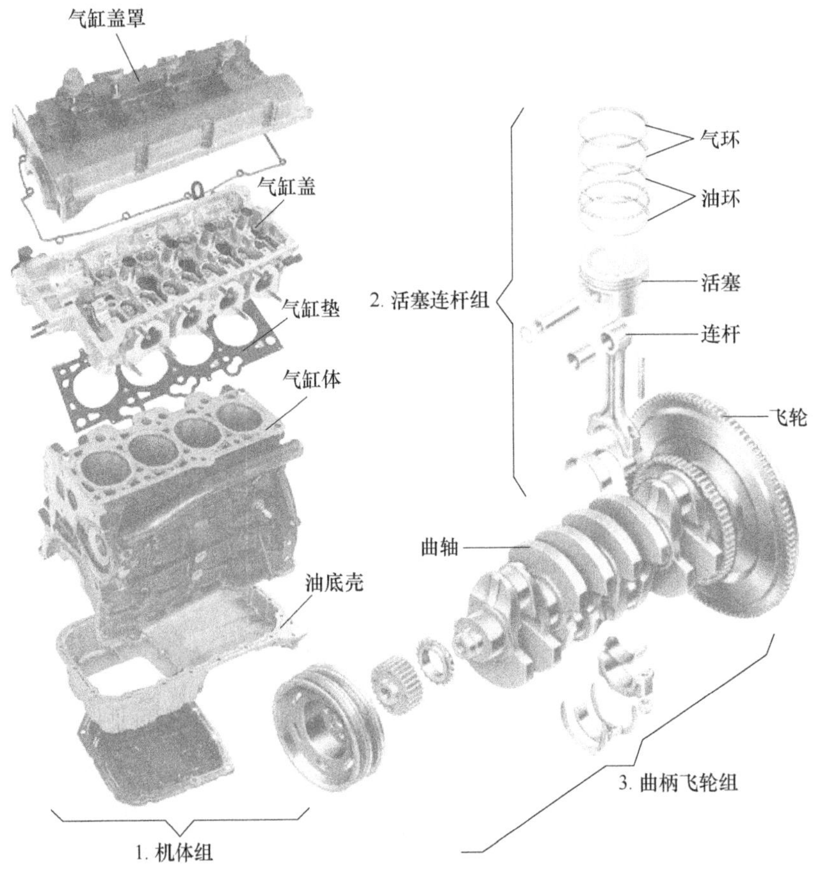

图 3-5　发动机的基本构成

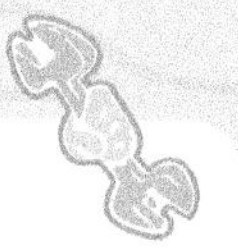

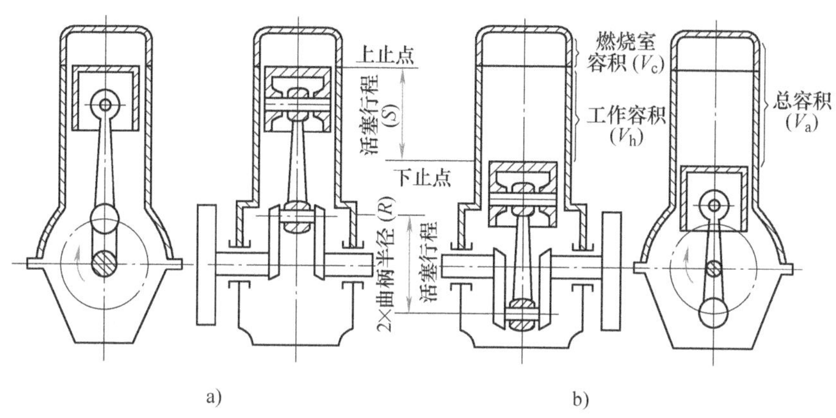

图 3-6 发动机的基本术语和参数

a）活塞在上止点位置 b）活塞在下止点位置

1. 上止点

上止点指活塞在气缸内做往复直线运动时，活塞向上运动到的最高位置，即活塞顶面距离曲轴回转中心最远的极限位置，一般指活塞上行到最高位置。

2. 下止点

下止点指活塞在气缸内做往复直线运动时，活塞向下运动到的最低位置，即活塞顶面距离曲轴回转中心最近的极限位置，一般指活塞下行到最高位置。

3. 活塞行程 S（mm）

活塞从一个止点到另一个止点移动的距离，即上、下止点之间的距离称为活塞行程，一般用 S 表示。完成一个活塞行程，曲轴旋转 180°。

4. 曲柄半径 R（mm）

曲轴主轴颈中心线到连杆轴颈中心线的垂直距离称为曲柄半径，一般用 R 表示。通常活塞行程为曲柄半径的两倍，即 $S=2R$。

5. 气缸工作容积 V_h（L）

活塞从一个止点到另一个止点所扫过的容积，称为气缸工作容积，一般用 V_h表示。其计算式为

$$V_h=\frac{\pi}{4}D^2S\times10^{-6}$$

式中 D——气缸直径，单位为 mm；

S——活塞行程，单位为 mm。

6. 燃烧室容积 V_c（L）

活塞位于上止点时，活塞顶上面的空间为燃烧室，它的容积称为燃烧室容积，一般用 V_c表示。

7. 发动机排量 V_L（L）

多缸发动机所有工作容积之和称为发动机排量，一般用 V_L表示。设发动机的气缸数为

i，则

$$V_L = V_h i$$

8. 气缸总容积 V_a（L）

活塞位于下止点时，活塞上方的容积称为气缸总容积，一般用 V_a 表示。气缸总容积等于气缸工作容积与燃烧室容积之和，即

$$V_a = V_h + V_c$$

9. 压缩比 ε

气体压缩前的容积与气体压缩后的容积之比，即气缸总容积与燃烧室容积的比值，一般用 ε 表示：

$$\varepsilon = \frac{V_a}{V_c} = 1 + \frac{V_h}{V_c}$$

压缩比表示活塞由下止点运动到上止点时，气缸内气体被压缩的程度。压缩比越大，压缩完成时气缸内的气体压力和温度就越高。一般车用汽油机的压缩比为7～10，柴油机的压缩比为15～22。

10. 工作循环

一个工作循环包括进气、压缩、做功、排气行程，即发动机完成进气、压缩、做功和排气四个行程称为一个工作循环。

四、发动机的工作原理

发动机是一种能量转换机构，它将燃料燃烧产生的热能转变成机械能。燃料在气缸内每完成一次燃烧，都要经过进气、压缩、做功和排气四个过程。周而复始，使曲轴连续运转。

（1）进气行程　如图3-7a所示，由于曲轴的旋转，活塞从上止点向下止点运动，这时进气门打开，排气门关闭。进气过程开始时，活塞位于上止点，随着活塞的下移，气缸内容积不断增大，在气缸内产生真空吸力，可燃混合气通过进气门被吸入气缸，直至活塞向下运动到下止点。在进气过程中，受空气滤清器、进气管道、进气门等产生的阻力的影响，进气终了时，气缸内气体压力略低于大气压，约为0.075～0.09MPa，同时受到残余废气和高温机件加热的影响，温度达到370～400K。实际上，汽油机的进气门在活塞到达上止点之前打开，并且延迟到下止点之后关闭，以便吸入更多的可燃混合气。

（2）压缩行程　如图3-7b所示，活塞在曲轴带动下，从下止点向上止点运动，此时进、排气门均关闭，气缸内成为封闭容积，可燃混合气受到压缩，当活塞到达上止点时压缩行程结束。此时可燃混合气压力可达0.6～1.2MPa，温度可达600～700K，远高于汽油的燃点，很容易点燃。

（3）做功行程　如图3-7c所示，做功行程也称燃烧膨胀行程。在这个行程中，进、排气门仍然关闭。当活塞位于压缩行程接近上止点（即点火提前角）位置时，火花塞产生电火花点燃可燃混合气，可燃混合气燃烧后放出大量的热使气缸内气体温度和压力急剧升高，最高压力可达3～5MPa，最高温度可达2200～2800K。高温高压气体膨胀，推动活塞从上止点向下止点运动，通过连杆使曲轴旋转并输出机械功。随着活塞向下运动，气缸内容积增加，气体压力和温度降低，当活塞运动到下止点时，做功行程结束，气体压力降低到0.3～

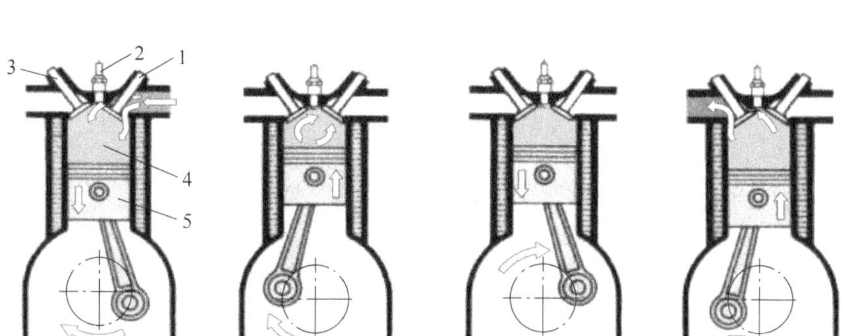

图 3-7　四冲程汽油机工作原理示意图
a）进气行程　b）压缩行程　c）做功行程　d）排气行程
1—进气门　2—火花塞　3—排气门　4—燃烧室　5—活塞

0.5MPa，气体温度降低到 1300～1600K。

（4）排气行程　如图 3-7d 所示，可燃混合气在气缸内燃烧后成了废气，必须从气缸中排出去，以便进行下一个进气行程。当做功接近终了时，排气门开启，进气门仍然关闭，靠废气的压力先进行自由排气，活塞到达下止点后向上止点运动时，继续把废气强制排出到大气中去，活塞越过上止点后，排气门关闭，排气行程结束。实际上，汽油机的排气行程也是排气门提前打开，延迟关闭，以便排出更多的废气。排气终了时，气体压力仍高于大气压力，约为 0.105～0.115MPa，温度约为 900～1200K。

曲轴继续旋转，活塞从上止点向下止点运动，又开始下一个工作循环。发动机自行运转之前需要外力完成进气和压缩两个行程，通常用人力、电动机等带动发动机曲轴运转。在四个行程中只有做功行程是活塞带动曲轴运转，其他三个行程都是曲轴带动活塞运动。在整个循环过程中，进气门、排气门各开启一次。一个工作循环，曲轴旋转两圈，活塞上下往复运动了四个行程。

四冲程汽油发动机着火的基本条件是：有油，混合气浓度合适；有火，能产生足够的火花，点燃混合可燃气；有压力，气缸有足够压力；压缩冲程上止点前按时点火；定时开关进、排气门。

五、发动机的支承

在汽车上，发动机一般与离合器、变速器三者安装成一体，通常称为动力总成。动力总成通过曲轴箱和离合器或变速器的壳体支承在车架上，起到发动机和整车连接的作用，整车在恶劣路况条件下，上下颠簸，使发动机前支承承受循环作用力，其可靠性和疲劳寿命直接影响着发动机的安全连接和整机的安全使用。按照支承点个数不同，支承可分三点式支承和四点式支承。图 3-8 所示为发动机三点式支承和四点式支承示意图，前支承可位于发动机前端或发动机两侧，后支承位于飞轮壳或者变速器上，前支承与整车连接时，一般配有弹性材料做的减振垫，起到减振作用。有些有辅助的支承以减小缸体后端支承点载荷。三个点确定一个平面，三点式支承受车架变形的影响小，运动顺从性好，抗扭转振动效果好。四点式支承的稳定性好，能克服较大的扭转反作用力，应用较为广泛。

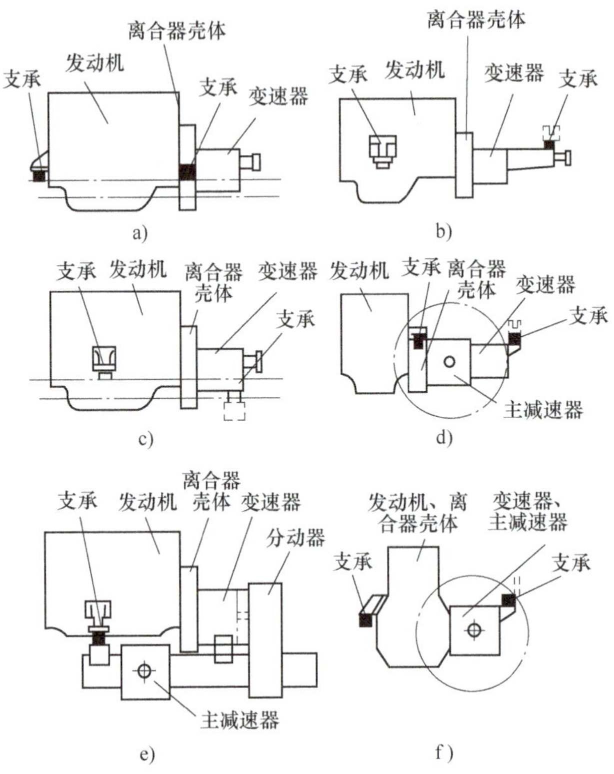

图 3-8　发动机三点式支承和四点式支承示意图

任务实施

从汽车上拆下发动机总成（以桑塔纳轿车为例）

1）举升汽车。

2）拧开放油螺塞（图 3-9）。

3）放出机油（图 3-10）。

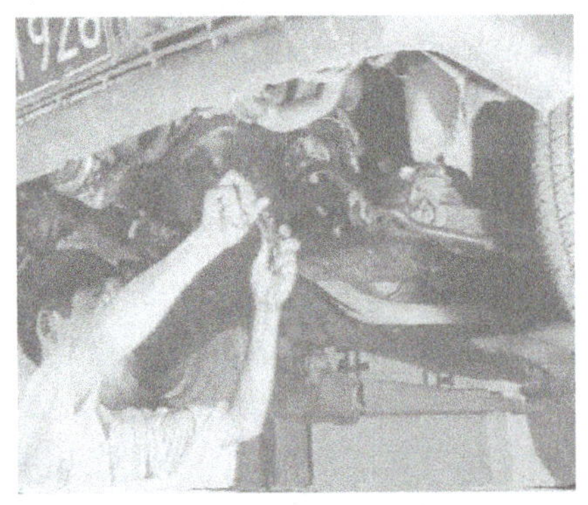

图 3-9　拧开放油螺塞

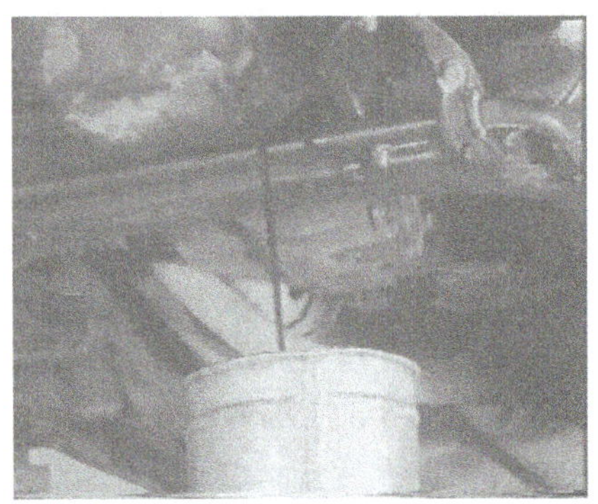

图 3-10　放出机油

4）放下车辆。

5）打开发动机舱盖。

6）拆下蓄电池正极接线柱电缆（图3-11）。

7）在发动机处于冷态时拧下膨胀水箱盖（图3-12）。

图3-11　拆下蓄电池正极接线柱电缆

图3-12　拧下膨胀水箱盖

8）将暖风开关拧到暖风位置。

9）拆下冷却液进水软管，放出冷却液（图3-13）。

10）拆下散热器冷却液水管（图3-14）。

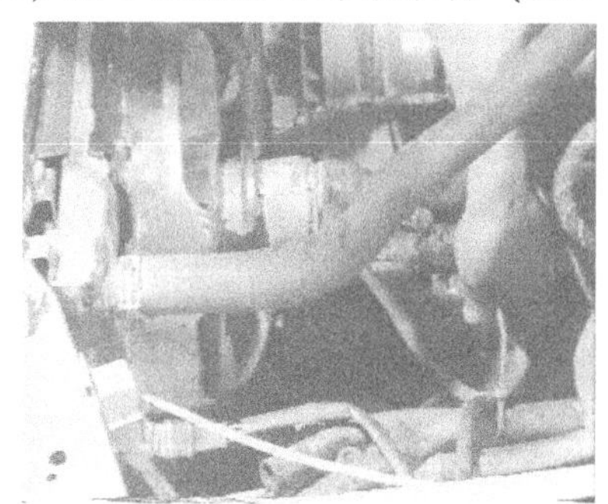

图3-13　拆下冷却液进水软管，放出冷却液

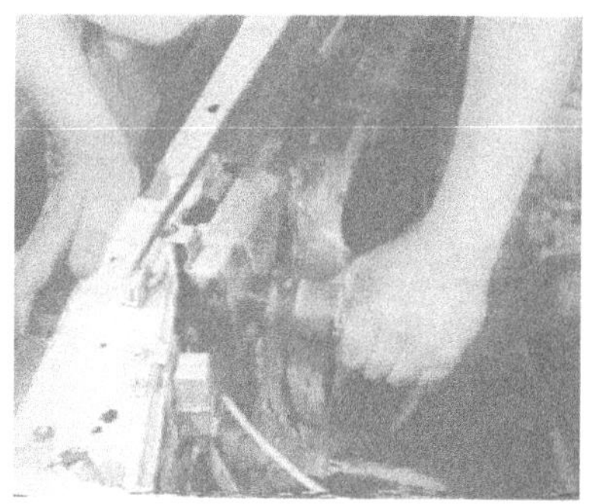

图3-14　拆下散热器冷却液水管

11）拔下冷却风扇温控开关插头（图3-15）。

12）拔下冷却风扇插头（图3-16）。

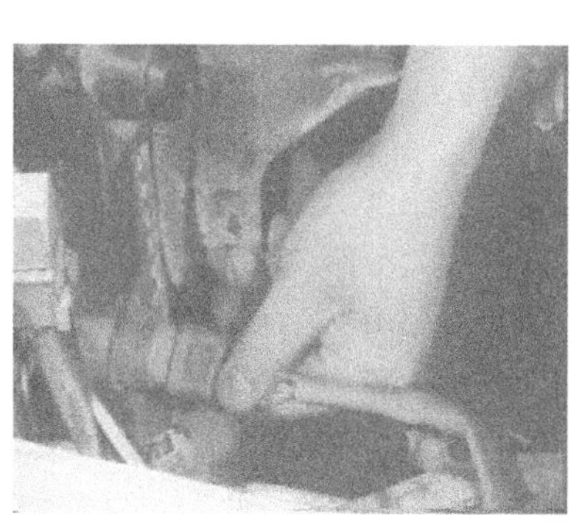

图3-15　拔下冷却风扇温控开关插头

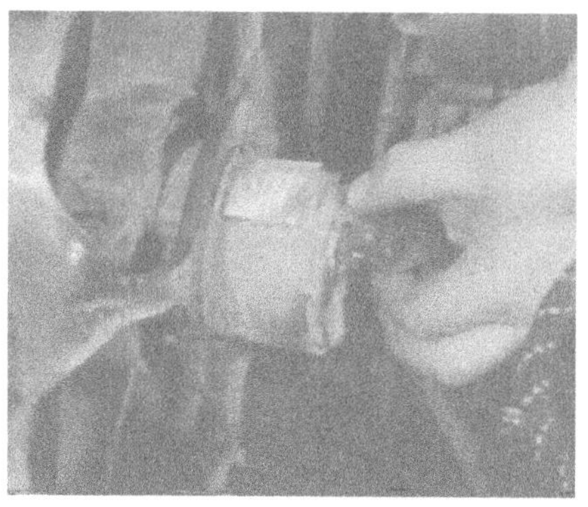

图3-16　拔下冷却风扇插头

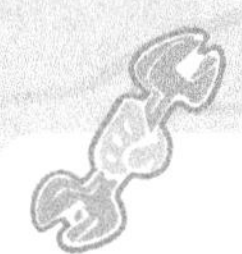

13）拆下散热器（图 3-17）。

14）拆下发电机接线柱上的导线（图 3-18）。

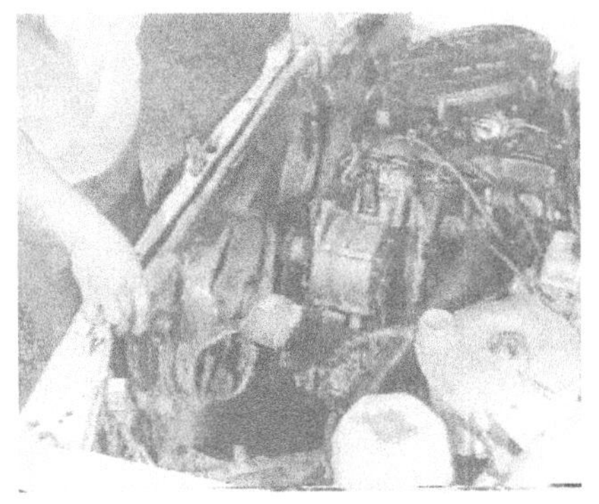

图 3-17　拆下散热器

图 3-18　拆下发电机接线柱上的导线

15）拆掉热敏开关及冷却液温度传感器和机油压力开关上的导线。

16）拆下汽油软管。

17）拔下点火高压线和各缸高压分线及点火线圈上低压线插头。

18）拆下空气滤清器螺钉，打开卡扣，取下上盖。

19）取出空气滤芯（图 3-19）。

20）拔下真空管，卸掉空气滤清器固定螺母，取出空气滤清器总成（图 3-20）。

图 3-19　取出空气滤芯

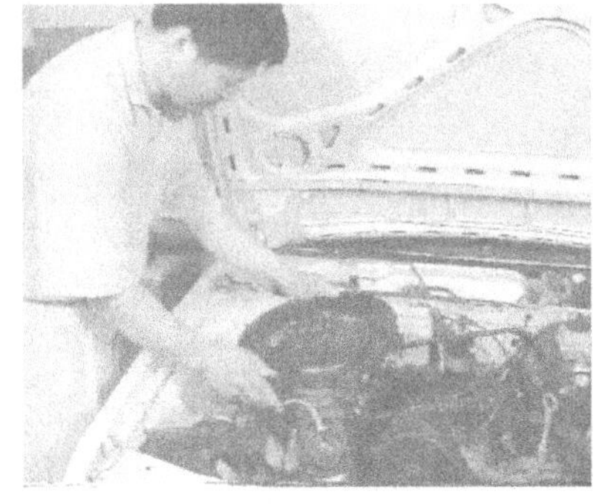

图 3-20　取出空气滤清器总成

21）拆卸阻风门拉索和节气门拉索（图 3-21）

22）拆卸前排气管与消声器联接螺栓（图 3-22）。

23）拆卸前排气管与排气歧管联接螺栓，取出衬垫，取出前排气管（图 3-23）。

24）均匀拧松起动机固定螺栓。

25）拆下起动机连接导线（图 3-24），取下起动机。

26）拆下压缩机与支架的联接螺栓，取下压缩机（图 3-25）。

27）松开支架上的紧固螺栓（图 3-26），拆卸下面离合器操纵钢丝绳。

图 3-21　拆卸阻风门拉索和节气门拉索

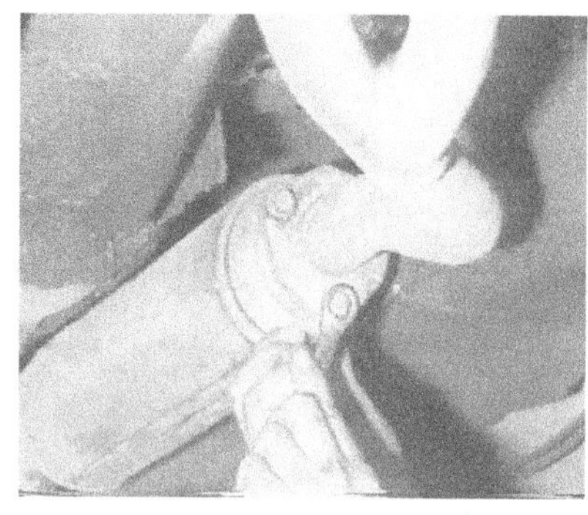

图 3-22　拆卸前排气管与消声器联接螺栓

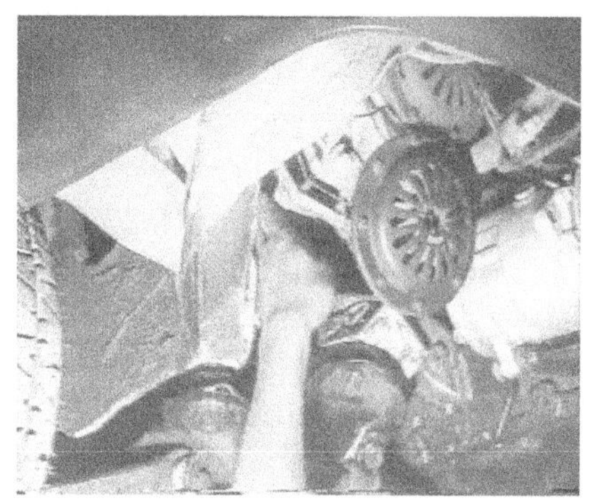

图 3-23　拆卸前排气管与排气歧管联接螺栓

图 3-24　拆下起动机连接导线

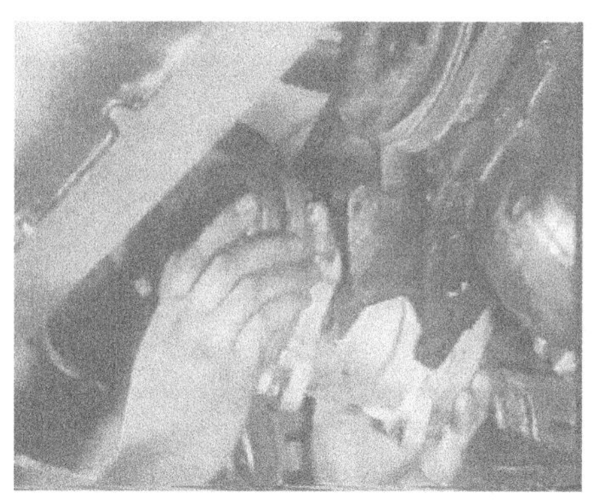

图 3-25　拆下压缩机

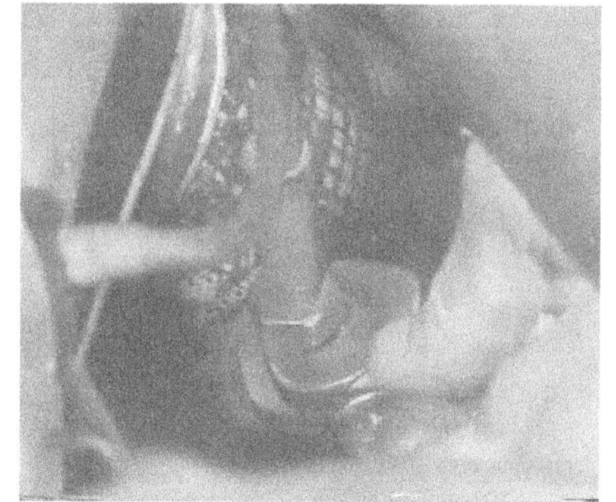

图 3-26　松开支架上的紧固螺栓

28）松开发动机左、右支承脚橡胶缓冲块上的固定螺栓，拆卸发动机前支承架固定螺栓（图 3-27）。

29）拆下发动机与变速器的联接螺栓。

30）放下车辆。安装发动机吊架。

31）将发动机吊出（图 3-28）。

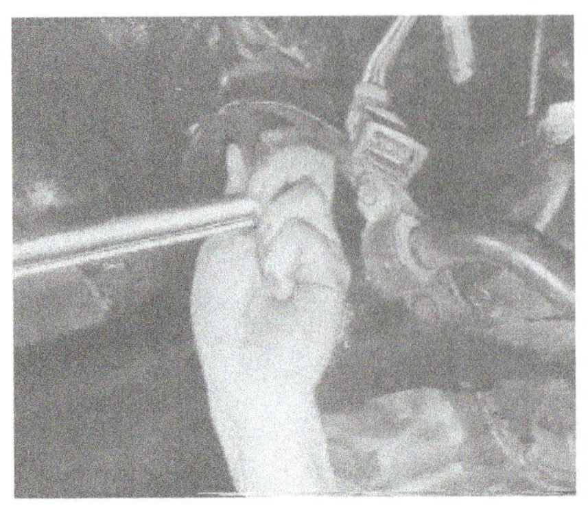

图3-27 松开发动机左、右支承脚橡胶缓冲块上的固定螺栓

图3-28 将发动机吊出

32）更换发动机支承脚橡胶缓冲块。

33）将发动机吊入支座，按与拆卸相反的顺序安装发动机及附件。

拓展提高

一、国产内燃机产品名称及其型号编制规则

为了便于内燃机的生产管理和使用，我国于2008年对内燃机的名称和型号编制方法重新审定，颁布了国家标准（GB/T 725—2008），代替GB 725—1991。该标准的主要内容如下：

1）内燃机产品名称均按所采用的燃料命名。例如，柴油机、汽油机、天然气机等。

2）内燃机型号由阿拉伯数字和汉语拼音字母或国际通用的英文缩略字母组成。

3）内燃机型号应能反映发动机的主要结构特征及性能，包含下列四部分内容：

第一部分：由制造商代号或系列符号组成。本部分代号由制造商根据需要选择相应1～3位字母表示。

第二部分：由气缸数、气缸布置形式符号、冲程形式符号、缸径符号组成。

①气缸数用1～2位数字表示。

②气缸布置形式符号按表3-2规定。

表3-2 气缸布置形式符号

符 号	含 义	符 号	含 义
无	多缸直列或单缸	H	H形
V	V形	X	X形
P	卧式		

注：其他布置形式符号见GB/T 1883.1—2005。

③冲程形式为四冲程时符号省略，二冲程用E表示。

④缸径符号一般用缸径或缸径/行程数字表示，可用发动机排量或功率表示。其单位由制造商自定。

第三部分：由结构特征、用途特征符号组成。其符号按表3-3、表3-4的规定。燃料符号，柴油机无符号，汽油机为P。

表 3-3　结构特征符号

符　　号	结构特征	符　　号	结构特征
无	冷却液冷却	Z	增压
F	风冷	ZL	增压中冷
N	凝气冷却	DZ	可倒转
S	十字头式		

表 3-4　用途特征符号

符　　号	用　　途	符　　号	用　　途
无符号	通用型及固定动力（或制造商自定）	D	发电机组
T	拖拉机	C	船用主机、右机基本型
M	摩托车	CZ	船用主机、左机基本型
G	工程机械	Y	农用三轮车（或其他农用车）
Q	汽车	L	林业机械
J	铁路机车		

注：内燃机左机、右机的定义按 GB/T 726—1994 的规定。

第四部分：区分符号。同系列产品需要区分时，允许制造商选用适当符号表示。第三部分与第四部分可用“－”分隔。

内燃机符号的排列顺序及符号所代表的意义如图 3-29 所示。

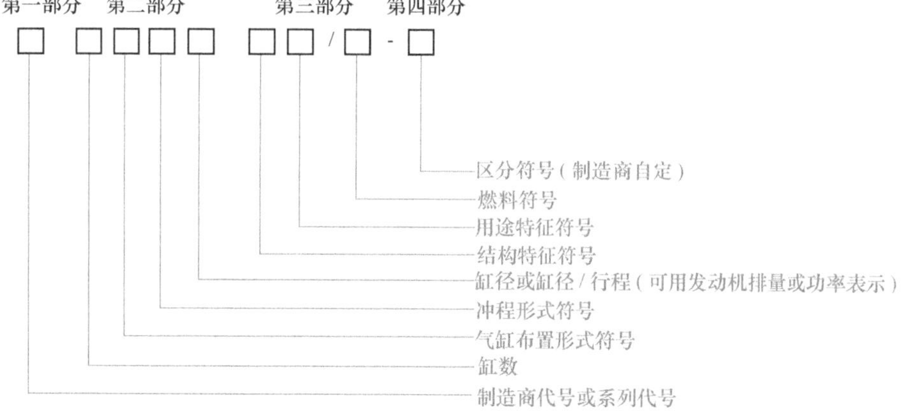

图 3-29　型号表示方法

4）型号编制示例如下：

①汽油机。

a. 1E65F/P——单缸、二冲程、缸径 65mm、风冷、通用型。

b. 492Q/P-A——四缸、直列、四冲程、缸径 92mm、冷却液冷却、汽车用（A 为区分符号）。

②柴油机。

a. R175-A——单缸、四冲程、缸径 75mm、冷却液冷却（R 为系列代号、A 为区分符号）。

b. YZ6102Q——六缸直列、四冲程、缸径102mm、冷却液冷却、车用（YZ为扬州柴油机厂代号）。

二、发动机的主要性能指标与特性

发动机的性能指标是用来衡量发动机性能好坏的标准。发动机的主要性能指标有动力性能指标、经济性能指标和环保性能指标。

1. 动力性能指标

动力性能是表征发动机做功能力大小的指标，一般用发动机的有效转矩、有效功率、发动机转速等作为评价指标。

（1）有效转矩　发动机通过曲轴或飞轮对外输出的转矩称为有效转矩，用 M_e 表示，单位为N·m。有效转矩是指作用在活塞顶部的气体压力通过连杆传给曲轴产生的转矩，并克服了摩擦、驱动附件等损失之后从曲轴对外输出的净转矩。

（2）有效功率　发动机在单位时间对外输出的有效功称为有效功率，记作 P_e，单位为kW。它等于有效转矩与曲轴角速度的乘积。发动机的有效功率可以用台架试验方法测定，也可用测功器测定有效转矩和曲轴角速度，然后用以下公式计算出发动机的有效功率：

$$P_e = M_e \frac{2\pi n}{60} \times 10^{-3} = \frac{M_e n}{9550}$$

式中　M_e——有效转矩，单位为N·m；

n——发动机转速，单位为r/min。

（3）发动机转速　发动机曲轴每分钟的转数称为发动机转速，用 n 表示，单位为r/min。发动机转速的高低关系到单位时间内做功次数的多少或发动机有效功率的大小，即发动机的有效功率随转速的不同而改变。因此，在说明发动机有效功率大小时，必须同时指明其相应的转速。在发动机产品标牌上规定的有效功率及其相应的转速分别称作标定功率和标定转速。

2. 经济性能指标

一般用燃油消耗率表示发动机的经济性能指标。燃油消耗率指发动机每发出1kW有效功率在1h内所消耗的燃油质量（以g为单位），用 g_e 表示。很明显，燃油消耗率越低，发动机的燃油经济性越好。

燃油消耗率［单位为g/（kW·h)］，按下式计算：

$$g_e = \frac{G_f}{P_e} \times 10^3$$

式中　G_f——发动机每单位时间的耗油量，单位为kg/h，可由试验测定；

P_e——发动机的有效功率，单位为kW。

3. 环保性能指标

环保性能主要指发动机的有害气体的排放和发动机噪声等，有害排放物主要是指发动机油箱、曲轴箱排出的气体和从气缸中排出的废气中所含有的有害排放物质。对汽油机来说，主要是废气中的CO和HC的量，对柴油机来讲，主要是废气中的 NO_x 和颗粒的排放量。汽车噪声是城市中主要的噪声源之一，约占城市噪声的75%，而发动机的噪声是汽车噪声的主要来源，因而必须加以限制。

4. 速度特性

发动机的速度特性指发动机的功率、转矩和燃油消耗率随发动机转速变化的规律。该特性可在发动机试验台上（例如测功器试验台）通过试验测得。试验时，当节气门开度达到最大时，所得到的速度特性称为发动机外特性。图 3-30 所示为汽油发动机外特性曲线。节气门其他开度情况下得到的速度特性称为部分特性。

发动机外特性代表了发动机所具有的最高动力性能。

外特性曲线上标出的发动机最大功率和最大转矩及其相应的转速是表示发动机特性的主要指标，当分析发动机外特性是否符合使用要求时，要联系汽车使用条件，诸如道路情况、所要求克服的阻力数值、最高车速等。

5. 发动机的工况与负荷

发动机工作状况简称发动机工况，一般用它的功率与发动机转速来表征，有时也用负荷与发动机转速来表征。

发动机在某一转速下的负荷就是当时发动机发出的功率与同一转速下所可能发出的最大功率之比，以百分数表示。

图 3-31 所示为某汽油发动机的一组特性曲线。Ⅰ表示节气门全开时的外特性曲线，Ⅱ、Ⅲ分别表示节气门开度依次减小所得到的部分特征曲线。

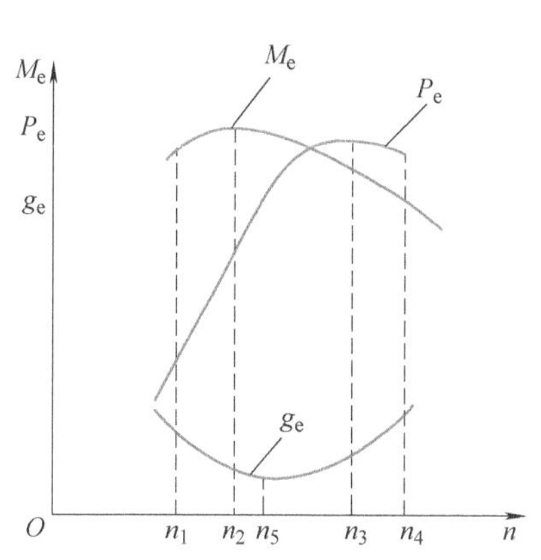

图 3-30　汽油发动机外特性曲线

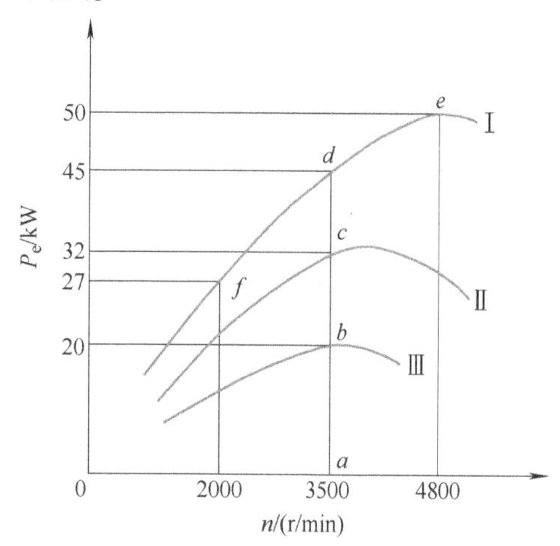

图 3-31　某汽油发动机的一组特性曲线

由图可知，当 $n=3500$r/min 时，由于节气门开度不同，在该转速下该汽油发动机所可能发出的最大功率为 45kW。在该转速下Ⅱ、Ⅲ位置所对应的功率分别为 32kW、20kW。根据对负荷的定义，可求出 a、b、c、d 这 4 个工况下的负荷值。

（1）工况 a　负荷为零（称为发动机空转工况）。

（2）工况 b　负荷 $=\dfrac{20}{45}\times100\%=44.4\%$。

（3）工况 c　负荷 $=\dfrac{32}{45}\times100\%=71.1\%$。

（4）工况 d　负荷 $=\dfrac{45}{45}\times100\%=100\%$（发动机全负荷）。

因此,外特性曲线上各点都表示在各转速下的全负荷工况,但在同一条部分特性曲线上各点的负荷值却不相同。在同一转速下,节气门开度越大表示负荷越大,但是二者并不成正比例。

应当注意，负荷和功率的概念不要混淆。如某一转速时全负荷（如 d 点），并不意味着是发动机发出的最大功率。发动机的最大功率应当是工况 e 的功率。又如在工况 f 下，虽然功率比工况 c 小，但却是全负荷。这就是说，功率大小并不代表负荷的大小。

思考问题

1. 拆卸发动机的方法有几种？各有什么特点？
2. 若需要同时拆装发动机和变速器，应提前做好什么工作？

任务二　气缸垫的更换

学习目标

1. 了解气缸体、气缸盖、气缸垫的功用和结构特点。
2. 掌握气缸盖、气缸垫的拆装方法。

任务情境

一辆桑塔纳2000轿车，发动机运转时排气管排出大量白雾（图3-32），且排气管口有水珠，同时，发动机动力下降，运转无力。

图3-32　发动机运转时排气管排出大量白雾

任务分析

冬季或雨季停放的汽车初次发动时，常常可以看到排白雾，一旦发动机温度升高，白雾就会消失，此状况不必检修。

若发动机运转一段时间后排气管仍排出大量白雾，说明有水进入发动机气缸内，由于缸内温度高使其汽化为水蒸气，在排气过程中通过排气管排出车外，部分水蒸气在排气管口遇

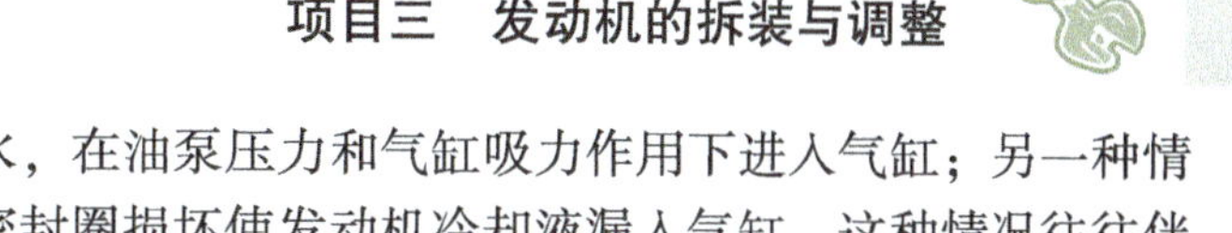

冷变为水珠。一种情况是油箱内有积水，在油泵压力和气缸吸力作用下进入气缸；另一种情况是气缸垫破损、缸体有裂纹、缸套密封圈损坏使发动机冷却液漏入气缸，这种情况往往伴随冷却液消耗过快、机油油面升高且变稀等。

常见的气缸垫烧蚀故障是由于高温高压燃气冲击缸垫，烧坏包口、护圈及石棉板，从而导致气缸漏气、润滑油和冷却液窜漏。出现冲蚀气缸垫故障时，发动机动力性下降、气缸压力不足，严重时出现发动机回火，排气管放炮现象，需更换气缸垫。

任务实施的相关专业知识

一、发动机气缸盖的功用、结构

1. 气缸盖的功用

气缸盖的主要功用是封闭气缸上部，并与处于上止点时的活塞顶部和气缸壁一起形成燃烧室。同时，气缸盖也是某些零件的装配机体，并与发动机的某些零件和系统发生一定的相互关系，如图 3-33 所示。

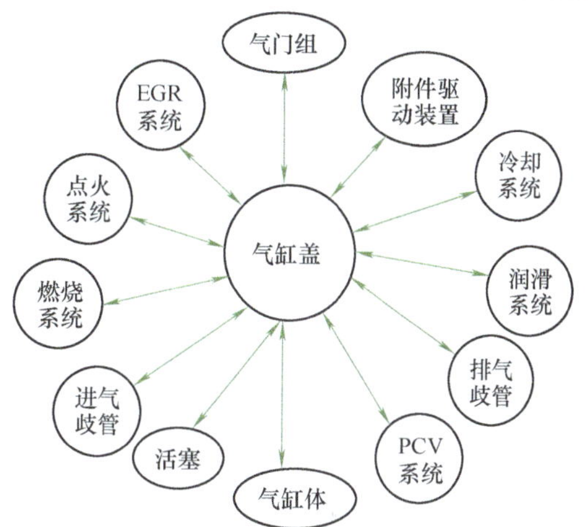

图 3-33　气缸盖与其他系统的关系

2. 气缸盖的结构

气缸盖是结构复杂的箱形零件。气缸盖的下部用于密封气缸和构成燃烧室，两侧用于进、排气歧管的安装，中部用于气门组件的安装，上部空间用于安装凸轮轴或摇臂轴，气缸盖上还加工有安装火花塞（汽油机）或喷油器（柴油机）的座孔。液冷发动机气缸盖内部还铸有冷却系统的水套及进、排气道和燃烧室或燃烧室的一部分。气缸盖上还加工有凸轮轴承孔或凸轮轴承座或摇臂轴承孔及其润滑油道。

3. 气缸盖的结构形式

气缸盖有整体式、分块式、单体式等形式。

（1）整体式　全部气缸共用一个气缸盖，其结构紧凑，气缸中心距较短；一般用于气缸直径小于 105mm，气缸数不超过 6 个的发动机。

（2）分块式　每两缸一盖或三缸一盖；适用于气缸直径为 100 ~ 140mm 的双数缸数的发动机。

（3）单体式　每缸一盖，该气缸盖刚度大，但结构复杂；一般适用于缸径大于 140mm 的发动机。

桑塔纳 2000Gsi 型轿车 AJR 型发动机采用整体式气缸盖，如图 3-34 所示。

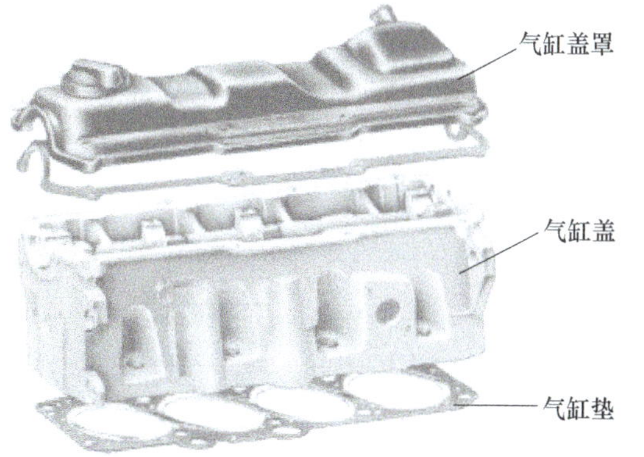

图 3-34　桑塔纳发动机的气缸盖

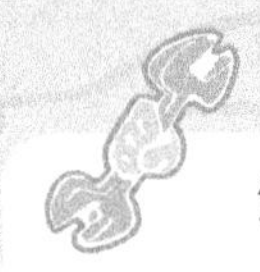

二、气缸垫的结构与功用

气缸垫是机体顶面与气缸盖底面之间的密封件。其作用是保持气缸密封不漏气，保持由机体流向气缸盖的冷却液和机油不泄漏。它必须严密密封气缸内所产生的高温高压气体和贯穿气缸垫的具有一定压力、流速的冷却水与机油，并能经受住水、气和油的腐蚀。气缸垫可分为金属型橡胶气缸垫、全金属垫、金属—复合材料衬垫和粘结型气缸垫等多种（图 3-35）。

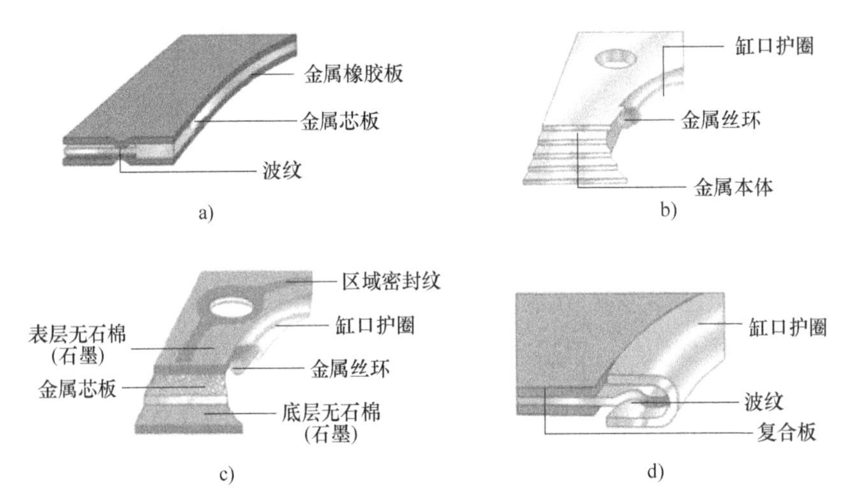

图 3-35　气缸垫种类

a）金属型橡胶气缸垫　b）全金属型气缸垫　c）复合型气缸垫　d）粘结型气缸垫

目前汽车上应用较多的是金属-石棉复合型气缸垫。在石棉的中间夹有金属丝或金属屑，外覆铜皮或钢皮。气缸垫上制有气缸口、水孔、油孔、螺栓孔等，在孔的周围通常采用铜片、镍片等金属镶边，以防化学和高温腐蚀。这种气缸垫强度较高，弹性大，密封性好，可重复使用，如图 3-36 所示。

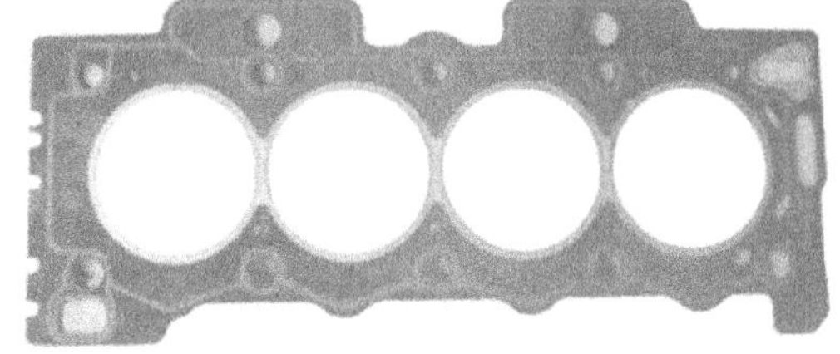

图 3-36　金属-石棉气缸垫

一些强化发动机采用纯金属气缸垫，它由单层或多层金属片（铜、铝或低碳钢）制成。为了确保密封，在气缸口、水道孔、油道口处冲制弹性凸肋。桑塔纳 2000 的 AJR 发动机气缸垫为纯金属垫，由三层钢片组成，上、下两层薄钢片冲压成波纹状表面，使其具有一定的弹性，如图 3-37 所示。

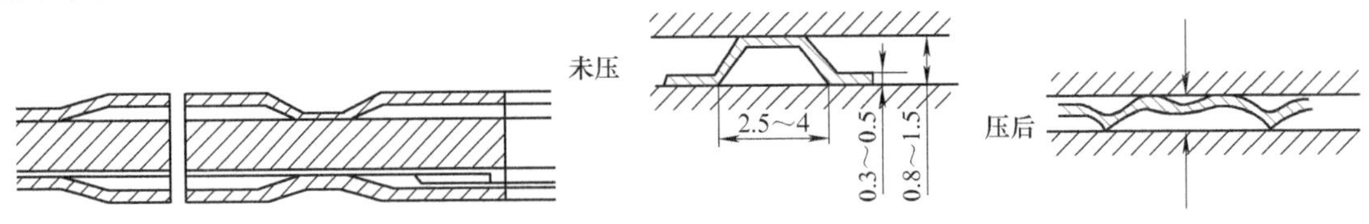

图 3-37　桑塔纳 2000Gsi 型轿车 AJR 发动机纯金属气缸垫结构图

三、气缸体总成结构

1. 气缸体

气缸体和曲轴箱是发动机的骨架，是发动机其他机构、系统及附件的安装基体，一般气缸体与曲轴箱铸成一体，通称为气缸体，如图 3-38 所示。

通常，气缸体结构形式根据上、下曲轴箱的接合面情况可以分为三种类型，如 3-39 所示。

图 3-38　气缸体总成

1）平底式（一般式）：气缸体底面与曲轴轴线平齐的缸体，称为平底式气缸体。这种缸体高度小、质量小、加工方便。但与另外两种缸体相比，刚度较差。如夏利 376Q、MAznAB6、BJ492Q 等中小型汽油机发动机大多采用平底式气缸体。

2）龙门式：龙门式缸体是指底平面下沉到曲轴轴线以下的缸体，缸体底平面到曲轴轴线的距离称作龙门高度。龙门式缸体由于高度增加，其弯曲刚度和扭转刚度均比平底式缸体有显著提高，缸体底平面与油底壳之间的密封也比较简单。如捷达轿车、富康轿车、桑塔纳轿车等发动机都是龙门式缸体。

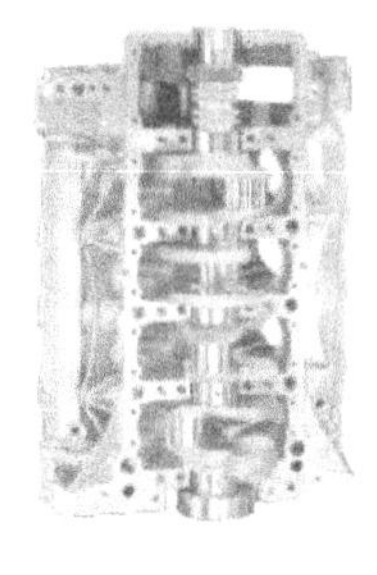
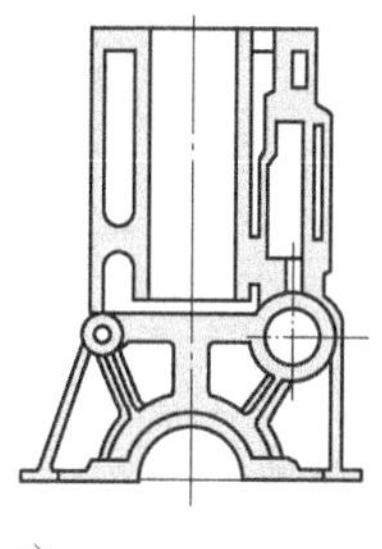

a)

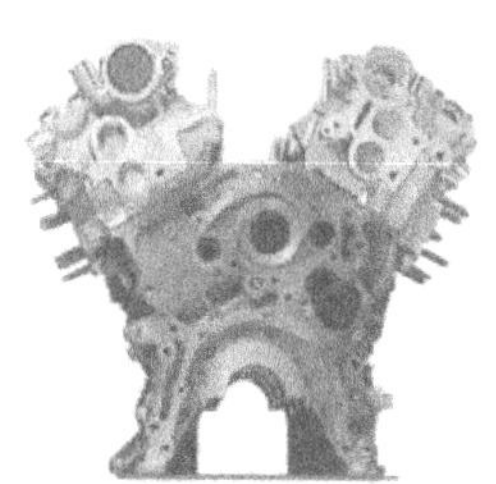
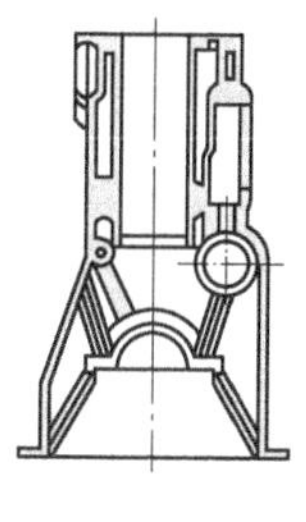

b)

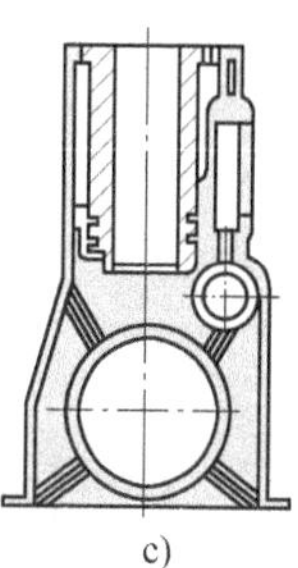

c)

图 3-39　气缸体的三种结构形式
a）平底式　b）龙门式　c）隧道式

3）隧道式：隧道式缸体是指主轴承孔不剖分的缸体。这种缸体配以窄型滚动轴承可以缩短缸体长度，采用组合式曲轴。隧道式缸体的刚度大，主轴承孔的同轴度好，多用于负荷较大的柴油机上。

2. 气缸套

气缸套也称气缸，用来引导活塞作往复直线运动，其形式分干式和湿式两种，如图 3-40 所示。

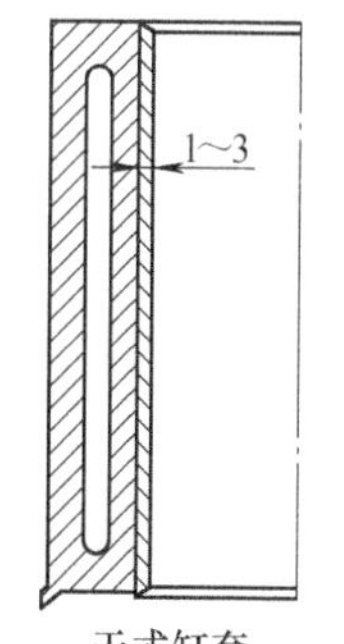

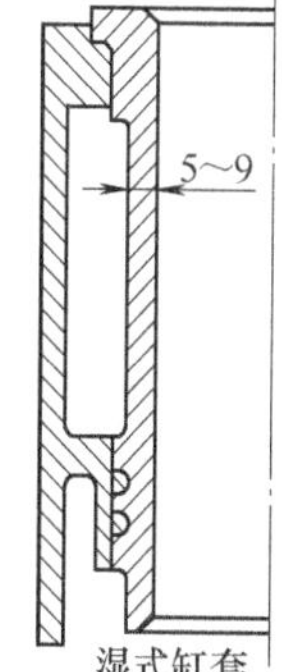

图 3-40　气缸套的两种形式

（1）干式缸套　外表面不直接与冷却液接触，其缸套壁较薄，一般为 1～3mm，有的只有 1mm 厚。其优点是气缸体的刚度好，不存在漏水、漏气的问题；缺点是装配难度大，冷却效果较差。干式缸套一般适用于汽油机铸铁缸体。有些发动机先直接在气缸体内加工出气缸，待大修时才镶入

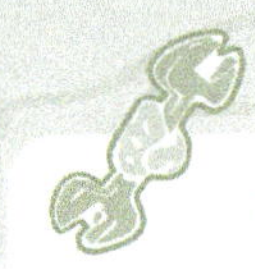

干式缸套。

（2）湿式缸套　外表面直接与冷却液接触，其缸套壁较厚，一般为 5 ~ 9mm。其优点是气缸体铸造较容易，缸套本身便于修理更换，冷却效果较好；缺点是气缸体刚度较差，易漏水、漏气。为确保密封和安装固定，利用缸套外表面两个凸出的部位，与气缸体间为间隙配合的圆环带以保证径向定位；利用缸套上部凸缘的下平面进行轴向定位。在缸套下面支承密封带内还嵌有 1 ~ 3 个橡胶环。缸套装入气缸体，其上端应高出气缸体上平面 0.05 ~ 0.15mm，以便紧固气缸盖螺栓后，使气缸盖压紧气缸垫和缸套，防止漏水、窜气。湿式缸套广泛应用于柴油机发动机和铝合金缸体发动机。

3. 油底壳

油底壳的作用是储存发动机润滑油并与曲轴箱一起密封发动机。油底壳常用薄钢板冲压制成，如图 3-41 所示。它与曲轴箱用螺栓联接，结合处有衬垫，以防漏油。油底壳的底部有深度较大的集油池，壳内装有稳油挡板。集油池底部有放油螺塞，大多数放油螺塞带有磁性，可将铁屑吸住以减少机件磨损。

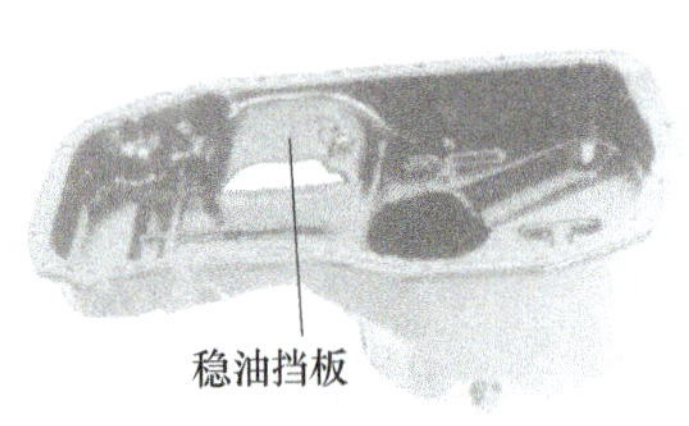

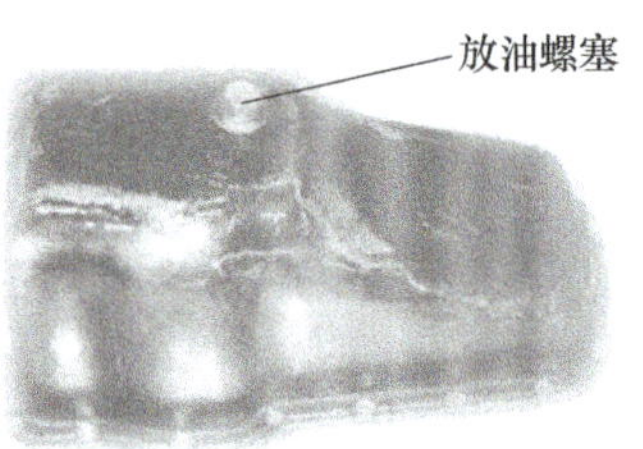

图 3-41　油底壳

任务实施

一、气缸盖和气缸垫的拆卸（以桑塔纳 jv 型发动机为例）

气缸盖分解图如图 3-42 所示。

1）旋松发电机支架张紧调整螺钉，取下发电机传动带。

2）从发动机前端取下发电机固定螺钉，取下发电机（图 3-43）。

3）依次拔下各缸高压线。

4）拧下分电器固定螺钉（图 3-44），取下盖板，轻轻转动拔出分电器总成。

5）拔下储油器油管，拧下储油器固定支架螺钉（图 3-45），取下储油器。

6）拆下胶垫。

7）按从两端到中间的顺序拧下进气歧管固定螺钉（图 3-46）。

8）取下进气歧管，取下衬垫。

9）拧下排气歧管固定螺钉（图 3-47），卸掉排气歧管，取下衬垫。

10）拆卸同步带上护罩（图 3-48）。

11）固定住曲轴，在其不转动的情况下，拧下曲轴带轮固定螺栓（图 3-49）。

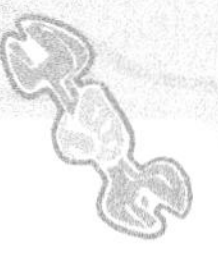

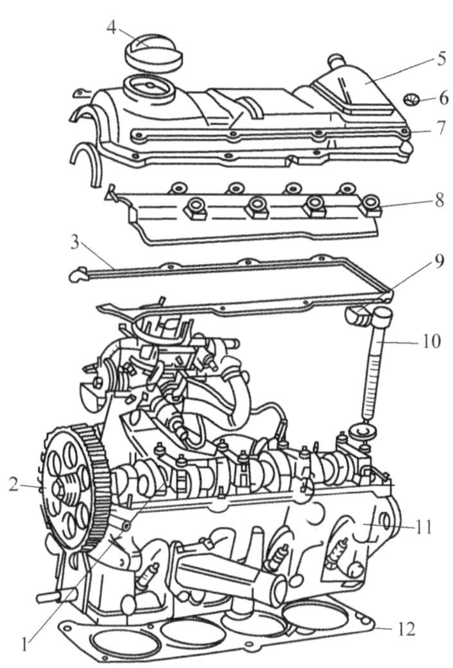

图 3-42　气缸盖分解图

1—凸轮轴　2—凸轮轴正时同步带轮　3—气门罩盖密封衬垫　4—机油加注口盖　5—气门罩盖　6—螺栓　7—压条　8—机油反射罩　9—半圆塞　10—气缸盖螺栓　11—气缸盖　12—密封衬垫

图 3-43　取下发电机

图 3-44　拧下分电器固定螺钉

图 3-45　拧下储油器固定支架螺钉

图 3-46　拧下进气歧管固定螺钉

图 3-47　拧下排气歧管固定螺钉

图 3-48　拆卸同步带上护罩

12）卸掉曲轴带轮。

13）固定住水泵带轮，拧下固定螺钉（图 3-50），卸下水泵带轮。

14）拆下同步带下护罩固定螺钉，如图 3-51 所示，取下下护罩。

15）旋松同步带张紧轮固定螺母（图 3-52），转动偏心轴，取下同步带，卸掉张紧轮。

16）依次旋出气缸盖罩固定螺钉，取下两侧压条，取下气缸盖罩（图 3-53）。

17）取出气门室罩盖衬垫和机油反射罩。

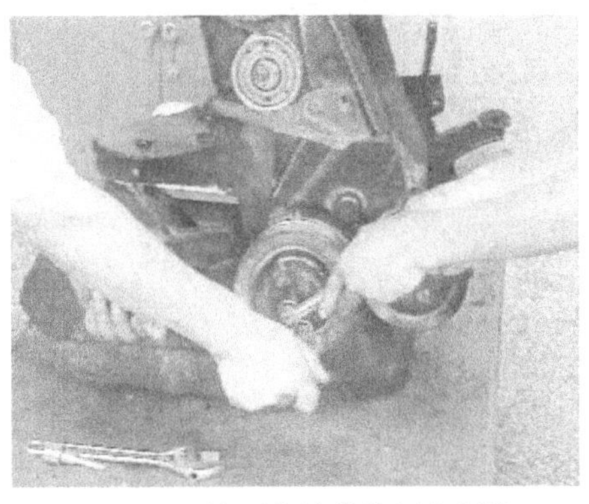
图 3-49　拧下曲轴带轮固定螺栓

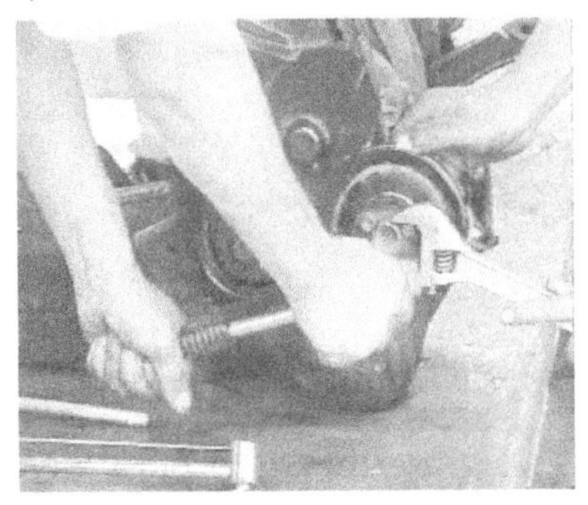
图 3-50　拧下水泵带轮固定螺钉

图 3-51　拆下同步带下护罩固定螺钉

图 3-52　旋松同步带张紧轮固定螺母

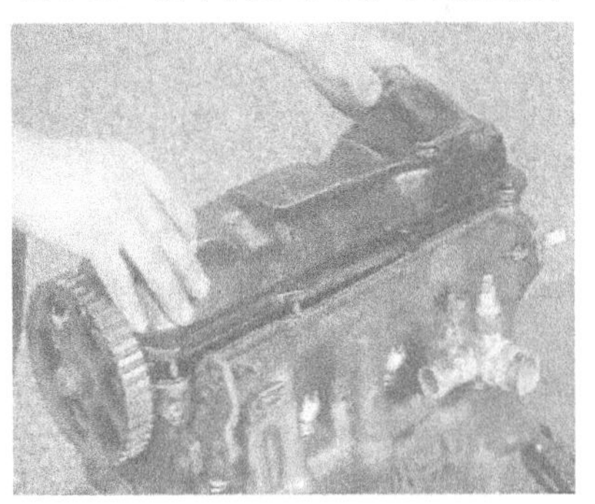
图 3-53　取下气缸盖罩

18）按照图 3-54 所示，用扭力扳手按①～⑩的顺序松开气缸盖螺栓（图 3-55），将气缸盖和气缸垫取下。注意：分 2～3 次松开气缸盖螺栓，防止因拆卸不当使气缸盖变形。

图 3-54　用扭力扳手松开气缸盖螺栓

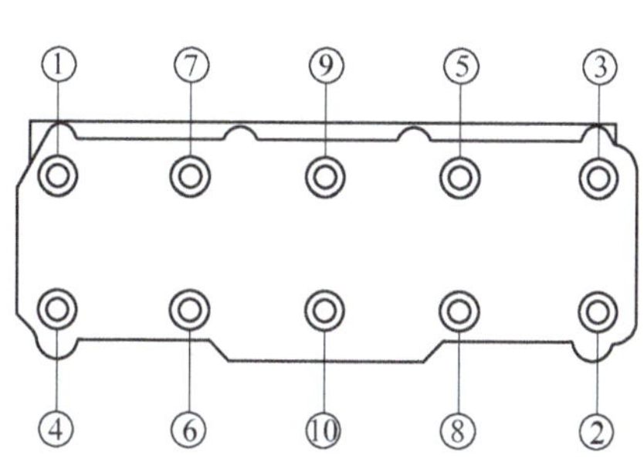

图 3-55　气缸盖螺栓拆卸顺序图

19）用软锤轻轻敲击缸盖，松动后取下气缸盖（图 3-56）。

20）取下气缸垫（图 3-57），检查气缸垫，更换气缸垫。

图 3-56　取下气缸盖

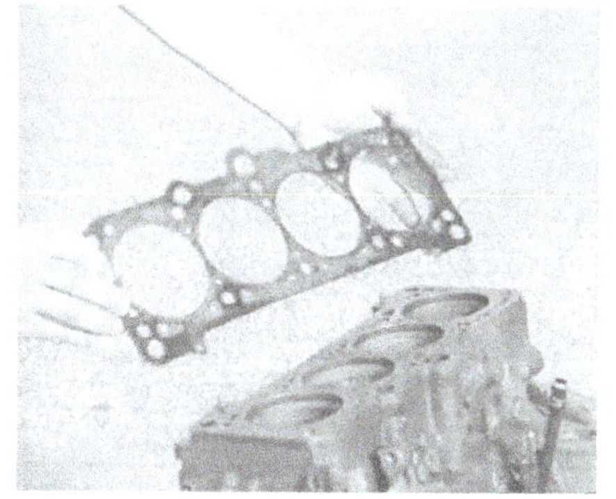

图 3-57　取下气缸垫

21）拆卸同步带轮螺栓，必须使用专用工具，取下凸轮轴同步带轮。

二、发动机气缸盖和气缸垫的安装

气缸盖的安装顺序基本与拆卸顺序相反，但是应注意以下事项：

1）在气缸盖安装前，必须将气缸盖、气缸体、螺栓及螺孔等处的脏物彻底清除掉。

2）转动曲轴使所有活塞离开上止点位置，防止在安放气缸盖时，气门和活塞顶撞击坏。

3）安装气缸垫时应更换所有密封条或密封衬垫，并注意衬垫的安装位置和方向。

①安装气缸垫时，有标号（配件号）的一面必须可见。

②换用新的气缸垫时，把有标记（“OBEN”，德文“顶部”；“top”，英文“顶部”等）的一面朝向气缸盖，如图 3-58 所示。

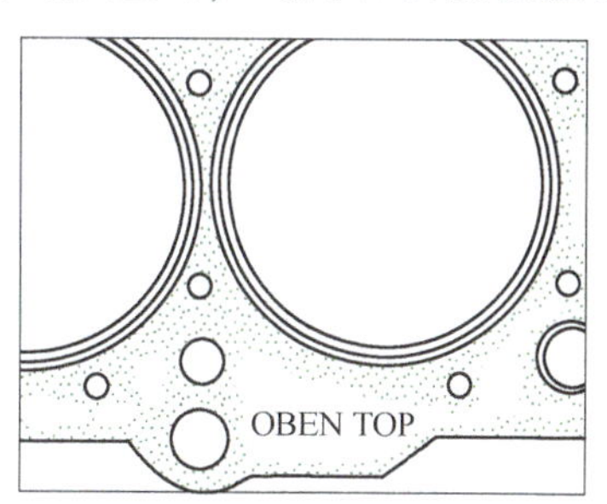

图 3-58　气缸垫标记

③气缸垫有卷边的一面，应朝向易修整的接触面或硬平面。例如，气缸盖和气缸体同为铸铁时，卷边应朝向易修整的气缸盖；气缸盖为铝合金，气缸体为铸铁时，卷边应朝向气缸体。

4）安装气缸盖时，应将专用工具 3070 定位导向螺栓旋入气缸体第 8 和第 10 孔内（图 3-60 所示第 8 和第 10 螺栓孔）。放上气缸盖和其余 8 个螺栓，并稍微拧紧。

5）用扳手旋出事先拧入的 3070 定位导向螺栓，并拧入气缸螺栓。按图 3-59 所示的顺序将气缸盖螺栓分 4 次旋紧，发动机冷态时，气缸盖紧固螺栓的拧紧力矩第 1 次为 40N · m，第 2 次为 60N · m，第 3 次为 75N · m ，第 4 次拧紧 1/4 圈。

6）注意气缸盖紧固螺栓不能重复使用。

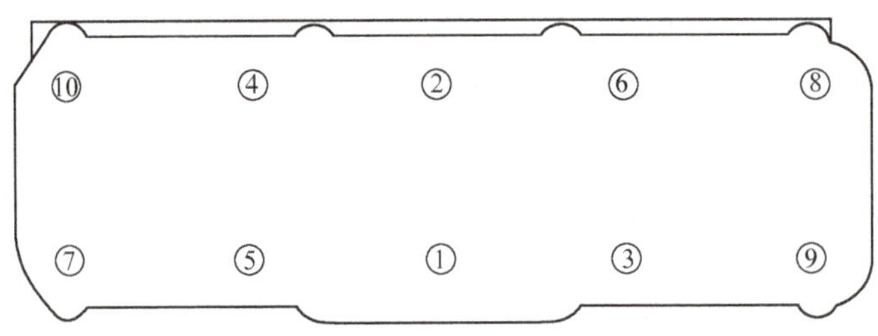

图 3-59　气缸盖螺栓安装顺序

拓展提高

汽油机燃烧室由活塞顶（指上止点时）、气缸壁及气缸盖上相应的凹坑组成。

一、汽油机燃烧室的要求

汽油机燃烧室的设计对发动机动力性、经济性、工作稳定性及排放特性有很大影响。一般对汽油机燃烧室有以下要求：

1. 结构尽量紧凑

用燃烧室的面容比——燃烧室表面积与其容积之比来表征燃烧室的紧凑性。面容比小，则燃烧室结构紧凑，火焰传播距离短，燃烧可在短时间内完成，使爆燃倾向减小，还可以提高发动机压缩比。同时，由于单位体积的表面积较小，相对散热面积小，热损失减小，发动机热效率高，面容比小，使缸壁激冷区减小，HC 排放量减少。燃烧室面容比大小取决于气缸直径与燃烧室的形状，在采用小燃烧室情况下，为减少单位体积的表面积，多用半球形燃烧室。

2. 火花塞位置适当

火花塞位置不同，火焰传播距离和燃烧速度的变化率也不同，从而影响汽油机的工作性能。一般火花塞布置在进、排气门之间，便于利用新鲜混合气扫除火花塞周围的残余废气，使混合气易于点燃，同时应控制气流的强度，避免吹散火花。

3. 燃烧室形状合理分布

燃烧室的容积分布情况反映了混合气体的分布情况。与火花塞位置相配合，决定了燃烧的放热规律、压力上升速度及工作稳定性等。

当圆链形燃烧室在其底部点火时，燃烧速率先快后慢，楔形燃烧室与此类似，在圆链形燃烧室顶部点火时，燃烧速率先慢后快，圆柱形的情况介于两者之间，浴盆形燃烧室与此类似。

总之，燃烧室的容积分布应配合火花塞的位置考虑，最有利的分布是使燃烧过程初期压力升高率较小，发动机工作柔和，中期放热量最多，以获得较大的循环功。后期补燃较小，具有高的热效率。

4. 具有高的充气效率

进气口、进气道的布置尽量减小进气阻力，提高进气充量。燃烧室的形状应考虑允许有较大的进气门直径，混合气流经处应尽量光滑、转弯少，半球形燃烧室的进气通道弯道少，且燃烧室弓高稍高（斜面积大）利于布置较大面积的进、排气门，楔形燃烧室也可安排直径较大的进气门。

5. 形成适当的紊流运动

燃烧室内形成适当强度的气体流动可以加快火焰传播；增加末端混合气的冷却；减少循环间燃烧变动，扩大混合气体着火界限，利于燃烧更稀混合气；减少 HC 排放量，但紊流过强，向缸壁传热损失增加，还可能吹熄火核而失火，反而使 HC 排放增多。

进气过程形成的旋流在压缩过程中被压入排气门下面的小直径室内，高速旋流加上紧凑的燃烧室允许使用高的压缩比而不引起表面点火或爆燃。

6. 末端混合气要适当地冷却

对末端混合气适当冷却，可以避免燃烧室局部热点，降低终燃混合温度，减少爆燃倾向，同时要注意冷却强度不可过大，否则会使 HC 排放量增多。

二、燃烧室种类

燃烧室有楔形、盆形、半球形、双球形、浅篷形等多种类型，如图 3-60 所示。

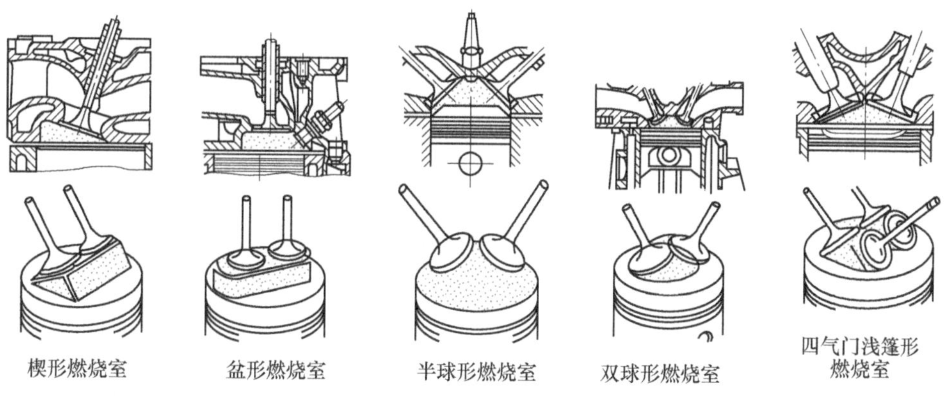

图 3-60　汽油机燃烧室

1）楔形燃烧室，结构比较紧凑，气门相对气缸轴线倾斜，进气道比较平直，进气阻力小，压缩行程终了时能产生挤气涡流。

2）盆形燃烧室，结构简单，气门与气缸轴线平行，进气道弯度较大，压缩行程终了能产生挤气涡流。

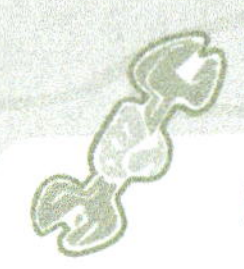

3）半球形燃烧室，结构最紧凑，燃烧室表面积与其容积之比（面容比）最小。进、排气门呈两列倾斜布置，气门直径较大，气道较平直，火焰传播距离较短，不能产生挤气涡流。

4）多球形燃烧室，由两个以上半球形凹坑组成，其结构紧凑，面容比小，火焰传播距离短，气门直径较大，气道比较平直，且能产生挤气涡流。

5）篷形燃烧室，是近年来在高性能多气门轿车发动机上广泛应用的燃烧室。

思考问题

1. 气缸盖和气缸垫安装时需要注意哪些事项？
2. 燃烧室形状对发动机工作性能有何影响？

任务三　发动机曲轴止动垫片的更换

学习目标

1. 了解曲轴飞轮组的功用、组成。
2. 掌握曲轴的拆装方法。
3. 掌握曲轴止动垫片的更换方法。

任务情境

已行驶10万km的一辆桑塔纳轿车，开始发动机噪声增大，逐渐出现异响。踩下离合器踏板，响声减弱。

任务分析

发动机异响主要来自发动机本身和发动机上的发动机、压缩机等附件。

发动机本身异响主要有主轴承响、连杆轴承响、活塞响、气门响及不正常燃烧引起的异响。

异响的主要原因是配合间隙经过长时间使用磨损变大造成配合松旷，如不及时维修，会很快出现更大的故障，造成更大的损失。因此出现异响应及时找出异响部位，进行修复。

本例故障经检查确定是发动机曲轴轴向间隙大引起的异响。

如果曲轴的轴向间隙过大，则曲轴前后窜动和冲击，带动连杆，连杆侧面摩擦曲轴轴柄，在曲轴前、后端产生异常响声，主轴承内的润滑油不容易保持，因而加速机件的磨损。

任务实施的相关专业知识

曲轴飞轮组的结构

曲轴飞轮组主要由曲轴、飞轮、带轮和正时齿轮以及其他不同作用的零件和附件等机件

组成。其零件和附件的种类及数量取决于发动机的结构和性能要求。

1. 曲轴

曲轴的功用是把活塞、连杆传来的气体压力转变为转矩，用以驱动汽车的传动系统和发动机的配气机构以及其他辅助装置。曲轴在周期性变化的气体压力、惯性力及其力矩的共同作用下工作，承受弯曲和扭转交变载荷。因此，曲轴应有足够的抗弯曲、抗扭转、抗疲劳的强度和刚度；轴颈应有足够大的承压表面和耐磨性；曲轴的质量应尽量小；对各轴颈的润滑应该充分。曲轴的结构如图 3-61 所示，主要由曲轴前端、主轴颈、连杆轴颈、曲柄臂、平衡重和曲轴后端组成。

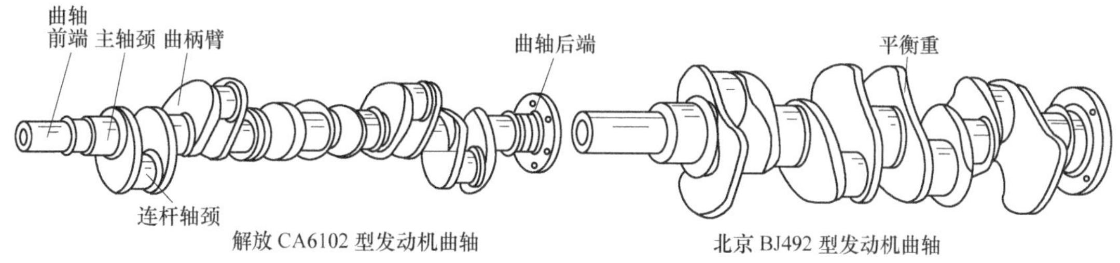

图 3-61　曲轴的结构

（1）主轴颈　主轴颈通过滑动主轴承支承于发动机曲轴箱体上，主轴承结构和连杆轴承类似，不同点是内表面有油槽。主轴承盖与上曲轴箱的主轴承座用螺栓紧固在一起。按照曲轴的主轴颈数，可以把曲轴分为全支承曲轴和非全支承曲轴两种。在每个连杆轴颈两侧都加工出主轴颈的，称为全支承曲轴。如果主轴颈数目比连杆轴颈数少，则称为非全支承曲轴，其特点和全支承曲轴相反。因此，直列式发动机的全支承曲轴，其主轴颈总数（包括曲轴前端和后端的主轴颈）比气缸数多一个；V 形发动机的全支承曲轴，其主轴颈总数则比气缸数的一半多一个。一般多缸发动机的曲轴做成整体式的。连杆大头为整体式的某些小型汽油机或采用滚动轴承作为曲轴主轴承的发动机，必须采用组合式曲轴，即将曲轴的各部分分段加工，然后组合成整个曲轴。

（2）连杆轴颈　连杆轴颈用来安装连杆大头，直列式发动机的连杆轴颈数与气缸数相等；V 形发动机由于两个连杆共同装在一个连杆轴颈上，故连杆轴颈数为气缸数的一半。曲柄销与主轴颈连接处用圆弧过渡以减少应力集中，防止使用中发生裂纹或折断。

（3）曲轴臂　曲轴臂用来连接主轴颈和连杆轴颈，有的发动机曲轴臂上加有平衡块，用来平衡曲轴的离心力和离心力矩，还可平衡一部分往复惯性力。

（4）曲轴的前端轴　曲轴前端装有驱动配气凸轮轴的正时齿轮起动爪、驱动风扇和水泵的带轮以及止动片等，如图 3-62 所示。为了防止机油沿曲轴轴颈外漏，在曲轴前端有一个甩油盘，随曲轴旋转，当被齿轮挤出和甩出来的机油落到盘上时，由于离心力的作用，会被甩到齿轮室盖的壁面上，再沿壁面流下来，回到油底壳中。如果还有少量机油落到甩油盘前面的曲轴轴段上，也会被压配在齿轮室盖上的油封挡住。所以，甩油盘的外斜面应向后，如果装错，效果将适得其反。在曲轴前端还装有起动爪，以便必要时用人力转动曲轴，使发动机发动。

（5）曲轴的后端轴　曲轴的后端轴制有甩油凸缘、回油螺纹和飞轮接合盘。飞轮接合盘用来连接飞轮输出动力。甩油凸缘与回油螺纹用来防止润滑油外漏，从主轴承间隙流向后端的润滑油，主要被甩油凸缘甩入主轴承座孔后边缘的凹槽内，并经回油孔流回油底壳。

(6) 曲轴轴向限位装置　曲轴除了承受正时齿轮的斜齿传动所引起的轴向力以外，在汽车上下坡、加速、制动及踩离合器踏板时，还要承受相应的轴向力作用，从而造成曲轴前后窜动。如果轴向窜动量过大，将破坏各机件的正常工作；但也不能过小，应给曲轴留有热膨胀伸长的余地。为此，曲轴必须有一定的轴向间隙，此间隙一般在 0.05 ~ 0.25mm，一般设置在某道主轴颈的两侧。其材料加工与滑动轴承类似，也是在钢背上浇铸一层减摩合金，但具体结构因车型而异。有的是两片整圆形的止动垫圈，通常安装在前端轴上；有的是两片或四片半圆形的止动垫片；更多的是将四片半圆形止动片与主轴承制成一体而成为翻边轴瓦，当曲轴前、后窜动时，翻边轴瓦端面的减摩合金与相对应的曲轴臂上的止动面接触摩擦，限制了曲轴窜动，如图 3-63 所示。

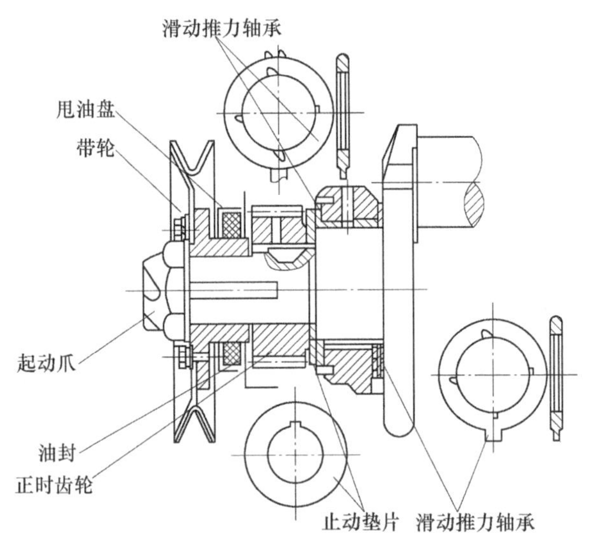

图 3-62　曲轴前端

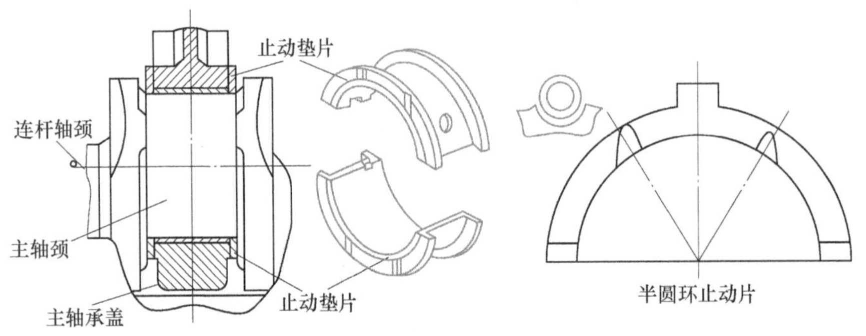

图 3-63　曲轴的轴向限位

曲轴的形状和各曲拐的相对位置取决于气缸数、气缸排列方式和工作顺序等多种因素。在安排多缸发动机的做功顺序时，首先应该使各缸做功间隔相等，以保证发动机运转平稳；其次应该使连续做功的两缸相距尽可能远一些，以减轻主轴承的载荷，并可避免相邻两缸发生进气重叠现象。

2. 飞轮

飞轮的功能是储存做功行程的能量，以克服各辅助行程的阻力，使曲轴能均匀地旋转，并使发动机能克服短时间的超负荷。同时，飞轮是摩擦式离合器的主动件，将发动机的动力传给离合器。飞轮的结构如图 3-64 所示。飞轮轮缘上镶嵌有供起动发动机用的飞轮齿圈，以便在起动发动机时与起动机的小齿轮相啮合。由于飞轮与曲轴的装配是经过精确平衡的，为了避免在拆装时破坏两者的平衡状态，飞轮与曲轴的装配都有轴向定位装置，如采用不对称螺孔，两种不同直径的固定螺栓或定位销等。在飞轮上还刻有上止点记号，用来校准点火正时或喷油正时以及调整气门间隙，如解放 CA6102 型发动机的正时记号（图 3-65）。当该记号与飞轮壳上的刻线对准时，即表示 1～6 缸的活塞在上止点位置。东风 EQ6100 型发动机有两处记号，一处是飞轮上的一个钢球与飞轮壳上的刻线对准时，另一处是当曲轴带轮上的小缺口和正时齿轮盖上凸肋对准时，都表示 1～6 缸的活塞在上止点位置。其他车型发动机的正时记号与上述发动机大同小异。

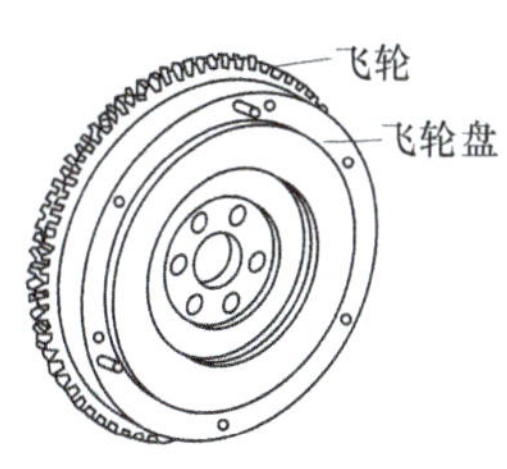

图 3-64　飞轮

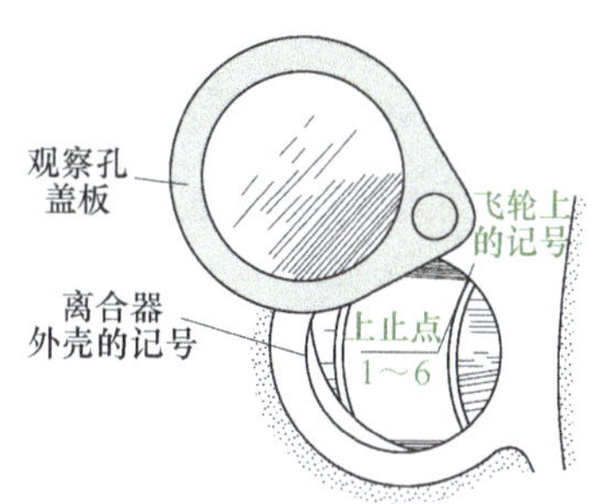

图 3-65　点火正时信号

任务实施

发动机曲轴飞轮组的结构如图 3-66 所示。

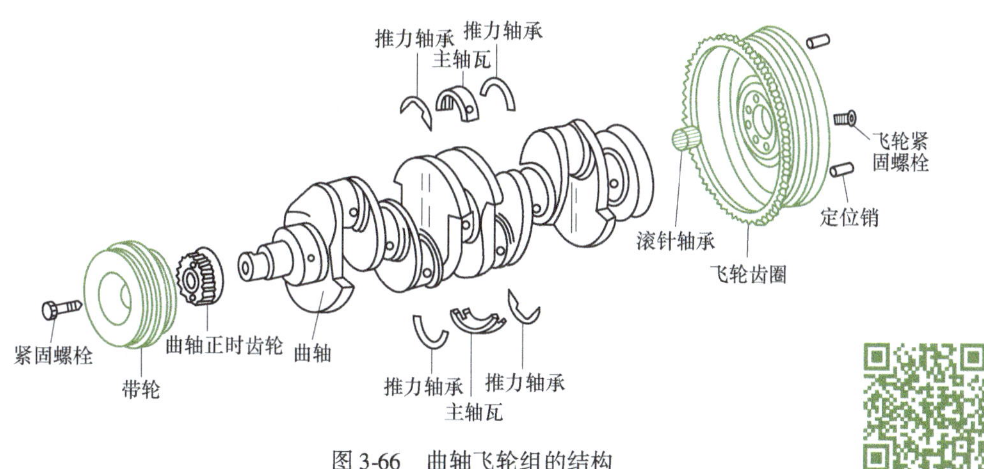

图 3-66　曲轴飞轮组的结构

曲轴止动垫片的更换：

1）在离合器和飞轮上做上记号（图 3-67）。

2）采用专用工具固定飞轮（图 3-68）

3）对角拧下固定螺钉（图 3-69）。

4）取下离合器壳、压盘和摩擦片。

5）对角均匀拆卸飞轮固定螺钉（图 3-70），取下飞轮。

图3-67　在离合器和飞轮上做上记号

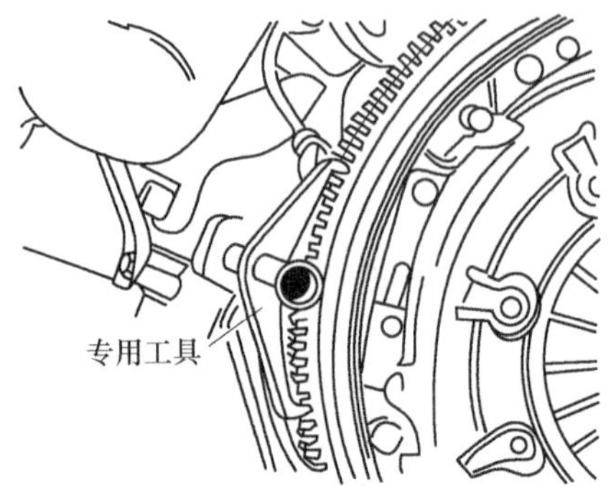

图3-68　采用专用工具固定飞轮

图3-69　对角拧下固定螺钉

图3-70　对角均匀拆卸飞轮固定螺钉

6）拆卸曲轴后油架紧固螺钉，拆卸曲轴后油封（图3-71）。

7）拆卸曲轴前油架紧固螺钉，拆卸曲轴前油封（图3-72）。

图3-71　拆卸曲轴后油封

图3-72　拆卸曲轴前油封

8）检查各轴承盖的标记。

9）按图3-73所示的螺钉序号从两端到中间旋松曲轴主轴承盖紧固螺钉（图3-74）。

10）取下主轴承盖并按顺序放好。

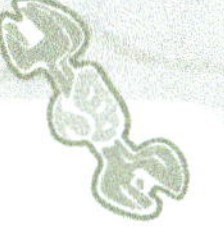

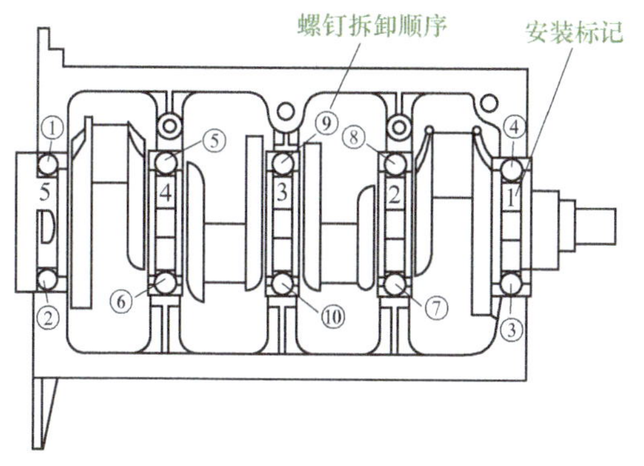

图 3-73 曲轴主轴承盖螺钉拆卸顺序

图 3-74 拆卸曲轴主轴承盖螺钉

注意：

各缸主轴承盖有安装标记，不同缸的主轴承盖及轴瓦不能互相调换。

11）抬下曲轴（图 3-75），取出曲轴止动垫片。

12）将主轴承盖及垫片按原位装回，并将固定螺钉拧入少许。

13）更换曲轴止动垫片。

14）在发动机体上安装曲轴主轴瓦和推力轴承，并在轴瓦表面涂抹润滑油。

15）将曲轴平稳放入主轴瓦上，注意推力轴承不要脱落或阻卡。

16）将主轴瓦装入主轴承盖中，再把主轴承盖固定于发动机机体上，按图 3-76 中的顺序和要求力矩（桑塔纳 2000GSi 发动机为 65N · m + 90°）紧固螺钉。装配完毕，用手摇转曲轴，应该感觉轻松自如，无阻卡，否则应检查原因重新安装。

图 3-75 抬下曲轴

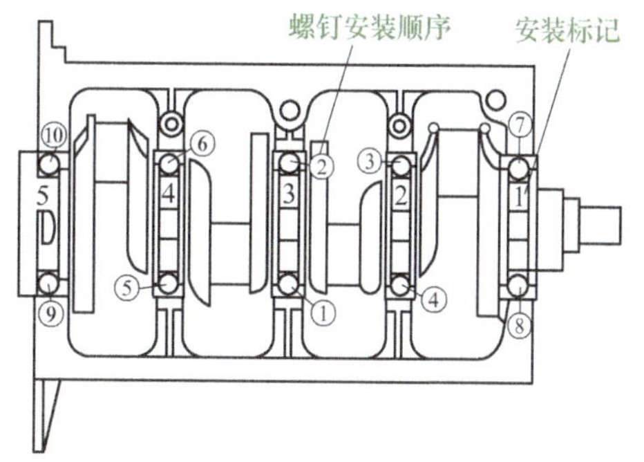

图 3-76 曲轴主轴承盖螺钉安装顺序

17）安装曲轴前、后油封。

18）安装飞轮部件。

19）采用专用工具固定飞轮，按要求拧紧飞轮固定螺栓（桑塔纳 2000GSi 发动机为 60N · m + 90°）。

拓展提高

四冲程直列四缸发动机，在一个工作循环（曲轴旋转 720°）中各缸均要做功一次，所以做功间隔角应为 720°/4 = 180°，工作顺序有两种可能的排列法，即 1—2—4—3 或 1—3—4—2，其中前一种采用较广泛。曲拐的布置如图 3-77 及表 3-5 所示。同理，四冲程直列六缸发动机各缸的做功间隔角应为 720°/6 = 120°，曲拐的布置如图 3-78 和表 3-6 所示，6 个曲拐分别布置在三个平面内，各平面夹角为 120°。曲拐的具体布置有两种形式，国产发动机普遍采用布置形式的工作顺序为 1—5—3—6—2—4。另一种曲拐布置形式的工作顺序为 1—4—2—6—3—5。

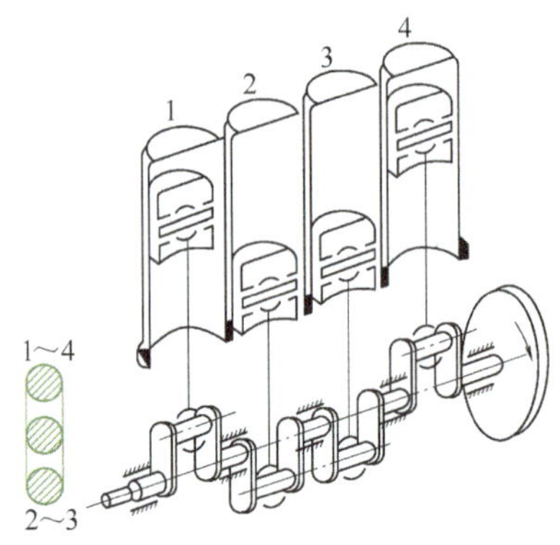

图 3-77　直列四缸四冲程发动机的曲拐布置简图

表 3-5　直列四缸四冲程发动机工作循环表（点火顺序 1—3—4—2）

曲轴转角/（°）	1 缸	2 缸	3 缸	4 缸
0～180	做功	排气	压缩	进气
180～360	排气	进气	做功	压缩
360～540	进气	压缩	排气	做功
540～720	压缩	做功	进气	排气

表 3-6　直列六缸四冲程发动机工作循环表（点火顺序 1—5—3—6—2—4 ）

<table>
<tr><th colspan="2">曲轴转角/（°）</th><th>1 缸</th><th>2 缸</th><th>3 缸</th><th>4 缸</th><th>5 缸</th><th>6 缸</th></tr>
<tr><td rowspan="3">0～180</td><td>60</td><td rowspan="3">做功</td><td rowspan="2">排气</td><td>进气</td><td>做功</td><td rowspan="2">压缩</td><td rowspan="3">进气</td></tr>
<tr><td>120</td><td rowspan="3">压缩</td><td rowspan="3">排气</td></tr>
<tr><td>180</td><td rowspan="3">进气</td><td rowspan="3">做功</td></tr>
<tr><td rowspan="3">180～360</td><td>240</td><td rowspan="3">排气</td><td rowspan="3">压缩</td></tr>
<tr><td>300</td><td rowspan="3">做功</td><td rowspan="3">进气</td></tr>
<tr><td>360</td><td rowspan="3">压缩</td><td rowspan="3">排气</td></tr>
<tr><td rowspan="3">360～540</td><td>420</td><td rowspan="3">进气</td><td rowspan="3">做功</td></tr>
<tr><td>480</td><td rowspan="3">排气</td><td rowspan="3">压缩</td></tr>
<tr><td>540</td><td rowspan="3">做功</td><td rowspan="3">进气</td></tr>
<tr><td rowspan="3">540～720</td><td>600</td><td rowspan="3">压缩</td><td rowspan="3">排气</td></tr>
<tr><td>660</td><td rowspan="2">进气</td><td rowspan="2">做功</td></tr>
<tr><td>720</td><td>排气</td><td>压缩</td></tr>
</table>

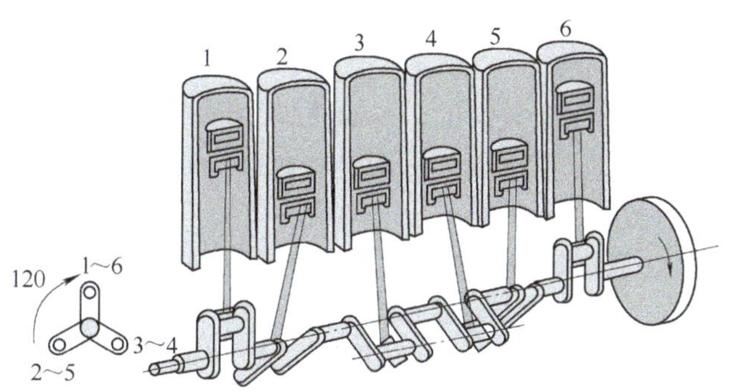

图 3-78　直列六缸四冲程发动机的曲拐布置简图

思考问题

1. 汽车发动机曲轴轴向间隙大对发动机性能及周围零件会产生什么影响？
2. 拆卸离合器时为何要做记号？

任务四　发动机活塞环的更换

学习目标

1. 了解活塞连杆组的功用和组成。
2. 掌握活塞连杆组的拆装方法。
3. 掌握活塞环的更换方法。

任务情境

一辆捷达轿车，已行驶了 12 万 km，感觉车辆爆发力下降，加速无力，噪声变大，排气管有蓝色烟排出，并伴随有机油燃烧所产生的焦煳味道。通过检查机油标尺发现机油的消耗量过大，进一步检查气缸压力，显示压力低于正常值，如图 3-79 所示。

图 3-79　检查发动机气缸压力

任务分析

汽车动力下降，气缸压力低于正常值，说明气缸密封不好。正常情况下，汽油机两次保养之间，机油的消耗量应在正常范围内，无须中途补充。机油消耗大，排气冒蓝烟，说明有机油漏入气缸燃烧，产生的原因可能有：

1）气缸盖衬垫漏气。应重新按规定力矩和次序拧紧气缸盖螺栓。同时检查气缸盖衬垫是否损坏，否则更换。

2）气门和气门座密封不良。需清除气门与气门座之间的积炭，必要时研磨气门和气门座，或者铣铰气门座圈。

3）气门弹簧弹力不足或折断。应更换气门弹簧。

4）气门间隙调整不当。应重新选用厚度适当的调整垫片。

5）缸套和活塞环磨损过度。应按修理工艺更换或加大活塞环，或者更换标准缸套和活塞环，使两者配合间隙符合装配技术要求。

6）活塞环磨损、弹力不足或因积炭卡死在活塞环槽里。应清洗或更换新活塞环。

经进一步检查分析，本故障的原因可能是活塞环磨损或弹力不足，需拆解发动机，检查更换活塞环。

任务实施的相关专业知识

活塞连杆组是发动机中重要的组件，而其中的活塞环长期在高温、高压、高速的工况工作，且润滑条件差，其磨损、失效往往较快。随着磨损的加剧，活塞环的弹力逐渐减弱，端隙、侧隙增大，气缸密封性变差，造成窜机油和漏气，从而会降低发动机的动力性和经济性。因此，保持活塞环正常的技术状态非常重要，若气缸的最大圆柱度误差达到 0.09 ~ 0.11mm，发动机进行大修时应更换活塞环。活塞连杆组主要由活塞组和连杆组组成，如图 3-80 所示。

图 3-80 活塞连杆组

一、活塞组

活塞组包括活塞、活塞环、活塞销及固定件。

1. 活塞的功用

活塞的主要功用是承受燃烧气体压力，并将此力通过活塞销传给连杆以推动曲轴旋转。此外活塞顶部与气缸盖、气缸壁共同组成燃烧室。现代汽车发动机不论是汽油机还是柴油机，广泛采用铝合金活塞，只在极少数汽车发动机上采用铸铁或耐热钢活塞。

2. 活塞的结构

活塞由顶部、头部和裙部构成，如图 3-81 所示。

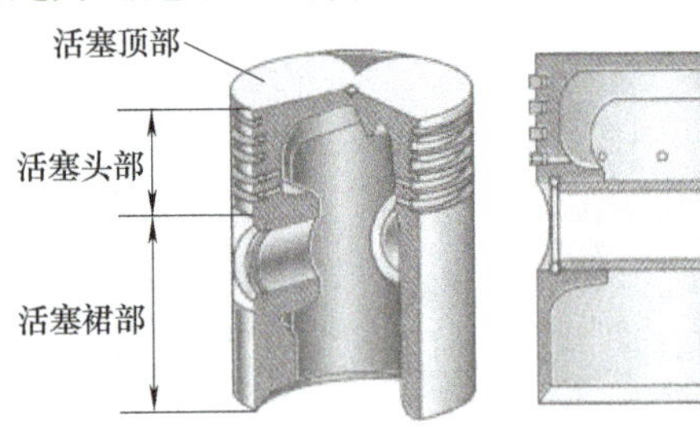

图 3-81 活塞的结构

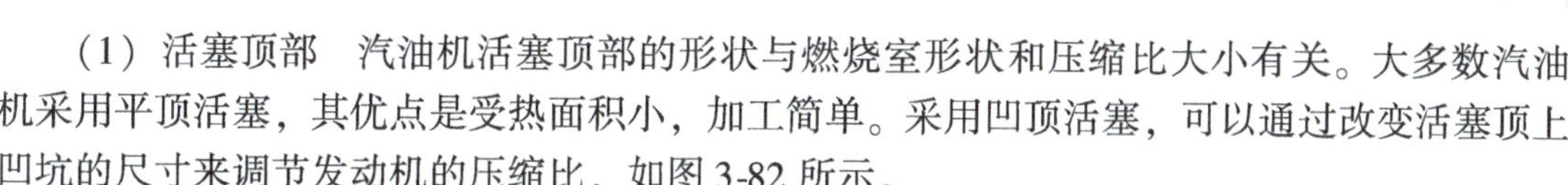

（1）活塞顶部　汽油机活塞顶部的形状与燃烧室形状和压缩比大小有关。大多数汽油机采用平顶活塞，其优点是受热面积小，加工简单。采用凹顶活塞，可以通过改变活塞顶上凹坑的尺寸来调节发动机的压缩比，如图 3-82 所示。

（2）活塞头部　活塞顶至油环槽下端面之间的部分，称为活塞头部。在活塞头部加工有用来安装气环和油环的气环槽和油环槽。在油环槽底部还加工有回油孔或横向切槽，油环从气缸壁上刮下来的多余的机油，经回油孔或横向切槽流回油底壳，如图 3-83 所示。

（3）活塞裙部　活塞头部以下的部分为活塞裙部。裙部的形状应该保证活塞在气缸内得到良好的导向，气缸与活塞之间在任何工况下都应保持均匀的、适宜的间隙。若间隙过大，活塞敲缸；若间隙过小，活塞可能被气缸卡住。此外，裙部应有足够的实际承压面积，以承受侧压力。活塞裙部承受燃烧膨胀侧压力的一面称为主推力面，承受压缩侧压力的一面称为次推力面，如图 3-84 所示。

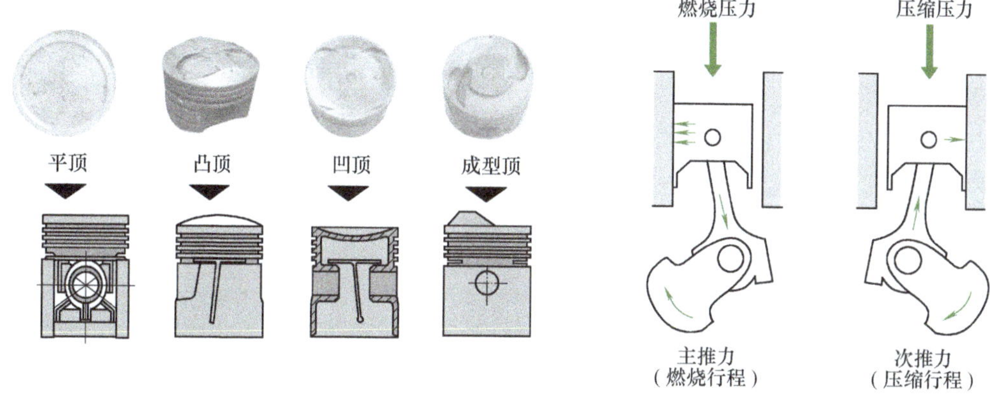

图 3-82　活塞顶部与头部

图 3-83　气缸工作时所受的推力

发动机工作时，活塞在气体压力和侧压力的作用下发生机械变形，而活塞受热膨胀时还发生热变形，如图 3-84 所示。这两种变形的结果都是使活塞裙部在活塞销孔轴线方向的尺寸增大。因此，为使活塞工作时裙部接近正圆形与气缸相适应，在制造时应将活塞裙部的横断面加工成椭圆形，并使其长轴与活塞销孔轴线垂直。现代汽车发动机的活塞均为椭圆裙部。另外，沿活塞轴线方向，活塞的温度是上高下低，活塞的热膨胀量自然是上大下小。因此为使活塞工作时裙部接近圆柱形，须把活塞制成上小下大的圆锥形或桶形。

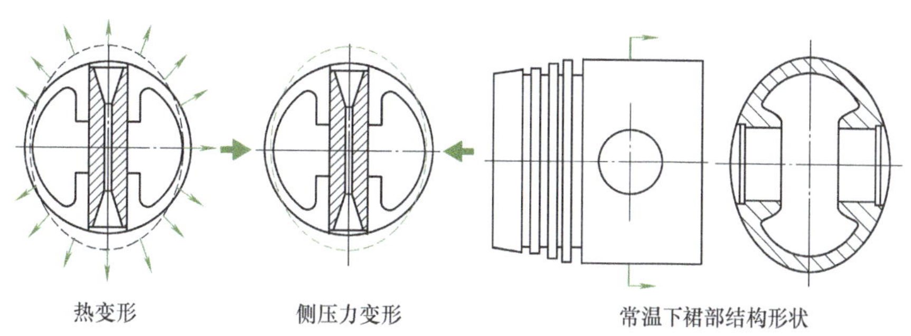

图 3-84　活塞裙部的变形与结构

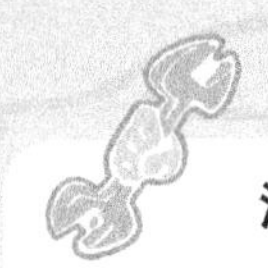

3. 活塞环的种类与功用

活塞环包括气环（又称压缩环）和油环两种。气环的作用是保证活塞与气缸壁间的密封，防止气缸中的高温、高压燃气大量漏入曲轴箱，同时还将活塞顶部的大部分热量传导到气缸壁，再由冷却液带走。

油环用来刮除气缸壁上多余的机油，并在气缸壁面涂上一层均匀的机油膜，这样既可以防止机油窜入气缸燃烧，又可以减小活塞、活塞环与气缸的磨损和摩擦阻力。

（1）气环　气环由铸铁制成，该材料很脆，如果弯曲很容易折断，但耐磨性很好。某些重载发动机和某些柴油机使用韧性铁作为活塞环的材料，这种材料强度较大，具有抗断裂性能，但由这种材料制成的活塞环的成本较高。某些高质量的活塞环外侧都具有镀铬层或镀银层。镀铬层或镀银层能够降低活塞环与缸壁的磨损。由于镀铬层或镀银层具有这种特性，所以这种活塞环的抗断裂时间相应延长了。

气环有若干种类型，图3-85所示为一些比较普通的类型。

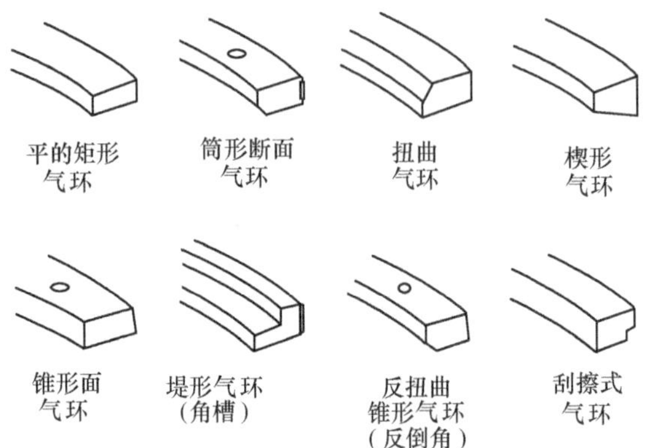

图3-85　不同断面的气环设计

矩形环断面为矩形，形状简单，加工方便，与气缸壁接触面积大，有利于活塞散热；但磨合性差，而且在与活塞一起作往复运动时，在环槽内上下窜动，把气缸壁上的机油不断地挤入燃烧室中，产生"泵油作用"，使机油消耗量增加，活塞顶及燃烧室壁面积炭。

锥面环改善了向下行程的划擦能力。另一些活塞环，如将角槽和倒锥面活塞环设计成了扭曲环。这些活塞环或者有导角，或者在环上加工出了沉孔。任何导角和沉孔都会使活塞环产生应力，这些应力使活塞环轻微扭曲，如图3-86所示。这种情况只有活塞环在气缸内受压缩时发生。扭曲可在缸壁和活塞环凹槽内形成线接触密封。线接触提高了活塞环的划擦特性和密封特性。当活塞环处于某些位置时，没有向下的压力作用在活塞环上。这种情况发生在发动机的进气行程、压缩行程和排气行程中。只有在做功行程中，高压才作用在活塞环上。在进气行程中，扭曲力压迫活塞环的底角，就像刮刀一样刮擦缸壁。这有助于除去缸壁上过多的润滑油。在压缩行程中，活塞环仍保持扭曲状态，这样使活塞环滑过缸壁上的润滑油而不是将其带到燃烧室内。

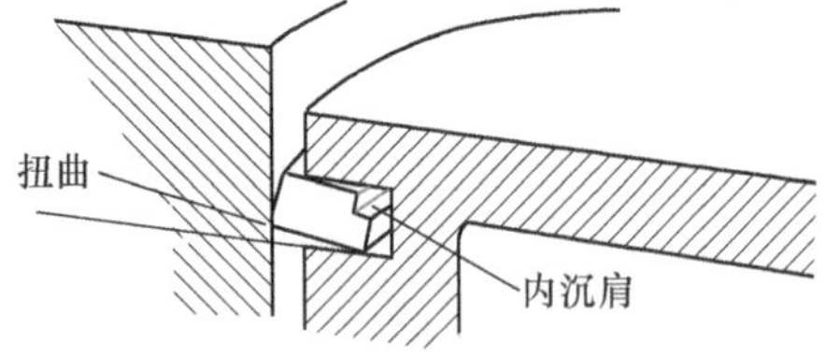

图3-86　气环的扭曲作用

随着活塞的上升，压缩压力有助于使活塞环变平以利于更好的密封。在做功行程中，燃烧室中的热气进入活塞环槽中。活塞环被顶出，平靠在缸壁上（图3-87）。这时在做功行程中具有良好的密封，该过程也称为动态密封。在排气行程中，静态状况再次出现，活塞环再次扭曲，扭曲使活塞环又滑过缸壁上的润滑油。多槽和圆形或管形面活塞环也可产生线接触，从而达到更好的密封效果。

（2）油环　油环用来刮掉缸壁上的润滑油，还可以防止润滑油进入到燃烧室内，并润

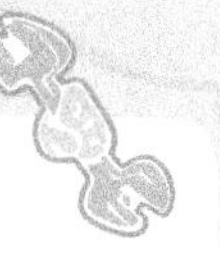

滑缸壁以防过度磨损。

所有的油环都用来在向下行程中刮掉缸壁上的润滑油。润滑油从缸壁上被刮下来后，穿过油环中间，然后从活塞上的孔流过，返回到曲轴箱内。这种刮擦过程有助于除去活塞环上的炭颗粒，润滑油油流也有助于冷却和密封活塞。

常见的油环有整体式和组合式两种结构形式，如图 3-88 所示。目前广泛应用的是组合式油环。组合式油环一般由三个刮油钢片和两个弹性衬环组成，轴向衬环夹装在第二、三刮油钢片之间，径向衬环使三片刮油钢片压紧在气缸壁上。

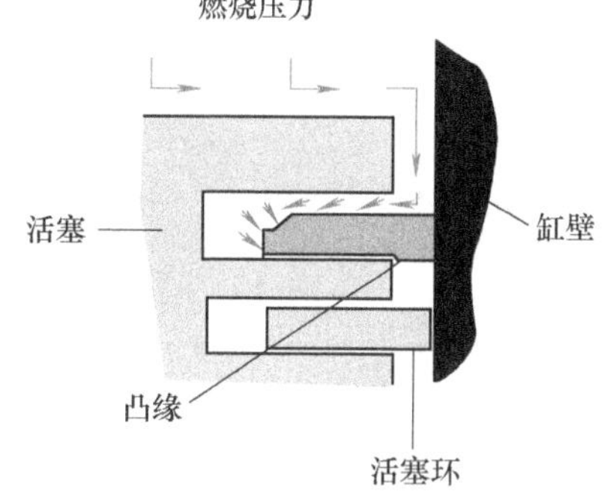

图 3-87　做功行程中的活塞环

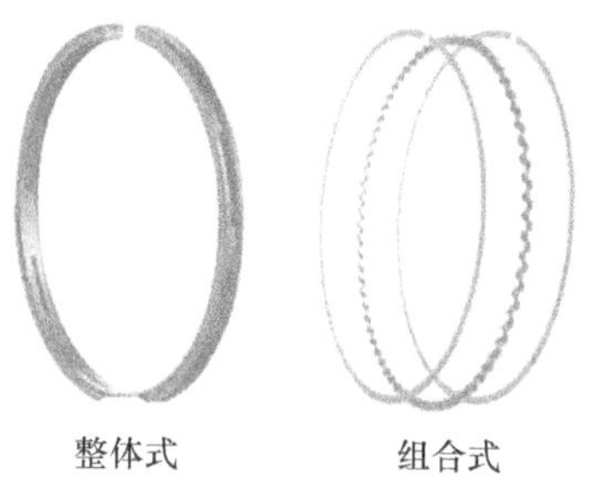

图 3-88　整体式油环与组合式油环

4. 活塞销

活塞销的功用是连接活塞和连杆小头，将活塞承受的气体作用力传给连杆。活塞销在高温下承受很大的周期性冲击载荷，润滑条件较差（一般靠飞溅润滑），要求有足够的刚度和强度，表面要耐磨，质量应尽可能小。因此，活塞销通常做成空心圆柱体，有的采用等截面管状活塞销，也有的按等强度要求制成变截面管状活塞销，结构如图 3-89 所示。

活塞销与活塞销座孔及连杆小头衬套孔的连接配合，有“半浮式”和“全浮式”两种方法，如图 3-90 所示。采用“全浮式”，活塞销既不与连杆固定，也不与活塞销座固定。为了防止其轴向窜动，活塞销座两侧装有卡环。这样的安装使活塞销在发动机运转过程中，不仅可在连杆小头衬套孔内运动，还可以在销座孔内缓慢地转动，使活塞销各部分的磨损比较均匀。由于铝合金活塞的膨胀系数比钢制的活塞销大，为保证工作状态下有适当的配合间隙，冷态配合时应有一定的过盈。装配时，先将活塞放入水或油中加热到 70 ~ 90℃，再将活塞销轻轻推入。最后，必须用卡环锁住销的两端，以免窜出拉伤气缸。

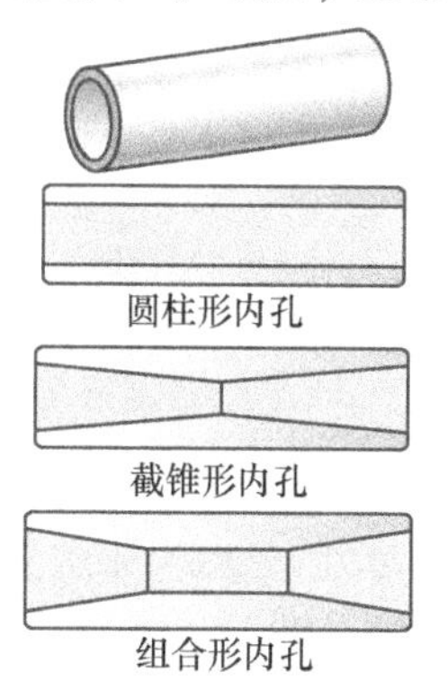

图 3-89　活塞销的结构

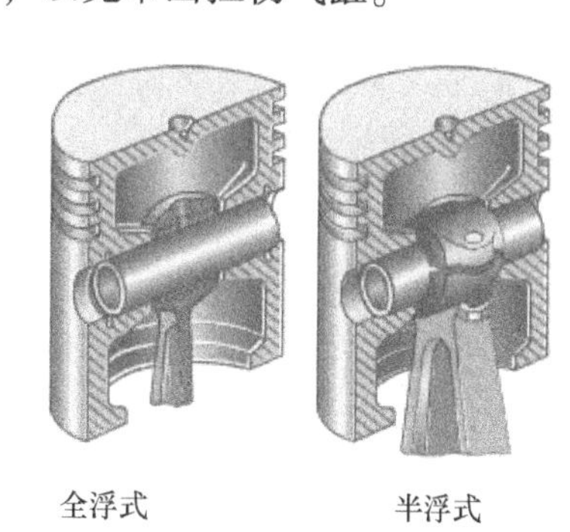

图 3-90　活塞销的配合

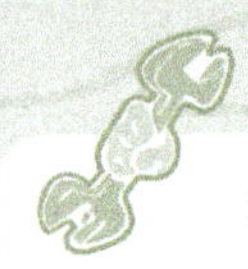

二、连杆组

连杆组包括连杆、连杆螺栓（或连杆螺母）和连杆轴承。

1. 功用

连杆的功用是将活塞承受的气体力传给曲轴，并使活塞的往复运动变为曲轴的旋转运动。

2. 结构

连杆主要由小头、杆身和大头（包括连杆盖）三部分组成，如图3-91所示。

连杆小头与活塞销相连，工作时连杆小头与销之间有相对转动（全浮式），因此连杆小头孔中一般压入减摩的青铜衬套。为润滑活塞销与衬套，在连杆小头和衬套上钻有集油孔或铣出集油槽，用来收集发动机运转时被激溅到上面的机油以便润滑。有的发动机连杆小头采用压力润滑，则在连杆杆身内钻有纵向的压力油通道。

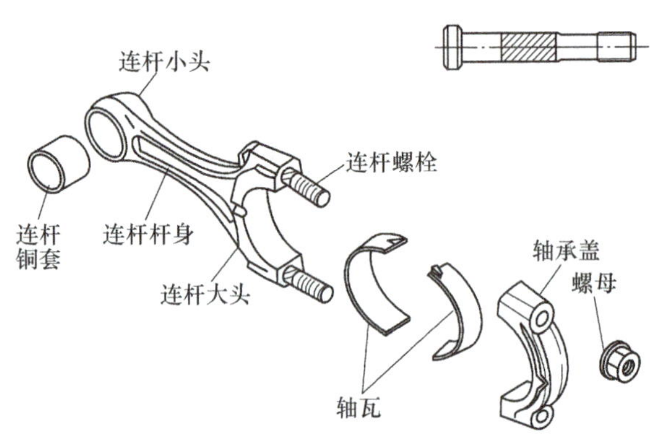

图3-91　连杆的构造

连杆杆身的断面呈“工”字形，以便在保证强度和刚度前提下使质量达到最小。有些发动机在杆身上还钻有油道，以润滑连杆小头，或将润滑油从连杆小头喷向活塞头部来冷却活塞。

连杆大头与曲轴的曲柄销相连，除了个别小型汽油机的连杆采用整体式连杆大头外，一般连杆大头做成剖分式的。被分开的部分称为连杆盖，用特制的连杆螺栓紧固在连杆大头上。连杆盖与连杆大头是组合镗孔的，为了防止装配时配对错误，在同一侧刻有配对记号。一般汽油机连杆大头沿着杆身轴线垂直方向切开，称为直切口连杆。柴油机连杆大头的尺寸往往大于气缸直径，故采用斜切口连杆。其角度为30°~60°，一般常用45°，如图3-92所示。

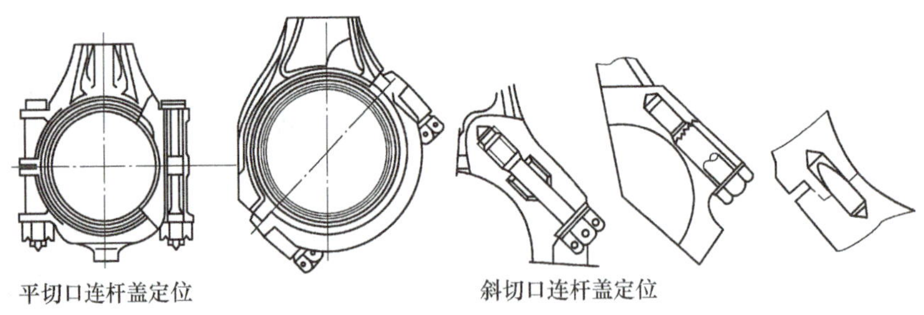

图3-92　连杆盖切口形式

连杆大头上部通常钻有直径为1~1.5mm的小孔，在发动机工作中，当小孔与连杆轴颈上的油道孔重合时，润滑油由此喷向缸壁、凸轮等机件。在连杆杆身和盖上还制有凸点或数码等安装记号，装配时应注意配对及方向。连杆螺栓是一个经常承受交变载荷的重要零件，一般采用韧性较高的优质合金钢或优质碳素钢锻制或冷镦成形。安装连杆大头时，必须保证坚固可靠。连杆螺栓必须以出厂规定的拧紧力矩分2~3次均匀地拧紧，还必须用防松胶或其他锁紧装置紧固，以防止其在工作时自动松动。

3. 连杆轴承

（1）功用　连杆轴承也称连杆轴瓦（俗称小瓦），装在连杆大头的孔内，用以保护连杆轴颈及连杆大头孔。连杆轴承在工作时承受着较大的交变载荷、高速摩擦、低速大负荷时润滑困难及润滑油变质带来的腐蚀等苛刻条件。为此，要求轴承具有足够的强度、良好的减摩性及良好的耐腐蚀性。

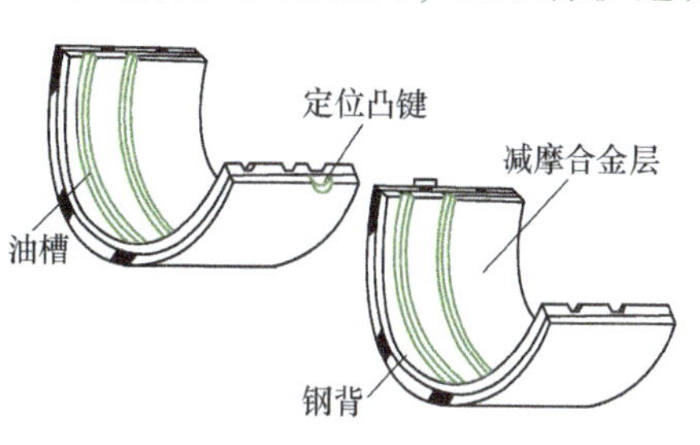

图 3-93　连杆轴承

（2）结构　现代发动机所用的连杆轴承是由钢背和减摩层组成的分开式薄壁轴承，如图 3-93 所示。

钢背由 1～3mm 厚的低碳钢带制成，是轴承的基体。钢背既有足够的强度，以承受近乎冲击性的载荷，又有合适的刚度，便于与轴承孔良好贴合。在钢背的内圆面上制有 0.3～0.7mm 厚的减摩合金层，用以减小摩擦阻力、加速磨合及保持油膜。目前常用的轴承减摩合金主要有白合金、铜铅合金和铝基合金。连杆轴承背面具有较小的表面粗糙度值，当轴承装入连杆大头时有一定的过盈，故能均匀地紧贴在大头孔壁上，具有很好的承载能力和导热能力。这样可以提高其工作可靠性和延长使用寿命。

为了防止连杆轴承在工作中发生转动或轴向移动，在两个连杆轴承的剖分面上分别冲压出高于钢背面的两个定位凸键。装配时，这两个凸键分别嵌入在连杆大头和连杆盖上的相应凹槽内，在连杆轴承内表面上还加工有油槽，用以储油保证可靠润滑。

任务实施

一、活塞连杆组的拆装

1）吊出发动机。

2）拆除发动机上外围附件。

3）拆卸气缸盖。

4）将发动机缸体倒置于工作台上，分两次均匀拆卸油底壳固定螺钉（图 3-94）。

5）取下油底壳。

6）拆卸机油泵固定螺钉，取出机油泵（图 3-95）。

图 3-94　拆卸油底壳固定螺钉

图 3-95　拆卸机油泵固定螺钉

7）拆卸中间轴油封，取出中间轴（图 3-96）。

8）转动曲轴，使发动机 1、4 缸活塞处于下止点。

9）放倒缸体，用扭力扳手拆卸 1、4 缸连杆紧固螺钉（图 3-97），取下连杆轴承盖。

图 3-96　取出中间轴

图 3-97　拆卸连杆紧固螺钉

注意：

连杆轴承盖与连杆体侧面有配对记号（图 3-98），应配对放好，各缸连杆也应按顺序放好。

10）用橡胶锤或锤子木柄推出 1、4 缸的活塞连杆组件，用手在气缸出口接住并取出活塞连杆组件，如图 3-99 所示。

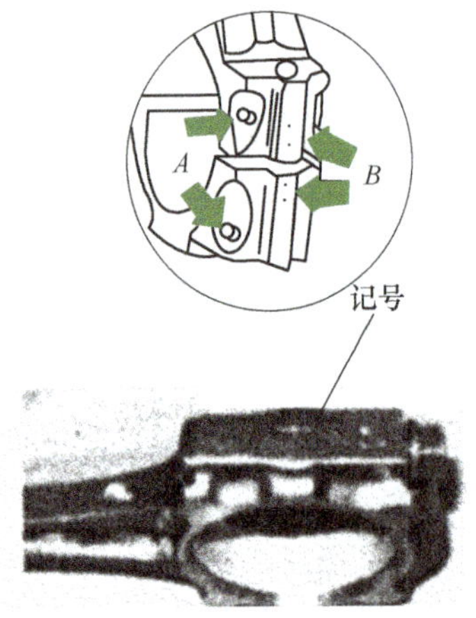

图 3-98　连杆标记

图 3-99　取出活塞连杆组件

11）将连杆轴承盖、连杆螺栓、螺母按原位置装回，不同缸的连杆不能互相调换。

12）用同样方法拆卸 2、3 缸的活塞连杆组。

13）使用专用的活塞环装卸钳拆卸各缸活塞环（图 3-100）。

14）拆卸活塞销卡环（图 3-101），半浮式没有活塞销卡环。

图 3-100　拆卸各缸活塞环

图 3-101　拆卸活塞销卡环

15）取出活塞销，如图 3-102 所示（若活塞销与孔配合较紧，可在油压机上或用冲头进行活塞销的拆卸。也可以将活塞连杆组浸入 60℃的热水或润滑油中加热，然后用专用工具进行拆卸）。

二、活塞连杆组的安装

安装顺序一般与拆卸顺序相反，由内向外进行。

1）安装前应全面清洗发动机零部件，尤其是相互配合的运动件表面，如缸筒表面、活塞表面、活塞销表面、连杆瓦及衬套表面应保持清洁，装配时应涂抹润滑油。

2）先将活塞销从销孔一端塞入，将连杆小头穿入活塞销。此时一定注意活塞标记与连杆朝前标记一致，不可装错，如图 3-103 所示。

图 3-102　取出活塞销

3）用专用工具安装活塞环，先装油环，再装气环。

为避免可燃混合气从活塞环的开口间隙中漏出，装配时各道环的开口应相互错开。装四道环的，各开口相隔 180°；装三道环的，各开口相隔 120°；各道环的开口应和活塞销口中心线相隔 45°，如图 3-104 所示。

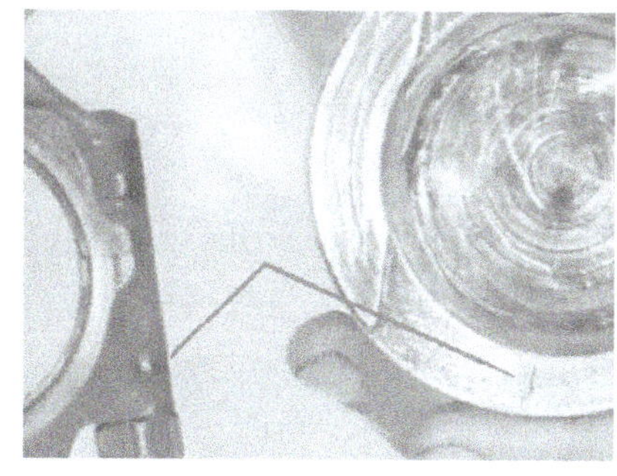
图 3-103　活塞和连杆朝前标记

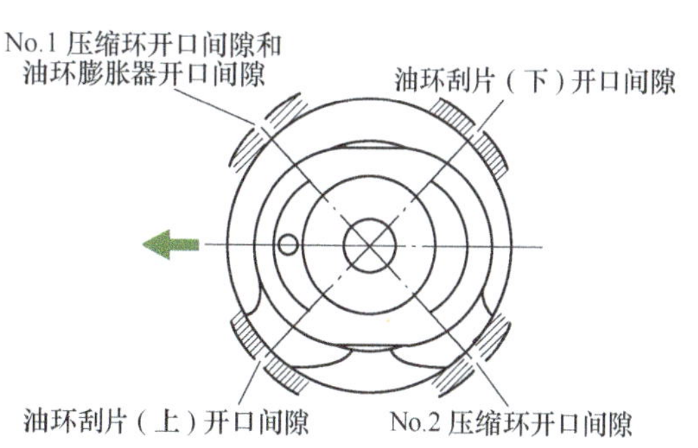

图 3-104　装配活塞环开口方向

小贴士：

①活塞环容易折断，在安装时应使用专用夹具，如无专用夹具，也可用两手大拇指适当扳开活塞环端口，其余四指护着环的四周，小心地将环套进活塞环槽内，同时注意各道环的结构和安装方向。

②对扭曲环应分清正反，安装时内圆切槽、倒角的，槽口向上；外圆切槽、倒角的，槽口向下；两种环混装的，内圆切槽、倒角的，装第一道环槽，外圆切槽、倒角的，装二、三道环槽，不能装反。

③某些车型有镀铬环时应将其装在第一道环槽内，某些锥形环有标记，安装时有标记的一面应向上。

④活塞环装入活塞后，环上应涂抹润滑油。

4）将连杆瓦装入连杆，在连杆瓦表面、曲轴连杆轴颈表面、活塞表面、气缸壁表面涂抹润滑油。

5）使用专用工具（图3-105）夹紧活塞环，从气缸顶端装入活塞连杆组件，用锤子木柄将活塞组件推入气缸。

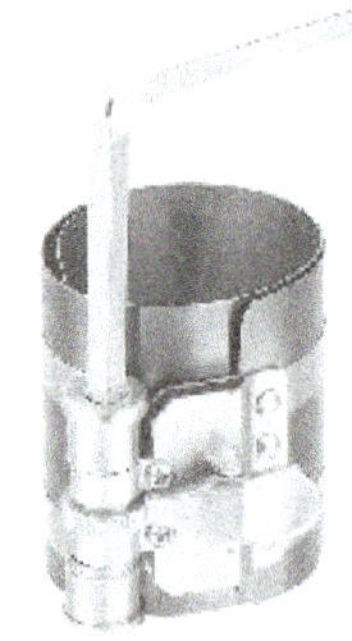

图3-105　用活塞环夹紧工具装入活塞连杆组件

6）安装连杆轴承盖，拧紧连杆轴承盖螺母，拧紧力矩为45N·m+90°（M9×1螺母）或30N·m+90°（M8×1螺母），并且每缸的两个螺母应交替拧紧。

拓展提高

1. 活塞环与气缸磨损

活塞和活塞环的运动使气缸磨损均匀，逐渐变成了锥状。图3-106说明了典型的气缸磨损规律。只有在活塞环接触缸壁的地方才产生锥状。最大程度的磨损发生在气缸顶部，最低程度的磨损发生在气缸底部。这种磨损在气缸孔的上部形成了隆起。大修过程中，一定要去掉隆起后再拆下活塞，如果隆起没有去掉，活塞一经拆卸就会损坏。新的活塞环在安装以后，敲打隆起的底部也可能被损坏。汽车维修手册中所列出的制造商规范仅允许缸壁有一定量的锥度。过大的锥度会影响活塞环的端隙，如图3-107所示。

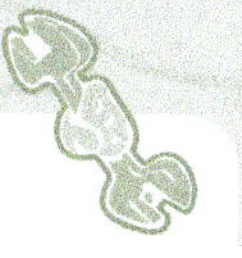

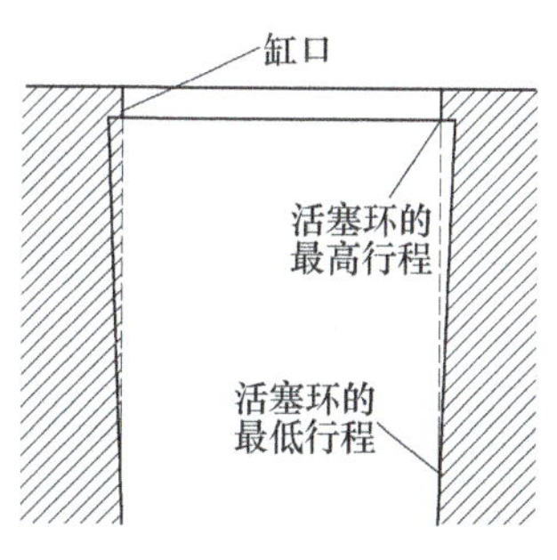

图 3-106　活塞环与气缸磨损

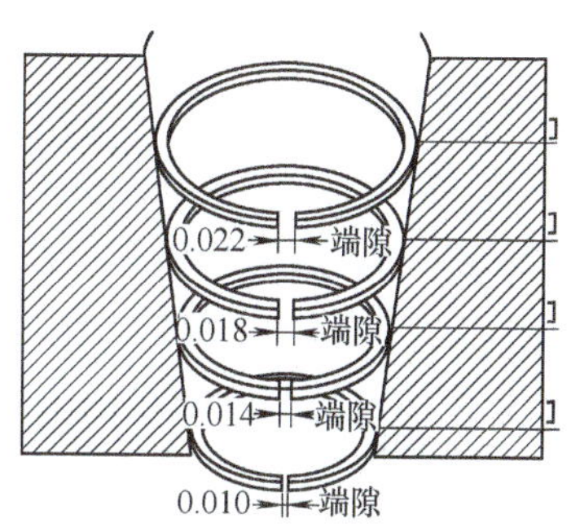

图 3-107　气缸锥度对活塞环端隙的影响

2. 活塞环与气缸珩磨

当将新的活塞环放在活塞上时，活塞环以及缸壁没有完全密合，其差别如图 3-108 所示。活塞环接触气缸的部位仅为活塞环上细微的突出部分。这就使活塞环和缸壁之间的密封不良。由此，活塞环和缸壁表面都被设计成略有凸凹。由于活塞环和缸壁开始磨损，表面上的突出部分会先行磨损，接着这两个物体就会趋于密合。这个过程被称作发动机内的磨合。

珩磨就是在气缸表面产生网纹的操作（图 3-109）。珩磨有助于在缸壁上保留一些润滑油，这些留下的润滑油有助于润滑新的活塞环并利于磨合过程。

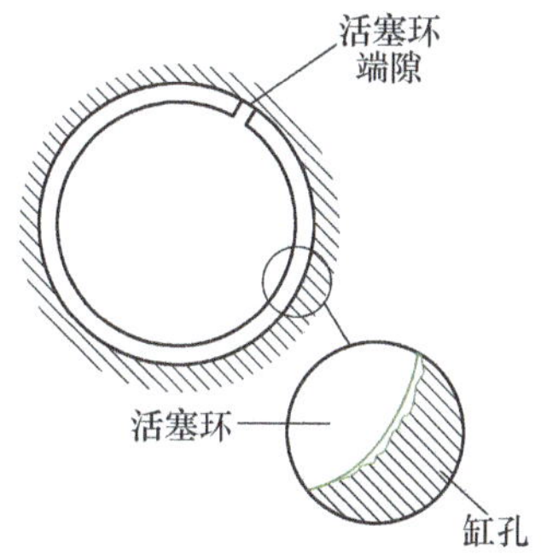

图 3-108　新活塞环与气缸壁

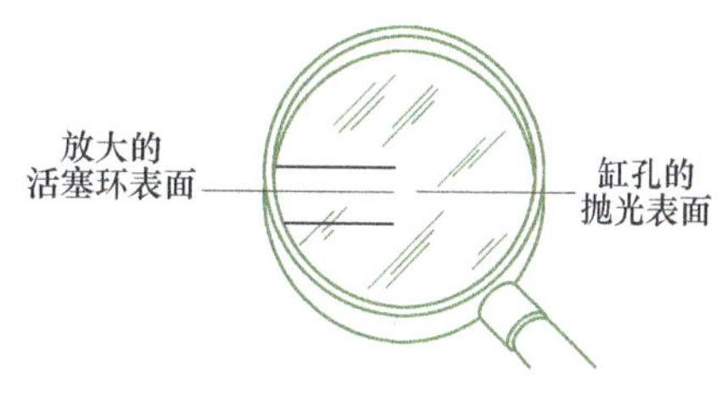

图 3-109　气缸壁珩磨网纹

思考问题

1. 在安装过程中活塞环端隙过小的结果是什么？
2. 扭曲环装配时应注意什么？

任务五　发动机气门油封的更换

学习目标

1. 了解气门组、气门传动组的组成和功用。
2. 了解气门间隙的含义。
3. 掌握气门组、气门传动组的拆装工艺。

任务情境

一辆桑塔纳轿车发动机功率逐渐下降，为此进行保养，更换了活塞环，同时清理了缸盖积炭。装复起动后，发现排气管冒蓝烟，这说明烧机油严重。开始以为其由更换活塞环后与原缸筒封闭不严所致，于是又更换了缸筒、活塞，但烧机油的故障仍未排除。

任务分析

汽车发动机功率下降，说明气缸密封不好，排气冒蓝烟，说明有机油窜入燃烧室燃烧，产生这种现象的原因，一是活塞环的原因，二是气缸磨损导致气缸圆度和圆柱度超差，或是气缸表面拉伤，这都是从气缸和活塞处漏气。另外，还有一种故障是从气门处漏气，产生的原因可能是气门处积炭、烧蚀、磨损造成的气门和气门座圈配合间隙增大，气门和气门导管磨损导致间隙增大，气门油封损坏等。本故障经检查是气门油封损坏，导致混合气从气门和导管间隙泄漏，同时气缸盖上的润滑油经气门和气门导管间隙流入燃烧室燃烧，这种情况，需拆解气缸盖气门组件，更换气门油封。

任务实施的相关专业知识

一、发动机配气机构的功用和基本组成

1. 配气机构的功用

配气机构的功用是按照发动机的工作需要，定时地开启或关闭进气门、排气门，使混合气（汽油机）或空气（柴油机）及时进入气缸，或使气缸内的废气及时排出。

2. 配气机构的基本组成

发动机配气机构的基本组成可分为两部分：气门组和气门传动组，如图 3-110 所示。气门组的组成与配气机构的形式基本相同，主要零件包括气门、气门座、气门弹簧和气门导管等。气门传动组包括驱动气门动作的所有零件，其组成视配气机构的形式不同而异，主要零件包括正时齿轮（或正时链轮和链，或正时带轮和传动带）、凸轮轴、气门挺杆、推杆、摇臂轴和摇臂等。

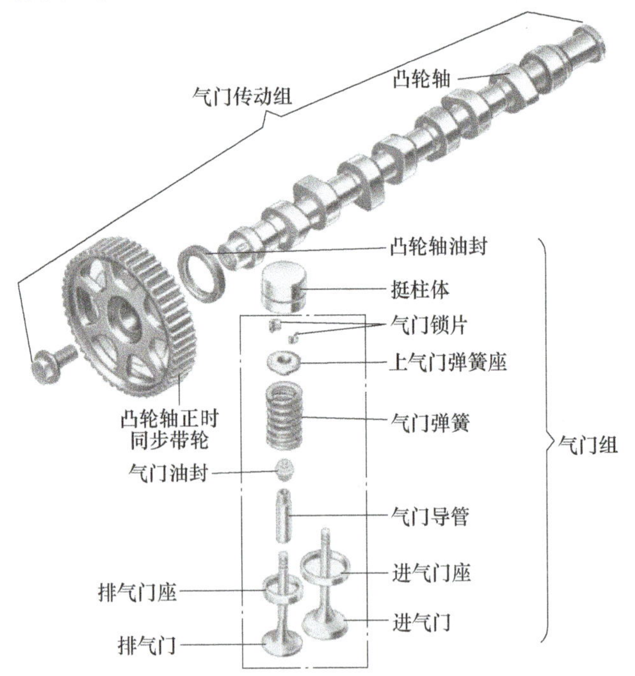

图 3-110　配气机构的基本组成

二、正时传动装置的结构

凸轮轴靠曲轴来驱动，传动方式有齿轮传动、链传动和带传动三种。气门的开启和关闭时刻、凸轮轴与曲轴的传动比均靠传动装置来保证。

1. 正时齿轮传动装置

正时齿轮传动具有传动平稳、可靠、不需调整等优点，下置凸轮轴式配气机构一般都采用此种传动装置。正时齿轮分别安装在曲轴和凸轮轴的前端，用螺栓或螺母固定，齿轮和轴通过键来连接。凸轮轴正时齿轮的齿数为曲轴正时齿轮齿数的两倍，传动比为2∶1。为保证气门的开启和关闭时刻正确，装配时应对正两正时齿轮上的正时标记，如图3-111所示。

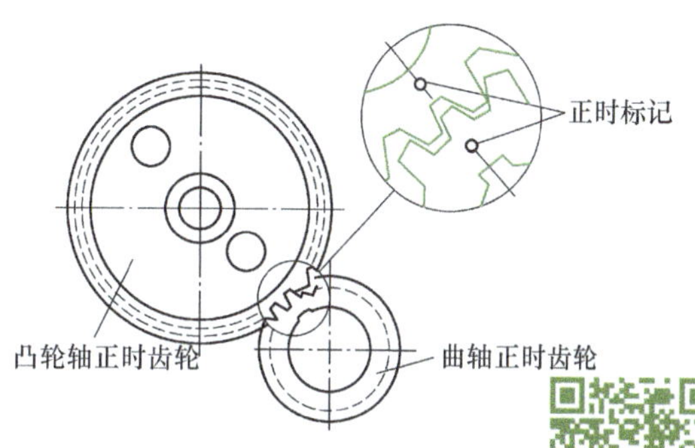

图3-111　轮传动及正时记号

2. 正时链传动装置

侧置凸轮轴式配气机构或顶置凸轮轴式配气机构均可采用正时链传动装置。正时链传动装置的组成如图3-112所示，主要由正时链、正时链轮、正时链张紧装置等组成。凸轮轴正时链轮的齿数为曲轴正时链轮的两倍，以实现传动比为2∶1 。为防止正时链抖动，正时链传动装置设有导链板和张紧装置。导链板采用橡胶导向面为链导向面，一般应与链一起更换。张紧装置使正时链保持一定的紧度，可分为机械式和液压式两种，应用较多的是液压式正时链张紧装置。当发动机工作时，利用润滑油压力推动液压缸活塞，使张紧轮压紧正时链。正时链传动装置的特点是工作可靠，使用寿命长，但工作噪声大，润滑、维修较麻烦。

3. 正时带传动装置

正时带传动装置主要由同步带、同步带轮和张紧轮等组成，如图3-113所示。张紧轮靠弹簧压紧同步带张紧轮，也起到对同步带轴向定位的作用。凸轮轴同步带轮的直径等于曲轴同步带轮直径的两倍，传动比为2∶1 。

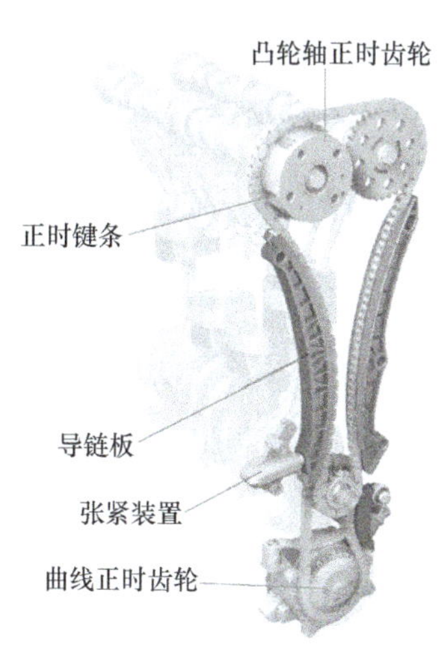

图3-112　正时链传动装置

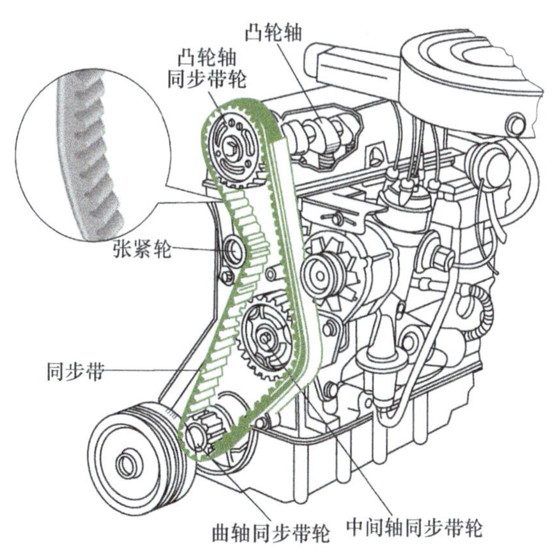

图3-113　桑塔纳型轿车发动机正时同步带

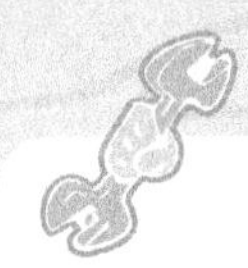

为了确保传动可靠，同步带需保持一定的张紧力，为此在同步带传动机构中设置了由张紧轮与张紧弹簧组成的张紧机构。张紧轮的滚珠轴承是全密封的，并填有长效润滑脂，使用中无须加油，但不可清洗。同步带驱动是一种啮合传动，而不是摩擦传动，因此传动比较精确、同步性好，与链条传动相比，使用速度范围大，传动平稳，有良好的减振性，且不需要润滑，传动机构简单，噪声小。正时同步带传动装置与正时链传动装置一样，装配时必须按相关维修手册中的规定对正正时标记。装配时应对正下列标记：凸轮轴同步带轮与气缸盖上的标记，曲轴同步带轮与气缸体前端标记。图 3-114 所示为桑塔纳轿车发动机正时记号。

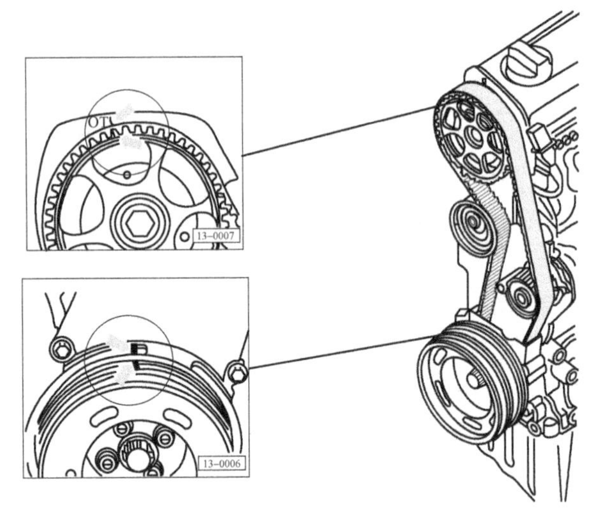

图 3-114　桑塔纳轿车发动机正时记号

三、气门组

1. 气门的功用

气门的功用是开关进、排气通道。气门分为进气门和排气门两种。

2. 气门的构造

气门由头部和杆部两部分组成，其结构如图 3-115 所示。

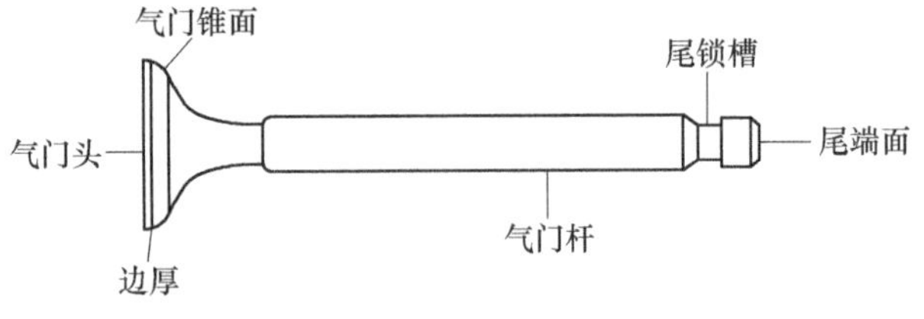

图 3-115　气门的结构

（1）气门头部

1）气门顶部的形状。气门顶部的形状有平顶、球面顶（凸顶）和喇叭形顶（凹顶）3 种，如图 3-116 所示。球面顶适用于排气门，喇叭顶适用于进气门，而平顶式结构简单，制造方便，吸热面积小，进、排气门都可采用，目前应用最为广泛。

2）气门密封锥面。气门密封锥面是与杆身同心的圆锥面，用来与气门座接触，起到密封气道的作用。气门密封锥面与气门顶平面之间的夹角，称为气门锥角。气门锥角有 30°和 45°两种（图 3-117），一般排气门采用 45°以保证受高温的排气门头部有足够的刚度；进气门可采用 30°或 45°，采用 30°时气门开启时通道断面较大，而采用 45°时维修方便。

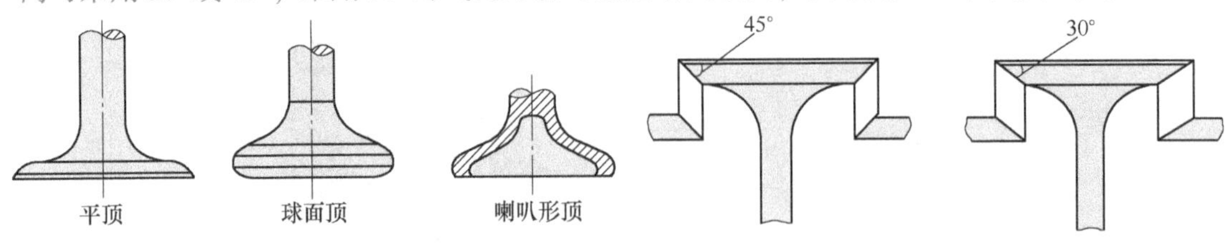

图 3-116　气门顶部的形状

图 3-117　气门密封锥面

3）气门头部直径。通常进气门头部直径大于排气门头部直径。气门顶部边缘与气门密

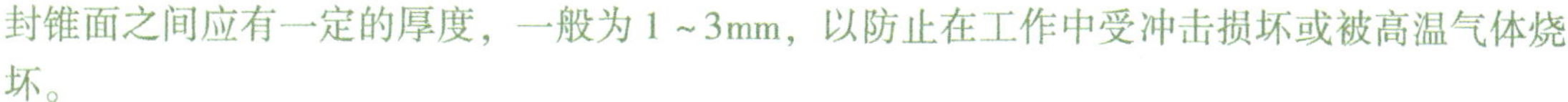

封锥面之间应有一定的厚度，一般为 1 ~3mm，以防止在工作中受冲击损坏或被高温气体烧坏。

（2）气门杆部

1）气门杆的作用与结构。气门杆与气门导管的配合，应有利于气门运动导向和传热。气门杆身为圆柱形，气门杆的尾部结构随气门弹簧座的固定方式不同而不同。

2）气门弹簧座的固定。气门杆的尾部用来固定气门弹簧座，其结构随气门弹簧座的固定方式不同而不同。常用的固定方式有锥形锁片式和锁销式两种。

3）气门机油防漏装置。适量的机油进入气门导管与气门的间隙，对于气门杆的润滑是必要的。但如果进入的机油过多，将会在气缸内造成积炭和在气门上产生沉积物，使机油消耗增加。需要指出的是，进气管中有一定的真空度，机油会从气门杆与导管的间隙被吸入进气管并进入气缸。因此，有的发动机在气门杆上设有机油防漏装置。常见的气门防漏装置结构形式如图 3-118 所示。

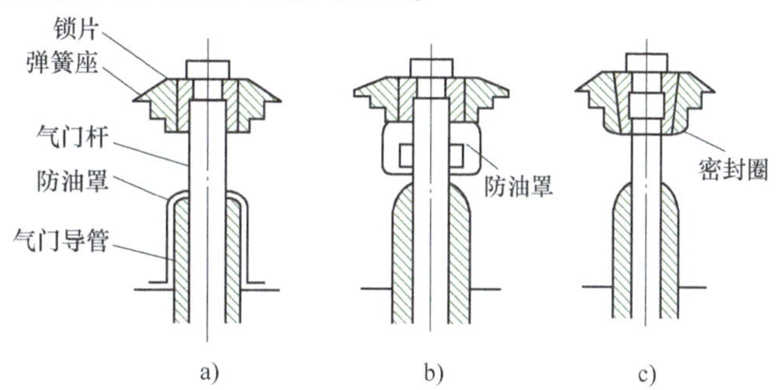

图 3-118　常见的气门防漏装置结构形式

3. 气门座与气门座圈

进、排气道口与气门密封锥面直接贴合的部位称为气门座。

气门座与气门头部密封锥面配合对气缸起密封作用，同时气门头部的热量也经过气门座，起到对气门散热的作用。气门座可以在气缸盖或气缸体上直接镗出，也可以单独制成气门座圈，镶嵌在气缸盖或气缸体上。气门座圈用耐热合金钢或耐热合金铸铁制成。

4. 气门导管

（1）气门导管的功用　气门导管的主要功用是为气门运动导向，以保证气门上下运动时不发生径向摆动而准确落座，同时起导热作用。

（2）气门导管的结构　如图 3-119 所示，气门导管外圆与气缸盖内孔为过盈配合，内孔与气门杆相配合。为了防止气门导管在使用过程中松脱，有的发动机对气门导管用卡环定位。气门杆与气门导管孔的配合间隙必须适当，一般为 0.05 ~0.12mm。间隙过大，导向不好，散热不良；而间隙过小，热状态下可能卡死。

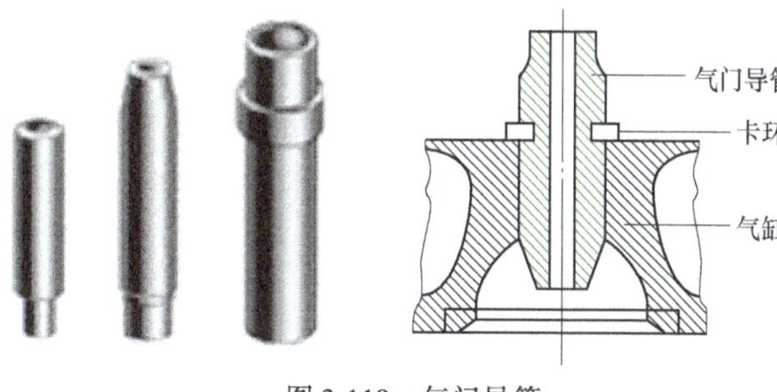

图 3-119　气门导管

5. 气门弹簧

（1）气门弹簧的功用　气门弹簧的功用是使气门与气门座紧密贴合，克服气门和气门驱动件所产生的惯性力的干扰，避免各零件彼此脱离而破坏配气机构的正常工作。

（2）气门弹簧的结构　当气门弹簧的工作频率与其固有的振动频率相等或为整数倍时，气门弹簧就会发生共振。共振时，配气相位将遭到破坏，使气门发生反跳和冲击，甚至使弹

簧折断。为防止共振的发生，常采取以下结构措施：

1）采用双气门弹簧（图 3-120）。

2）采用变螺距气门弹簧（图 3-120）。

3）采用锥形气门弹簧。

4）采用气门弹簧振动阻尼器。

6. 气门间隙

（1）气门间隙的含义　通常在发动机冷态装配（气门完全关闭）时，在气门与其传动机构中留有适当的间隙，以补偿气门受热后的膨胀量，这一间隙通常称为气门间隙，如图 3-121 所示。在凸轮轴通过摇臂间接驱动气门开启的配气机构中，气门间隙是指摇臂与气门杆尾部的间隙；在凸轮轴直接驱动气门开启的配气机构（如上海桑塔纳轿车发动机装用普通挺柱的配气机构）中，气门间隙是指凸轮与挺柱的间隙。

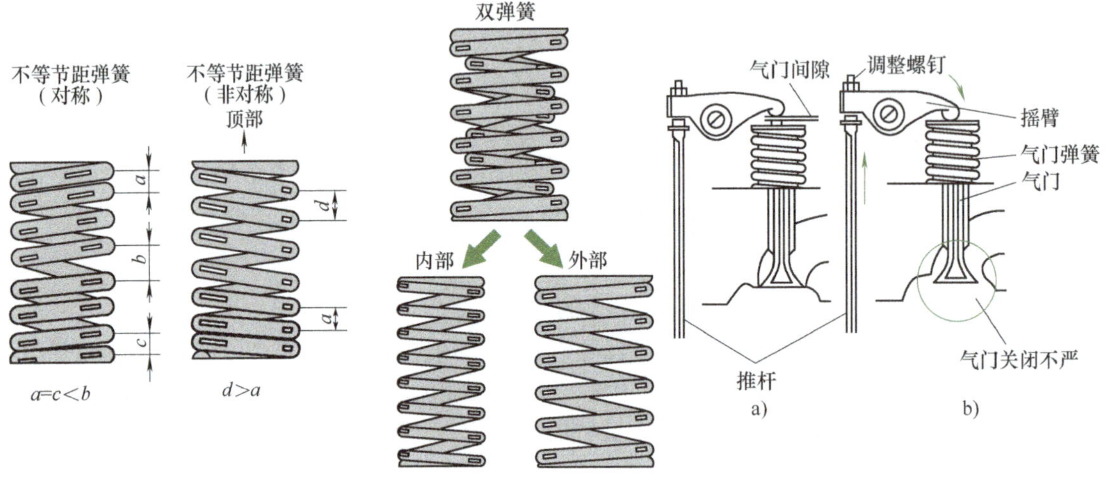

图 3-120　圆柱等距弹簧和变距弹簧

图 3-121　气门间隙

（2）气门间隙的大小　气门间隙的大小由发动机制造厂根据试验确定。一般在冷态时，进气门间隙为 0.25 ~ 0.35mm，排气门间隙为 0.30 ~ 0.35mm。在使用和维修中，必须将气门间隙调整到合乎标准值范围。不同型号的发动机，气门间隙的部位和大小不同。对采用液压挺柱的发动机，由于挺柱的长度能自动变化，以随时补偿气门的热膨胀量，故不需要预留气门间隙，也不需要调整气门间隙。如奥迪、上海别克、广州本田雅阁和桑塔纳等轿车的发动机。

（3）气门间隙过大、过小的危害　气门间隙的大小，对发动机的工作和性能影响很大。如果气门间隙过小，发动机在热态下可能因气门关闭不严而发生漏气，导致功率下降，甚至烧坏气门；如果气门间隙过大，则使传动零件之间以及气门和气门座之间产生撞击响声，并加速磨损，同时也会使气门开启的持续时间减少，气缸的充气以及排气情况变坏。

四、气门传动组

气门传动组的主要机件有凸轮轴及其驱动装置、挺柱、推杆、摇臂及摇臂轴等。其功用是使进、排气门按配气相位规定的时刻开闭，且保证有足够的升程。

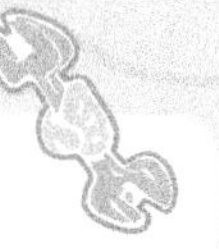

1. 凸轮轴

（1）凸轮轴的功用　凸轮轴是气门传动组中最主要的零件。其功用是驱动并控制各缸气门的开启和关闭，使其符合发动机的工作顺序、配气相位及气门开度的变化规律等要求。

（2）凸轮轴的结构　凸轮轴主要由凸轮和轴颈两部分组成，如图 3-122 所示。凸轮轴上还装有弧齿锥齿轮和偏心轮，用来驱动机油泵、分电器。凸轮轴的前端通过键联结凸轮轴正时齿轮或链轮及同步带轮。

凸轮是凸轮轴的主要工作部分。凸轮轴上各缸的进气凸轮（或者排气凸轮）称为同名凸轮。各同名凸轮的相对角位置与凸轮轴旋转方向、发动机气缸工作顺序及气缸数或做功间隔角有关。如果从发动机风扇端看凸轮轴逆时针方向旋转，则工作顺序为 1—3—4—2 的四缸发动机的做功间隔角为 720°/4 = 180°曲轴转角，相当于 90°凸轮轴转角，即各同名凸轮间的夹角为 90°。对于工作顺序为 1—5—3—6—2—4 的直列六缸发动机，其同名凸轮的相对角位置如图 3-123 所示。

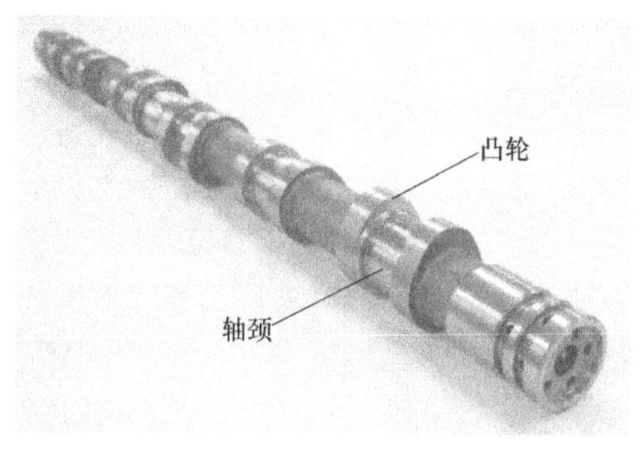

图 3-122　凸轮轴的结构

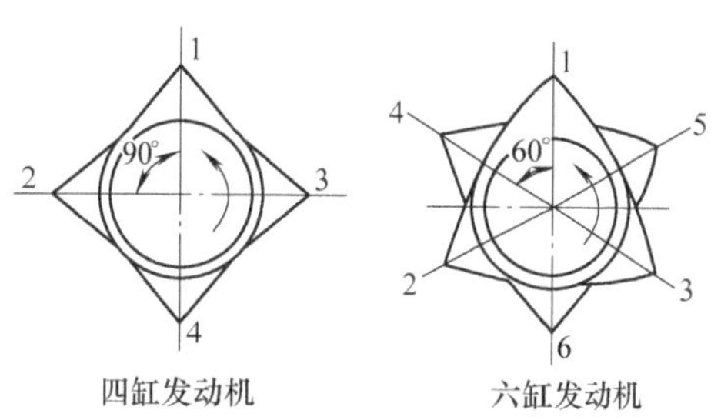

图 3-123　同名凸轮的相对角位置

凸轮轴上同一缸的进、排气凸轮称为异名凸轮。异名凸轮相对角位置，决定于配气相位及凸轮轴旋转方向。凸轮轴轴颈用来支承凸轮轴。凸轮轴有全支承和非全支承两种。全支承凸轮轴每个气缸两端都有一个轴颈，而非全支承凸轮轴则是每隔 2 个气缸设置一个轴颈。由于装配方式的不同，轴颈的直径有的相等，有的则从前向后依次减小，以便于安装。一般凸轮轴轴承做成衬套压入整体式的座孔中，与轴颈配合。其材料多与曲轴轴承相同，由低碳钢在背内浇注减磨合金制成，也有的用粉末冶金衬套或铜套。凸轮轴轴颈的润滑采用压力润滑，气缸体或气缸盖上钻有油道与轴承相通。凸轮与挺柱间采用飞溅润滑。

（3）凸轮轴的驱动　凸轮轴是由曲轴通过传动装置来驱动的。由于四冲程发动机每完成一个工作循环，曲轴转 2 圈，各缸进、排气 1 次，因而凸轮轴只需转 1 圈，所以曲轴与凸轮轴的传动比为 2∶1。凸轮轴的传动装置有齿轮式（已淘汰）、链条式和同步带式 3 种。

（4）凸轮轴的轴向定位　为了防止凸轮轴在工作中产生轴向窜动，凸轮轴都设有轴向定位装置。上置式凸轮轴利用某一道凸轮轴轴承的翻边或轴承盖的两侧实现轴向定位，如桑塔纳轿车 AJR 型发动机是利用凸轮轴第五道轴承盖的两侧来实现轴向定位的。

2. 挺柱

挺柱的功用是将凸轮轴旋转时产生的推力传给推杆或气门。挺柱常用合金钢或合金铸铁

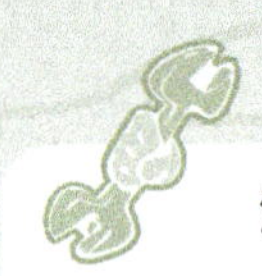

制成。挺柱有普通挺柱和液压挺柱两种。

（1）普通挺柱　普通挺柱主要有菌形、筒形和滚轮形3种，如图3-124所示。通常把挺柱底部工作面设计为球面，并且将凸轮制成锥形，使两者的接触点偏离挺柱轴线。工作中，当挺柱被凸轮顶起时，接触点间的摩擦力使挺柱绕自身轴线旋转，以实现均匀磨损。挺柱可直接安装在气缸体一侧的导向孔中，或安装在可拆卸的挺柱架中。

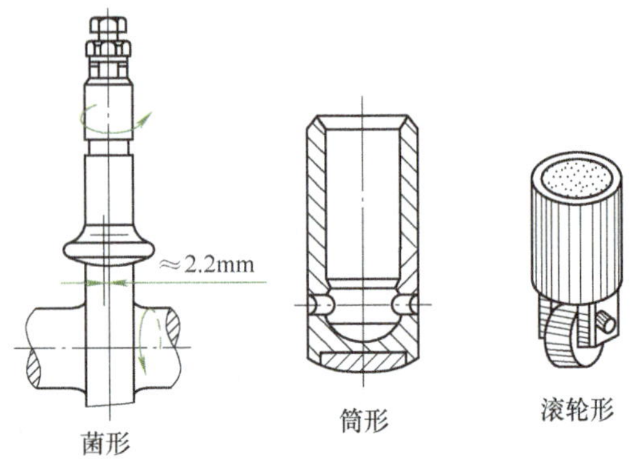

图3-124　普通挺柱

（2）液压挺柱　配气机构中留有气门间隙，工作时会产生撞击和噪声，所以现代轿车发动机多采用液压挺柱。如上海别克、广州本田雅阁、奥迪A6、上海帕萨特轿车和上海桑塔纳轿车发动机均采用液压挺柱。液压挺柱工作时，能自动补偿配气机构各传动件尺寸的变化，保证气门严密关闭，同时保持各零件始终接触，因此无须预留气门间隙，不存在调整气门间隙这项工作。

图3-125所示为顶置式凸轮直接驱动的配气机构所采用的液压挺柱。其工作原理是：气门关闭时，弹簧推起柱塞和外壳，消除间隙，保持与凸轮接触，同时润滑油由缸盖上供油孔进入B室（储油室）并通过单向阀（球阀）补充到A室（工作室）。当凸轮旋转要开启气门时，A室油压上升，关闭单向阀，此时凸轮经外壳、柱塞，通过液压再经柱塞壳体推开气门。

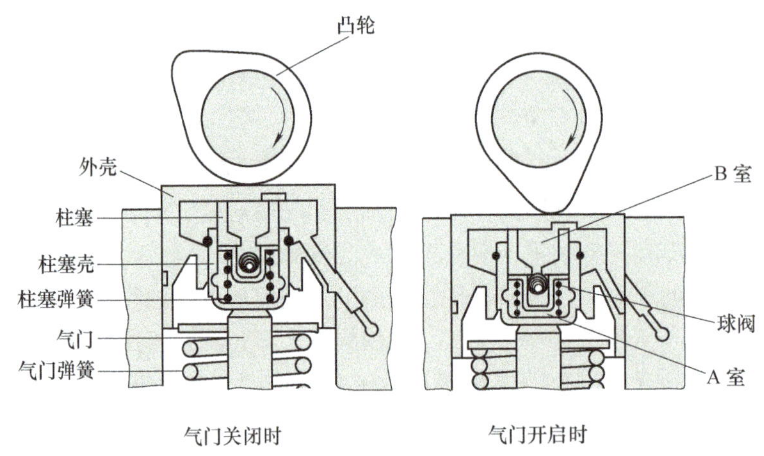

图3-125　液压挺柱

3. 推杆

推杆位于挺柱和摇臂之间，其功用是将挺柱传来的运动和作用力传给摇臂，主要应用于凸轮轴中置或下置式配气机构中。推杆的外形如图3-126所示。一般推杆用冷拔无缝钢管制成，两端焊上球头和球座；也可以用中碳钢制成实心推杆，这时两端的球头或球座与推杆锻成一个整体。对于机体和气缸盖都是用铝合金制造的发动机，宜采用锻铝或硬铝制造的推杆，并在其两端压入钢制球头和球座，其目的是当发动机温度变化时，不致因为材料热胀系数不同而引起气门间隙改变。推杆两端的球头或球座均需淬硬和磨光，以提高其耐磨性。

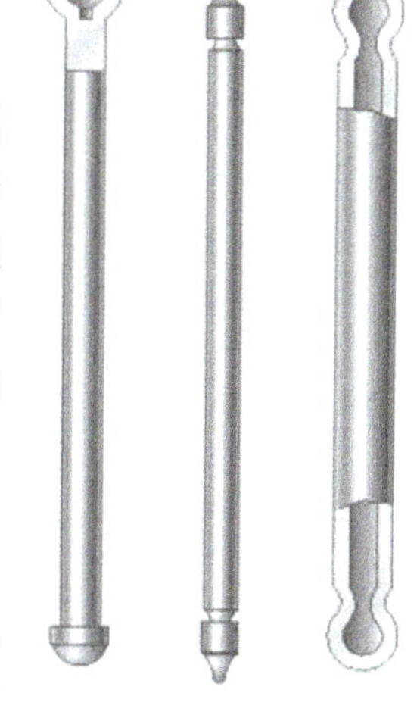
图 3-126 推杆

4. 摇臂组件

摇臂组件主要由摇臂、摇臂轴、摇臂轴支座、气门间隙调整螺钉等零件组成，摇臂的功用是将凸轮或推杆传来的力改变方向后传给气门，使其开启。摇臂装在摇臂轴上，它是一个两臂不等长的双臂杠杆，长臂一端用来推动气门，如图 3-127 所示。摇臂通过摇臂轴支座装在气缸盖上。摇臂上有油道，摇臂轴的中间是空的，兼起油道的作用，通过支座油道与气缸盖上的油道相通。

5. 气门的驱动方式

气门驱动方式有两种：利用摇臂驱动和凸轮轴直接驱动。

摇臂驱动方式必须在凸轮与气门杆之间布置摇臂，通过选择摇臂两段的长度比来改变气门升程的大小。气门升程较大的发动机可以采用此种驱动方式，如图 3-128 所示。其优点是气门间隙调整方便，但与直接驱动方式相比，摇臂驱动的机构比较复杂，使气缸盖总成结构不紧凑，尺寸较大，另外，在发动机转速过高时，摇臂还容易产生挠曲变形。

凸轮轴直接驱动方式不使用摇臂等中间机构，由凸轮轴直接驱动气门，顶置双凸轮轴配气机构最适合于这种驱动方式，如图 3-129 所示。由于不用摇臂，减少了零件数量，而且气缸盖上的布置空间比较宽敞，有利于减小气门的夹角布置；没有摇臂传动，也减少了一部分气门机构的摩擦损失。由于提高了气门机构的刚性，对于提高转速十分有利，其不足之处是这种驱动方式的气门升程不能太大。

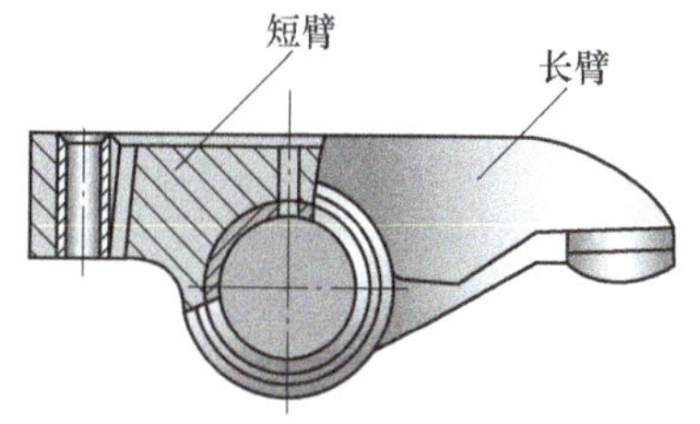

图 3-127 摇臂

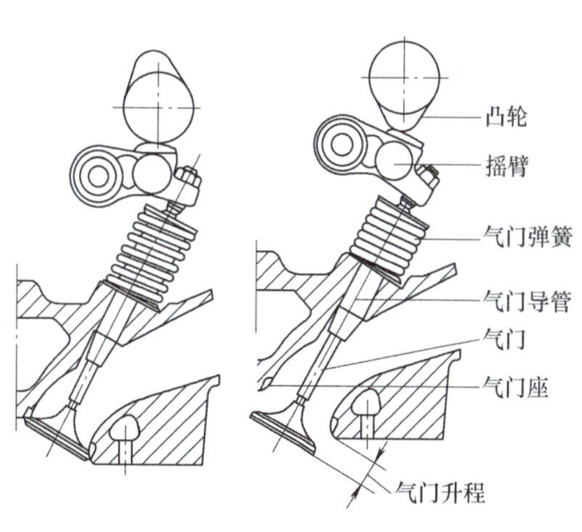

图 3-128 摇臂驱动式配气机构

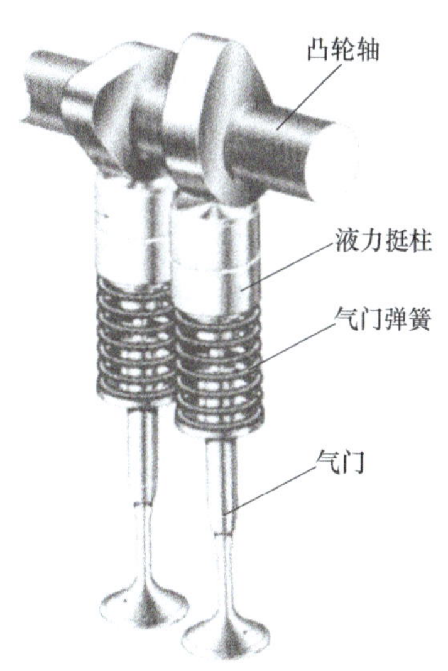

图 3-129 直接驱动式配气机构

任务实施

AFE 发动机配气机构的分解图如图 3-130 所示。配气机构主要包括气门、气门座、气门弹簧、气门导管、凸轮轴及液压挺柱等。

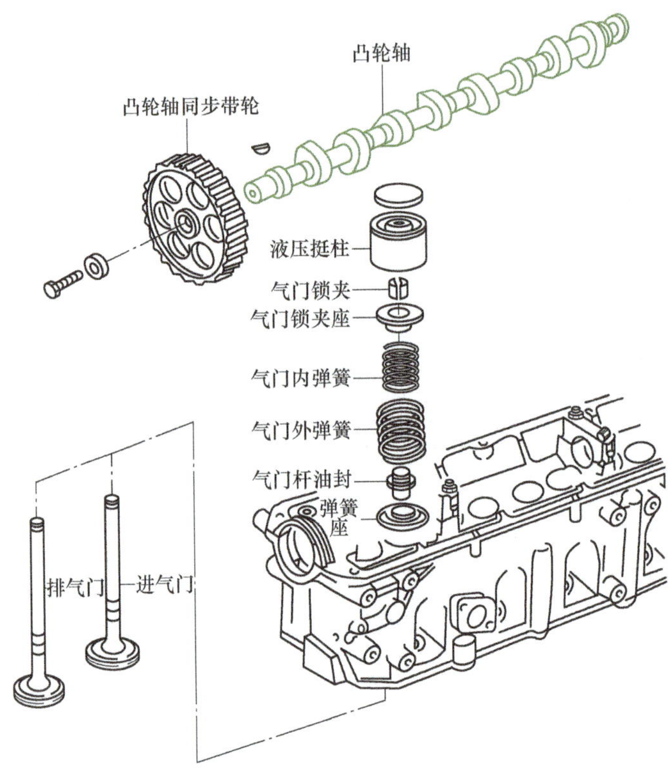

图 3-130　AFE 发动机凸轮轴与气门、液压挺柱分解图

一、拆卸气门油封

按前述气缸盖拆卸的操作工艺拆卸下气缸盖。

1）先拆第 1、3、5 号轴承盖，然后交替松开第 2、4 号轴承盖，如图 3-131 所示。

2）依次取下轴承盖，按顺序放好，如图 3-132 所示。

图 3-131　按顺序拆卸轴承盖

图 3-132　依次取下轴承盖

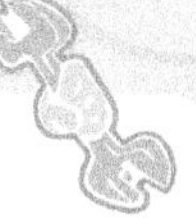

3）取出凸轮轴，如图 3-133 所示。

4）用专用工具压下气门弹簧，用尖嘴钳取出气门锁片，如图 3-134 所示。

图 3-133　取出凸轮轴

图 3-134　拆卸气门锁片

如有大众专用工具，可使用大众专用工具压缩气门弹簧，取出气门锁片（图 3-135）。

5）依次取出气门弹簧座、气门弹簧、气门油封，如图 3-136 所示。

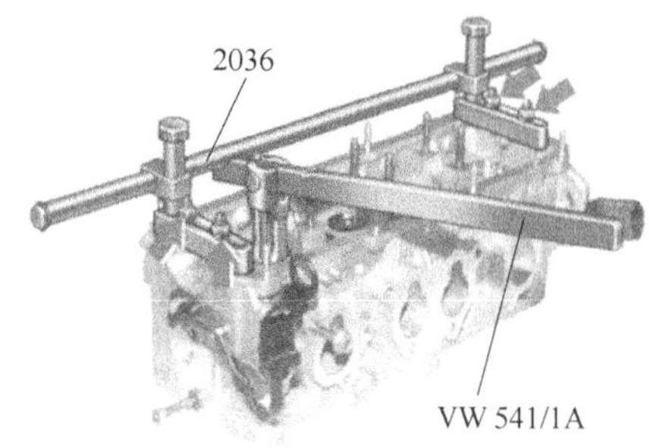

图 3-135　使用大众专用工具压缩气门弹簧

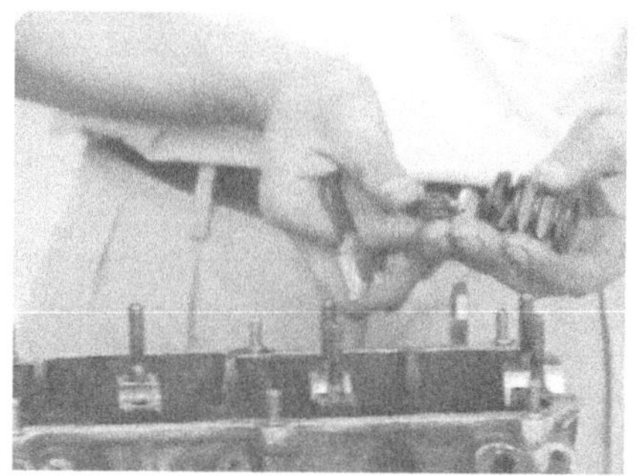

图 3-136　取出气门弹簧座、气门弹簧

6）翻转气缸盖，依次取出各缸的气门（图 3-137）并按顺序放好。

二、配气机构的安装

安装时按与拆卸相反的顺序进行，装入气门组件时注意配对标记，不得装错。

1）清洗、校验零部件，用压缩空气吹净油道（图 3-138）。

图 3-137　取出气门

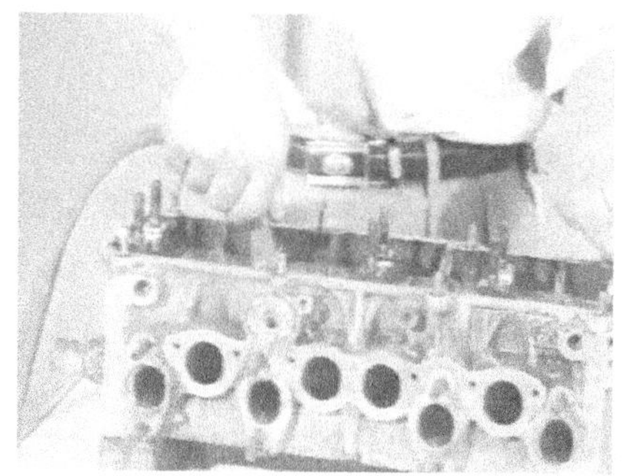

图 3-138　用压缩空气吹净油道

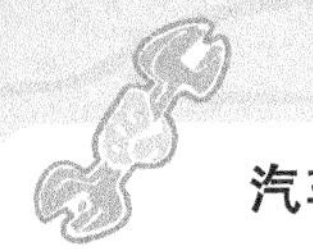

2）装入气门弹簧下座圈。

3）在气门油封上涂上润滑油。

4）将气门油封装在气门导管上，如图3-139所示。

可使用大众专用工具安装气门油封，如图3-140所示。

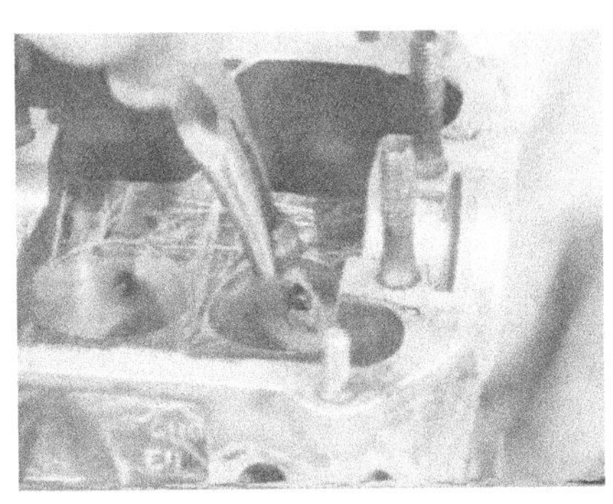
图3-139　装入气门油封

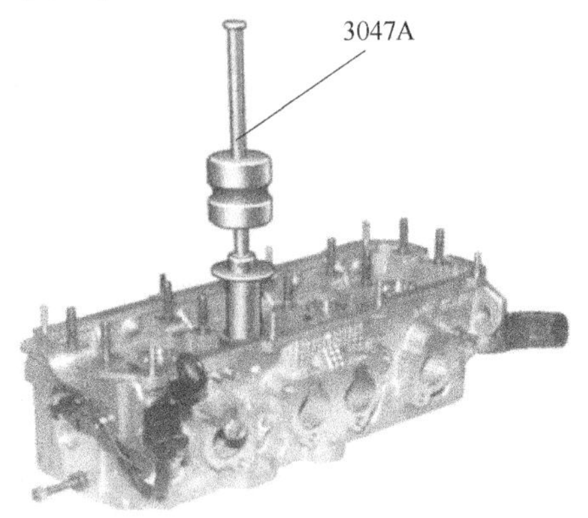

图3-140　使用大众专用工具安装气门油封

5）在气门上涂上润滑油，按配对标记装入气门，注意不能损坏油封，如图3-141所示。

6）装入气门弹簧（图3-142），气门弹簧上座圈。

图3-141　装入气门

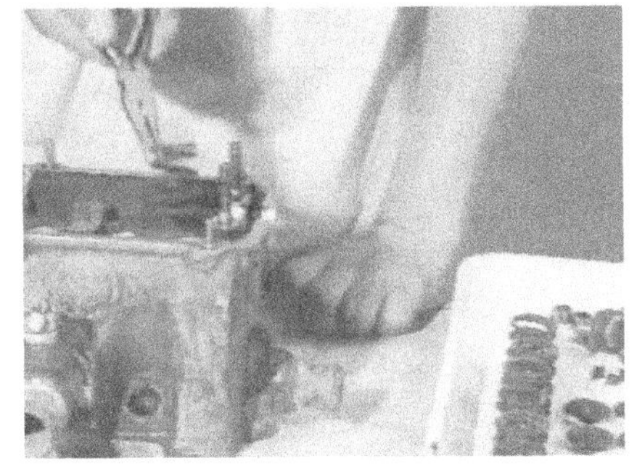
图3-142　装入气门弹簧

7）用专用工具装入气门锁片，如图3-143所示。

8）按顺序装入液力挺柱。

9）在轴承座上涂油，装入凸轮轴，如图3-144所示。注意1缸凸轮朝上。曲轴不可置于上止点位置，否则会损坏气门和活塞顶部。

10）先安装2、3号轴承盖，再安装1、4号轴承盖，如图3-145所示。

11）先交替拧紧第2、3号轴承盖螺栓，再交替拧紧第1、4号轴承盖，如图3-146所示，其螺栓拧紧力矩为20N · m。

12）装入凸轮轴同步带轮并紧固，拧紧力矩为80N · m。

13）安装同步带（调整配气相位）时注意使凸轮轴同步带轮上的标记与气门罩盖平面平齐，转动曲轴使凸轮轴同步带轮位于1缸上止点标记处。

14）按与拆卸相反的顺序安装其他零部件。

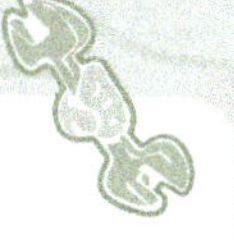

图 3-143　用专用工具装入气门锁片

图 3-144　装入凸轮轴

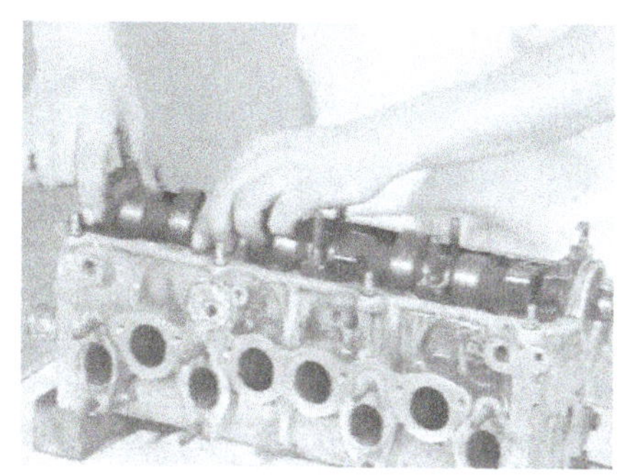

图 3-145　安装轴承盖

图 3-146　交替拧紧轴承盖

15）安装好凸轮轴后，发动机在 30min 之内不得起动，以便液压挺柱的补偿元件进入状态，否则气门将敲击活塞。

16）在对配气机构进行过维修后，应小心地转动曲轴至少两圈，以防止发动机起动时敲击气门。

拓展提高

一、多气门发动机

传统的发动机多是每缸一个进气门和一个排气门，这种二气门配气机构相对比较简单，制造成本也低，对于输出功率要求不太高的普通发动机来说，能获得较为满意的发动机输出功率与转矩性能。排量较大、功率较大的发动机要采用多气门技术，而最简单的多气门技术是三气门结构，即在一进一排的二气门结构基础上再加上一个进气门。近年来，世界各大汽车公司新开发的轿车大多采用四气门结构。四气门配气机构中，每个气缸各有两个进气门和两个排气门，如图 3-147 所示。

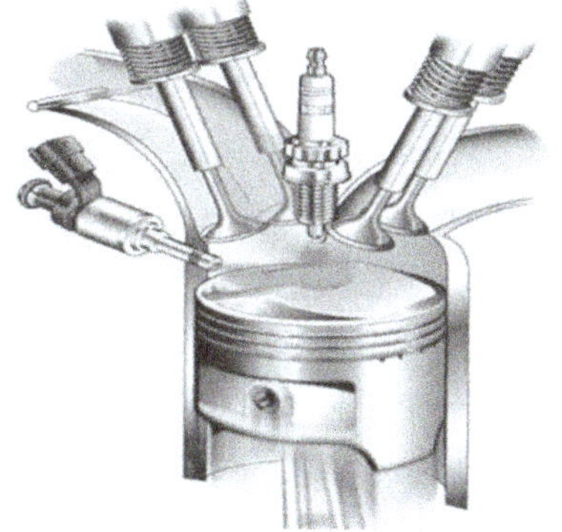

图 3-147　四气门结构气门布置

为了提高发动机效率，可以通过几种途径改善进入和流出燃烧室的气流。过去，常用的方法是增大气门尺

寸和改变气门正时，现在许多发动机采用多气门和可变凸轮正时来提高发动机效率。增大气门尺寸可以增大进气流量和排气流量，但是会增加气门质量，从而要求使用较强的弹簧来关闭气门。虽然较强的弹簧可以使气门关闭更为紧密，但也需要消耗较多的发动机功率来开启气门，几乎抵消了采用大尺寸气门所带来的优势。而且，在发动机低速运转时，气流通过大气门时的流速要低于通过小气门时的流速，这又会降低发动机在低速时的转矩。

虽然两个小气门的质量与一个大气门的质量差不多，但每个小气门的质量小了很多，每个弹簧的弹力也大为减小，因而使两个气门开启所需的功率不会抵消由其增大的功率，多气门会增大发动机的净功率。由于增大了进气口和排气口的流通截面，可以增加进入气缸内的混合气量，所以，多气门发动机的燃烧更加完全，也降低了失火和爆燃的几率，进而提高了燃料效率，降低了排放污染，提高了发动机输出功率。由于小而多的进气口的空气流速高于单个大气门的空气流速，而且多个小气门的质量也比大气门的小，减小了机械惯性，每秒钟内气缸的充气和排气时间会更长，发动机就可产生更大的功率。

因为多气门气缸盖的主要好处是增加了空气流速，所以多气门技术更适用于高转速发动机。不过，多气门带来的优势在一定程度上会被复杂的凸轮轴布置所抵消。驱动每缸四个气门最简单的方法是采用两根顶置凸轮轴，但这有时会带来难以润滑的问题。对于V形发动机，凸轮驱动机构更加复杂，许多V形发动机在每列气缸上采用一根顶置凸轮轴，并通过采用一定形式的杠杆机构驱动另一列气缸的气门。

现在，多气门发动机可以是每个气缸有三个、四个或者五个气门，最常采用的是每个气缸有四个气门。

二、发动机可变气门正时与可变气门升程技术

发动机实质的动力表现取决于单位时间内气缸的进气量。气门正时代表了气门开启的时间，而气门升程则代表了气门开启的大小。通常，气门正时和气门升程由凸轮上的固定凸起进行控制，所设计的凸轮凸起要满足预期的发动机转速和负荷，并在这些运行工况下获得最好的燃油经济性和最低的排放水平。通常为了改善燃油经济性和排放水平，都要牺牲一定的动力性。为了改善行驶性能和降低燃油消耗及排放水平，制造商采用了多种方法来改变气门正时和气门升程，以满足发动机的需要。

理论上讲进、压、功、排各占180°，也就是说进、排气门都是在上、下止点开闭。但实际表明，简单配气相位对实际工作是很不适应的，它不能满足发动机对进、排气门的要求。为了使进气充足，排气干净，通常要使进、排气门早开晚关。由于进气门早开、排气门晚关，势必造成在同一时间内两个气门同时开启。两个气门同时开启时间相当的曲轴转角称为气门重叠角，如图3-148所示。

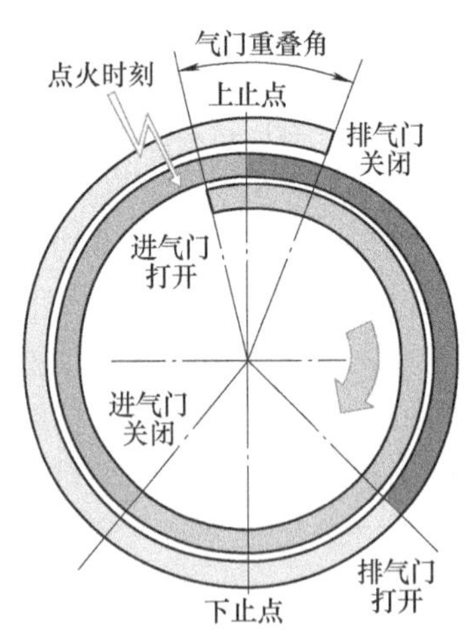

图3-148　气门重叠角

气门重叠角的大小往往对发动机性能产生较大的影响，那么这个角度多大为宜呢？我们知道，发动机转速越高，每个气缸一个工作循环内留给吸气和排气的绝对时间也越短，因此要达到更高的充气效率，就需要延长发动机的吸气和排气时间。显然，当转速越高时，要求的气门重叠角越大。但在低转速工况下，过大的气门重叠角则会使得废气过多地泄

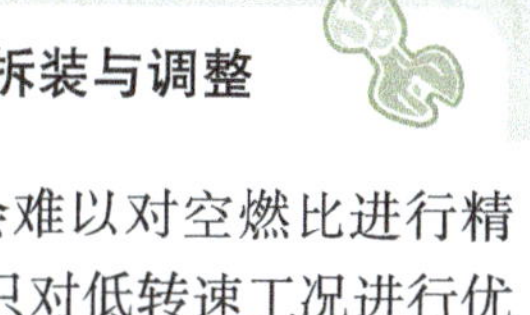

入进气端，吸气量反而会下降，气缸内气流也会紊乱，此时 ECU 也会难以对空燃比进行精确的控制，从而导致怠速不稳，低速转矩偏低。相反，如果配气机构只对低转速工况进行优化，那么发动机就无法在高转速下达到较高的峰值功率。因此，发动机的设计都会选择一个折中的方案，不可能在两种截然不同的工况下都达到最优状态。为了解决这个问题，要求配气相位可以根据发动机转速和工况的不同进行调节，高、低转速下都能获得理想的进、排气效率，由此就诞生了可变气门正时技术。

虽然可变气门正时技术在各个厂商的称谓略有不同，但是实现的方式却大同小异。以丰田的 VVT-i 技术为例，其工作原理为：该系统由 ECU 协调控制，发动机各部位的传感器实时向 ECU 报告运转情况。由于在 ECU 中储存有气门最佳正时参数，所以 ECU 会随时对正时机构进行调整，从而改变气门的开启和关闭时间，或者提前，或者滞后，或者保持不变。

简单地说，VVT 系统就是通过在凸轮轴的传动端加装一套液力机构，从而实现凸轮轴在一定范围内的角度调节，也就相当于对气门的开启和关闭时刻进行了调整，如图 3-149 所示。

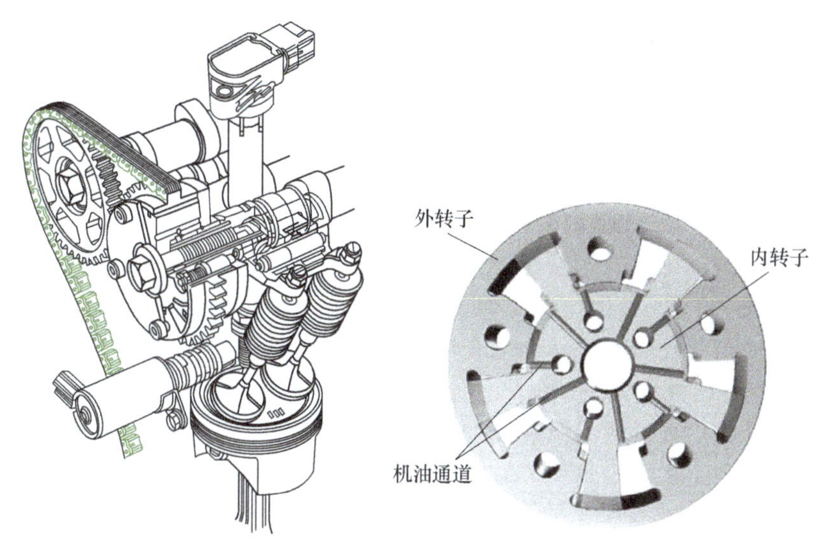

图 3-149 丰田 VVT 系统

绝大部分气门正时系统都可以实现进气门正时在一定范围内的无级可调，而一部分发动机在排气门也配备了 VVT 系统，从而在进、排气门都实现了气门正时无级可调（也就是 D-VVT，双 VVT 技术），进一步优化了燃烧效率。

传统的 VVT 技术通过合理的分配气门开启的时间确实可以有效提高发动机的效率和燃油经济性，但是这项技术也有局限性和自身的瓶颈。不过在此基础上，通过引入可变气门升程技术可以弥补 VVT 的缺憾，从而使发动机的呼吸更为顺畅、自然。

可变气门升程技术可以在发动机不同转速下匹配合适的气门升程，使得低转速下转矩充沛，而高转速时马力强劲。低转速时系统使用较小的气门升程，这样有利于增加缸内紊流，提高燃烧速度，增加发动机的低速转矩；而高转速时使用较大的气门升程则可以显著提高进气量，进而提升高转速时的功率输出。许多可变气门正时发动机只有进气凸轮轴正时是可变的，也有一些发动机的进气门和排气门正时都是可变的，只有少数发动机的所有气门的正时和升程都是可变的。很明显，对气门进行全面控制可以得到最好效果，但会使系统非常复杂，而且生产成本也很高。

可变气门升程系统的代表是本田的 i-Vtec，如图 3-150 所示，利用第三根摇臂和第三个凸轮即实现了看似复杂的气门升程变化。当发动机在中、低转速时，三根摇臂处于分离状态，普通凸轮推动主摇臂和副摇臂来控制两个进气门的开闭，气门升量较小。此时虽然中间凸轮也推动中间摇臂，但由于摇臂之间是分离的，所以两边的摇臂不受它控制，也不会影响气门的开闭状态。

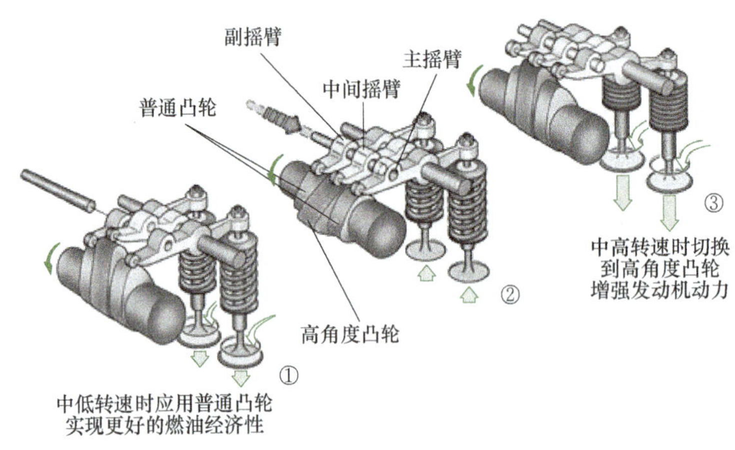

图 3-150　本田的可变气门升程系统 i-Vtec

发动机达到某一个设定的转速时，计算机即会指令电磁阀起动液压系统，推动摇臂内的小活塞，使三根摇臂锁成一体，一起由高角度凸轮驱动，这时气门的升程和开启时间都相应地增大了，使得单位时间内的进气量更大，发动机动力也更强。这种在一定转速后突然的动力爆发极大地提升了驾驶乐趣，但缺点是动力输出不够线性。当发动机转速降到某一转速时，摇臂内的液压也随之降低，活塞在回位弹簧作用下退回原位，三根摇臂分开。

奥迪的 AVS 可变气门升程系统在设计理念上与本田的 i-Vtec 有着异曲同工之妙，只是在实施手段上略有不同。这套系统为每个进气门设计了两组不同角度的凸轮，同时在凸轮轴上安装有螺旋沟槽套筒。螺旋沟槽套筒由电磁驱动器控制，用以切换两组不同的凸轮，从而改变进气门的升程。

发动机在高负载的情况下，AVS 系统将螺旋沟槽套筒向右推动，使角度较大的凸轮得以推动气门。在此情况下，气门升程可达到 11mm，以提供燃烧室最佳的进气流量和进气流速，实现更加强劲的动力输出。当发动机在低负载的情况下，为了追求发动机的节油性能，AVS 系统将凸轮推至左侧，以较小的凸轮推动气门，如图 3-151 所示。

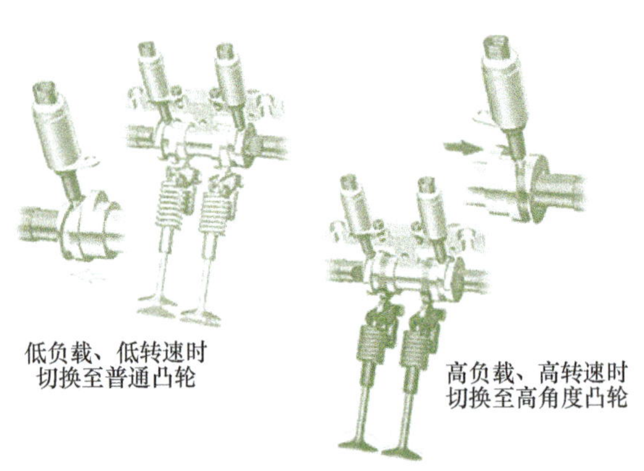

图 3-151　奥迪 AVS 可变气门升程系统

奥迪 AVS 可变气门升程系统在发动机转速为 700～4000r/min 工作，当发动机处

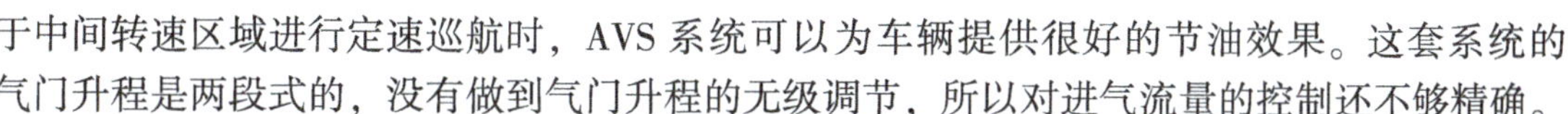

于中间转速区域进行定速巡航时，AVS系统可以为车辆提供很好的节油效果。这套系统的气门升程是两段式的，没有做到气门升程的无级调节，所以对进气流量的控制还不够精确。

相比两段式的气门升程系统，气门升程无级可调技术则更为先进，其最大优势就是可以利用气门升程来控制进气量，这样节气门的作用就被弱化，大大降低了泵气损失，同时发动机进气迟滞的现象也会减轻，直接提升了发动机的响应速度。由于进气不存在迟滞，因此发动机的点火正时和配气正时的配合也更为精确，最终发动机的效率得到提升。

三、电控气门系统

电控气门是宝马汽车使用的一种系统，不仅可以改变进气门和排气门的正时，还可以改变气门升程，控制进入气缸的空气量。采用该系统后，发动机就没有必要再使用节气门，这正是该系统的最大优点之一。节气门有降低发动机动力性的弊端，特别是在发动机转速较低时。

在传统的发动机上，节气门对进气流量进行调节，而进气门的升程和开启时间保持不变。低速时，节气门几乎是完全关闭，阻止大量空气进入气缸，这虽然可以维持低转速，却增大了泵气损失。泵气损失用于描述在进气行程中活塞将空气吸入气缸的困难程度，它是传统汽车发动机在城市内运行时耗油量较高的主要原因。电控气门系统通过进气门直接控制进气量，从而解决了泵气损失问题。该系统采用了具有第二级偏心轴的传统凸轮轴、一系列杆件和由步进电动机驱动的滚轮随动机构。该系统借由步进电动机的旋转，再在一系列机械传动后很巧妙地改变了进气门升程的大小，如图3-152所示。

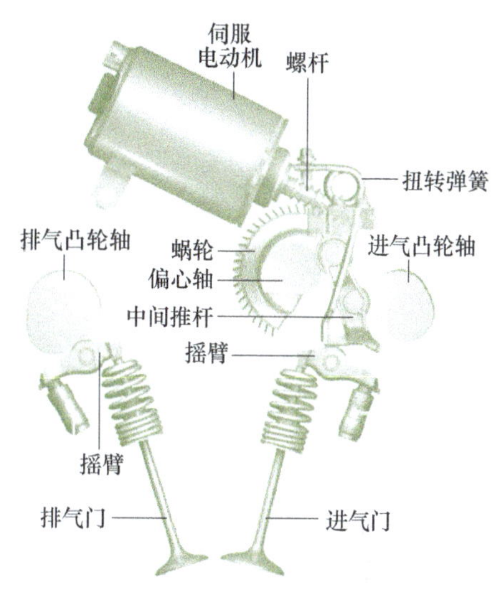

图3-152　宝马电控气门系统结构

计算机通过改变偏心轴相位改变气门运动。发动机高速运转时，系统使气门升程最大，使进入气缸的空气流量最大，保证燃烧室迅速充气（图3-153）。发动机低速运转时，系统使气门升程最小（图3-154），减少进入气缸的混合气量。

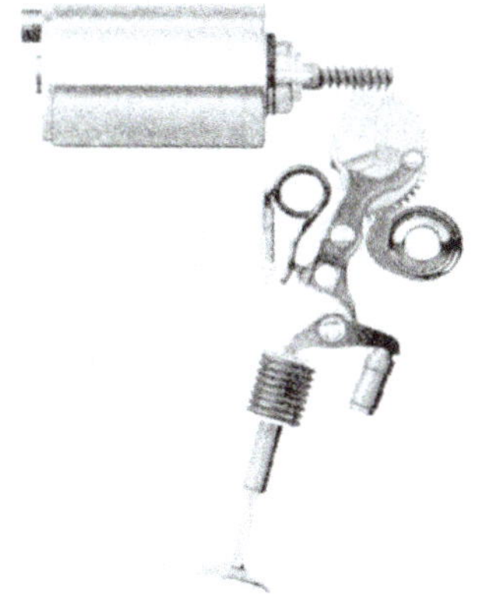
图3-153　电控气门系统偏心轴在气门升程最大时的位置

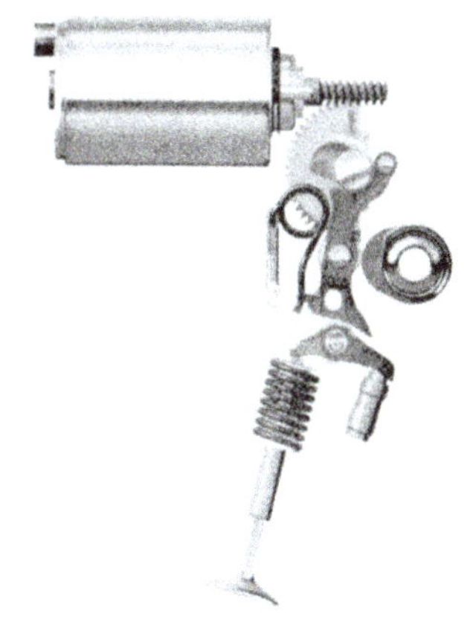
图3-154　电控气门系统偏心轴在气门升程最小时的位置

思考问题

1. 气门弹簧弹力过小时会出现什么问题?
2. 为什么要预留发动机气门间隙?其大小对发动机性能有何影响?

任务六　发动机机油泵的更换

学习目标

1. 了解润滑系统的功用、组成和分类。
2. 了解机油泵的结构与工作原理。
3. 掌握机油泵及其他润滑部件的拆装方法。
4. 了解润滑油的基本知识。

任务情境

一辆起亚轿车在高速路上行驶时机油压力警告灯突然亮了,再次起动,油灯仍然闪亮,如图 3-155 所示。

发动机机油压力警告灯装在汽车仪表板上,正常时,当点火开关置于 ON 位置时亮,起动发动机后熄灭,如图 3-156 所示。发动机机油压力高或低时,此灯都会闪亮报警。

图 3-155　闪烁的润滑油压力警告灯

只有正常的润滑油压力才能保证将润滑油输送到发动机的所有摩擦表面,过高或过低都会影响发动机正常工作,甚至造成发动机零部件的损伤。所以,当润滑油警告灯闪亮报警时应立即停车查找原因,不可继续驾驶,否则会造成发动机爆缸,曲轴拉伤,从而导致发动机的严重损坏,只能进行大修才能解决。

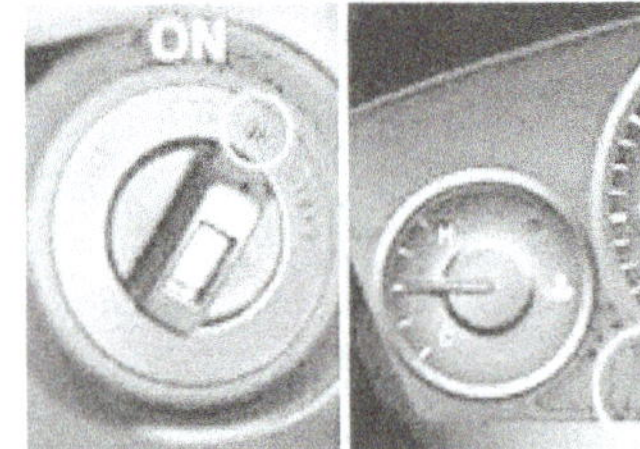

图 3-156　汽车起动前、后机油警告灯状态

任务分析

汽车在使用一段时间后,润滑系统中会沉积大量的油泥,影响润滑系统的正常工作,甚

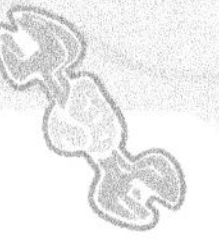

至出现严重的机械故障。润滑油压力不正常主要会由以下原因造成：

1）润滑油油量不足，使机油泵的泵油量减少或因进空气而泵不上油，致使润滑油压力下降。

2）发动机温度过高使润滑油变稀，从配合间隙中大量流失而导致油压下降。

3）油泵零部件损坏或因磨损、装配等问题出现间隙过大，造成机油泵不出油或出油不足的故障。

4）曲轴与大、小瓦之间的配合间隙不当。过紧会使润滑油压力升高，过松会使润滑油压力降低。

5）机油滤清器、吸油盘堵塞，使润滑油压力降低。

6）回油阀损坏或失灵：若主油道回油阀弹簧疲劳软化或调整不当，阀座与钢珠的配合面磨损或被脏物卡住而关闭不严时，回油量便明显地增加，主油道的油压也随之下降。

7）润滑油用错或牌号选用不当，发动机运转时会因润滑油黏度太低而加大泄漏量，从而使油压降低。

8）管路中有漏油、堵塞现象。

除此之外，目前还有一种情况也会导致润滑油警告灯闪亮，但这种情况大多是假报警，这是因为汽车在行驶中出现短路的时候，机油灯也会闪亮进行报警。

本故障经初步检查可能是机油泵齿轮磨损造成的，应拆解发动机油底壳，检查更换机油泵。

任务实施的相关专业知识

一、润滑系统基本知识

1. 润滑系统的作用

润滑系统的功用就是不断地将清洁的、具有一定压力的润滑油输送到各零件的摩擦表面，以减小零件的摩擦和磨损。此外，由于润滑油的循环流动，还具有对摩擦面清洁、冷却、密封、减振和防锈等作用。

（1）润滑作用　将清洁的、压力和温度适宜的润滑油不断地供给各需要部件的摩擦表面，形成润滑油膜，使发动机内部运动零件表面之间的干摩擦变为液体摩擦，减小零件的摩擦、磨损和功率消耗。

（2）冷却作用　运动零件的摩擦和混合气的燃烧，使某些零件产生较高的温度。润滑油经过零件摩擦表面时，可带走摩擦副产生的6%～14%的热量，并将部分热量带回到油底壳，散入大气中，从而起到冷却作用，维持零件的正常工作温度。

（3）清洁作用　发动机工作时，不可避免地要产生金属磨屑，空气带入的尘埃及燃烧产生的固体杂质等若进入零件的工作表面，就会形成磨料，大大加剧零件的磨损。润滑系统通过润滑油的流动将这些磨料从零件表面冲洗下来，带回到曲轴箱。在这里，大的颗粒沉到油底壳底部，小的颗粒被机油滤清器滤出，从而起到清洁作用。

（4）密封作用　利用润滑油的黏性附在相互运动零件的表面上产生一层薄膜，这层薄膜作为保护性密封剂，可以提高间隙密封效果。例如发动机气缸壁与活塞、活塞环与环槽间隙中的油膜，减少了气体的泄漏，保证了气缸的应有压力，起到了密封作用。若没有这层油膜，压缩气体将漏入曲轴箱。

(5) 防腐防锈作用　由于润滑油粘附在零件表面上，避免了零件与水、空气、燃气等的直接接触，起到了防止或减轻零件锈蚀和化学腐蚀的作用，还起到减少零件振动，降低噪声的作用。

2. 润滑系统的组成

汽车发动机润滑系统的基本组成大体相同，主要由以下装置组成：

(1) 油底壳　油底壳用来储存润滑油。大多数发动机上的油底壳还起到为润滑油散热的作用。

(2) 机油泵　机油泵将润滑油从油底壳中抽出加压后，不断地送到各零件表面进行润滑，维持润滑油在润滑系统中的循环。机油泵一般装于曲轴箱内，也有些柴油机将机油泵装于曲轴箱外面。机油泵都采用齿轮驱动方式，通过凸轮轴、曲轴或正时齿轮来驱动。

(3) 油管及油道　油管和油道的功用是将机油泵输出的压力润滑油送到各摩擦表面。油道在气缸体与气缸盖上直接铸出或加工在一些零件内部，可分为主油道和分油道。一般主油道是指铸造在气缸体侧壁内、沿发动机纵向布置的油道，其他油道均为分油道。

(4) 机油滤清器　机油滤清器用来过滤掉润滑油中的杂质、磨屑、油泥和水分等杂物，使送到各润滑部位的润滑油都是清洁的。由于过滤能力与流动阻力成正比，根据能够滤除杂质的直径不同，机油滤清器可分为机油集滤器、机油粗滤器和机油细滤器三种，设于润滑系统的不同部位。

(5) 阀类　限压阀用来限制机油泵输出的润滑油压力；旁通阀在粗滤器发生堵塞时打开，机油泵输出的润滑油可直接进入主油道。机油细滤器进油限压阀用来限制进入细滤器的油量，防止因进入细滤器的油量过多而导致主油道压力降低而影响润滑。

(6) 检测报警装置　检测报警装置用来随时监测发动机润滑系统的工作情况。机油压力表、机油温度表和机油压力传感器用来检测并通过仪表显示机油压力和温度；机油量尺用来检测机油油量；液面高度报警器在油位超过允许值时报警。

(7) 机油散热器　某些热负荷较大的发动机，如柴油发动机设有机油散热器，对机油进行散热冷却。

3. 发动机的润滑方式

发动机工作时，由于各运动零件的工作条件不同，因而所要求的润滑强度和方式也不同。发动机各零件表面的润滑强度和润滑方式取决于该零件的工作条件，以及相对运动速度和承受机械负荷、热负荷的大小。按其供油方式不同，可将润滑方式分为压力润滑、飞溅润滑和定期润滑，目前的汽车发动机都采用压力润滑和飞溅润滑相结合的复合式润滑方式。

(1) 压力润滑　压力润滑就是将一定压力的润滑油源源不断地输送到零件的摩擦面间，形成具有一定厚度并能承受一定机械负荷的油膜，尽量将两摩擦面完全分开，实现可靠润滑。发动机上采用这种润滑方式的是负荷大、相对运动速度高的零件，如曲轴各主轴颈与主轴承、连杆轴颈与连杆轴承、凸轮轴轴颈与轴承等。采用压力润滑比较可靠，但必须设置专门的油道输送润滑油。

(2) 飞溅润滑　飞溅润滑是依靠运动零件飞溅起来的或从专门的油孔中喷出的润滑油滴或油雾，对摩擦表面进行润滑的方式。发动机上的一些外露部位、负荷较小的零件或相对运动速度较低的零件，一般采用飞溅润滑方式，如活塞与气缸壁、活塞销与衬套、凸轮表面和挺杆等。飞溅润滑可靠性较差，但结构简单，在活塞与气缸壁间采用飞溅润滑，还可以防

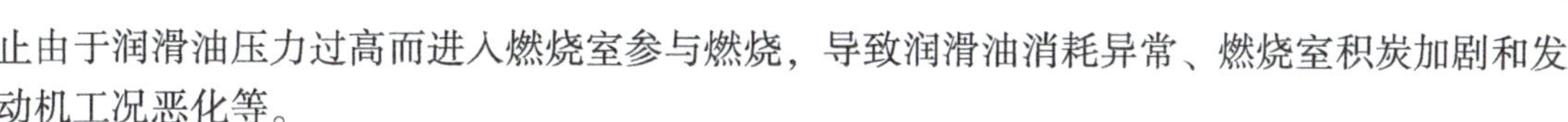

止由于润滑油压力过高而进入燃烧室参与燃烧，导致润滑油消耗异常、燃烧室积炭加剧和发动机工况恶化等。

（3）定期润滑 采用定期加注润滑脂，对摩擦表面进行润滑的润滑方式称为定期润滑。发动机上一些不太重要、比较分散的部位一般采用此种润滑方式，如水泵轴承等。定期润滑不属于润滑系统的工作范畴。

4. *典型发动机润滑系统*

桑塔纳2000型轿车AFE型发动机润滑系统采用复合润滑方式，即压力润滑与飞溅润滑。其润滑系统示意图如图3-157所示。

AFE型发动机润滑系统主要由机油泵、机油滤清器及压力开关等组成。一般机油泵采用齿轮式机油泵，由中间轴驱动。在其上有一个安全阀，当机油压力过高或流量过大时，润滑油由安全阀旁流回油底壳，不影响发动机的正常工作。AFE型发动机采用粗滤和细滤集为一体的过滤器，机油滤清器堵塞后，润滑油能直接短路进入主油道。集滤器为固定淹没式，避免机油泵吸入表面泡沫，保证润滑系统可靠工作。机油滤清器盖上装有一只拧紧力矩为25N·m的压力开关，起动压力为0.18MPa。当发动机转速超过2150r/min时，如果润滑油压力达不到0.18MPa，油压开关触点断开，机油警告灯闪烁，同时报警蜂鸣器鸣响报警。缸盖上凸轮轴总油道尾端是整个压力油润滑路线的终端，在此也装有一只压力开关，即最低压力报警开关，动作压力为0.03MPa。打开点火开关，仪表板中的润滑油压力警告灯即闪烁。起动发动机，当润滑油压力大于0.03MPa时，开关触点开启，该警告灯自动熄灭。当发动机低速运转时，若润滑油压力低于0.03MPa，则开关触点闭合，润滑油压力警告灯闪烁。

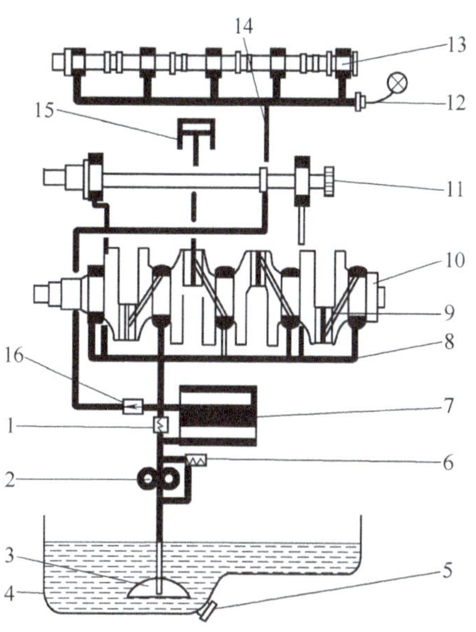

图3-157 AFE型发动机润滑系统示意图
1—旁通阀 2—齿轮式机油泵 3—机油集滤器 4—油底壳 5—放油螺塞 6—安全阀 7—机油滤清器 8—气缸体主油道 9—分油道 10—曲轴 11—中间轴 12—气缸盖主油道端压力开关 13—凸轮轴 14—第四档气缸盖螺柱孔 15—活塞 16—机油滤清器上的单向阀

当发动机工作时，润滑油从油底壳经机油集滤器除去较大杂质后，被机油泵吸入，加压后经机油滤清器进一步过滤后大部分压力油进入发动机主油道，一小部分压力油直接到中间轴。进入主油道的润滑油分成7路，5条分油道分别将润滑油送到五道曲轴主轴承，经过曲轴内部油道进入连杆轴承，再经过连杆体中油孔进入连杆小头衬套，喷到活塞内腔后流回油底壳。主油道有一分油道将为凸轮轴的5个轴承供油，再进入配气机构，回到油底壳。主油道上还有一个分油道，将压力油引到中间轴的后轴承，再进入油底壳。桑塔纳2000轿车AFE发动机润滑系统油路简图如图3-158所示。

二、机油泵

机油泵的功用是把一定量的润滑油压力升高，强制性地将润滑油压送到发动机各摩擦表面。现代汽车发动机多采用齿轮式机油泵（内啮合式与外啮合式两种）和转子式机油泵。

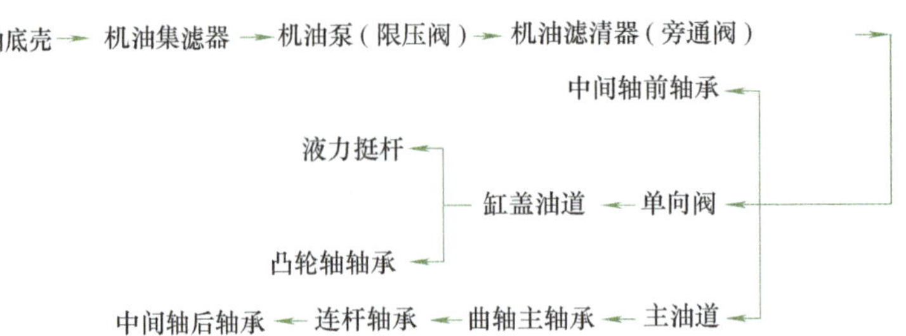

图 3-158 桑塔纳 2000 轿车 AFE 发动机润滑系统油路简图

1. 外啮合齿轮式机油泵

（1）构造 机油泵是润滑系统的主要部件。常见的齿轮式机油泵如图 3-159 所示，由泵壳、主动轴、从动轴、主动齿轮、从动齿轮和油泵盖等组成。机油泵用螺钉固定在曲轴箱内。分电器轴端的凸榫插入槽中，而分电器轴上的斜齿轮与凸轮轴上的驱动齿轮相啮合。当发动机工作时，凸轮轴上的驱动齿轮即可驱动机油泵主动齿轮（同时驱动分电器轴），使机油泵工作。机油泵上装有限压阀，以防止发动机润滑油道油压过高。机油泵出厂时，限压阀弹簧的预紧力已调整好并锁死，使用中不需调整。

（2）外啮合齿轮式机油泵的工作原理（图 3-160） 机油泵壳体内装有一对主、从动齿轮，主动齿轮由凸轮轴上的斜齿轮或曲轴前端齿轮驱动，两齿轮与壳体内壁的间隙很小。发动机工作时，齿轮按图中所示箭头方向旋转，由于进油腔轮齿向脱离啮合方向高速运动而产生一定的真空度，润滑油便从进油口被吸入并充满进油腔。齿轮旋转时，把齿间所存的润滑油带到出油腔内，由于出油腔一侧轮齿进入啮合，润滑油处于被压状态，油压升高，润滑油便经出油口被不断地压出。机油泵工作时，一部分润滑油随齿轮的转动被封闭在啮合齿的齿隙中，产生很高的压力作用在主、从动轴上，这不仅增加了功率消耗，更主要的是加剧了轴和孔的磨损。为此，在泵盖上对应啮合齿隙处铣削出一条卸压槽与出油腔相连，以降低润滑油压力。外啮合齿轮式机油泵由于结构简单、制造方便、工作可靠，应用广泛。

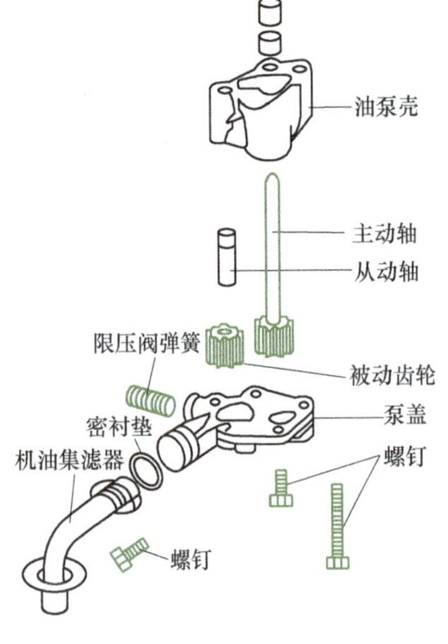

图 3-159 机油泵分解图

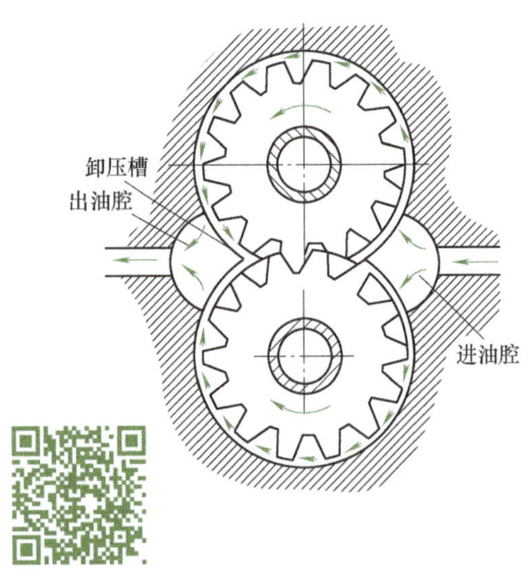

图 3-160 齿轮式机油泵的工作原理

2. 内啮合齿轮式机油泵

（1）构造　内啮合齿轮泵主要由主动齿轮、从动齿轮、限压阀以及泵盖和泵壳等零件组成，如图 3-161 所示。主动齿轮为一较小的外齿轮，一般由曲轴直接驱动；从动齿轮为一较大的内齿圈。这种机油泵小齿轮的中心线与内齿圈的中心线不同心，啮合后留有一个牙形空腔，在该空腔处设置有一个月牙形块，将内、外齿分开。

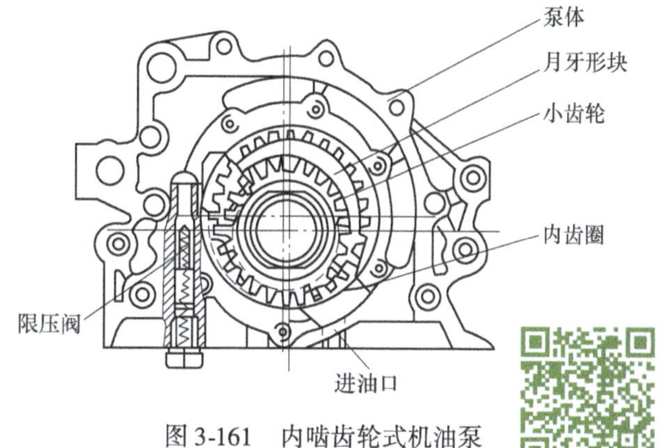

图 3-161　内啮齿轮式机油泵

（2）内啮合齿轮式机油泵的工作原理　工作时，小齿轮为主动齿轮，润滑油从进油口吸入两齿轮轮齿之间，小齿轮各齿之间带入的润滑油被推向出油口，并随着内、外齿啮合间隙的逐渐减小，使润滑油加压流入油道。若出油口处机油压力超出正常范围，限压阀开启，部分润滑油经此阀门泄入油底壳以减小出油压力。

3. 转子式机油泵

（1）构造　转子式机油泵由泵体、主动轴、内转子、外转子、泵盖、限压阀等组成，如图 3-162 所示。桑塔纳 2000GSi 轿车 AJR 发动机润滑系统机油泵采用转子式机油泵，直接由曲轴前端的链轮通过链条驱动，如图 3-163 所示。

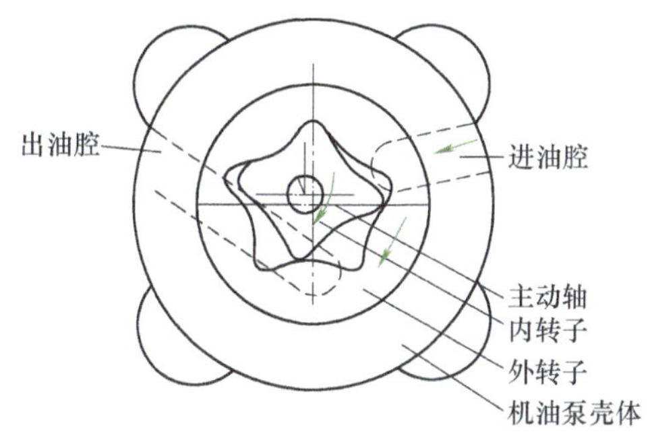

图 3-162　转子式机油泵

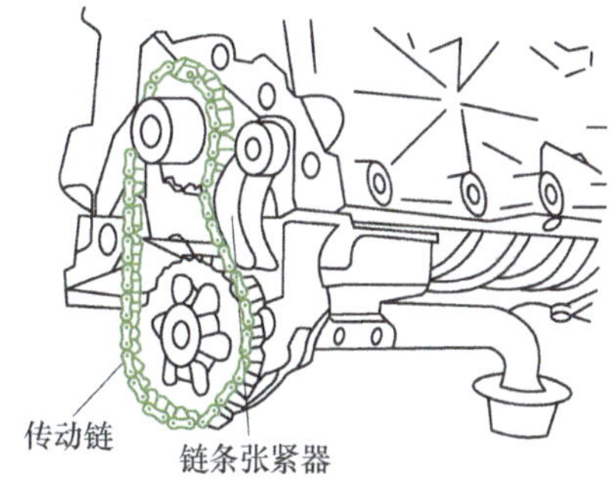

图 3-163　AJR 发动机机油泵（转子泵）

（2）转子式机油泵的工作原理　如图 3-164 所示，发动机润滑系统转子式机油泵的内转子与泵壳偏心安装，由主动轴驱动。外转子与内转子的轮齿啮合，外转子在油泵壳体内可自由转动，由于内、外转子齿数不同，转速不等。桑塔纳 2000GSi 型轿车 AJR 型发动机转子式机油泵内转子为 7 个齿，外转子为 6 个齿，内、外转子传动比为 7∶6。由于在结构设计上保证了内、外转子在任何位置各齿之间总有接触点，且内、外转子的转速不同和内转子的偏心，使内、外转子之间工作腔的容积大小总在发生变化，便产生了吸油和送油作用。当某一工作腔从进油腔转过时，容积增大，产生真空，润滑油便经进油孔被吸入。当该工作腔与出油腔相通时，腔内容积减小，油压升高，润滑油经出油孔压出去。与齿轮式机油泵相似，在转子式机油泵上也装有限压阀，以保证稳定的送油压力。转子式机油泵结构紧凑、体积小、

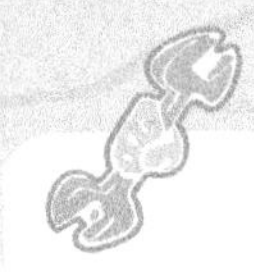

重量轻、流量大，且供油均匀，使其应用日趋广泛。

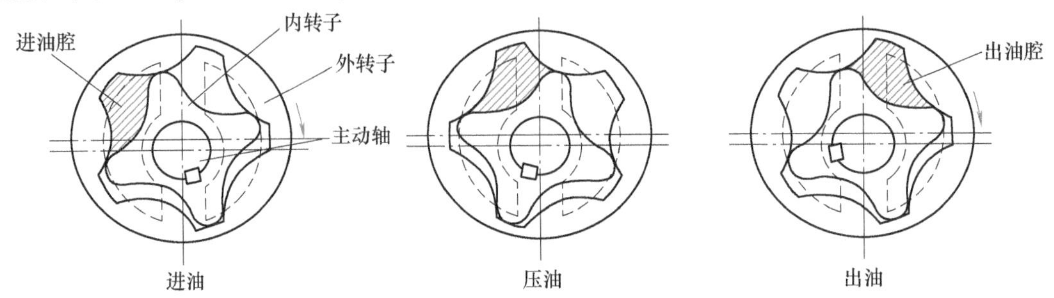

图 3-164　转子式机油泵的工作原理

三、集滤器

集滤器的作用是防止较大的机械杂质进入机油泵，它装在机油泵的前面，有固定式和浮动式两种。

1. 浮动式集滤器

（1）构造　浮动式集滤器的构造如图 3-165 所示，由浮子、滤网、罩及焊在浮子上面的吸管等组成。浮子是空心的，浮在油面上。吸管套在固定油管中，使浮子能随油面升降，浮子下面装有金属丝制成的滤网。滤网有弹性，中央有环口，平时依靠滤网本身的弹性使环口紧压在罩上，罩的边缘有缺口，与浮子装合后存在缝隙。

（2）工作情况　当机油泵工作时，润滑油从罩与浮子之间的狭缝被吸入，经过滤网滤去粗大的杂质后，通过油管进入机油泵。当滤网被堵塞时，滤网上方的真空度增大，克服滤网的弹力，滤网便上升离开罩。此时润滑油不经滤网而直接进入吸油管内，到达机油泵。

（3）特点　浮式集滤器飘浮于润滑油表面吸油，能吸入油面上较清洁的润滑油，但油面上的泡沫易被吸入，使润滑油压力降低，润滑欠可靠，目前应用不多。

2. 固定式集滤器

（1）构造　固定式集滤器的构造如图 3-166 所示。固定式集滤器吸油管总成的上端有与机油泵进油孔连接的凸缘，下端与滤网支座中心固定连接。滤网夹装在支座与罩之间。滤网靠自身的弹力紧压在罩上，罩的边缘有 4 个缺口，形成进油通道。

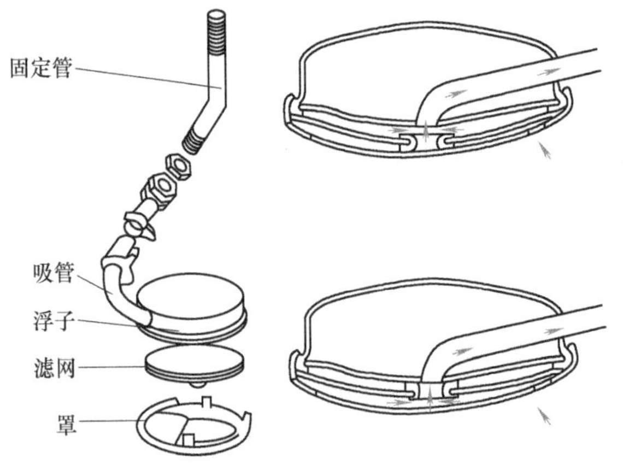

图 3-165　浮动式集滤器的构造

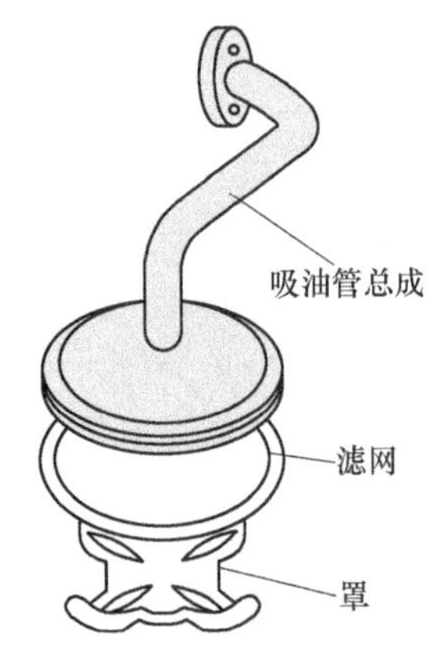

图 3-166　固定式集滤器的构造

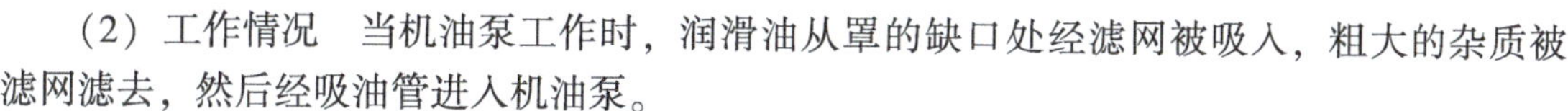

（2）工作情况　当机油泵工作时，润滑油从罩的缺口处经滤网被吸入，粗大的杂质被滤网滤去，然后经吸油管进入机油泵。

（3）特点　固定式集滤器淹没在油面之下，吸入的机油清洁度较差，但可防止泡沫吸入，润滑可靠，结构简单，现已逐步取代浮式集滤器。

任务实施

桑塔纳 2000 AFE 发动机润滑系统的零件分解图如图 3-167 所示。

一、机油泵的拆卸

1）旋松分电器轴向限位卡板的紧固螺栓，拆下卡板。

2）拔出分电器总成。

3）拆卸油底壳。

①拧下油底壳放油螺塞，放尽油底壳的润滑油。

②拆下离合器防尘罩。

③以交叉对称的顺序拧下油底壳上的所有螺钉，如图 3-168 所示，拆下油底壳（必要时用橡胶锤轻轻敲出）。

4）旋松并拆下机油泵体与机体连接的 2 个长紧固螺栓，将机油泵及吸油部件一起拆下，如图 3-169 所示。

5）拧松并拆下吸油管组紧固螺栓，拆下吸油管组，检查并清洗滤网。

6）旋松并取下机油泵盖的短紧固螺栓，取下机油泵盖组，检查泵盖上的限压阀观察泵盖接合面的磨损情况。

7）分解主、从动齿轮，再分解齿轮和齿轮轴。

二、机油泵的安装

机油泵的安装顺序基本上与拆卸及分解顺序相反，但应注意以下两点：

1）更换所有的垫片。

2）按规定力矩拧紧螺栓。

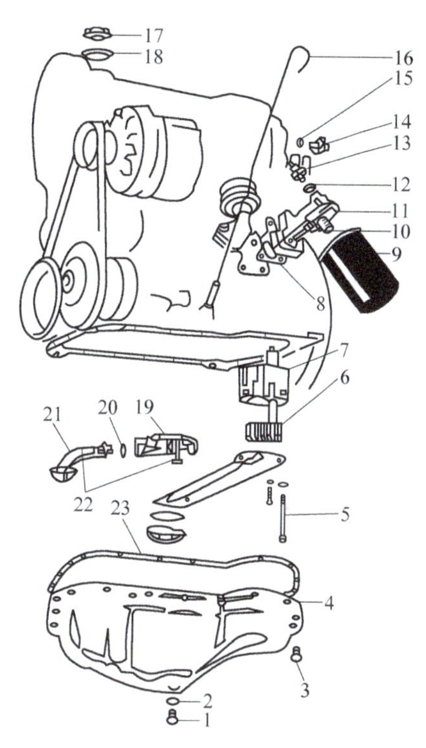

图 3-167　桑塔纳 2000 轿车 AFE 型发动机润滑系统零件分解图

1—放油螺塞（拧紧力矩 30N·m）　2、20—O 形密封圈　3—油底壳紧固螺栓（拧紧力矩 20N·m）　4—油底壳　5—机油泵盖长螺栓（拧紧力矩 20N·m）　6—机油泵齿轮　7—机油泵壳体　8—机油滤清器盖衬垫　9—机油滤清器体　10—机油滤清器盖紧固螺栓（拧紧力矩 25N·m）　11—机油滤清器盖　12、15—密封圈　13—0.18MPa 压力开关（拧紧力矩 25N·m）　14—0.031MPa 压力开关（拧紧力矩 25N·m）　16—机油尺　17—加油口盖　18—橡胶密封垫圈　19—带限压阀的机油泵盖　21—机油集滤器　22—机油泵盖短螺栓（拧紧力矩 10N·m）　23—油底壳密封垫

图3-168　拆卸油底壳上的螺钉

图3-169　拆卸机油泵

拓展提高

发动机润滑油

发动机要按规定加入一定量的性能指标满足要求的发动机润滑油（俗称发动机油）。发动机油具有润滑、冷却、密封、清洁和防锈等作用。我国发动机润滑油按发动机的类型分为汽油发动机油和柴油发动机油两大类。

1. 发动机油的使用性能

（1）黏度　润滑油的黏度指润滑油在外力作用下流动时所表现出来的性质，润滑油流动时，润滑油分子间的内聚力阻碍分子间的相对运动，产生一种内摩擦力。它是评价润滑油品质的主要指标，对于同一种发动机油来说，黏度不是常数，温度降低，黏度增大；温度升高，黏度减小。发动机油因温度变化而黏度改变的性质称为黏温性能。黏温性能好的油料，温度升降引起的黏度变化小。根据发动机润滑油在发动机中的作用不同，对于黏度的要求也各有不同。用于冷却和洗涤时，要求油料黏度小；用于密封时，则要求黏度大；用于起动时，要求黏度小；用于大负荷、高速行驶时，要求黏度大一些。因此，在使用中必须全面考虑润滑油的黏度。

（2）抗氧性　抗氧性指油料在储存和使用中抵抗氧化的能力。发动机油在储存和使用中，与空气中的氧气接触，会发生氧化反应，引起发动机油变质。因此，要求发动机油具有良好的抗氧化能力，特别是在高温下的抗氧化能力（又称热氧化稳定性）。为减缓发动机油氧化变质，延长使用寿命，通常在油中要加各种性能良好的抗氧化剂。

（3）抗腐性　发动机油在氧化过程中会产生酸性物质，如各种有机酸等，这些物质在高温、高压下，在含有水分时对金属有很强的腐蚀性。因此，要求发动机油具有良好的抗腐性能。为提高发动机油抗腐性，通常采用的方法有：一是加深发动机油的精炼程度，以减少酸值；二是添加防腐剂，它能在轴承表面形成防腐保护膜，同时减少油中的氧化物，使轴承不受腐蚀。

（4）清净分散性　清净分散性指能将发动机油生成的胶状物、积炭等不溶物悬浮在油中，使其不易沉积在机件表面，同时能将已沉积在机件上的胶状物洗下来的性能。发动机油在使用过程中，因受到废气、燃气、高温和金属催化作用，会生成各种氧化物。它们与金属磨屑等机械杂质混在一起，在油中形成胶状沉积物。这些沉积物附在活塞、活塞环槽上，形

成积炭和漆膜，或沉积下来形成油泥，堵塞油孔，从而加剧机件磨损以及油耗增大和功率下降等，因此发动机油应有良好的清净分散性。

（5）抗泡沫性　发动机油消除泡沫的性质称为发动机油的抗泡沫性。当发动机油受到剧烈搅动，有空气混入油中时就会产生泡沫。泡沫如果不及时消除，会产生气阻，造成供油不足等故障。因此，要求发动机油有良好的抗泡沫性，在出现泡沫后能及时消除，以保证正常工作。

2. 发动机油的分类

（1）国外发动机油的分类　目前，国际上许多国家发动机油采用 API 质量分类法和 SAE 黏度分类法。

1）API 质量分类法：根据发动机油的用途和使用性能的高低，分为汽油发动机油的 S 系列，具体有 SA、SB、SC、SD、SE、SF、SG、SH、SJ 共 9 个等级；柴油发动机油的 C 系列，具体有 CA、CB、CC、CD、CE、CF-4、CG-4 共 7 个等级。

2）SAE 黏度分类法：按机油黏度大小，将发动机油分为 0W、5W、10W、15W、20W、25W、20、30、40、50、60 共 11 个等级。

（2）我国发动机油的分类　我国发动机油按其使用性能分成若干质量等级，每个质量等级又按润滑油黏度大小分成若干黏度等级。

1）质量等级。参照美国 API（美国石油协会简称）质量分类法，GB/T 28772—2012《内燃机油分类》规定，汽油发动机油分为 SE、SF、SG、SH、SJ、SL、SM、SN 共 8 个等级；柴油发动机油分为 CC、CD、CF、CG、CH、CI、CJ 共 7 个等级。质量等级越靠后，其使用性能越优良。除上述分类外，国家标准还规定了汽油发动机与柴油发动机上均可通用的机油质量等级，这类机油称为通用油。

2）黏度等级。GB/T 14906—1994《内燃机油黏度分类》确定了发动机油的黏度等级，它是参照美国 SAE（美国汽车工程师协会简称）黏度分类法制定的。我国发动机油分为 0W、5W、10W、15W、20W、25W、20、30、40、50、60 共 11 个黏度等级，等级越往后，适应的气温越高，其中带字母 W 的代表冬季用油，其余为夏季用油。此外，为增宽发动机油对季节和气温的适应范围，还规定了冬夏两季均可使用的多级油。我国目前该等级机油有 5W/20、5W/30、5W/40、10W/40、15W/40、20W/40 等。

3）牌号。发动机油的牌号由质量等级和黏度等级两部分组成。如 SE/CC30 表示汽油发动机和柴油发动机上通用的机油，质量等级符合 SE 级汽油发动机油和 CC 级柴油发动机油，黏度等级为 30。

3. 发动机油的选用

发动机油的选用，首先根据车辆使用说明书或发动机的工作条件，确定发动机油的质量等级；其次，根据车辆使用地区的气温情况选择合适的发动机油黏度等级。

（1）质量等级的选用　发动机油质量等级的选用，必须严格按照汽车使用说明书的规定，在无车辆使用说明书的情况下，可根据发动机工作条件的苛刻程度选用合适质量等级的润滑油，具体选用方法如下：

1）汽油发动机油质量等级的选用。汽油发动机工作条件的苛刻程度与发动机进、排气系统中有无附加装置及其类型有关，由此，可按附加装置选用机油质量等级，如装有 EGR（废气再循环）装置的汽车可选用 SE 级润滑油，装有废气催化转换装置的汽车可选用 SF 级

润滑油，采用电喷燃油系统的汽车要求使用SF级以上的润滑油，如桑塔纳2000型轿车等。

2）柴油发动机油质量等级的选用。柴油发动机工作条件的苛刻程度可用柴油发动机强化系数来表示。强化系数越高，表示润滑油工作条件越苛刻，要求选用的润滑油质量等级越高。强化系数小于50的柴油发动机应选用CC级，如黄河JN1171型柴油发动机等；强化系数大于50的柴油发动机应选用CD级以上的润滑油，如南京依维柯柴油发动机等。

（2）黏度等级的选用　黏度等级的选用是根据车辆使用地区和季节气温来选择的，我国发动机润滑油黏度等级与适用温度范围见表3-7。由于单级油不可能同时满足低温及高温的要求，因此只能根据当地季节气温适当选用；而多级油的优越性是它的黏温性能好、适用温度范围宽，特别是在严寒地区、短途运输、低温起动较多时，其优越性更为明显，故应尽量选用多级油。

表3-7　发动机润滑油黏度等级与适用温度范围

SAE 黏度级别	适用气温/℃	SAE 黏度级别	适用气温/℃
5W/30	-30～30	20W/20	-15～20
10W/30	-25～30	30	-10～30
15W/30	-20～50	40	-5～40 以上
15W/40	-20～40 以上		

（3）发动机油的选用实例　部分汽油车发动机要求选用的机油规格见表3-8。

表3-8　部分汽油车发动机要求选用的润滑油规格

发动机型号	机油规格	发动机型号	机油规格
AJR	VW 标准 50000 或 API SJ 级以上,润滑油黏度等级(SAE)标准根据环境温度选择	K20A7/K24A4/J30A4	API SG 级以上,润滑油黏度等级(SAE)标准根据环境温度选择
		CA488	SF 10W/30
ANQ	VW 标准 50000 或 50101,润滑油黏度等级(SAE)标准根据环境温度选择	CA6102	SD30 或 SD10W/30
ATX/APS	API SE 级或 API SC 级,润滑油黏度等级(SAE)标准根据环境温度选择	JUZ-FE(LS400)	SC 或 SH,润滑油黏度等级(SAE)标准根据环境温度选择
L46W	API SJ 级以上,润滑油黏度等级(SAE)标准根据环境温度选择	M117(BENZ560)	SG 或 SH,润滑油黏度等级(SAE)标准根据环境温度选择

（4）发动机油的使用注意事项

1）如果不是通用油，则汽油发动机油不能用于柴油发动机上。同样，柴油发动机油也不能用于汽油发动机上。不同牌号的润滑油不得混用。

2）质量等级较高的润滑油可替代质量等级较低的润滑油，反之则不能。

3）经常检查润滑油的液面高度。检查时应使发动机处于水平位置，发动机停转几分钟后再进行，机油标尺上的油痕应在最大刻度与最小刻度之间。

4）注意车辆使用地区的气温变化，及时换用黏度等级适宜的润滑油，在满足使用要求的前提下，润滑油的黏度应尽可能选择小些。

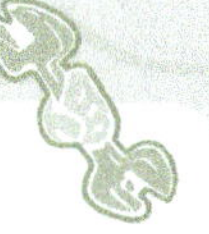

5）适时（定期或按质）换油。可按车辆使用说明书或该车型规定的换油里程要求换油。

6）严防水分、杂质等污染润滑油。

思考问题

1. 润滑油 W 前后的数字关系是什么？
2. 机油泵检查的重点有哪些？

任务七　燃油泵的更换

学习目标

1. 了解发动机燃油供给系统的组成、结构及功用。
2. 掌握电动燃油泵的更换方法。
3. 掌握汽油滤清器的更换方法。

任务情境

一台桑塔纳 2000 轿车，行驶 98000km，用户反映该车热车熄火后重新起动时，发动机起动困难，需要持续运转起动机才能使发动机起动。接车后，经试车发现，该车若在发动机熄火后立刻重新起动，则起动完全正常；如果在停放一段时间后再起动，就变得困难了。根据该车的故障症状，连接故障诊断仪先对发动机控制系统进行检测，没有发现任何问题。

任务分析

根据上述检测结果，可以初步判定发动机控制系统没有问题，因此将检查重点放在燃油系统。于是连接油压表测量燃油系统压力，经观察燃油系统在发动机运转时工作压力正常。考虑到该车的故障是停放一段时间后才会出现，因此问题很有可能出在燃油系统残余压力保持上，即燃油系统存在泄漏，导致系统不能正常保压。经连接油压表长时间观察发现，该车燃油系统压力下降过快，如图 3-170 所示。

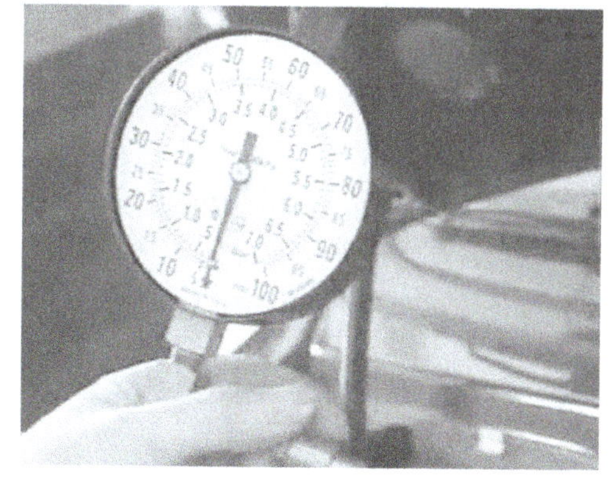

图 3-170　检测燃油压力，压力下降过快

燃油泵上装有单向阀，在停车后，油管中的燃油不能流回燃油箱，即油管中仍保有一定压力的燃油，在汽车起动时，油管中的燃油能很快供给到气缸，使发动机顺利起动。经分析，最终确定为燃油泵单向阀损坏，导致系统不能正常保压。由于单向阀不能单独更换，需更换燃油泵。

任务实施的相关专业知识

燃油供给系统

图 3-171 所示为桑塔纳 2000 轿车发动机电控燃油喷射系统。

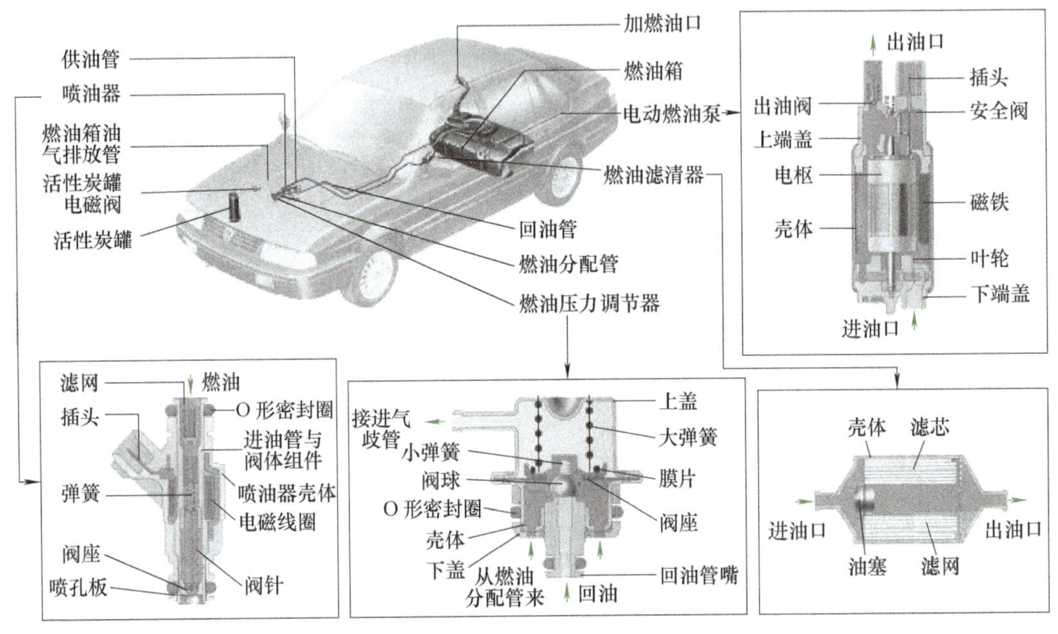

图 3-171　桑塔纳 2000 轿车发动机电控燃油喷射系统示意图

它主要由燃油箱、电动燃油泵、燃油滤清器、油轨、燃油压力调节器、喷油器等组成，如图 3-172 所示。

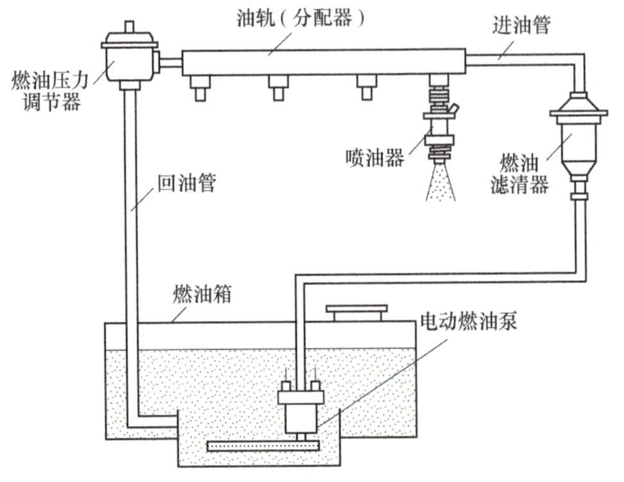

图 3-172　燃油供给系统示意图

图 3-173 所示为主要部件的安装示意图。电动燃油泵将燃油从燃油箱中吸出，经燃油滤清器过滤后，送往油轨。油轨将燃油均匀分配到电子控制的喷油器中，喷油器根据 ECU 指令将燃油以雾状喷入进气管。油轨上有一个燃油压力调节器，使燃油压力与进气管压力之间的压力差保持不变，并经回油管将多余的燃油送回燃油箱。

1. 燃油箱

燃油箱的作用是储存燃油。在一般车辆中燃油箱一般做成简单的方形或圆柱体形状，轿车燃油箱为了适应整车外观造型及车架的需要往往做成比较复杂的形状（图 3-174）。燃油箱体用薄钢板冲压焊接而成，为了提高其强度，表面往往冲压成加强肋形

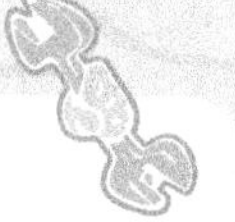

式。燃油箱体上设有加油口和加油管，管内装有用金属网制成的滤网。为了防止汽车振动带来的燃油振荡，燃油箱内装有隔板。汽油燃油箱里装有输油管及油位传感器。

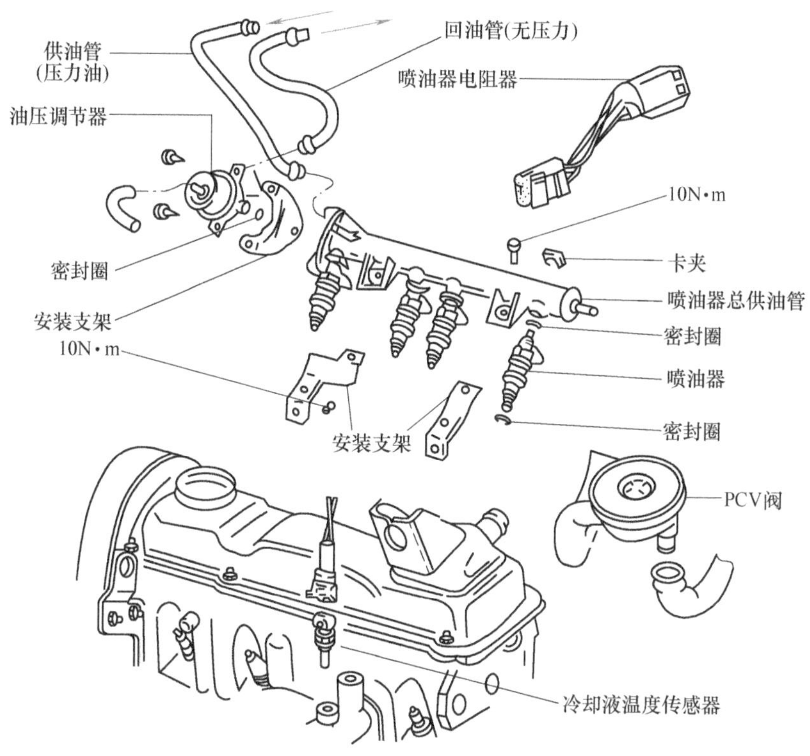

图 3-173　AFE 型发动机燃油喷射主要部件安装示意图

2. 电动燃油泵

电动燃油泵的结构如图 3-175a 所示。它是由永磁电动机驱动的带滚柱的转子泵，主要由驱动液压泵的直流电动机、滚柱式液压泵、保持燃油输送管压力不致过高的限压阀和保持剩余压力的单向阀组成。电动燃油泵安装在燃油箱中，并不断受到燃油冲涤，使电动机充分冷却。燃油泵的供油量大于发动机的最大燃油需要量，以使发动机在所有工况下都能保持燃油供给系统中的油压。带有滚柱的转子被偏心地安装在泵体内，当永磁电动机驱动转子旋转时，位于凹槽内的滚柱在离心力的作用下压靠在泵体的内表面上，对周围起密封作用，从而在两个相邻的滚柱之间形成一个空腔，其工作原理如图 3-175b 所示。由于转子和泵套不同轴，当转子旋转时，一部分空腔的容积不断增大成为低压吸油腔，自进油口 A 吸入燃油；而另一部分空腔的容积则不断减小成为高压油腔，自出油口 B 泵出燃油。当压力超过限定值时，限压阀被顶开，使压油腔与吸油腔相通，

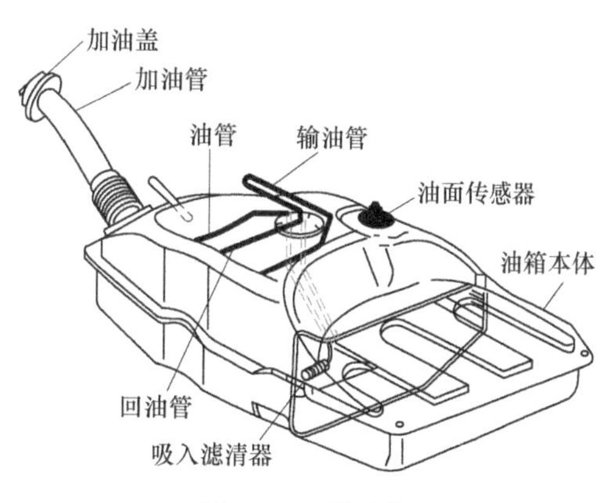

图 3-174　燃油箱

燃油则在泵中循环，防止因泵油压力过高而引起喷射系统损坏和喷油器漏油。为了防止当燃油泵停止工作时燃油倒流，在燃油泵出口处设有单向止回阀，以起到在燃油泵停止工作时密封燃油管路的作用，使出油管内保持一定的残余压力，保证下一次起动时能迅速泵油并防止发生气阻，有利于发动机重新热起动。燃油泵借助于支架安装在燃油箱中以便于冷却，因此这种泵又称为湿式泵。起动时，只要起动开关起作用，燃油泵就一直工作。发动机一起动，燃油泵就处于接通状态，ECU 经过一个外部的燃油泵继电器控制燃油泵。为了安全，在点火开关接通（不起动发动机）及发动机停止工作时，燃油泵不泵油。

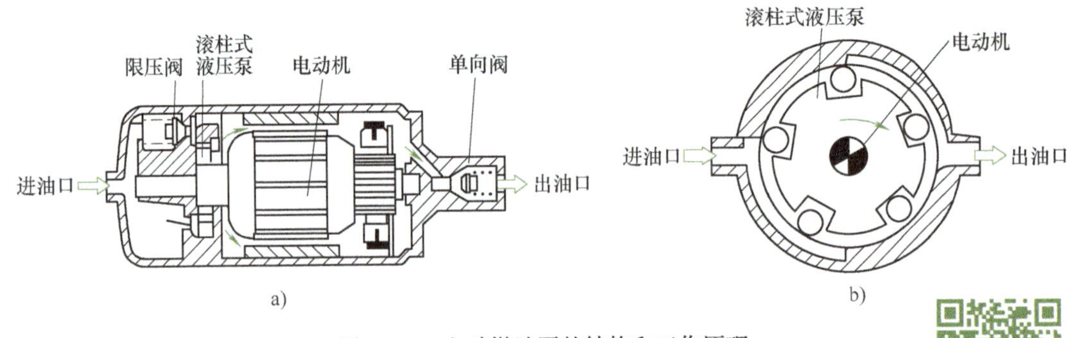

图 3-175　电动燃油泵的结构和工作原理

3. 燃油滤清器

燃油滤清器用以滤除燃油中的水分和杂质，有可拆式（货车和客车上常用）和不可拆式（轿车上常用）两种。

1）可拆式燃油滤清器（图 3-176）主要由滤清器盖、沉淀杯、纸滤芯等组成。发动机工作时，燃油泵将燃油箱内的燃油吸出后，经进油管接头进入沉淀杯中，水分和较重的杂质沉入杯底，较轻的杂质随燃油流入滤芯外腔，经滤芯滤清后的清洁燃油从出油管接头 2 流至燃油泵。沉淀杯中的水分和杂质可通过滤清器底部的放油螺塞放出，使用一定时间应清洗或更换滤芯。

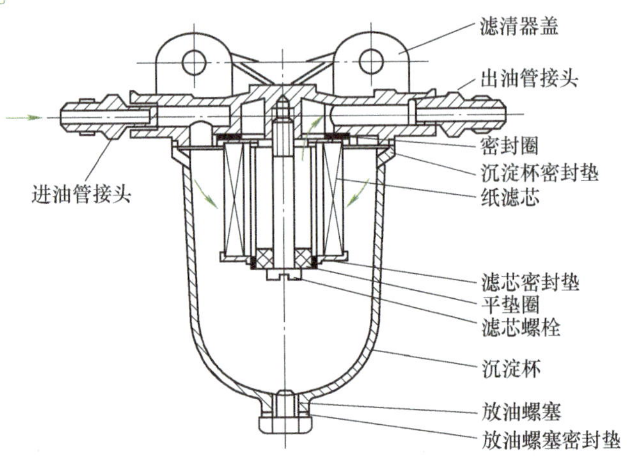

图 3-176　可拆式燃油滤清器

2）不可拆式燃油滤清器（图 3-177）主要由油塞、纸质滤芯、滤网及滤清器壳体组成。此类滤清器，在使用中不可拆卸，使用一定时间后应整体更换。

4. 油轨

油轨的任务是将燃油均匀地分配到所有喷油器中。油轨具有储油功能，为了克服压力波动，其容积比发动机每工作循环喷入的燃油量大得多，从而使接在油轨上的喷油器处于相同燃油压力之下。此外，油轨使喷油器便于拆装。

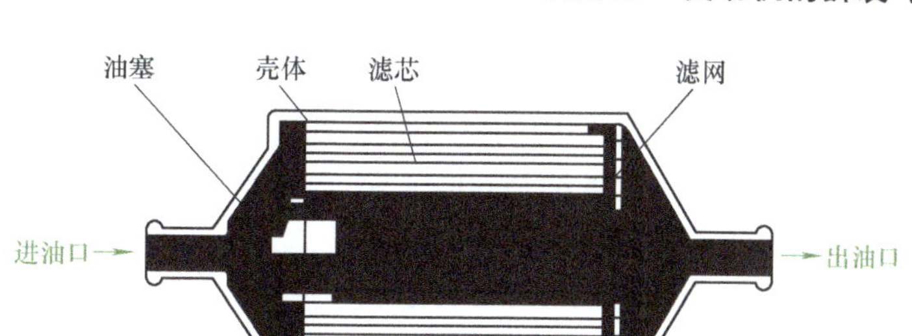

图 3-177 不可拆式燃油滤清器

5. 燃油压力调节器

燃油压力调节器装在油轨上。这是一种膜片控制的溢流调节器，将燃油压力调节到约0.24MPa。它有一个金属外壳，一个卷进的膜片将此外壳分为两个腔室，一个是弹簧室，有一定预紧力的螺旋弹簧对膜片施加一个作用力；另一个是燃油室，用于容纳燃油，燃油室直接与供油总管相通。当进入燃油室的燃油压力超过弹簧真空膜片的作用力时，膜片移动，使由膜片控制的球阀打开回油管的通口，使多余的燃油流回燃油箱。燃油压力调节器的弹簧室经一根真空软管与节气门后部发动机进气总管接通。使燃油供给系统中的压力随进气管内的绝对压力而变，保持燃油压力与进气管压力之间的压力差不变，从而使喷油器喷出的燃油量仅取决于阀的开启时间。

图 3-178 喷油器实物

6. 喷油器

喷油器由喷油器体、滤网、磁场绕组、针阀、阀体、螺旋弹簧、调整垫等组成，如图 3-178 和图 3-179 所示。

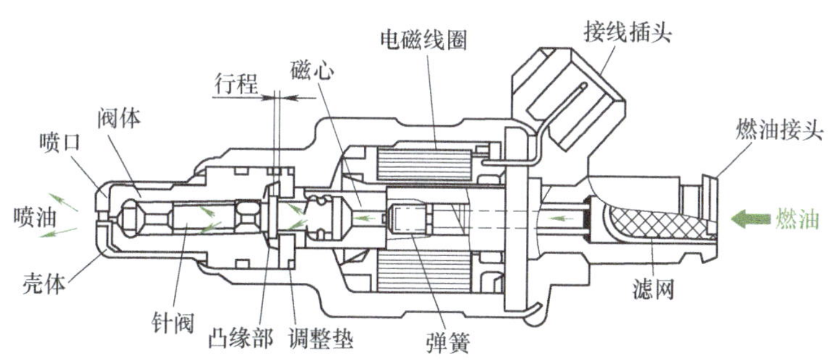

图 3-179 喷油器

喷油器为电磁式，由 ECU 的电脉冲控制其打开或关闭。将燃油喷到各进气歧管末端的气缸进气门前面。每循环喷入的燃油量基本上决定于喷油器的开启持续时间，此时间由 ECU 根据发动机工况算出。喷油器用专门的支座安装，支座为橡胶成形件。其隔热作用可防止喷油器中的燃油产生气泡，有助于提高发动机的高温起动性能。另外，橡胶成形件可保护喷油器不受过高振动应力的作用。喷油器经带保险夹头的连接插座与油轨连接。

拓展提高

燃油供给系统电子控制主要部件的结构与工作原理

控制系统的作用是收集发动机的工况信息并确定最佳喷油量、最佳喷油时刻及最佳点火时刻，它由电控单元（ECU）、冷却液温度传感器、氧传感器、节气门位置传感器、进气温度传感器、进气压力传感器、爆燃传感器及霍尔传感器等组成。传感器是检测发动机实际工作状况、感知各种信号的主要部件，并将各种信号传送给ECU。ECU通过计算分析后，发出相应指令，使发动机在最佳的工作状态下工作。

1. 电控单元

电控单元的作用是根据其内存储的程序，对传感器输入的各种信息进行运算、处理、判断，然后输出指令，控制执行器动作，以达到迅速、准确、自动地控制发动机工作的目的。桑塔纳2000G轿车AJR发动机的电控单元安装在驾驶室风窗玻璃前，它主要由输入回路、数字式微型计算机、输出回路组成，如图3-187所示。

2. 传感器

传感器是检测发动机实际工况，感知各种信号的主要部件。桑塔纳轿车燃油喷射系统主要有节气门位置传感器、进气温度传感器、空气流量计、爆燃传感器、冷却液温度传感器和排气管内的氧传感器。这些传感器组成一个闭环系统，随时检测发动机的工作状况。

（1）节气门位置传感器（TPS） 安装在节气门转轴上，用来检测节气门的开度，它将节气门的开度信号转换成电压信号送到ECU，以便控制节气门在不同开度时的喷油量。桑塔纳轿车电控系统采用的是开关量输出型节气门位置传感器，如图3-188所示。它由可移动的活动触点（TL）、固定怠速触点（IDL）和功率触点（PSW）（或称全负荷触点）组成。其中，导向凸轮由节气门轴控制。

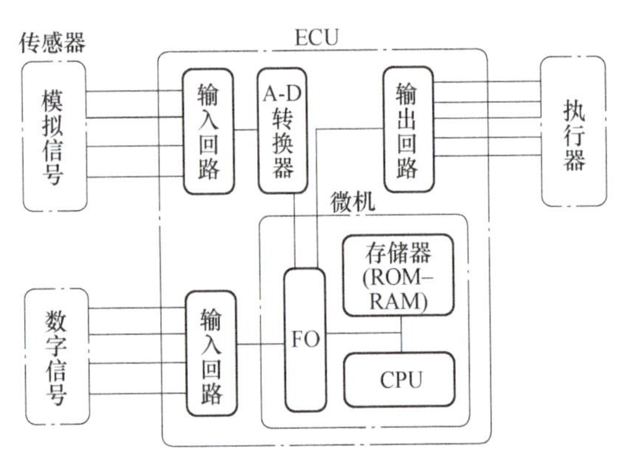

图3-187 电控单元

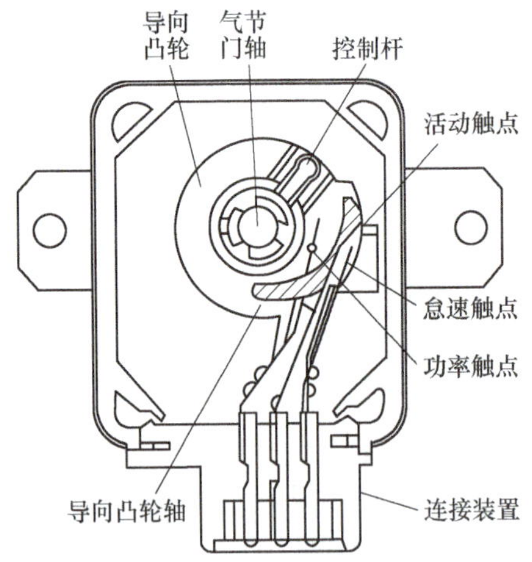

图3-188 节气门位置传感器

当发动机怠速运转时，可动触点和怠速触点接触（TL和IDL导通），从而检测出节气门的全闭状态。当发动机大负荷时（节气门开度超过50°），活动触点与功率触点接触（TL和PSW导通），从而检测出发动机大负荷状态。当节气门在中间位置时，活动触点和任何一个触点都不接触。节气门位置传感器将怠速和全负荷的工况信号送至ECU，ECU在这两种工况下使混合气加浓。

（2）空气质量流量计　空气计量装置用来测定发动机的进气量。进气量是计算基本喷油量的基础信号之一。

早期车型使用进气压力传感器计量进气量。现在轿车普遍采用热膜式空气质量流量计计量进气量，安装在空气滤清器和节气门之间，监测进入发动机的空气质量，如图3-189所示。

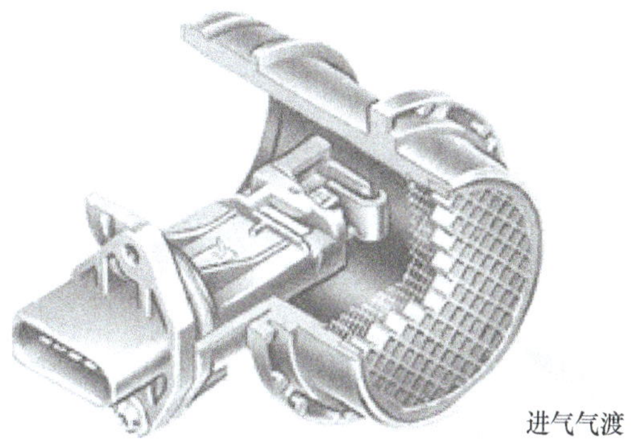

图3-189　桑塔纳2000轿车AGR发动机热模式空气流量计

（3）进气温度传感器　进气温度传感器安装在进气歧管总管处，如图3-190所示。进气温度传感器是一个负温度系数的热敏电阻。进气温度上升时电阻下降。发动机ECU通过电阻信号识别进气温度，从而修正喷油量和点火提前角。

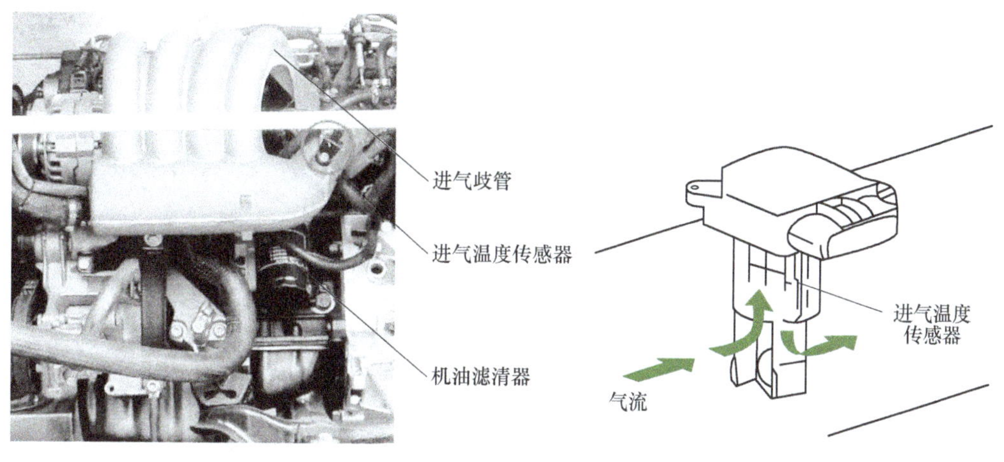

图3-190　桑塔纳2000轿车AGR发动机进气温度传感器

（4）发动机转速传感器　发动机转速传感器安装在气缸体左侧、后端靠近飞轮处，由安装在曲轴上的磁性材料做的齿圈和安装在发动机机体上的与之相对应的传感器头构成。磁感应式传感器的传感头由永磁铁极轴及线圈组成。当齿圈随发动机曲轴一起转动时，磁路磁阻发生变化，通过线圈的磁通量发生变化，线圈产生一个变化的感应电动势，电压变化的频率便精确反映出转速。另外，在齿圈上缺两个齿，用于识别曲轴位置，作为点火正时和喷油的参考信号。如果没有转速传感器的信号，发动机就不能起动，运转时也会立即熄火，如图3-191所示。

（5）霍尔传感器（凸轮轴位置传感器）　霍尔传感器安装在气缸盖前端凸轮轴链轮后，如图3-192所示。霍尔传感器利用霍尔效应的原理制成电子开关。霍尔传感器的转子有一个180°的缺口，因此，曲轴每转两圈便产生一个信号，这个信号用来确定1缸上止点的位置，

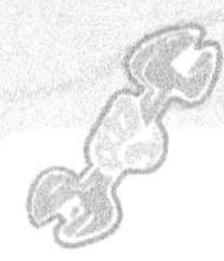

并将此信号传给发动机 ECU。没有霍尔传感器给发动机提供信号，发动机仍能运转或起动，但点火和燃油喷射的精度稍微变差。

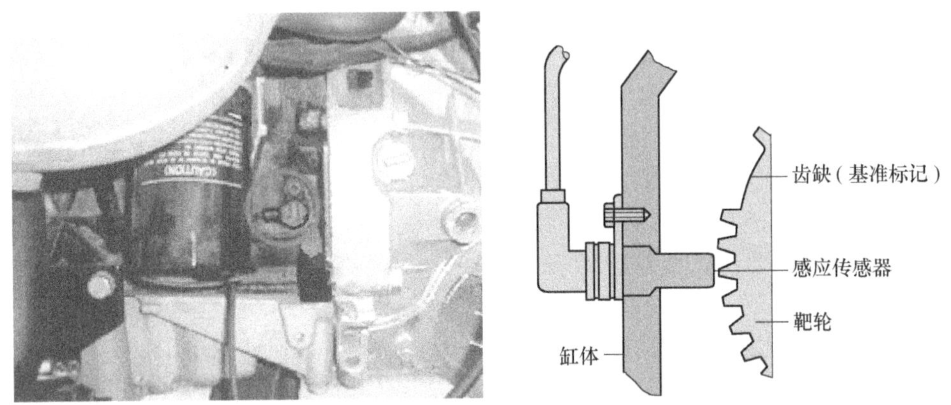

图 3-191　桑塔纳 2000 轿车 AGR 发动机转速传感器

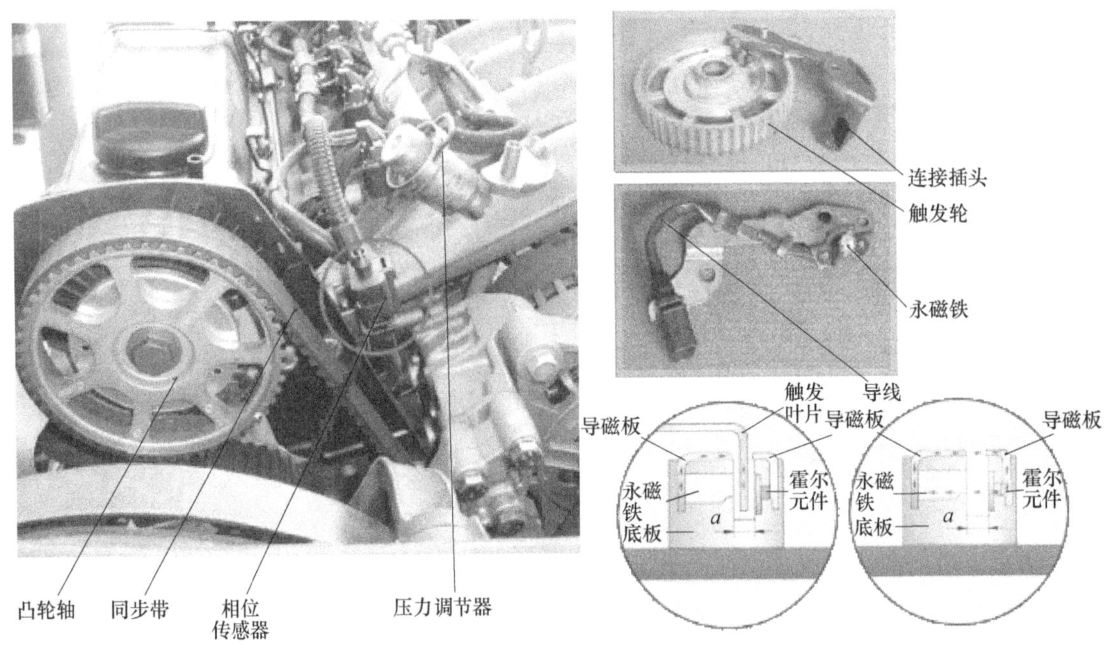

图 3-192　桑塔纳 2000 轿车 AGR 发动机霍尔传感器

（6）冷却液温度传感器　冷却液温度传感器安装在发动机气缸盖后端出水管上，用于检测发动机冷却液温度，并将冷却液的温度信号输入 ECU，为修正喷油量及喷油时刻提供依据，如图 3-193 所示。

冷却液温度传感器由 NTC（负温度系数）热敏电阻构成。冷却液温度的变化将引起电阻值的变化，该热敏电阻具有与导体电阻截然相反的特性：冷却液温度越低，电阻值越大；冷却液温度越高，电阻值越小。

如果冷却液温度传感器没有信号，会导致冷车或热车起动困难、燃油消耗量增加、污染物排放量增加等故障。

（7）氧传感器　它是闭环控制系统中一个重要传感器，用于检测发动机的燃烧状况。根据测定排气管中的氧浓度，随时向 ECU 发出反馈信号修正喷油量，使空燃比收敛于理论值（$A=1$）。

桑塔纳轿车电喷系统的氧传感器采用的是氧化锆（ZrO_2）式氧传感器，其基本元件是专用陶瓷体，即氧化锆固体电解质。氧传感器装在发动机排气管中，伸入到废气流中，外电极端受废气拂过，内电极端与外界空气接通。氧传感器基本上由一专用陶瓷体构成，其表面装有可透气的铂电极，如图 3-194 所示。氧传感器起作用的原理是陶瓷材料为多孔的，允许空气中的氧扩散（固体电解质），陶瓷在高温下是导电的，如果两电极端的含氧量不一样，则电极上产生一个电压，即测定出排气管中的含氧浓度，并随时向 ECU 反馈信号来修正喷油量，以保证空气和燃油混合气过量空气系数 $a=1.00$。

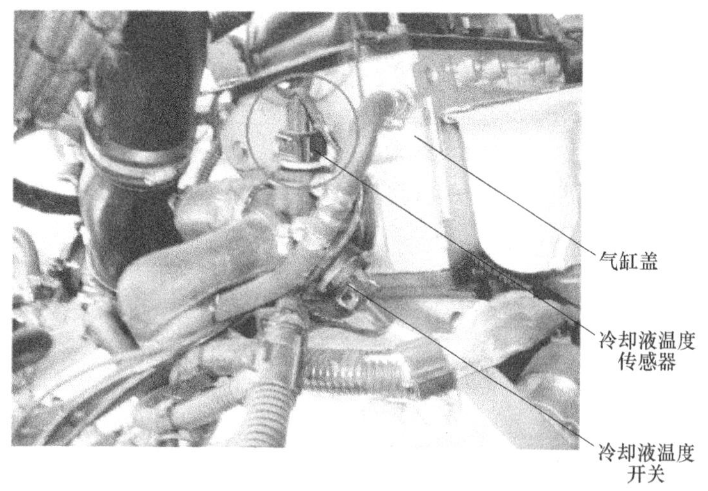

图 3-193　桑塔纳 2000 轿车 AGR 发动机冷却液温度传感器

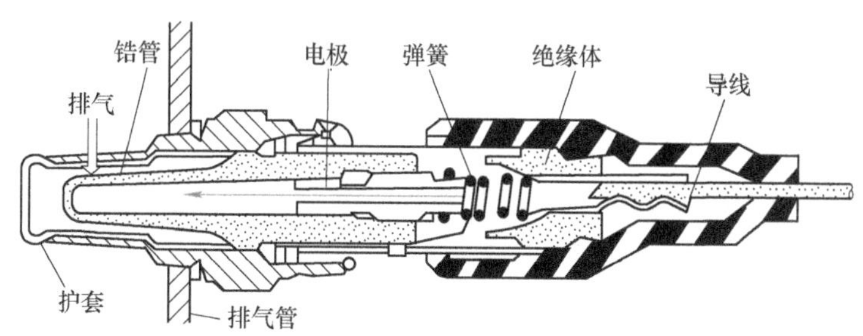

图 3-194　氧传感器

3. 执行器（输出装置）

执行器为最终完成电控系统各种功能的装置。桑塔纳轿车 Motronic 控制系统的执行器主要有：电磁式喷油器、点火控制器、怠速控制阀（步进电动机）、活性炭罐电磁阀、汽油泵继电器等。

思考问题

1. 平时使用车辆时如何维护燃油泵？
2. 叙述电控发动机燃油供给系统组成与作用。

任务八　发动机水泵、节温器的更换

学习目标

1. 了解冷却系统的组成、结构和功用。
2. 掌握水泵、节温器的结构和工作原理。
3. 掌握水泵、节温器的拆装方法。

任务情境

客户反映夏季发动机经常出现冷却液温度报警、冷却液“开锅”等现象，如图3-195所示，同时，仪表盘上冷却液温度表指示偏高，冷却液温度警告灯亮，如图3-196所示。

图3-195　发动机冷却液“开锅”现象

图3-196　冷却液温度表指示极高

任务分析

发动机产生高温的原因很多，具体分析如下：

1）大修或新装配的发动机，在装机过程中，由于尺寸或配合间隙不符会产生冷却液温度偏高现象。比如由于活塞或活塞环与气缸的间隙过小，长时间运转还会造成卡环、断环和拉缸等故障。

2）发动机长时间运转时，冷却液温度偏高甚至沸腾。一般是由于节温器失效造成水循环不畅所致。冷却液温度升高后，节温阀打不开，冷却液没有大循环，从而起不到散热和调节冷却液温度的作用。

3）水泵传动带松脱或水泵损坏导致无循环水。

4）水管、水套及缸体、缸盖接合处漏水。

5）气缸垫烧损。此时散热器缺水。打开散热器盖，如果水面有油，则说明水道已和机油连通；如果冒出气泡，一段时间后水位降低，则说明气缸内的气体流入水道，使冷却液温度升高。

6）由于冷却液中存在大量污物、水垢和金属腐蚀，造成冷却液道及其零部件的堵塞，使冷却液循环不畅导致冷却液温度偏高。

7）由于发动机烧机油产生的积炭聚积在消声器内，或消声器腐蚀、破损，使排气管堵塞，造成排气不畅导致冷却液温度偏高。

8）电路故障使电子冷却风扇不转，使散热器散热能力下降。

9）排气门间隙过大，使排气门打开时间晚，开启时间短，造成排气不畅，引起冷却液温度偏高。一般可通过发动机运转时的声音进行判断，此时气门与摇臂之间发出“哒、哒、哒”的撞击声。

10）点火时间不准确。点火时间过早时，会因燃烧不完全而产生爆燃及二次点火现象，引起冷却液温度偏高。点火时间过晚时，造成不完全燃烧，同样会使冷却液温度偏高。

任务实施的相关专业知识

一、发动机冷却系统基本组成

汽车发动机的冷却系统为强制循环水冷系统，一般由水泵、散热器、百叶窗、冷却风扇、节温器、冷却液温度传感器、补偿水桶、发动机机体和气缸盖中的水套以及其他附属装置等组成。图 3-197 所示是桑塔纳 2000GSi 轿车 AJR 型发动机冷却系统，冷却液由冷却液下橡胶软管 13 进入水泵 5，经叶轮后径向直接进入气缸体水套 6，然后流入气缸盖水套 7，由气缸盖前端的出水口流出。此后，冷却液分两路，一路经冷却液上橡胶软管 16 流经散热器

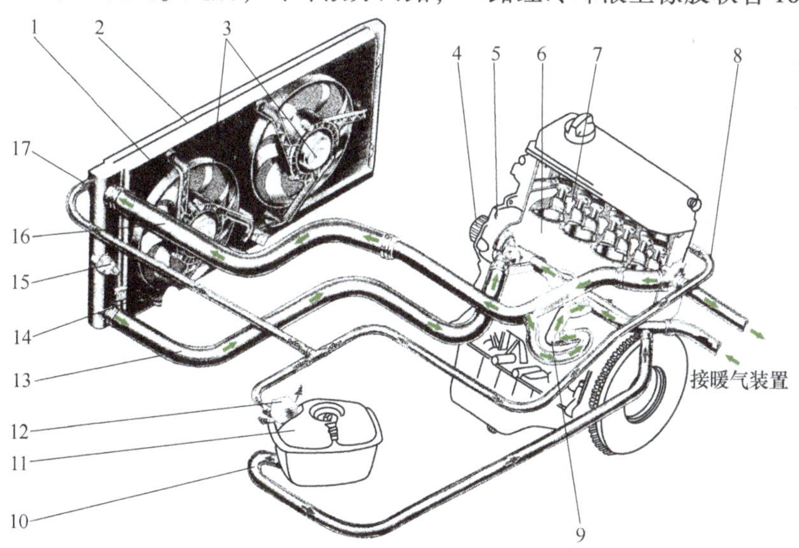

图 3-197 AJR 型发动机冷却系统

1—护罩 2—散热器 3—电动风扇 4—同步带带轮 5—水泵 6—气缸体水套 7—气缸盖水套 8—水套排气管 9—节气门热水管 10—膨胀箱管 11—冷却液膨胀箱 12—膨胀箱盖 13—冷却液下橡胶软管 14—散热器排气管 15—电动风扇双速热敏开关 16—冷却液上橡胶软管 17—过热蒸汽

冷却后，进入节温器，由节温器进入冷却液泵进口；另一路为直接通过节温器后流入水泵进口，它又称为短路循环。节温器装在机体上的水泵进口处，节温器阀门在87℃时开始开启，在102 ℃时全开。短路循环在温度较低时是常开的，这样可使冷却系统的温度提高到一个较高的水平，改善发动机的热效率，同时可以确保冷却系统始终有冷却液在循环。

二、水泵

1. 水泵的功用

水泵的作用是对冷却液加压，强制冷却液在冷却系统中循环流动。

2. 离心式水泵组成

离心式水泵由壳体、叶轮、泵盖板、水泵轴、支承轴承和水封等组成，如图3-198所示。

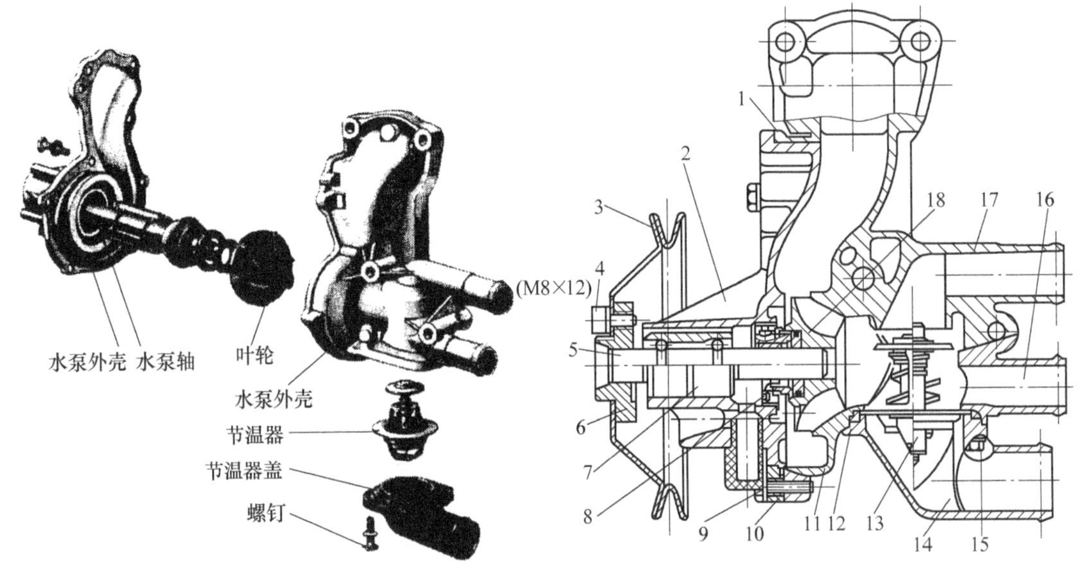

图3-198　桑塔纳2000轿车AFE发动机水泵的纵剖面图

1、10—密封垫　2—前壳体　3—水泵V带轮　4—V带轮紧固螺栓（拧紧力矩20N · m）　5—水泵轴　6—水泵轴凸缘　7—轴承　8—水封　9—水泵联接螺栓　11—泵壳体　12—密封圈　13—节温器　14—主进水管　15—进水管紧固螺栓　16—暖风换热器水泵口　17—小循环进液口　18—水泵叶轮

3. 离心式水泵的工作原理

目前使用的水泵大部分是离心式水泵，其工作原理如图3-199所示。由于离心式水泵具有尺寸小、出水量大、结构简单，并且当水泵损坏后不妨碍水在冷却系统内的自然循环等特点，所以被广泛应用。

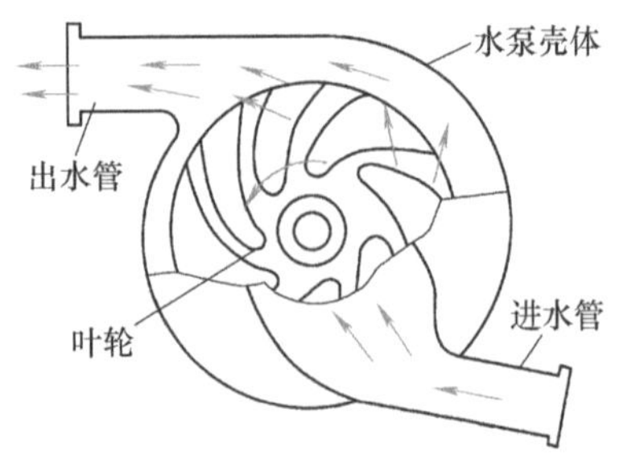

图3-199　离心式水泵工作原理

（1）压冷却液　当叶轮旋转时，水泵中的冷却液被叶轮带动一起旋转，由于离心力的作用，冷却液被甩向叶轮边缘，在蜗形壳体内将动能转变为压能，经外壳上与叶轮成切线方向的出水管被压送到发动机水套内。

（2）吸冷却液　与压冷却液同时，叶轮中心处造成

一定的真空，而将水从进水管吸入，如此连续地作用，使冷却液在液路中不断地循环。

三、节温器

要保证发动机在最适宜的温度下工作，不出现过热、过冷现象，就必须能根据使用条件的变化自动调节发动机冷却强度。外界气温高，发动机在低速大负荷情况下工作，要求冷却强度要强，否则发动机易于过热。当外界气温低，发动机负荷不大时，其冷却强度应弱些，不然发动机就会过冷。过热过冷均不利于发动机工作。冷却强度的调整方法：一是改变流经散热器的空气流量和流速；二是改变冷却液的流量和循环路线，可利用节温器来控制发动机冷却液的大小循环路线。

1. 节温器的功用、类型

节温器安装在冷却液循环的通路中（一般安装在气缸盖的出水口或散热器出水口，如图 3-200 所示），其功用是根据发动机负荷的大小和冷却液温度的高低自动改变冷却液的循环流动路线，调节冷却系统冷却强度，保证发动机在适宜的温度下工作，减少燃料消耗和机件的磨损。

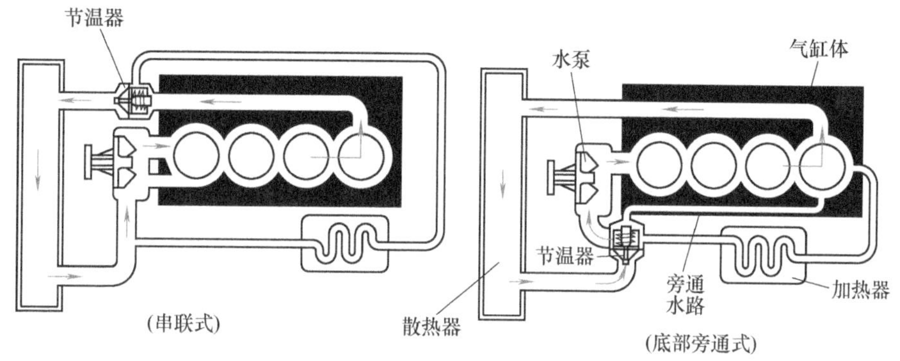

图 3-200　节温器在冷却液循环通路中的安装位置

汽车发动机广泛采用蜡式节温器，它有单阀型与双阀型两种。

2. 蜡式节温器的结构（以桑塔纳 2000 型轿车 AFE 型发动机为例）

蜡式节温器由上支架、下支架、主阀门、旁通阀、感应体、中心杆、橡胶管和弹簧等组成。桑塔纳 2000 轿车 AFE 发动机蜡式节温器的结构如图 3-201 所示，它是一种双阀节温器。节温器的上支架和下支架与阀座铆成一体。中心杆上端固定在上支架的中心，其下部插入橡胶管的中心孔内，中心杆下端呈锥形。橡胶管与感应体外壳之间的空腔里装有石蜡，为了提高导热性，石蜡中常掺有铜粉和铝粉。感应体外壳上、下部有联动的主阀门和旁通阀门。主阀门上有通气孔，它的作用是在加冷却液时使水套内的空气经小孔排出，保证能加满冷却液。

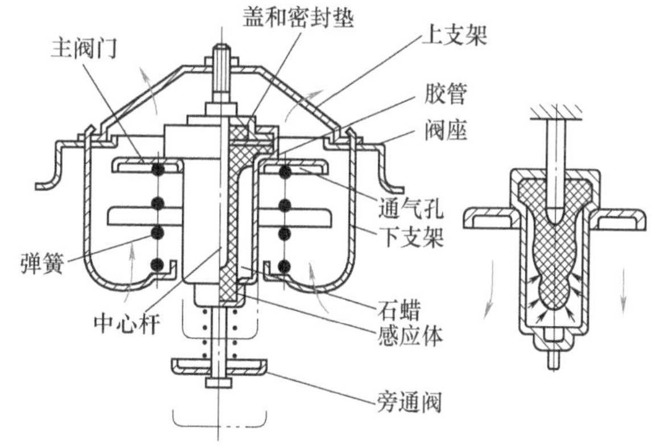

图 3-201　桑塔纳 2000 轿车 AFE 发动机蜡式节温器

3. 蜡式节温器的工作原理

1）当冷却液温度低于85℃时，主阀门完全关闭，旁通阀完全开启，由气缸盖出来的冷却液经旁通管直接进入水泵，称为小循环，如图3-202所示。由于冷却液只是在水泵和水套之间流动，不经过散热器，且流量小，所以冷却强度弱。

2）当冷却液温度在85～102℃时，大、小循环同时进行。当发动机冷却液温度达85℃左右时，石蜡逐渐变成液态，体积随之增大，迫使橡胶管收缩，从而对中心杆下部锥面产生向上的推力。由于杆的上端固定，故中心杆对橡胶管及感应体产生反推力，克服弹簧张力使主阀门逐渐打开，旁通阀开度逐渐减小。

3）当发动机内冷却液温度升高到102℃时，主阀门完全开启，旁通阀完全关闭，冷却液全部流经散热器，称为大循环，如图3-203所示。此时，冷却液流动路线长，流量大，冷却强度强。

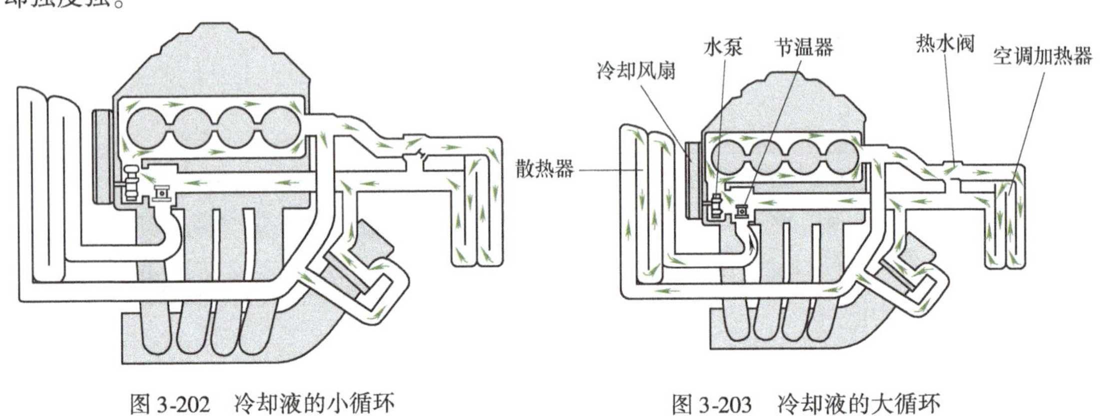

图3-202　冷却液的小循环　　图3-203　冷却液的大循环

图3-204所示为桑塔纳轿车水泵结构与节温器在不同温度的状态。

四、散热器

散热器由上储水室、散热器芯和下储水室等组成（图3-205）。

散热器的功用是增大散热面积，加速冷却液的冷却。冷却液经过散热器后，其温度可降低10～15℃。为了将散热器传出的热量尽快带走，在散热器后面装有风扇与散热器配合工作。散热器上储水室顶部有加水口，冷却液由此注入整个冷却系统，并用散热器盖盖住。在上储水室和下储水室分别装有进水管和出水管，进水管和出水管分别用橡胶软管和气缸盖的出水管以及水泵的进水管相连，这样，既便于安装，而且当发动机和散热器之间产生少量位移时不会漏水。工作中，由发动机气缸盖出水管流出的水套中的热水，经散热器的进水管进入上储水室，经散热器芯的冷却管冷却后流入下储水室，经水管被吸入水泵，压送入水套内，并如此循环。在散热器下面一般装有减振垫，防止散热器受振动损坏。在散热器下储水室的出水管上还有放水开关，必要时可将散热器内的冷却液放掉。

散热器芯一般用铜或铝制成，由许多冷却管和散热片组成，对于散热器芯应该有尽可能大的散热面积，采用散热片是为了增加散热器芯的散热面积。散热器芯的构造形式多样，常用的有管片式和管带式两种，如图3-206所示。

管片式散热器芯冷却管的断面大多为扁圆形，它连通上、下储水室，是冷却液的通道。采用散热片不但可以增加散热面积，还可增大散热器的刚度和强度。

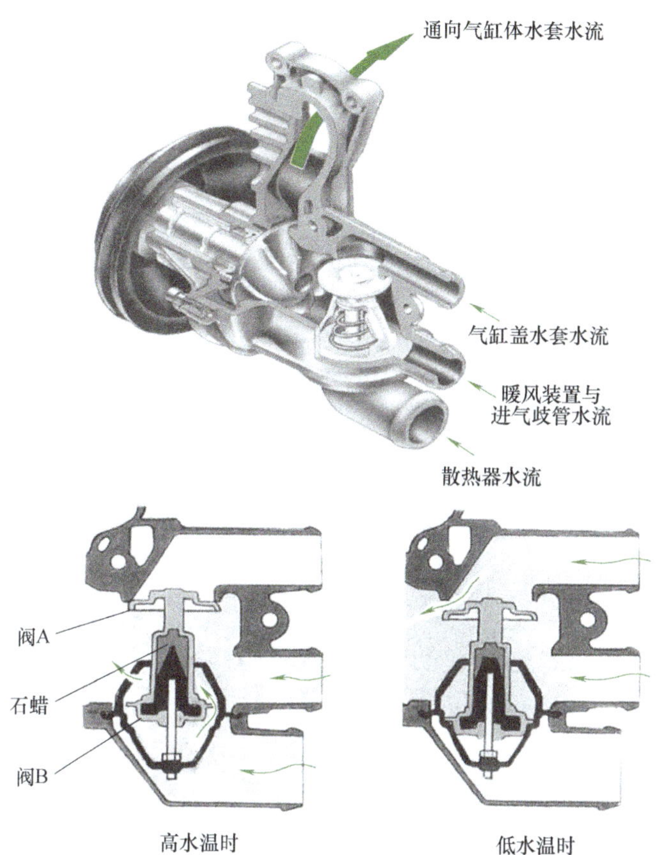

图 3-204 桑塔纳轿车水泵结构与节温器在不同温度的状态

管带式散热器芯采用冷却管和散热带沿纵向间隔排列的方式，散热带上的小孔是为了破坏空气流在散热带上形成的附面层，使散热能力提高。

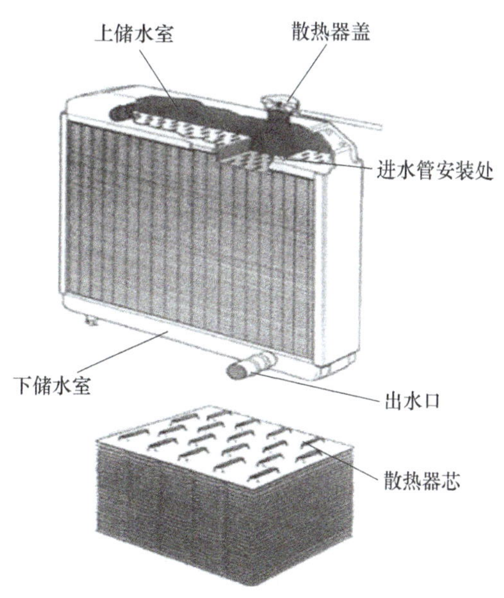

图 3-205 散热器组成

五、补偿散热器

目前大多数汽车发动机采用防锈防冻液，为了防止防冻液损失，在冷却系统设置了补偿散热器，也称副散热器。图 3-207 所示为桑塔纳 2000 轿车发动机冷却系统补偿散热器。补偿散热器用软管与散热器的出水管相连，当防冻液在散热器内受热膨胀时，多余的防冻液便进入补偿水桶；而当温度降低，散热器内形成了一定的真空度时，补偿散热器内的防冻液便进入散热器。当冷却液温度低于 50℃时，液面高度不得低于散热器上的“DI”刻线，否则应补充冷却液（可以从补偿水桶口加入），但高度不得高于散热器上的“GAO”刻线。

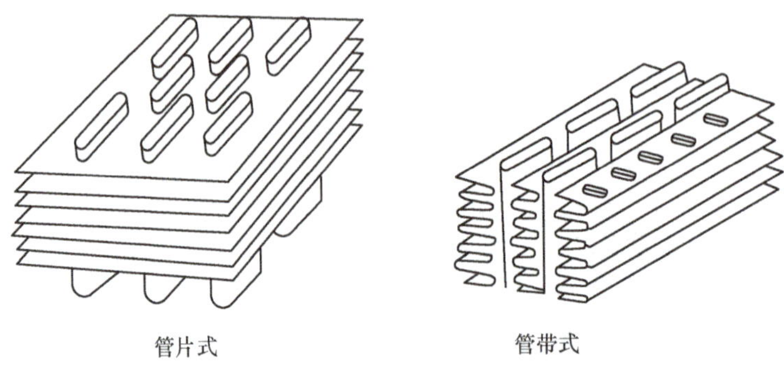

图 3-206　散热器芯的结构

图 3-207　桑塔纳 2000 轿车发动机冷却系统补偿散热器

任务实施

一、发动机冷却系统的拆卸

图 3-208、图 3-209 所示为桑塔纳 2000 轿车 AFE 发动机冷却系统及其零件分解图。

1. 冷却液的排放

1）将空调暖风控制阀全开，暖风开关拨到“暖气”位置。

2）在发动机下放置一个收集盘，打开冷却液储液罐盖（必须在冷机时进行，热机时不能操作）。

3）将水泵大循环进口水管的卡箍松开，拉出冷却液软管，如图 3-210 所示，放出冷却液，并用容器收集好，以便以后使用。注意水泵有 3 个进口：自散热器出液口来的称为大循环进

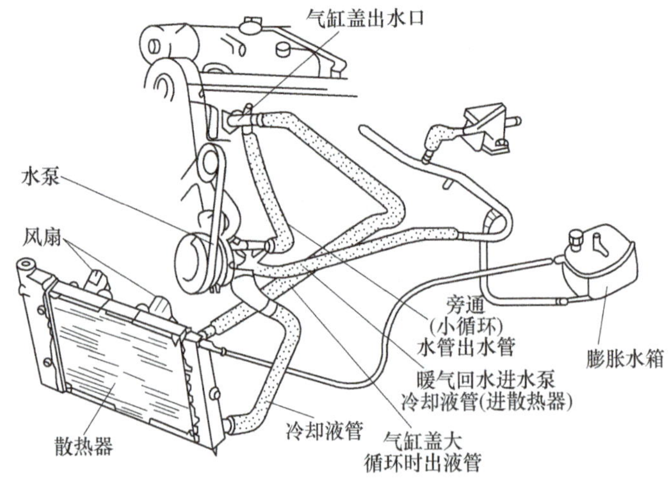

图 3-208　AFE 发动机冷却系统

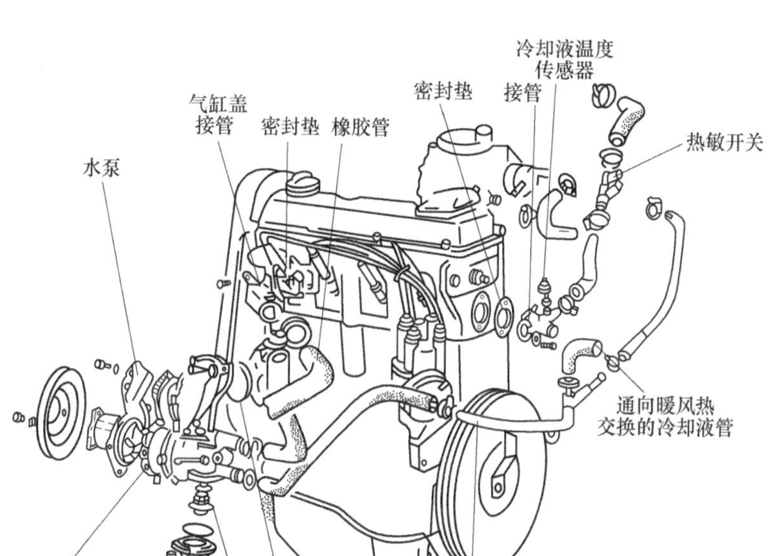

图 3-209　冷却系统零件的分解图

口；自暖风出液口来进入水泵的称为第二进口；小循环时的称为水泵进口。

2. 散热器总成的拆卸

1）从气缸盖出液口处（通往散热器）拔掉冷却液软管。

2）拆下热敏开关（在三通接头处）和电动冷却风扇上的连接电线。

3）从散热器上拆下冷却液的上、下水管以及与膨胀水箱的连接管。

4）放松并拆下散热器顶部左、右角上的固定支架，将散热器连同冷却风扇和护风罩整体一起取出，如图 3-211 所示。

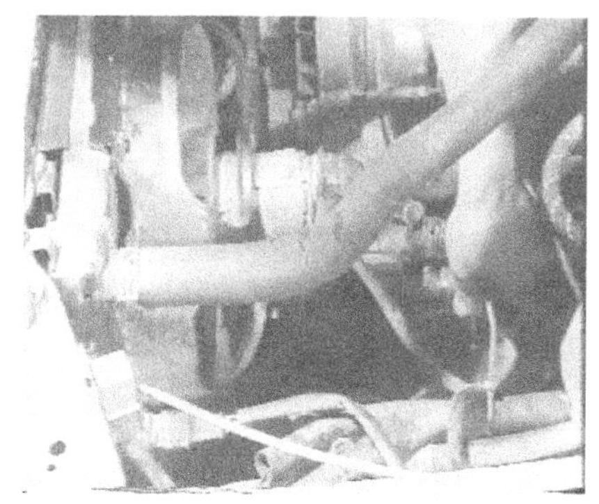

图 3-210　拉出冷却液软管

图 3-211　拆卸散热器

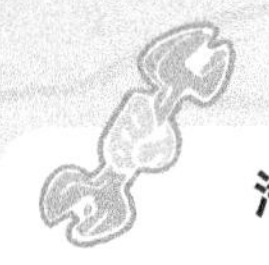

3. 水泵总成的拆卸

1）从水泵上取下水循环管、换热器回水管和冷却液下水管。

2）拧松发电机张紧螺钉，取下发电机，如图 3-212 所示。

3）松开并取下水泵传动带。

4）拧下水泵的紧固螺栓，拆下水泵总成，如图 3-213 所示。

图 3-212　拧松发电机张紧螺钉

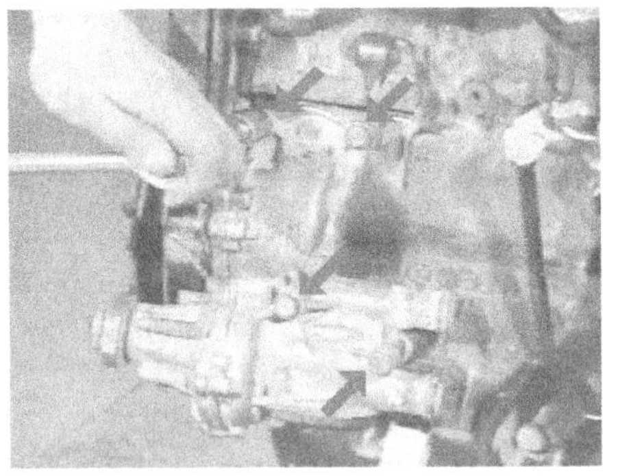

图 3-213　拧下水泵的紧固螺栓

二、节温器拆卸

1）拆下主进水管卡箍，从主进水管上拔下冷却液软管，排放冷却液。

2）从主进水管节温器盖上拧下紧固螺钉，如图 3-214 所示，拆下主进水管。

3）取出节温器。

三、发动机冷却系统的安装

1. 水泵的安装

1）将水泵及发动机的水道清洁干净，再将水泵、衬垫装到水泵体上，紧固力矩为 10N · m。

2）装上水泵带轮，紧固力矩为 20N · m。

3）装上节温器、O 形密封圈及节温器盖，紧固力矩为 10N · m。

4）将组装好的水泵总成装到气缸体左侧，紧固力矩为 20N · m。

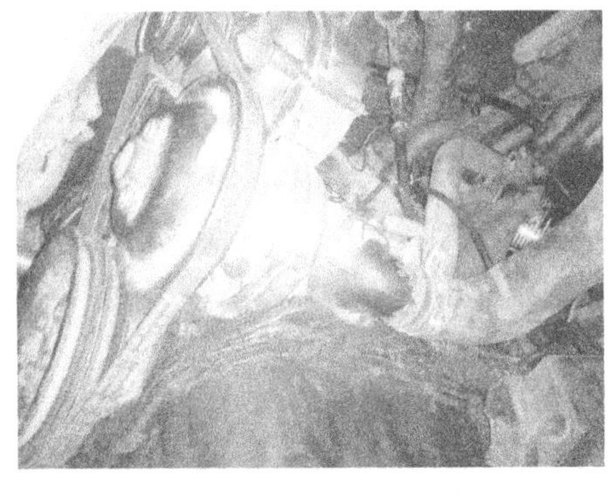

图 3-214　从主进水管节温器盖上拧下紧固螺钉

2. 散热器的安装

1）旋紧风扇电动机热敏开关，紧固力矩为 25N · m。

2）将散热器装上橡胶垫后，放入车身的安装孔中。

3）装上支架，紧固力矩为 10N · m。

3. 冷却水管的连接

1）在气缸盖的左侧装上连接管、衬垫，紧固力矩为 10N · m。

2）在气缸盖后面装上衬垫、去换热器的水管接头，紧固力矩为 10N · m。

3）装上小循环水管及冷却液上水管、冷却液下水管，在换热器水管接头上旋上冷却液温度感应塞，紧固力矩为 10N · m。

4）安装膨胀水箱及其连接水管。

5）根据环境温度来选择冷却液，并添加至规定要求为止。

小贴士：

1）应在冷却系统冷态下拆卸，避免蒸汽伤人；打开膨胀水箱盖时，应用抹布包住盖子慢慢开启。

2）拆卸和安装散热器时，切勿拉伸、扭曲或弯折制冷剂管路和软管，以免损坏这些管路及冷凝器。

3）放出冷却液时要小心，冷却液有毒。

4）零件要摆放好，不要乱放。

拓展提高

发动机双回路冷却系统

冷却系统是以冷却液作为冷却介质，把发动机受热零件吸收的热量散发到大气中去。目前汽车发动机上采用的冷却系统大都是强制循环式水冷系统，利用水泵强制冷却液在冷却系统中进行循环流动。它由散热器、水泵、风扇、冷却水套和温度调节装置等组成。

散热器内的冷却液加压后通过气缸体进水孔压送到气缸体水套和气缸盖水套内，冷却液在吸收了机体的大量热量后经气缸盖出水孔流回散热器。由于有风扇的强力抽吸，空气流由前向后高速通过散热器。因此，受热后的冷却液在流过散热器芯的过程中，热量不断地散发到大气中去，冷却后的水流到散热器的底部，又被水泵抽出，再次压送到发动机的水套中，如此不断循环，把热量不断地送到大气中去，使发动机不断地得到冷却。

传统发动机气缸体和气缸盖中的冷却液用的是同一个回路，两处冷却液温度相同。双回路冷却方式分为用于冷却气缸体的液流回路与用于冷却气缸盖的液流回路，它们是不同的两条回路，两条回路中的冷却液温度不相同。

因为气缸盖上有燃烧室和排气门座而受热严重，为加强散热，就采用更低的冷却温度。如此，因气缸盖温度较低就有利于更充分的充气、减少爆燃和提高排气门座寿命。而气缸体处受热强度要小些，冷却液温度比气缸盖处高，既有利于燃气膨胀又减少了摩擦和气体传热损失。双回路冷却方式能使两处各自保持最佳的温度。

传统发动机只用一个节温器，气缸体和气缸盖中的冷却液也只有一个回路，两处冷却液温度相同。双回路冷却方式采用两个节温器，分别用于冷却气缸体的液流回路和气缸盖的液流回路中，两条回路中的冷却液温度不相同。

1. 双回路冷却系统的组成

双回路冷却系统和传统的单回路冷却系统在结构上基本相同。其主要不同是：气缸体和气缸盖中各有一条冷却回路，装在冷却液分配壳体中的两个节温器，各自控制一个回路的冷却液流量，如图 3-215 所示。

2. 双回路冷却系统工作原理

在温度低于 87℃时，散热器上部冷却液管路中节温器 2 始终关闭，冷却液不会流动，所以气缸体温度可以更快地上升到 87℃。而在冷却液达到 83℃时，该散热器下部冷却液管路中节温器 1 就打开了，冷却液会流动，所以气缸盖温度就可以较气缸体低 4℃或更多。

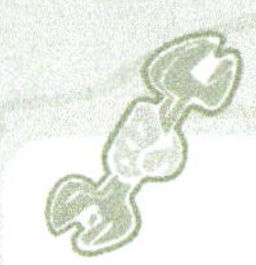

当冷却液低于 83℃时，节温器 1 关闭；节温器 2 在 87℃以下时关闭。如图 3-216 所示，此时冷却液流经下列部件：冷却液泵、气缸盖、冷却液分配壳体、暖风系统换热器、膨胀水箱。水温低于 83℃时，气缸体中冷却液没有小循环，气缸盖中冷却液通过暖风箱小循环。

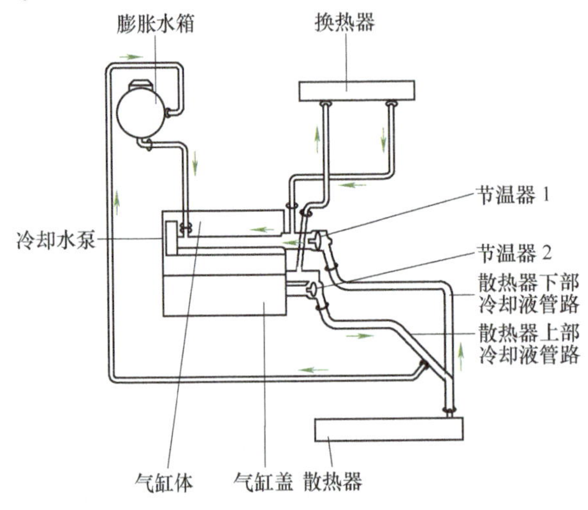

图 3-215　大众 POLO 轿车双回路冷却系统液流回路

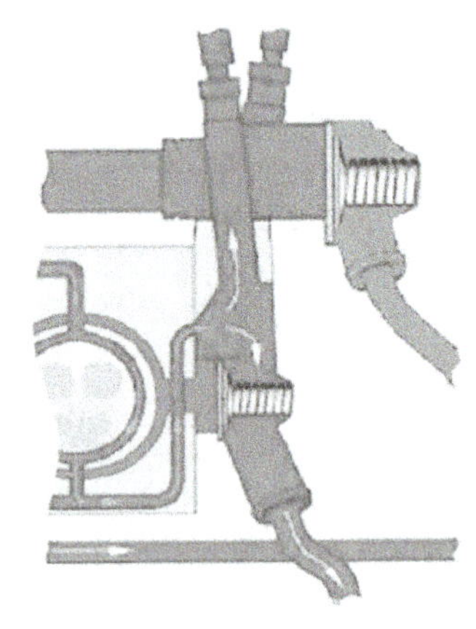

图 3-216　两节温器均关闭

冷却液温度达到 83℃时，节温器 1 打开；节温器 2 未开，这样就将气缸盖中的温度调节至 83℃并且进一步增加气缸体中的温度，如图 3-217 所示。此时冷却液流经下列部件：冷却液泵、气缸盖、冷却液分配壳体、暖风系统换热器、膨胀水箱、散热器。冷却液温度在 83 ~ 87℃时，气缸体中冷却液不循环；气缸盖中冷却液大、小循环都有。

冷却液温度达到 87℃时，节温器 2 也打开，这样就将气缸体中的温度调节到 87℃以上并且进一步增加温度，如图 3-218 所示。此时冷却液流经下列部件：冷却液泵、气缸盖、冷却液分配壳体、暖风系统换热器、膨胀水箱、散热器、缸体。当冷却液温度高于 87℃时，两条回路均为大循环。

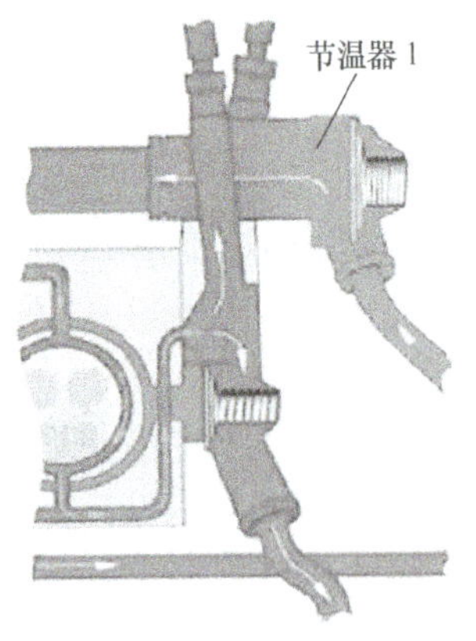

图 3-217　节温器 1 打开

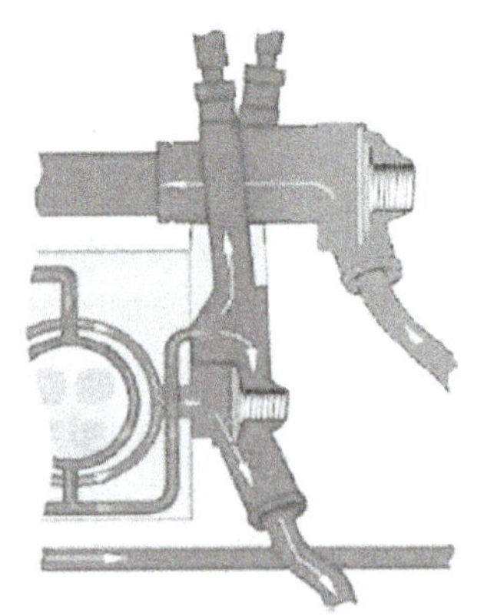

图 3-218　两节温器均打开

双回路冷却系统，就是把原来气缸盖和气缸体合在一起的冷却回路，改成气缸盖和气缸

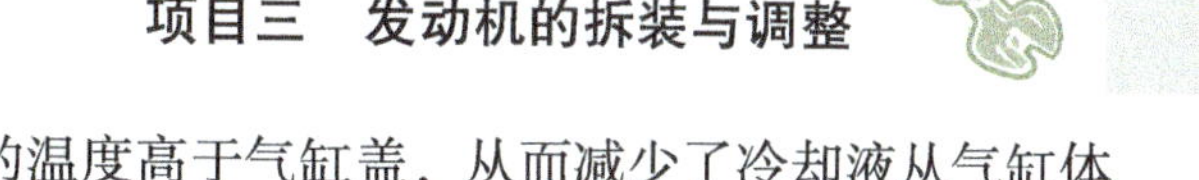

体各自独立的两条回路。这样可以使气缸体的温度高于气缸盖，从而减少了冷却液从气缸体带走的热量，提高了发动机的热效率，起到一定程度的节能作用。

思考问题

1. 如何检修发动机冷却水泵？
2. 怎样判断节温器的好坏？

任务九　发动机排气管的更换

学习目标

1. 熟悉排气系统的组成、结构和功用。
2. 掌握排气管的更换方法。
3. 掌握排气系统的检查方法。
4. 了解涡轮增压装置的结构、工作原理。

任务情境

一辆桑塔纳轿车出现怠速不稳、怠速抖动，发动机动力有损失，加速无力，加速时进气管有“回火”现象，急加速熄火，经仔细检查，还发现此车伴有发动机工作温度高、排气烟度变浓等症状。严重时发动机有油、有火，但是无法起动。

任务分析

引起汽车怠速抖动、加速无力、发动机无法起动等故障现象的原因很多，先检查油路和电路，检查点火正时、火花塞跳火情况均正常，对发动机的气缸、喷油器进行清洗，仍无好转。而此故障油路和电路问题可能性较小，在随后的试车中听到排气管响声异常，经检查怀疑排气系统中有堵塞情况而导致排气背压变高，检查排气系统。

引起排气管堵塞的原因很多，但一般是由于三元催化转化器损坏，消声器内填充的耐热材料堵塞和北方地区寒冷引发排水不畅造成的，其中以三元催化转化器损坏造成堵塞的原因最多。燃油质量问题和发动机燃油燃烧不完全是造成三元催化转化器损坏的主要原因。因此如果发动机出现缺缸、点火不好、喷油过多等故障时，应及时修理，若长期在故障状态下运行，未燃烧的燃油很快会损坏三元催化转化器。

分析排气尾管有堵塞现象，而且消声器严重生锈，逐段拆卸排气管进行检查，发现三元催化转化器内部的陶瓷载体已经损坏堵塞，这造成了排气背压的升高。更换消声器、排气尾管，故障排除。

任务实施的相关专业知识

排气系统的组成与功用

典型的排气系统包括以下各种部件：排气歧管，排气管及密封垫，催化转化器，消声

器，谐振器，尾管，隔热罩，卡箍、支架和悬吊，排气氧传感器。

排气系统的所有部件都被设计得与汽车的底部空间相适应，并与道路保持一定的安全距离。

1. 排气歧管

排气歧管（图 3-219）收集从气缸流出的燃烧废气并将其送入排气管中。大多数汽车的排气歧管都由铸铁或球墨铸铁制成，许多新型汽车采用冲压的厚钢板或不锈钢板装置。

直列发动机有一个排气歧管，V 型发动机在发动机的每一侧各有一个排气歧管。根据发动机的类型，一个排气歧管可能有 3、4 或 6 个排气支管，这些支管在尾端汇集成单一通道，从此之后，废气将流过催化转化器、消声器和尾管，然后从汽车后部排出。

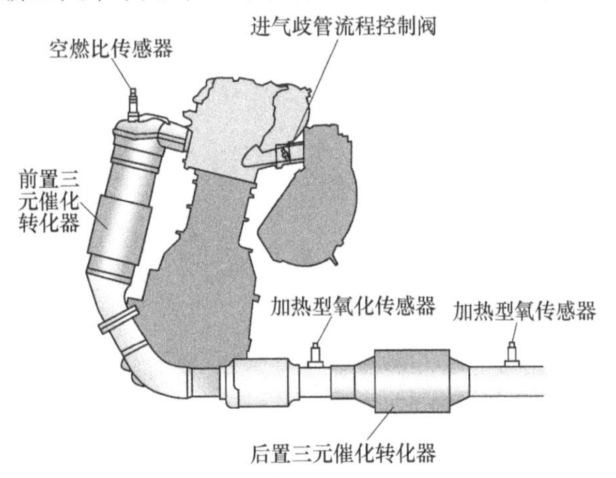

图 3-219　新型排气歧管和带有氧传感器及催化转化器排气管的基本布置

V 型发动机可能配用双排气管系统，这种系统在同一汽车上有两套几乎一样但彼此独立的排气系统。

排气系统还被设计作为特殊的发动机底盘燃烧器，排气系统的长度、管口尺寸和消声器尺寸使排气在排气系统内转折。排气歧管的适度转折可以产生一定真空，从而有助于从气缸中吸出废气，独立的排气支管口（图 3-220）可以避免各个气缸的排气相互干扰，从而提高发动机的效率。两个相邻做功的气缸可能同时排气，从一个气缸中排出的废气就会对另一个气缸的排气产生干扰，而采用独立端口之后，各个气缸彼此隔离，从而能够消除相互干扰，发动机的充气效果就会更好。排气干扰问题在 V8 发动机上尤为明显，而采用独立端口的排气歧管有助于全面改善发动机的性能。

在排气歧管上可以安装空气喷射反应（AIR）管（图 3-221），该管将冷空气从 AIR 系统引入排气气流中。有些排气歧管具有为 EGR 管预留的接口，可以从排气中取样，并将其供给 EGR 阀，排气歧管还设有安装氧传感器的安装孔。

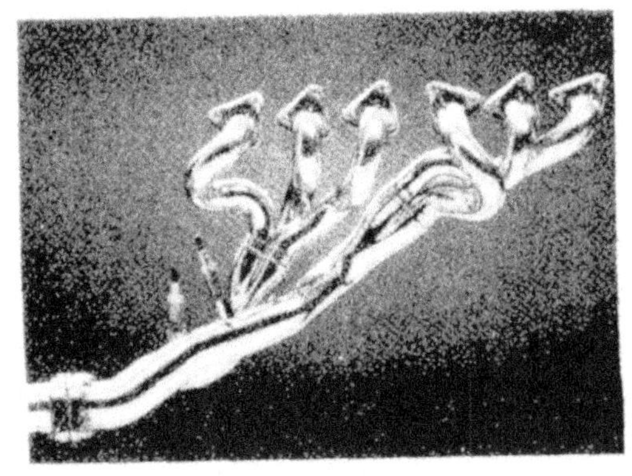

图 3-220　排气歧管的分离端口

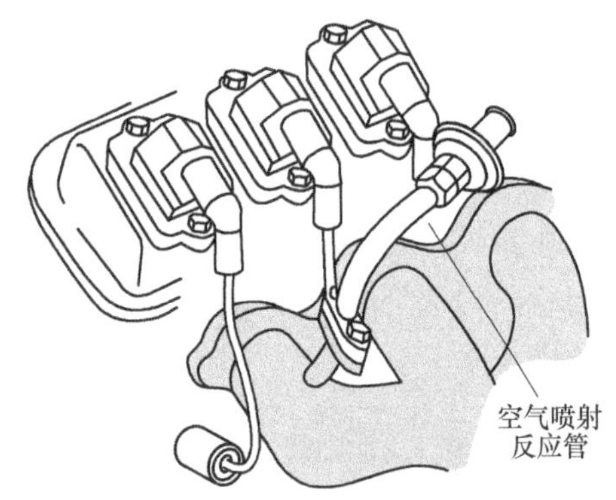

图 3-221　空气喷射反应管

注意：

排气歧管衬垫用于密封气缸盖与排气歧管的连接处，许多新型发动机组装时无需排气管衬垫，这是因为新型排气歧管与气缸盖的结合面很平整，拧紧后不会发生泄漏。排气歧管会经历许多加热冷却循环，从而使排气歧管产生应力和腐蚀，拆卸后的排气歧管通常会有轻微变形，与气缸盖的结合面不再平整，不用衬垫就很难密封，所以在重新安装排气歧管时一般需要使用衬垫来消除泄漏。

2. 排气管及衬垫

排气管是由渗铝钢或不锈钢或镀锌钢板制成的金属管件，安装在汽车下部排气歧管与催化转化器之间（图3-222）。

3. 催化转化器

催化转化器（图3-223）是排气系统的一部分，也是排放控制系统非常重要的部分。

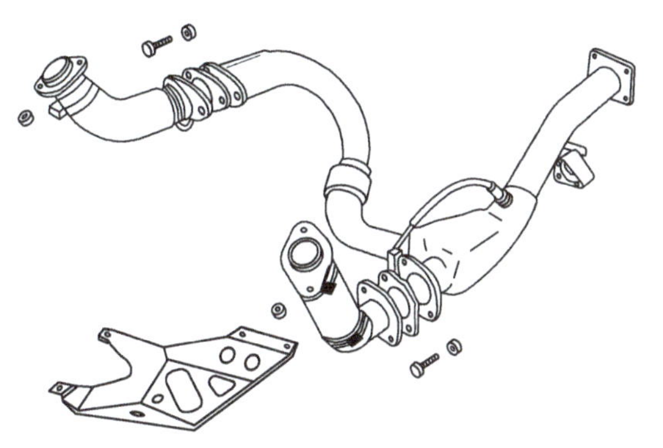

图3-222　V6发动机配用的前段排气管

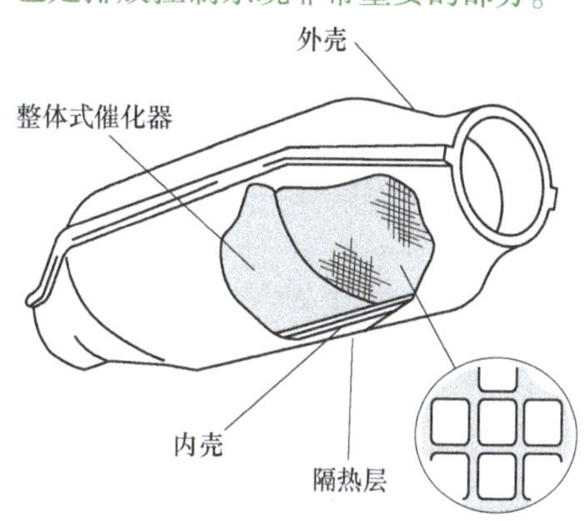

图3-223　催化转化器

由于它是两个系统的共用部分，所以其功能也是双重的，作为排放控制装置，其功能是将有害排气转化为无害气体，而作为排气系统的一部分，其功能是减小排气噪声。催化转化器中有一个涂覆有催化剂的陶瓷心，催化剂能够引起化学反应，而本身不会成为化学变化的一部分，在化学反应过程中不会被耗尽或消耗掉。

汽车发动机排放的气体对环境和人是有害的，因为它包括有害物质一氧化碳（CO）、碳化氢（HC）、氮氧化合物（NO_x）。装备柴油发动机的车辆不仅产生一氧化碳（CO）、碳化氢（HC）、氮氧化合物（NO_x），而且还有积炭烟，对环境和人体同样有影响（图3-224）。

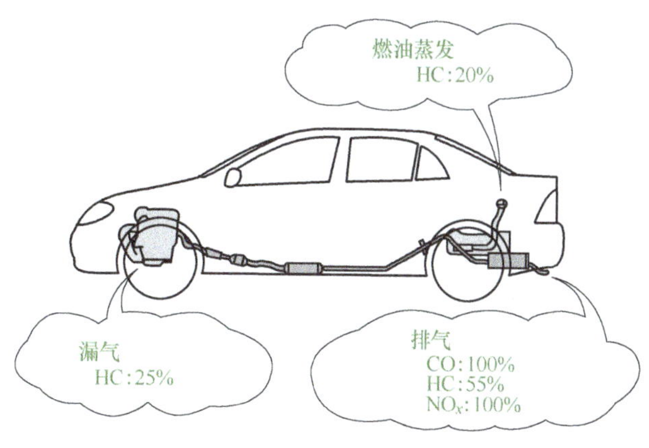

图3-224　汽车发动机排放的有害气体

（1）一氧化碳（CO）　当燃烧室

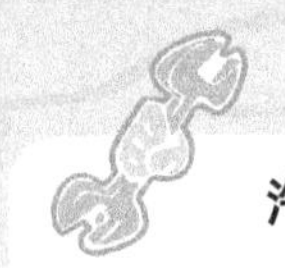

中氧气不足时，就会产生CO（不完全燃烧）。CO被吸入人体之后，进入血液并妨碍血液的输氧能力。如果吸入大量CO会导致死亡。

（2）碳化氢（HC） HC也是不完全燃烧时产生的。HC被吸入人体后，会致癌。HC会导致光化学烟雾。

（3）氮氧化合物（NO_x） NO_x是由空气－燃油混合气中的氮气和氧气在燃烧室温度达到1800℃（3272℉）以上时产生的。燃烧室温度越高，其生成量越大；混合气越稀，其生成量越大，因为混合气中氧的比例太高。因此，NO_x的生成是由燃烧室温度和氧的浓度决定的。

NO_x被吸入人体后，会刺激鼻子和喉咙。它也会导致光化学烟雾。

催化转化器有颗粒式和整体式之分。颗粒式催化转化器有一个由数百个小球构成的床体，废气从床体上面流过。整体式催化转化器中，废气通过蜂窝状陶瓷体。颗粒床或陶瓷体的表面都涂覆有钵、铂、钯和锗层，并被封装在不锈钢壳体中。大多数汽车都要配用微型催化转化器，微型催化转化器安置在排气歧管中，或者紧接在排气歧管后，微型催化转化器用于在发动机暖机过程中清洁排气，因而也被称为暖机转化器。

许多催化转化器有一根连接到AIR系统的空气管，以提供多余氧气使催化转化器进行氧化反应。来自AIR系统的空气并非一直被引流到催化转化器中，而是由汽车的ECU控制。在不恰当的时机将新鲜空气补充到排气中，会导致催化转化器过热，并产生NO_x，会损坏催化转化器。

OBD-Ⅱ规范要求在汽车的催化转化器出现问题和发生失效时，向驾车者提供相关信息，ECU监测器将位于催化转化器前端和后端的氧传感器（图3-225）信号进行比较，如果两个氧传感器的输出信号相同，表明催化转化器不能正常工作，就使仪表板上的MIL灯亮。

催化转化器的问题：催化转化器是很少发生故障的排气控制装置，但是可能会发生性能变差或堵塞现象。催化转化器的常见问题一般是由过热引起的，当发动机缺火使未燃燃油进入排气时，催化转化器的温度会迅速升高，高温会使转化器内的催化材料熔化，对排气流动产生很大阻碍。

催化转化器阻塞会导致排气门过热烧蚀、发动机高速时功率降低、起动后熄火（完全阻塞）、转速升高而真空度下降等问题。

判定催化转化器工作是否正常的最好方法是利用四气分析仪检测排气品质。如果催化转化器工作正常，检测结果会显示排放水平很低。

检测催化转化器的另一种方法是使用手持数字式高温计。将高温计探头与催化转化器前端和后端的排气管分别接触，排气通过催化转化器后温度至少应升高37.7℃。如果催化转化器的出口温度与进口温度相同或比进口温度还低，表明在催化转化器内没有发生反应，意味着需要更换催化转化器。如果催化转化器的出口温度略高于进口温度，在判定转化器有问题之前，应先检查氧传感器的性能。目前，催化转化器的效率取决于混合气浓稀的正常转换，氧传感器的偏移将影响催化转化器的活性。如果氧传感器工作正常，应更换催化转化器。

4. 消声器

消声器是一个圆柱形或椭圆形部件，一般约有0.6m长，安装在排气系统的中间或靠近汽车的后部。消声器内部是一系列隔板、腔室、管道和孔口，以衰减、抵偿或抑制在排气门

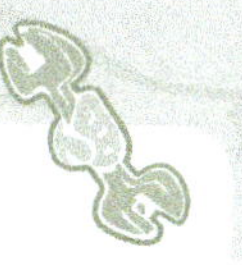

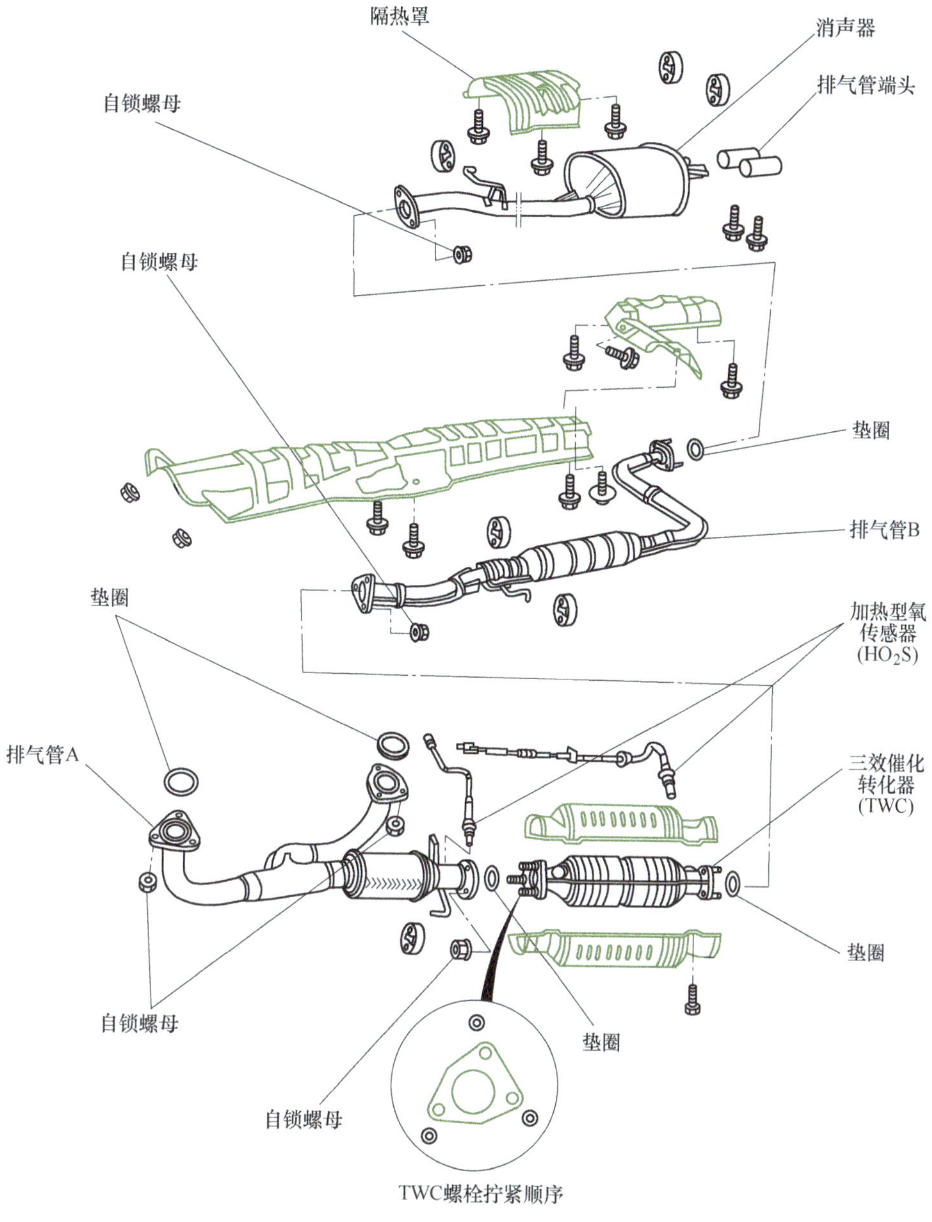

图 3-225　具有 OBD-Ⅱ系统的汽车排气系统

每次开启时出现的压力脉冲。

轿车经常采用的消声器有两种类型（图 3-226）。回流式消声器能够改变排气通过消声器内部时的流动方向，这是最常见的汽车消声器形式。直通式消声器允许排气通过一根直管，直管上的穿孔可以衰减压力脉冲，其消声效果不如回流式消声器的好。

近几年来，消声器的结构出现了几个重要变化，大多数变化集中在减小质量、降低排放、改善燃油经济性和简化装配等方面，这些变化如下：

1）使用新材料。越来越多的消声器由渗铝钢或不锈钢制成，采用这些材料可以减小质

量并延长寿命。

2）采用双层结构。对于许多小型轿车，延迟发动机点火正时会使排气脉冲更为剧烈，很多轿车采用双层排气管以便更好地包容噪声并可以减少管箍。

3）后端安装消声器。越来越多的轿车在底部留给消声器的空间都非常靠后，这意味着消声器的温度更低，排气更容易凝结，排气系统因而更容易损坏。排气中氮和硫的氧化物与水汽结合形成酸，使消声器由内到外腐蚀，为此，很多消声器都留有排泄孔。

4）加适当的背压。即使设计良好的消声器也会使排气系统产生一定背压。背压使发动机的充气效率降低，甚至使排气发生倒流。消声器或排气系统其他部件出现的缺陷会导致背压过高，进而导致发动机转速降低和停机。但是，适当的背压可以降低排气通过催化转化器的流速，使排气转化更为完全，有害气体排放更少。如果没有背压，进气也会进入排气中。

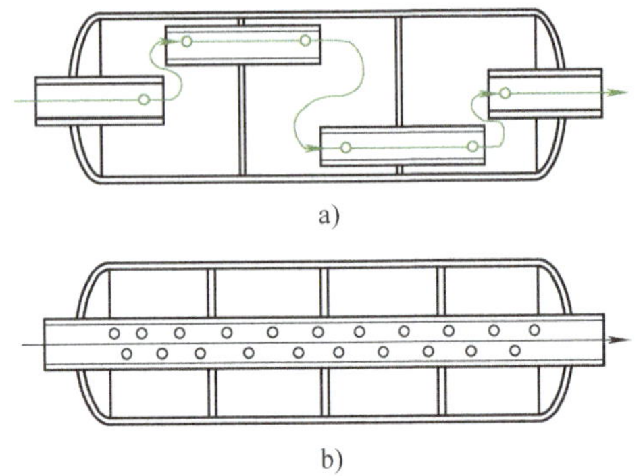

图 3-226　消声器的两种类型

a）回流式消声器　b）直通式消声器

5. 谐振器

在一些老式汽车上，有一个被称为谐振器的附加消声器。该装置用于进一步降低排气噪声，它位于排气系统的尾端，看起来像一个小的圆柱形消声器。

6. 尾管

尾管是排气系统的最后一段，它将排气释放到汽车后方的大气中。

7. 隔热罩

隔热罩用于阻挡排气系统和催化转化器向其他部件传热（图 3-227），一般用冲压或穿孔金属板制成。隔热罩将热封闭在排气系统中，对保持排气温度有直接影响。

8. 卡箍、支架和悬吊

卡箍、支架和悬吊用于正确连接和支承排气系统的各种部件，这些部件可以防止排气噪声通过车架（图 3-228）或车身传播到乘员室内，从而有助于隔离排气噪声。卡箍能够将排气系统的部件牢固地连接起来，用这种方式将一段管件插入另一段中，这种结构使得装配非常牢固，U 形卡箍可以使连接更为紧固（图 3-229）。卡箍和支架的另一个重要作用是将排气管固定在汽车的底部。卡箍和支架必须能够允许排气系统振动，却又不会将振动传给汽车。

在汽车上有多种不同的柔性悬吊装置被采用，每一种都是为特定的应用场合而设计的。有些排气系统在排气部件上和车架或车身上的吊钩之间用橡胶圈支承，而有些在排气管和尾管连接之间用一个金属与强化纤维复合的悬吊进行支承。橡胶圈和强化纤维支承都允许排气系统振动，从而避免了直接与车架连接所引起的破坏。

有些排气系统是在工厂将各部件焊接在一起构成的整体装置，通过焊接取代卡箍装配可以免去连接交叠部分和卡箍的质量。

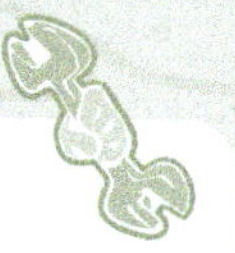

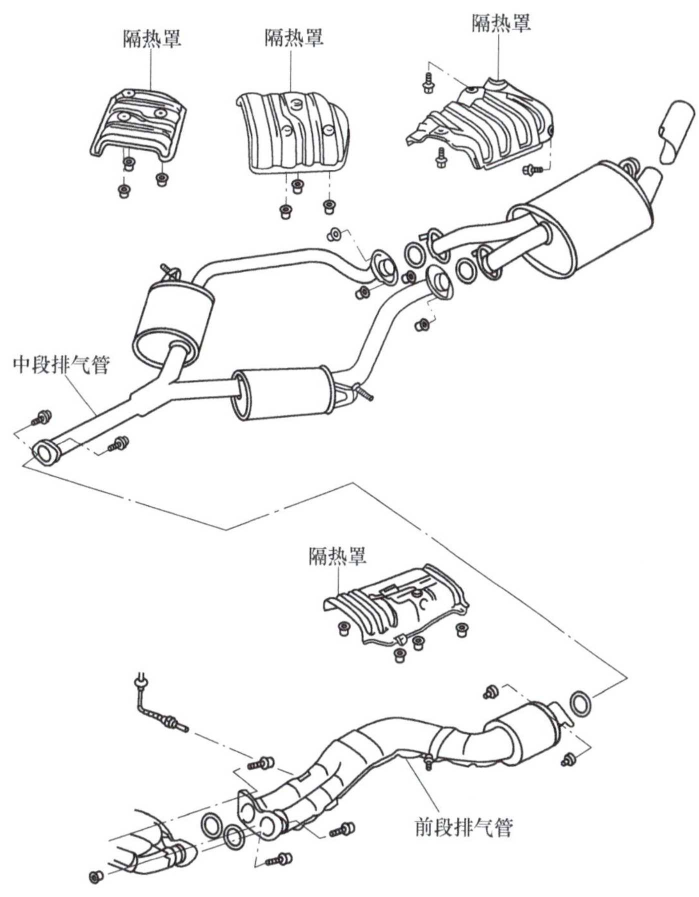

图 3-227　隔热罩在排气系统中的典型布置

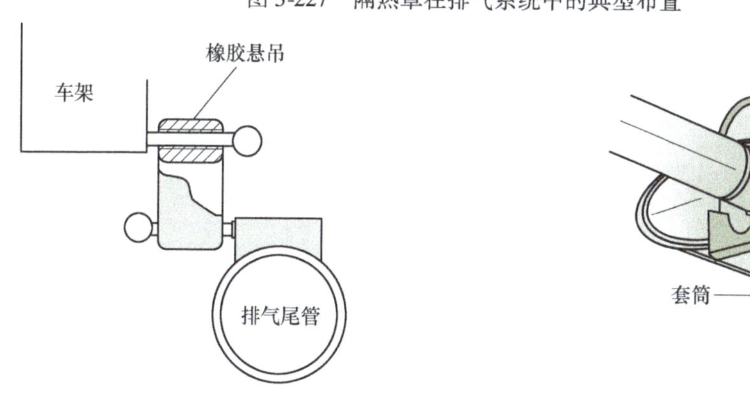

图 3-228　保持排气尾管位置使其不与车架接触的橡胶悬吊

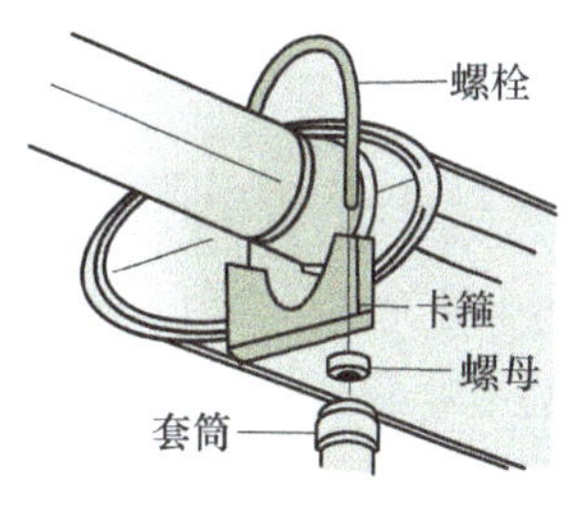

图 3-229　U 形卡箍

任务实施

一、排气系统部件更换前的准备

1）对排气系统进行作业之前，一定要确定排气系统已经冷却到可以接触的程度。

2）开始作业之前拆开蓄电池的负极电缆，以防电路系统发生短路。

3）用好的渗透油浸润生锈的螺栓、螺母和其他需要拆卸的部件。

4）准备工具。更换排气系统部件可能需要使用专用工具（图 3-230）和焊接设备。

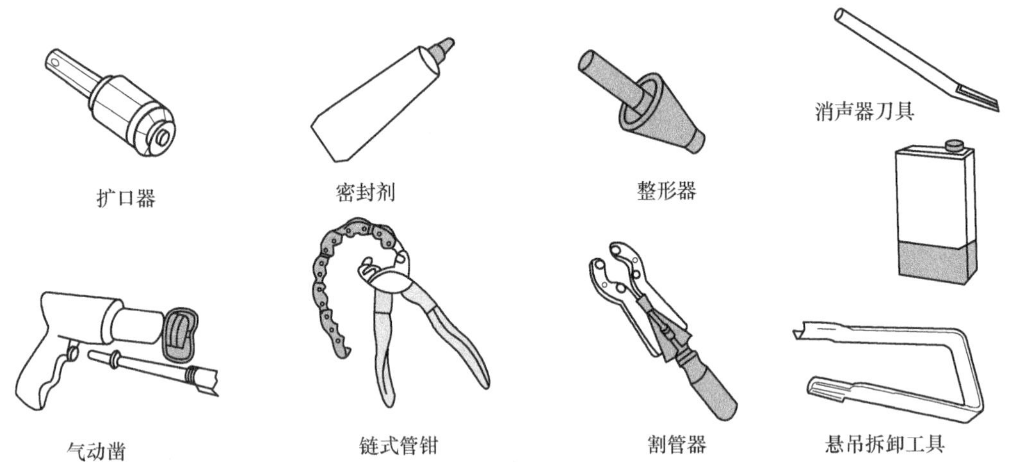

图 2-230　排气系统作业需要使用的专用工具

5）检查将要安装新部件的空间是否合适。

小贴士：

1. 检查和维修排气系统时，要谨记在发动机运转时排气系统的零部件温度都会变得很高，与其接触会导致严重烧伤，而且在汽车下方作业时一定要戴上安全眼镜或护目镜。

2. 更换排气系统部件时，一定要使用与原来部件尺寸完全一样的新部件，确保安装正确和对正，并确保噪声水平可以接受。

二、排气系统部件的更换

以福特福克斯轿车为例，说明排气系统的拆卸方法。

1）拆卸触媒转换器隔热板固定螺栓，如图 3-231 所示。

2）拆卸触媒转换器隔热板。

3）拆卸加热型氧传感器。

4）拆卸排气歧管固定螺母与螺栓。

5）拆卸触媒监视器传感器。

6）拆卸触媒转换器至后消声器凸缘的固定螺母。

7）拆卸排气管吊耳。

8）拆卸横拉杆端固定螺母，如图 3-232 所示。

9）拆卸稳定杆连杆固定螺母。

10）拆卸发动机脚前固定螺栓，如图 3-233 所示。

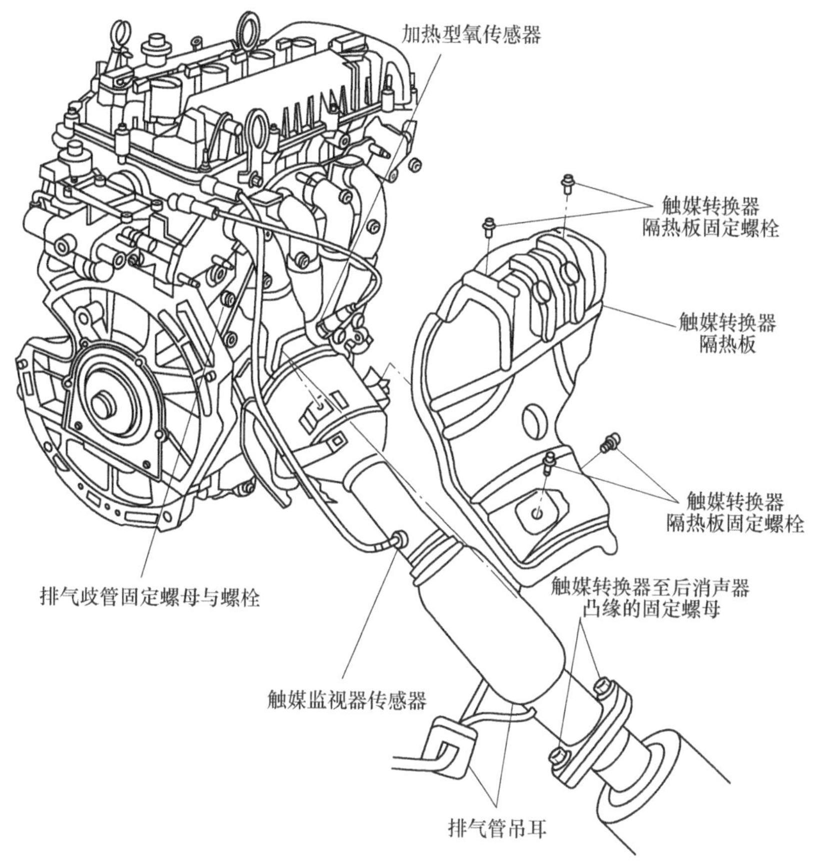

图 3-231　排气系统的拆卸（一）

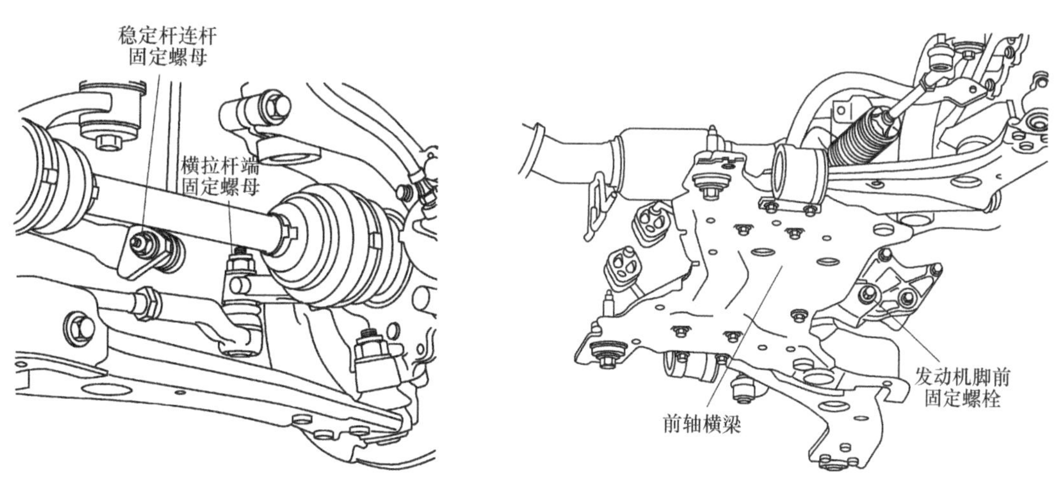

图 3-232　排气系统的拆卸（二）

图 3-233　排气系统的拆卸（三）

11）拆卸前轴横梁。

12）拆卸排气歧管螺钉，如图3-234所示。

13）拆卸触媒转换器。

14）拆卸排气管衬垫。

15）拆卸触媒转换器至后消声器固定螺母（图3-235）及排气管支承螺钉。

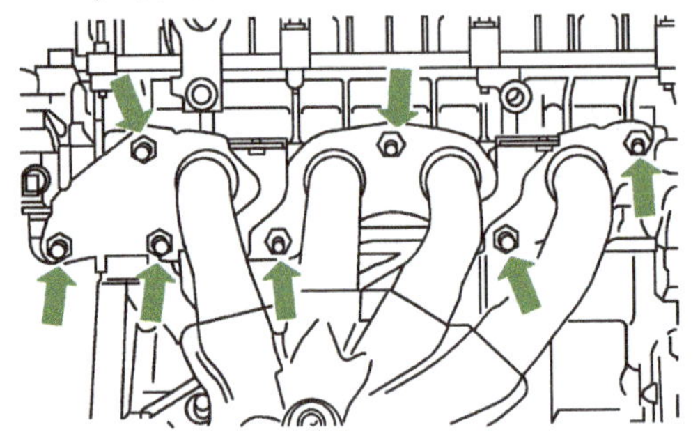

图3-234　拆卸排气歧管螺钉

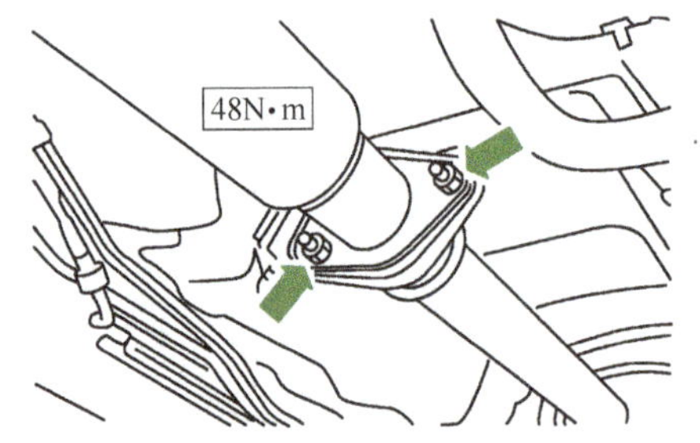

图3-235　拆卸触媒转换器至后消声器固定螺母

16）将排气管从催化转化器上拆下，将前段排气管拉松并拆下。

更换时依照与拆卸相反的顺序安装。但应注意：

1）最可能发生泄漏的是位于排气歧管和排气管之间的衬垫和密封垫（图3-236）。一旦将排气管与排气歧管分离，衬垫就失去了效用，必须更换新的。

2）安装排气衬垫时，要认真按照衬垫包装标签和说明书上的要求进行，开始安装之前要通读每一步安装说明，要重视原厂维修手册中关于会影响发动机密封的建议和要求。如果在排气歧管还很热时就进行拆卸很容易发生变形，金属受热膨胀后，将使固定螺栓很难拆卸，而且容易损坏。

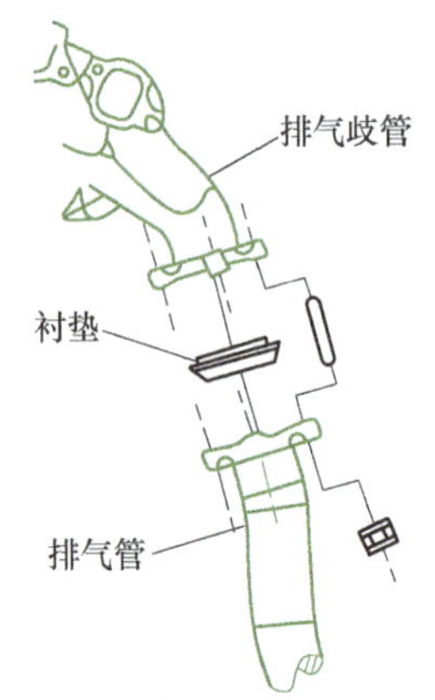

图3-236　排气歧管与排气管之间的衬垫和密封垫

3）为了更换排气歧管衬垫，应先按相反顺序拧松各个螺栓，再重复以上顺序拆卸螺栓，将部件发生变形的可能性降到最低。

4）在密封表面遗留旧衬垫残留物将增大泄漏的可能性，应用衬垫拆卸器快速除去旧衬垫残留物和附着物，用刮刀和钢丝刷去掉软化后的残留物。从铝制部件表面去掉衬垫材料时，一定要使用非金属刮刀。

5）检查排气歧管是否存在会引起泄漏的沟槽、刮伤或裂缝，如果存在裂缝或严重变形，应更换排气歧管。将排气歧管接合面上的不平整处锉平，保证密封良好。

6）由于经受高温作用，需要修整所有的螺纹孔、螺柱和紧固螺栓，以保证拧紧，并能平衡作用在衬垫上的夹紧力。用抗高温防咬合剂润滑螺纹，用少量黏合剂将衬垫固定在安装位置，在黏合剂干透之前将衬垫对正，在安装排气歧管之前应使黏合剂干透。

7）用手装上螺栓，按照维修手册或衬垫说明书上规定的拧紧力矩分三步拧紧螺栓，第

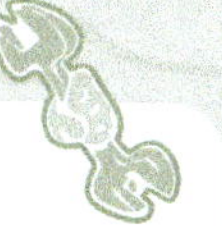

一步拧紧到规定力矩的一半，第二步拧紧到3/4，最后一步完全拧紧。拧紧顺序应从排气歧管中央开始，按照对角顺序向外逐个拧紧。

8）更换损坏的排气管时，应先将催化转化器支承好，以免掉落。如果有氧传感器，应小心地将其拆下。拆卸将排气管固定在车架上的所有悬吊或卡箍，再将排气管与排气歧管的固定螺栓拆下。

9）对于生锈的螺母，先将其进一步拧紧会比直接拧更容易使其松动，严重锈蚀的卡箍或悬吊很容易去掉。有时旧排气系统因为有大的部件而不会从车身上自行脱落，如后端或变速器支承，可用大签子、割管器、钢锯、消声切割器或链式截盘在合适部位切割旧排气系统，将排气系统分割成小件。

大多数排气系统采用凸缘或插接连接，并用卡箍将排气管与消声器固定，而很少采用焊接连接。如果汽车的排气系统是焊接连接，用钢锯或割管器将排气管在接合处割断，将新排气管焊接到消声器上，可以使用合适的接管将排气管和消声器连接起来，接管插入消声器的长度至少要达到50mm 。

10）一定要戴上护眼罩以保护眼睛，戴上工作手套以防锈蚀部件割伤手。

11）更换排气系统的部件时，可能会遇到部件锈结在一起的情况，这在一段排气管插接到另一段排气管或消声器中时会经常遇到。如果想要用部分旧管，用錾子（图3-237）或切割工具处理锈结在一起的外管时就要特别谨慎。必须很好地恢复内管的圆度，使其能够与新管很好地密封。

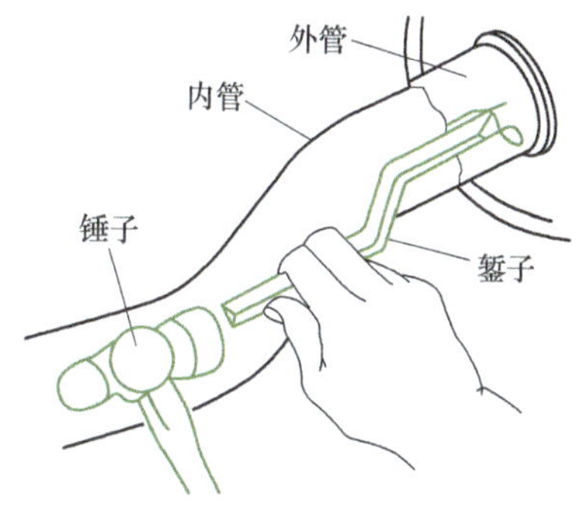

图3-237 拆卸锈死的消声器

将新管插在旧管上，使排气系统的其余部分就位，将新旧管件插入一定深度并对正，然后在新外管上装上U形卡箍，使其连接更加牢固可靠。

12）一定不要让排气系统的部件与车身、燃油管、燃油箱或制动管的任何部分直接接触。

拓展提高

一、涡轮增压器与机械增压器

通常，发动机的输出功率是由单位时间内燃烧的混合气来决定的，进气量增加，功率就增加。就是说，为了增加发动机的输出功率，要么增加发动机的排量，或者是提高发动机的转速。问题是如果发动机的排气量增加，其质量也会增加。此外，运动零件的摩擦损失、振动和噪声等因素也限制了发动机转速的提高。

增压器在不改变发动机排气量的情况下，通过增加进气量解决了提高输出功率和发动机轻量化、紧凑化之间的矛盾。

涡轮增压器和机械增压器是把空气压进气缸以产生高于大气压的压力，以提高发动机的功率输出的装置。

涡轮增压器和机械式增压器有两种被驱动方法：涡轮增压器被排气所驱动（图3-238），机械增压器被发动机所驱动（图3-239）。

图 3-238　涡轮增压器

图 3-239　机械增压器

二、涡轮增压器的结构

涡轮增压器是一种利用排气能量使涡轮高速旋转的装置。和涡轮同轴装着泵轮，从气缸中排出的热废气迅速膨胀，驱动空气泵的涡轮旋转，如图 3-240 所示。它旋转时把空气压进气缸，从而增加了发动机的输出功率。排气旁通阀和执行器用来防止增压压力升得太高。某些型号的涡轮增压器装备了中间冷却器，以降低进气温度，改善进气效率。

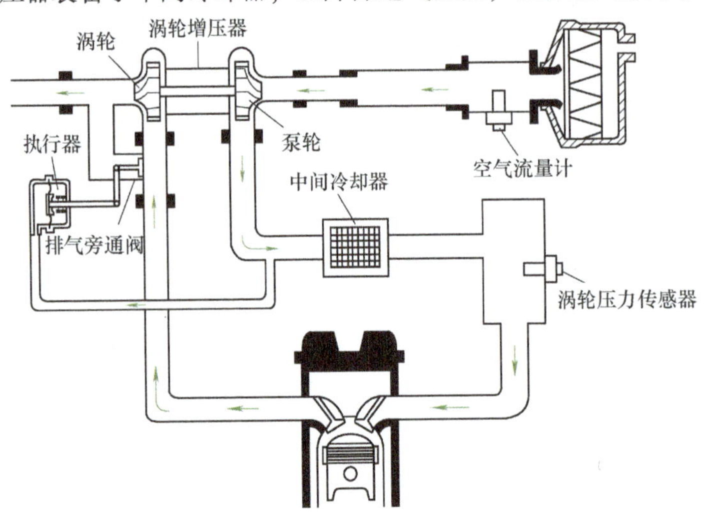

图 3-240　涡轮增压器工作原理

涡轮增压器不需要在发动机与压缩进气的压缩泵之间有机械联系，它们仅依赖于排气，而排气是发动机的废弃物，所以涡轮是通过增加器的废物利用所产生的能量的。

涡轮增压器一般由以下部件构成（图 3-241）：涡轮壳体、压缩壳体、中间壳体、涡轮、泵轮、全浮式轴承、排气旁通阀和执行器等。

1. 涡轮和泵轮

涡轮和泵轮安装在同一根轴上。来自排气歧管的废气压力使涡轮高速旋转，同轴上的泵轮跟着旋转，把进气压入气缸，如图 3-242 所示。涡轮因直接受到排气的冲击，变得特别热而且高速旋转，所以必须耐热同时耐磨损。因此，涡轮用超耐热的合金或陶瓷制成。

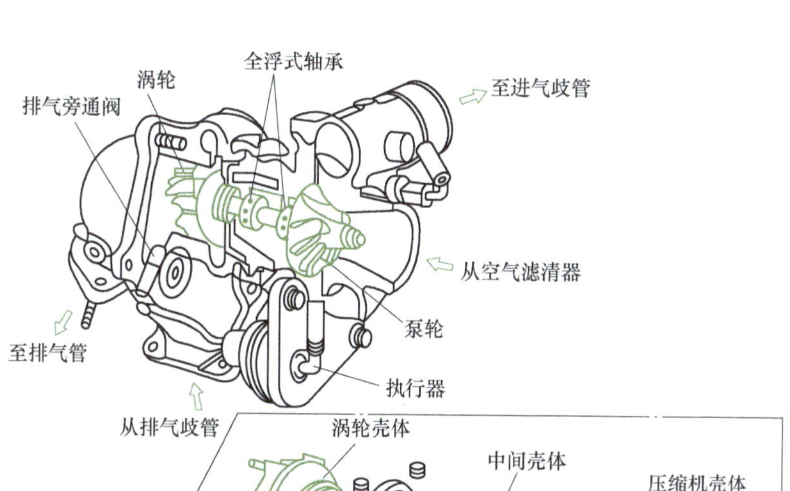

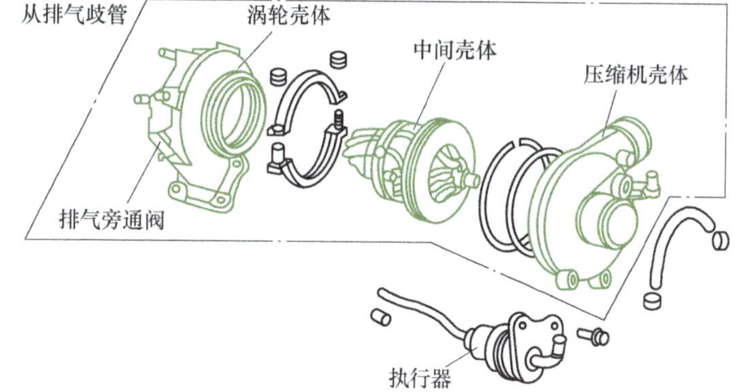

图 3-241　涡轮增压器构成

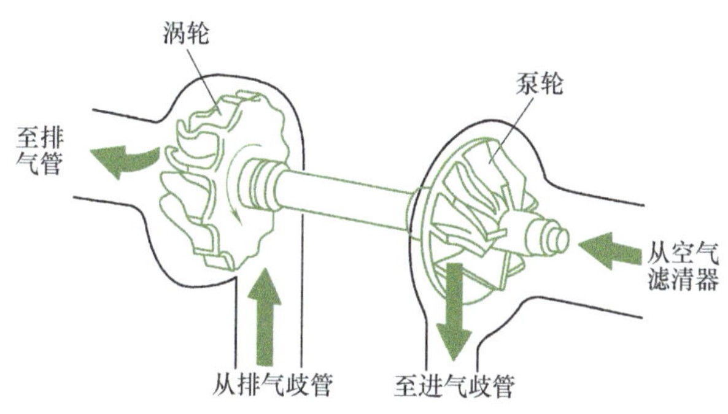

图 3-242　涡轮增压器涡轮和泵轮

2. 中间壳体

中间壳体通过轴支承着涡轮和泵轮，如图 3-243 所示。中间壳体里有一个油道向轴和轴承提供润滑和冷却作用。另外，发动机冷却液循环流过中间壳体内的冷却液通道，防止润滑油温度升高及过早变质。

3. 全浮式轴承

因为涡轮和泵轮的转速在 100000r/min 以上，所以采用全浮式轴承以吸收轴的振动，如图 3-244 所示。同时润滑轴和轴承。全浮式轴承由润滑油冷却，以使轴承在轴和壳体之间自由旋转，减少了摩擦，因此轴可以高速旋转。

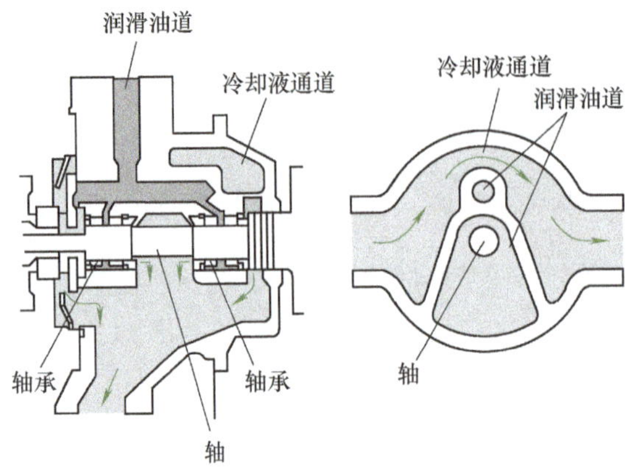

图3-243　涡轮增压器中间壳体

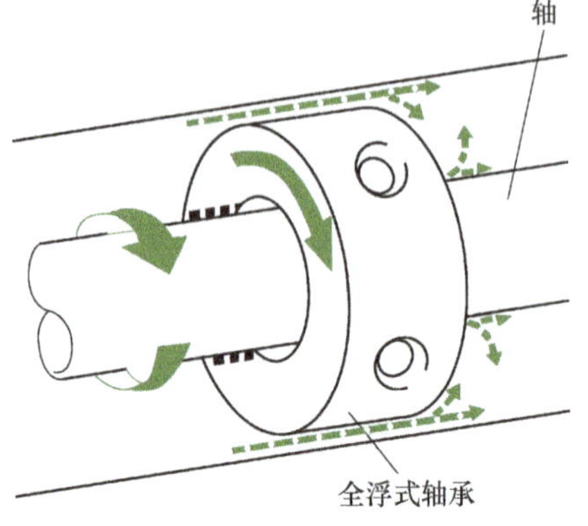

图3-244　涡轮增压器全浮式轴承

4. 排气旁通阀和执行器

排气旁通阀安装在涡轮壳体内部，如图3-245所示。当增压压力超过标准值时，即大约在70kPa（约0.7kg/cm^2）时，排气旁通阀开放，通过旁通通道将废气排入排气管，来达到调节增压的目的。

排气旁通阀的开启和关闭受控于执行器。

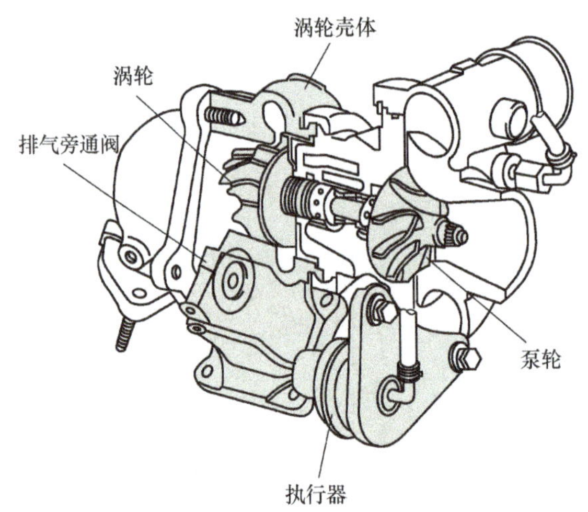

图3-245　涡轮增压器排气旁通阀和执行器

涡轮增压器能够将进气压力提高到正常大气压力以上，例如，69kPa的增压器可以向发动机供给压力达170kPa的空气（101kPa + 69kPa = 170kPa）。

有些发动机采用两个不同尺寸的涡轮增压器，尺寸较小的增压器转速非常快，可以减轻滞后现象，尺寸较大的增压器转速较低，仅在发动机高速运转时进行增压。在这种双级结构中，一个涡轮增压器在发动机低速和中速时提供增压，另一个涡轮增压器则用于保证发动机的高速功率。还有一些V形发动机也采用两个涡轮增压器，即每列气缸各有一个涡轮增压器。

三、增压器的控制

采用电子控制的发动机依据空气流量计检测的进气量和增压压力传感器检测的进气歧管压力，由发动机 ECU 控制最大喷油量，如图 3-246 所示。在汽油发动机中，喷油量随进气量的增加而增加。

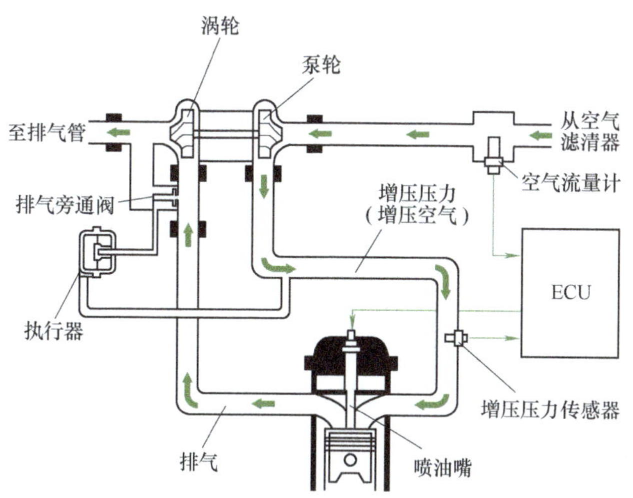

图 3-246　涡轮增压器的控制

思考问题

1. 排气背压有什么作用？排气背压是不是越小越好？
2. 排气歧管常见的故障有哪些？

项目四　底盘的拆装与调整

任务一　离合器片的更换

学习目标

1. 能通过与客户交流、查阅相关维修技术资料等方式获取车辆信息。
2. 通过查阅资料和观摩，掌握离合器的组成及其工作原理。
3. 熟悉离合器片的更换过程。
4. 能对操作结果进行测试，检查和评估修复质量。
5. 能根据环保要求，妥善处理辅料、废弃液体和损坏零部件。

任务情境

客户反映一辆行驶里程为 10 万 km 的车辆出现了下面问题：汽车用低速档起步时，放松离合器踏板后，汽车不能起步，或要将离合器踏板抬得很高时才能勉强起步；汽车加速行驶时，车速不能随发动机转速的提高而提高，感到行驶无力，严重时产生焦糊味或冒烟等现象。

任务分析

离合器是传动系统重要的组成部分，安装在发动机与变速器之间，用来接通与切断动力。当离合器处于接合状态时，发动机动力不能完全传递到车轮，则会导致汽车起步和加速无力。离合器是靠摩擦力传递动力的，离合器发生打滑，是导致以上现象的主要原因，需检查、更换离合器摩擦片。

任务实施的相关专业知识

汽车底盘由传动系统、行驶系统、转向系统和制动系统四大系统组成，其功用为接收发动机的动力，使汽车运动并保证汽车能够按照驾驶人的操纵而正常行驶。

汽车传动系统是指从发动机到驱动车轮之间所有动力传递装置的总称。其功用是将发动机的动力传给驱动车轮。不同的汽车，其底盘的组成稍有不同；如载货汽车及部分轿车，其底盘一般由离合器、手动变速器、万向传动装置（万向节和传动轴）、驱动桥（主减速器、差速器、半轴、桥壳）等组成；而前驱动的轿车，省去了传动轴，同时，主减速器和差速器与变速器安装在一起，使结构更为紧凑。而现在轿车中采用自动变速器的越来越多，其底盘包括自动变速器、万向传动装置、驱动桥等，即用自动变速器取代了离合器和手动变速器；如果是越野汽车（包括 SUV，即运动型多功能汽车），还应包括分动器。

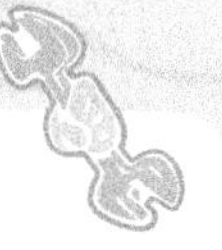

一、离合器的位置与作用

离合器装置在发动机与变速器之间，因发动机的布置方式不同其位置略有不同。图 4-1 所示为发动机前置前轮驱动方式的桑塔纳 3000 轿车离合器的安装位置。

离合器有如下 3 个作用：

1）使发动机与传动系统逐渐接合，保证汽车平稳起步。

2）暂时切断发动机的动力传动，保证变速器换档平顺。

3）限制所传递的转矩，防止传动系统过载。

二、离合器的结构和工作原理

当前汽车所采用的摩擦离合器为干摩擦式离合器。它主要由主动部分、从动部分、压紧机构和操纵机构组成，如图 4-2 所示。

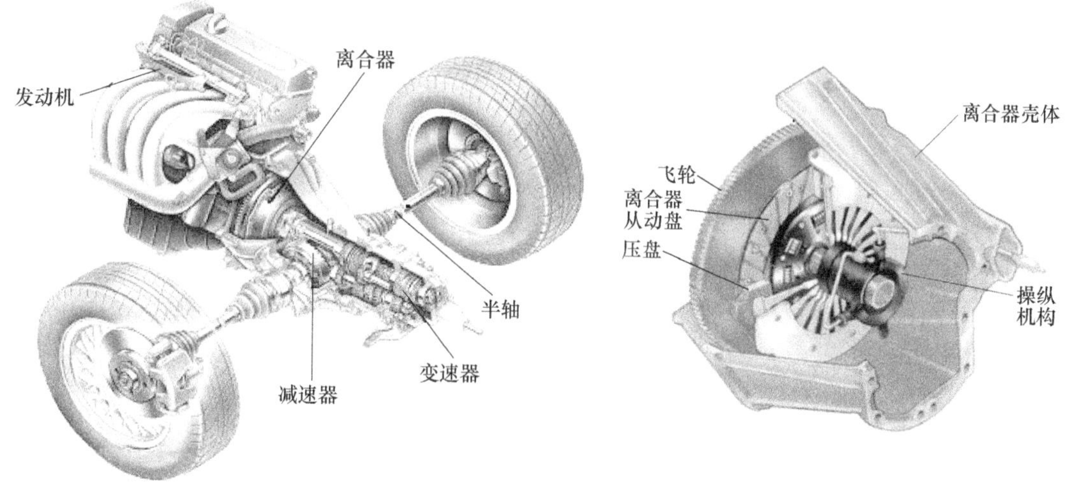

图 4-1　桑塔纳 3000 轿车离合器的安装位置

图 4-2　离合器构成

发动机飞轮是离合器的主动部分，作为从动部分的从动盘与花键毂铆合在一起，花键毂与从动轴（即变速器第一轴）通过滑动花键相联接。压紧机构的弹簧通过压盘将从动片压紧在飞轮的端面上，发动机的动力则由飞轮和压盘的端面通过摩擦作用传给离合器的从动部分，经从动轴传给汽车传动系统，以产生驱动转矩使汽车前进。此时，离合器处于接合状态。

当踏下离合器踏板时，花键毂、从动盘克服压紧弹簧的预紧力而后移，使从动盘与飞轮脱离接触，切断了动力。此时，离合器处于分离状态。

由于各种车辆所需传递的转矩的大小及其他条件的不同，其从动盘的数目也不同。只有一个从动盘的离合器，称为单片离合器；具有两个从动盘的离合器，称为双片离合器；从动盘在三个以上的离合器，统称为多片离合器。

膜片弹簧离合器具有转矩容量大、操纵轻便、结构简单且较紧凑、高速时平衡性好、散热通风性能好、使用寿命长等特点，因此，目前世界各国生产的汽车（特别是轿车）全部采用了膜片弹簧离合器。

三、膜片弹簧离合器的结构形式

膜片弹簧离合器根据分离杠杆内端受推力还是受拉力，可分为推式膜片弹簧离合器和拉

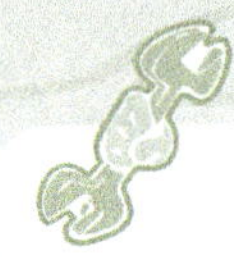

式膜片弹簧离合器。

拉式膜片弹簧离合器是一种新型的膜片弹簧离合器，其特点是膜片弹簧反装（即接合状态下锥顶向前）。

膜片弹簧离合器主动部分由飞轮、离合器盖和压盘组成。膜片弹簧离合器的压紧装置由压盘、膜片弹簧、支承圈和铆钉、压盘分离钩和压盘传动片组成。图4-3为奥迪轿车推式膜片弹簧离合器总成分解图。

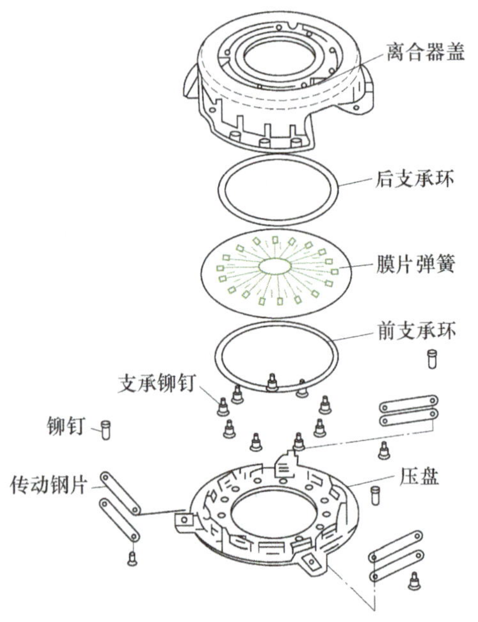

图4-3　奥迪轿车推式膜片弹簧离合器总成分解图

1. 离合器盖和压盘

离合器盖通过螺栓固定在飞轮上，为了保持正确的安装位置，离合器盖通过定位销进行定位。压盘与离合器盖之间通过周向均布的三组或四组传动片来传递转矩。传动片用弹簧钢片制成，每组两片，一端用铆钉铆在离合器盖上，另一端用螺钉连接在压盘上，如图4-4所示。

2. 膜片弹簧

膜片弹簧离合器所用的压紧弹簧是用薄弹簧钢板制成的带有锥度的膜片弹簧，膜片弹簧中心部分开有若干个径向切口，如图4-5所示，形成弹性杠杆，它既是压紧弹簧又是分离杠杆，具有双重作用。

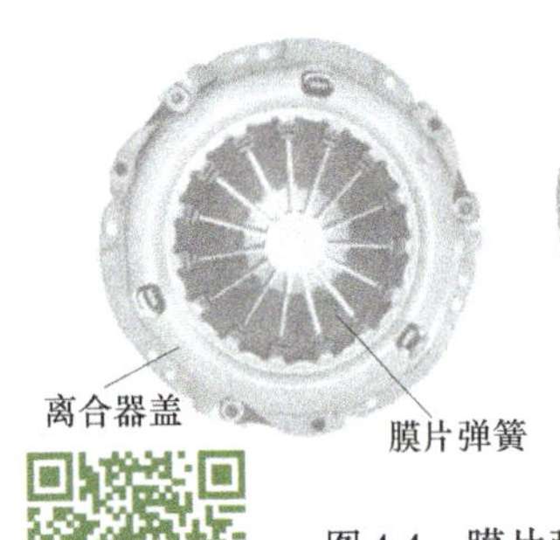

图4-4　膜片弹簧离合器

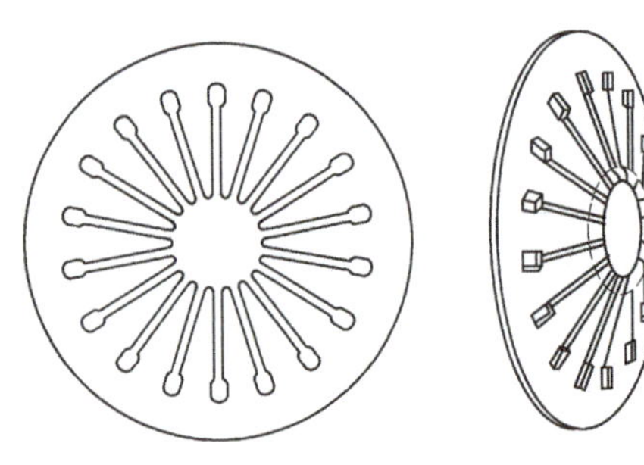

图4-5　膜片弹簧

推式膜片弹簧离合器膜片弹簧两侧有钢丝支承环5和7，由数个铆钉将其安装在离合器盖2上，在离合器盖未固定到飞轮上时，膜片弹簧4不受力，处于自由状态，如图4-6a所示。此时离合器盖2与飞轮1安装面有一定的距离l。当将离合器盖用螺钉固定到飞轮上时，由于离合器盖靠向飞轮，后支承环5推压膜片弹簧使之发生弹性变形（锥角变小）。同时，在膜片弹簧4外端对压盘3产生压紧力而使离合器处于接合状态，如图4-6b所示。当离合器分离时，分离轴承8左移，膜片弹簧4被压在前支承环7上，使其径向截面以支承环为支点转动（膜片弹簧呈反锥形），于是膜片弹簧外端右移，并通过分离钩拉动压盘使离合器分离，如图4-6c所示。

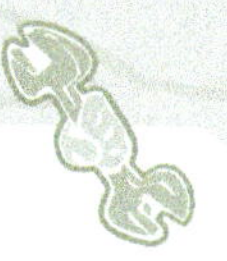

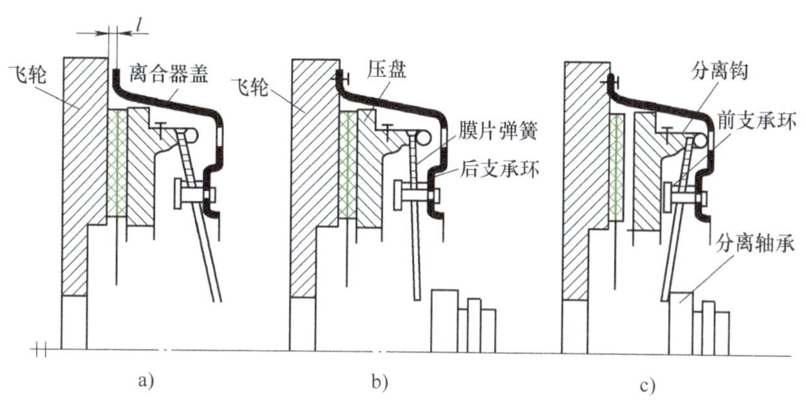

图 4-6　膜片弹簧离合器的工作原理

从动部分包括从动盘和从动轴，从动盘一般都带有扭转减振器。发动机传到传动系统的转速和转矩是周期性变化的，使传动系统产生扭转振动，这将使传动系统的零部件受到冲击性交变载荷，使其使用寿命下降、零件损坏。采用扭转减振器可以有效地防止传动系统的扭转振动。

3. 从动盘的结构

从动盘有带扭转减振器的和不带扭转减振器的两种。不论从动盘是否带有扭转减振器，其主要部分都由从动盘本体、摩擦片和从动盘毂三个基本部分组成，如图 4-7 所示。其不同之处在于，不带扭转减振器的从动盘中的从动片直接铆在从动盘毂上，而带有扭转减振器的从动盘，其从动片和从动盘毂之间通过减振器弹簧弹性地连接在一起。有时考虑到不使润滑油料落到摩擦片工作面上而导致摩擦系数降低，还在从动盘本体上铆有挡油盘。

为了使离合器接合柔和，起步平稳，从动盘应具有轴向弹性。

整体式弹性从动盘在从动盘本体上被径向切槽分割形成的扇形部分沿周向翘曲成波浪形，两摩擦片分别与其波峰和波谷部分铆接，因而使从动盘在轴向有一定弹性。在接合过程中，从动盘轴向压缩量与压紧力是逐渐增加的。

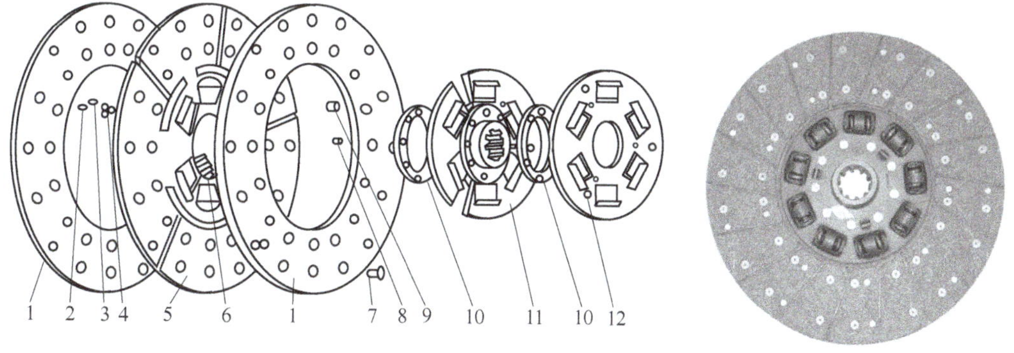

图 4-7　东风 EQ1090E 汽车离合器从动盘

1—摩擦片　2—阻尼弹簧铆钉　3—从动盘铆钉　4—阻尼弹簧　5—从动盘本体　6—减振器弹簧　7—摩擦片铆钉　8—阻尼片铆钉　9—从动盘铆钉隔套（起减振器限位销的作用）　10—减振阻尼片　11—从动盘毂　12—减振器盘

4. 扭转减振器的构造和工作原理

从动盘不工作时的情况如图 4-8a 所示，从动盘工作时，两侧摩擦片所受摩擦力矩首先传到从动盘本体 3 和减振器盘上，再经减振弹簧传给从动盘毂。这时，减振器弹簧 1 即被压缩，如图 4-8b 所示。这样，一方面减振弹簧缓和了由发动机曲轴传来的扭转振动；一方面从动盘毂与从动盘本体、从动盘毂与减振器盘之间相对滑动，依靠两减振阻尼片与上述三者之间摩擦，把振动的能量吸收，转变为热能，散失于空气中，而使振动迅速衰减，传动系统免受较大的交变应力。

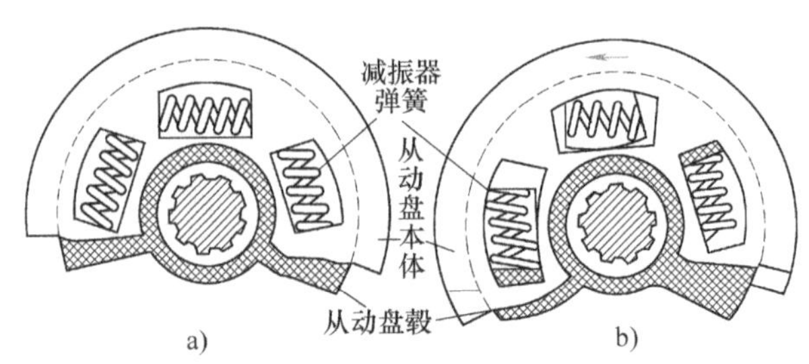

图 4-8　弹簧摩擦式减振器工作示意图

a）不工作时　b）工作时

同样，传动系统旋转角速度突然变化引起的惯性力矩经过减振器弹簧的缓和以及从动盘本体、从动盘毂、减振器盘与减振器阻尼片之间的滑磨，使其对发动机的牵连作用大为减轻，发动机飞轮由此产生的惯性力矩大大下降，传动系统各部件的损坏程度也随之减轻。

5. 分离杠杆与分离轴承

分离杠杆是随离合器主动部分一起绕其中心转动的元件，而分离轴承则沿其轴线移动。分离轴承广泛采用轴向或径向推力轴承，其中多数的轴承在装配前一次加足润滑脂，分离轴承如图 4-9 所示。

图 4-9　分离轴承

四、离合器操纵机构

离合器的操纵机构一般有机械式和液压操纵机构。轿车和轻型汽车机械式操纵机构多使用钢丝绳索软轴式离合器操纵系统。钢丝绳索软轴一端与离合器踏板相连，另一端与分离叉相连，离合器踏板的运动通过软轴带动分离叉动作，从而推动分离轴承，使离合器分离。桑塔纳轿车离合器拉索式操纵机构如图 4-10 所示。

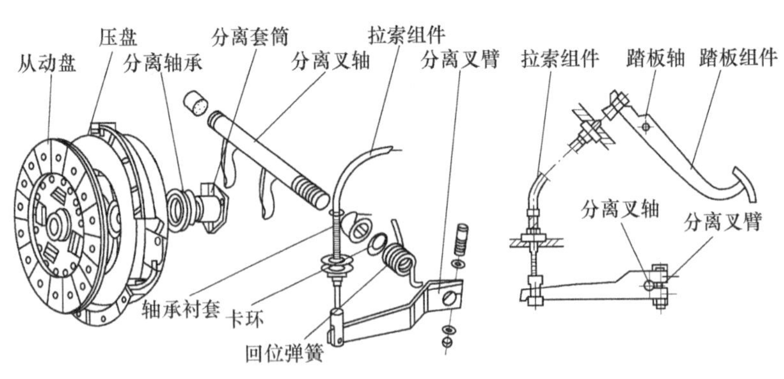

图 4-10　桑塔纳轿车离合器拉索式操纵机构

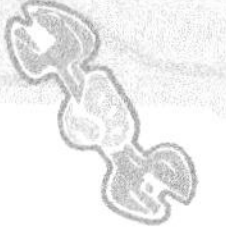

液压操纵机构主要由主缸、工作缸及管路系统组成。液压操纵机构具有摩擦阻力小、质量小、布置方便、接合柔和等优点，并且不受车身、车架变形的影响，因此应用日益广泛。图 4-11 所示为桑塔纳 2000 型轿车使用的液压式操纵机构。它主要由离合器踏板 8、储液室 4、进油软管 5、主缸 10、工作缸 3、油管总成 9、分离叉 2、分离轴承 11 等组成。踏板吊挂在支架上，主缸推杆与离合器踏板 8 通过推杆接头 7 相连。通过转动螺栓，可改变主缸推杆与主缸活塞的间隙。一般推杆与主缸的间隙为 0.5 ~ 1.0mm。踏板上固定有缓冲橡胶块，并以助力弹簧 6 的拉力使踏板保持在最高位置。踏板的自由行程为 30 ~ 40mm。

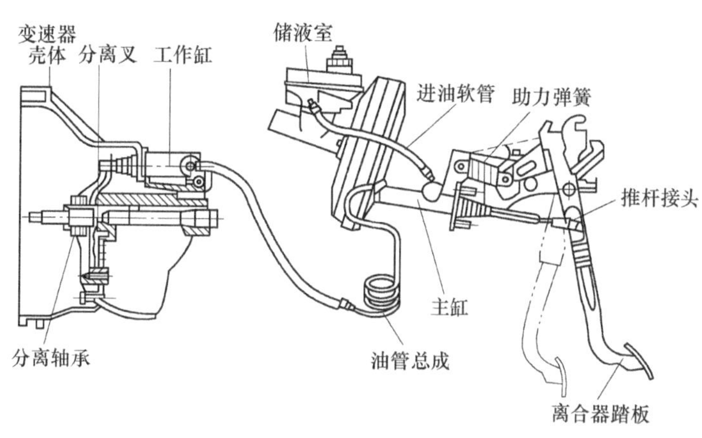

图 4-11　桑塔纳 2000 轿车离合器液压操纵机构

储液罐有两个出油孔，分别把制动液供给制动主缸和离合器主缸。离合器主缸的结构如图 4-12 所示，主缸体借补偿孔 A、进油孔 B 通过进油软管与储液罐相通。主缸内装有活塞，活塞中部较细，且为十字形断面，使活塞右方的主缸内腔形成油室。活塞两端装有皮碗。活塞左端中部装有单向阀，经小孔与活塞右方主缸内腔的油室相通。当离合器踏板处于初始位置时，活塞左端皮碗位于补偿孔 A 与进油孔 B 之间，两孔均开放。

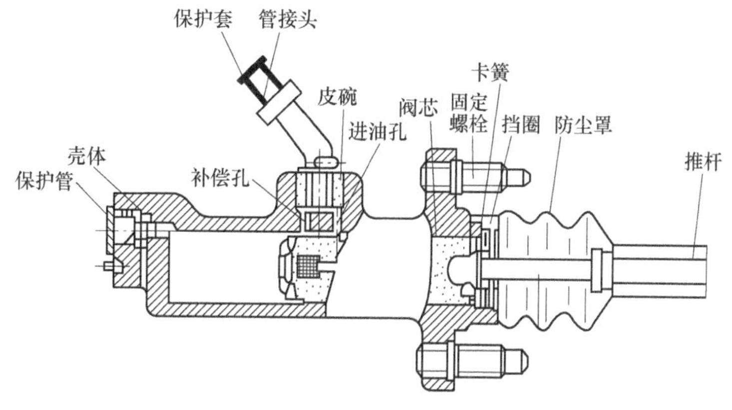

图 4-12　离合器主缸的结构

离合器工作缸的结构如图 4-13 所示，工作缸内装有活塞、皮碗、推杆等，缸体上还设有放气螺塞。当管路内有空气存在而影响操纵时，可拧出放气螺塞进行放气。

踩下离合器踏板时，通过主缸推杆使活塞向左移动，单向阀关闭。当皮碗将补偿孔 A 关闭后，管路中油液受压，压力升高。在油压作用下，工作缸活塞被推向左移，工作缸推杆顶头直接推动分离叉，从而带动分离轴承，使离合器分离。

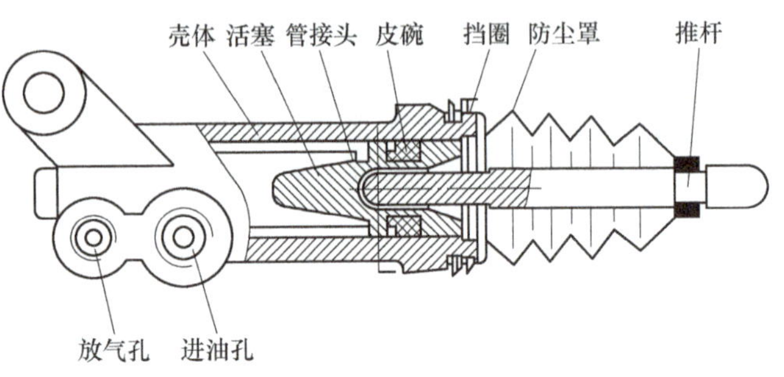

图 4-13　离合器工作缸的结构

工作缸活塞直径为 22.2mm，主缸活塞直径为 19.05mm，由于工作缸活塞直径略大于主缸活塞直径，故液压系统稍有增力作用，以补偿液流通道的压力损失。

当迅速放松离合器踏板时，踏板回位弹簧通过主缸推杆使主缸活塞较快右移，而由于油液在管路中流动有一定阻力，流动较慢，使活塞左面可能形成一定的真空度。在左、右压力差的作用下，少量油液通过进油孔经过主缸活塞的单向阀流到活塞左面以弥补真空。当由主缸压到工作缸去的油液经单向阀流入时，左腔总油量过多。这些多余的油即从补偿孔 A 流回储液罐。当液压系统中因漏油或因温度变化引起油液的容积变化时，则借补偿孔 A 适时地使整个油路中油量得到适当的增减，以保证正常油压和液压系统工作的可靠性。

主缸左皮碗从初始位置至通过补偿孔这段距离，即为离合器液压操纵系统中的离合器踏板自由行程。

汽车离合器采用了液压操纵机构，可以通过提高杠杆比和主缸、工作缸活塞的直径比，使驾驶人操纵更省力；另外，由于油液在管道内流动有一定的阻力，放松踏板后，管道内油压下降有一个过程，这就避免了压紧力突然增加，使接合过程更为平稳。但是，液压传动存在管道阻力，管路接头多，容易渗入空气，因此，如不及时检查、维护，就有可能影响离合器的分离迅速与彻底。

任务实施

图 4-14 所示为桑塔纳 2000 轿车离合器分解图。

拆装桑塔纳 2000 轿车离合器可在不拆卸发动机的情况下进行，但需借助一些专用工具。拆装步骤如下：

一、离合器的拆卸

1）拆装离合器时，首先卸掉变速器与发动机支承处的连接，拆下变速器。

①拆下蓄电池的搭铁线。

②升起汽车。

③将传动轴（半轴）从变速器上拆下来并支承好，如图 4-15 所示。

④拧松变速器操纵机构的内变速杆螺栓。

⑤压出支承杆球头，如图 4-16 所示，并将内变速杆与离合块分离。

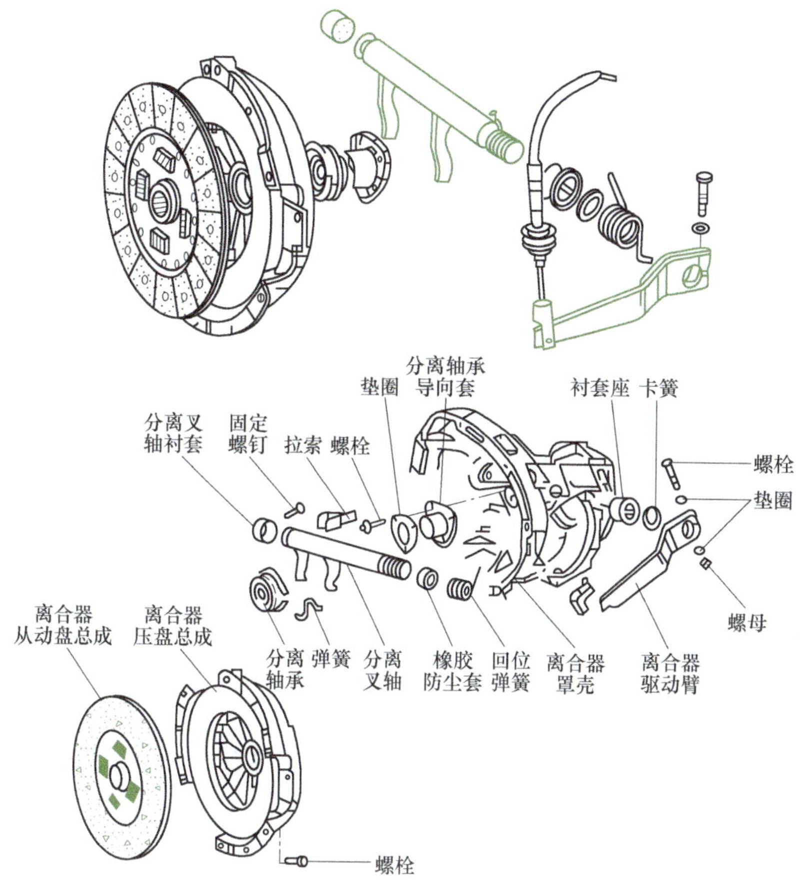

图 4-14　桑塔纳 2000 轿车离合器分解图

图 4-15　拆卸传动轴

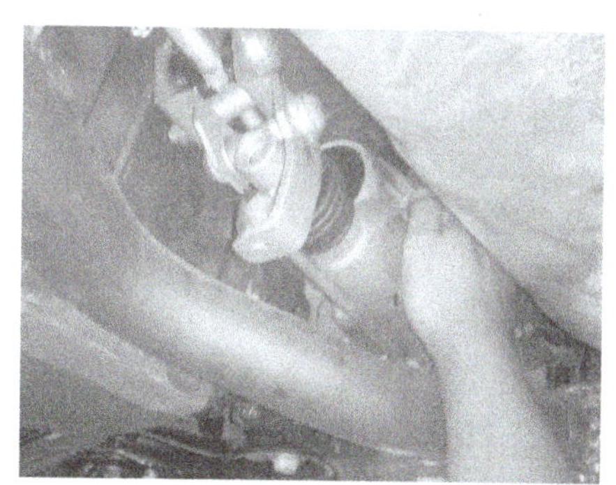

图 4-16　压出支承杆球头

⑥卸下倒档灯开关的插头，如图 4-17 所示。

⑦卸下车速表传感器插头，如图 4-18 所示。

⑧卸下离合器盖板。

⑨卸下排气管。

⑩卸下发动机与变速器上部联接螺栓，如图 4-19 所示。

⑪卸下起动机的紧固螺栓，如图 4-20 所示。

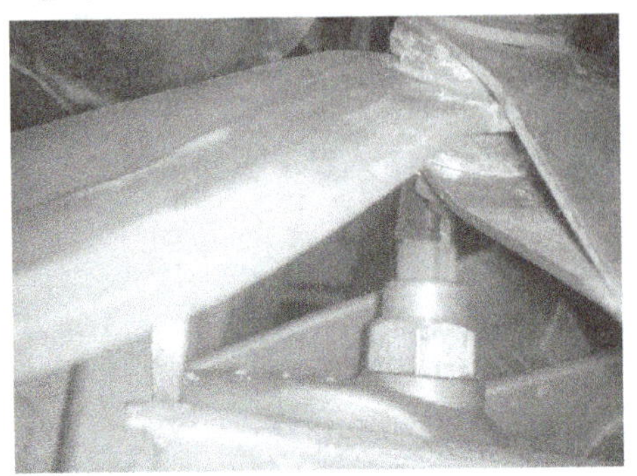
图 4-17　卸下倒档灯开关的插头

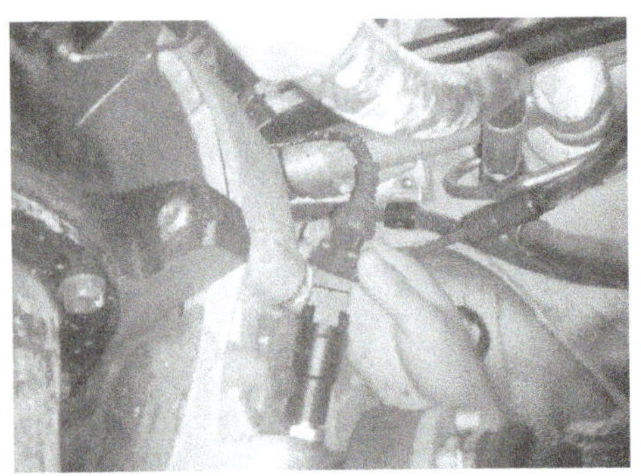
图 4-18　卸下车速表传感器插头

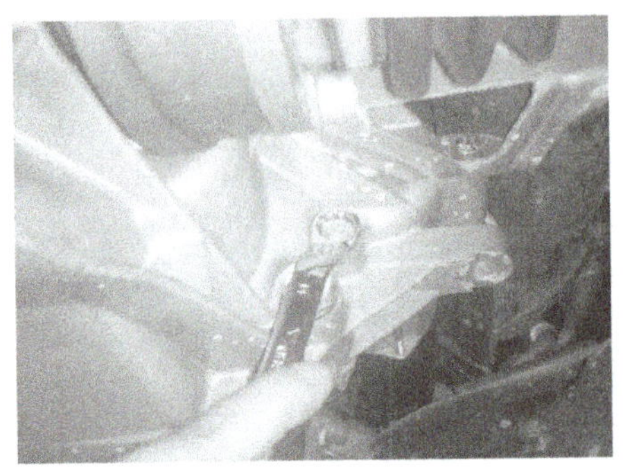
图 4-19　卸下发动机与变速器上部连接螺栓

图 4-20　卸下起动机的紧固螺栓

⑫卸下发动机中间支架。
⑬拧下螺栓，卸下变速器减振垫和减振垫前支架，如图 4-21 所示。
⑭卸下离合器的工作缸，但不要松开油管。
⑮卸下发动机与变速器下部联接螺栓，并拆下变速器，如图 4-22 所示。

图 4-21　拆卸变速器减振垫和支架

图 4-22　拆下变速器

2）在离合器盖与飞轮上做装配记号，如图 4-23 所示。
3）用专用工具将飞轮固定，如图 4-24 所示。

图 4-23 在离合器盖上做记号

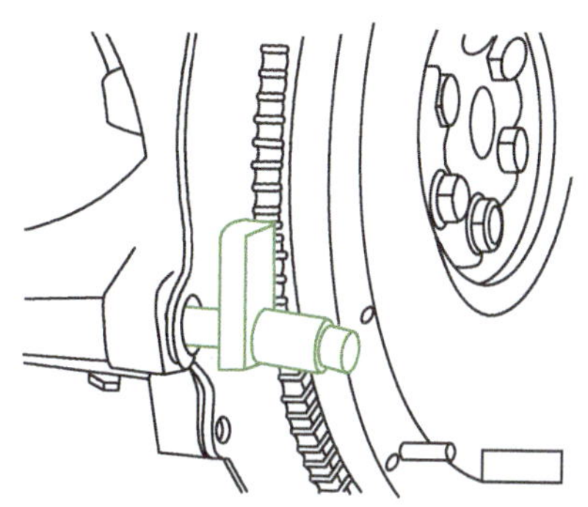
图 4-24 用专用工具将飞轮固定

4）以对角拧松并拆下压盘与飞轮的固定螺栓，取下压盘总成、离合器从动盘，如图 4-25 所示。

5）按一定顺序分解离合器各部件，如图 4-26 所示。

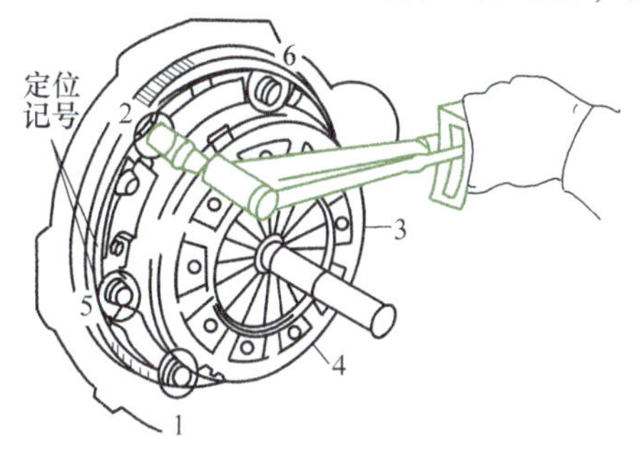

图 4-25 按顺序拧下压盘与飞轮的固定螺栓

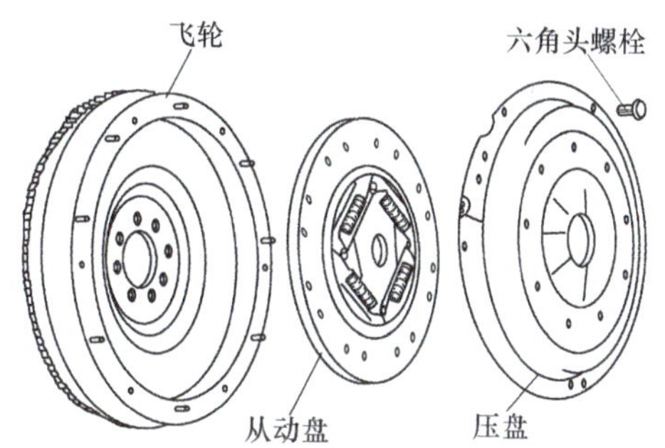

图 4-26 分解离合器

6）更换离合器片。

二、离合器的装配

离合器的装配应大致按与拆卸相反的顺序进行，但同时还应注意以下几点：

1）离合器盖与飞轮上做装配记号要对齐。

2）各支点和轴承表面以及分离轴承（轴承和套都是钢制的）在组装时应涂以锂基润滑脂。

3）离合器从动盘有减振弹簧保持架的一面应朝向压盘方向安装。

4）安装离合器压盘总成时，需用导向定位器或变速器输入轴进行中心定位，使从动盘与压盘同心，便于安装输入轴。

5）压盘须与飞轮接触，才可紧固螺栓。紧固时应按对角线方向逐次拧紧，紧固力矩为 25N·m。

6）分离叉轴两端衬套必须同心。

7）离合器驱动臂的安装位置与固定拉索螺母架距离：$a = 200\text{mm} \pm 5\text{mm}$。

8）应将离合器踏板的自由行程调到 15mm。

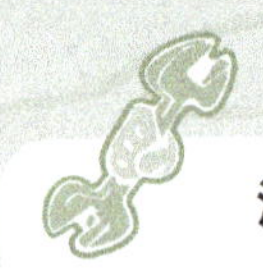

拓展提高

一、离合器自由行程及对汽车的影响

离合器自由行程是指踏板踩下的前段有一个空程，一般是30~40mm。实际上自由行程是离合器分离轴承端面与分离杠杆（即膜片弹簧）端面的间隙在踏板上的体现，这个间隙一般是3~4mm，调整离合器间隙就是指这个间隙。

离合器自由行程大，会导致踩下离合器踏板时离合器并未完全分离，即“分离不彻底”，不仅使换档困难、有冲击、起步困难，而且影响离合器的使用寿命。

离合器自由行程小，在松开离合器踏板时，离合器并未完全压紧，离合器压盘处于半分离状态，动力不能完全传递，即“离合器打滑”，使汽车起步困难，加速无力，并使离合器从动盘迅速磨损失效。

离合器片在使用中会磨损变薄，在弹簧作用下压盘和从动盘就向飞轮移动一个距离来补偿，这时分离杆内端会反向相应移动，如果之前没有预留间隙，分离杆无法后移，离合器就不能完全接合，传动会出现打滑现象。这样不仅降低了离合器的转矩传递效率，而且会使离合器片、分离杆端面、分离轴承加速磨损。所以在安装时必须留出一定的间隙，保证摩擦片在正常磨损后离合器仍能完全接合，正常传递转矩。

综上所述，离合器自由行程的主要作用是补偿离合器摩擦片因为磨损而产生的厚度损失。摩擦片磨损后，如果没有空行程，分离杠杆会上翘，从而顶住分离轴承，使分离不彻底。还有就是避免长时间分离轴承与离合器压盘结合，延长离合器分离轴承的使用寿命。

二、离合器踏板自由行程的调整

踏板自由行程的检查如图4-27a所示。用一个钢直尺抵在驾驶室底板上，先测量踏板完全放松时的高度；再用手轻按踏板，当感到压力增大时，表示分离轴承端面已与分离杠杆内端接触，即停止推踏板，再测量踏板高度。两次测量的高度差即为踏板的自由行程。

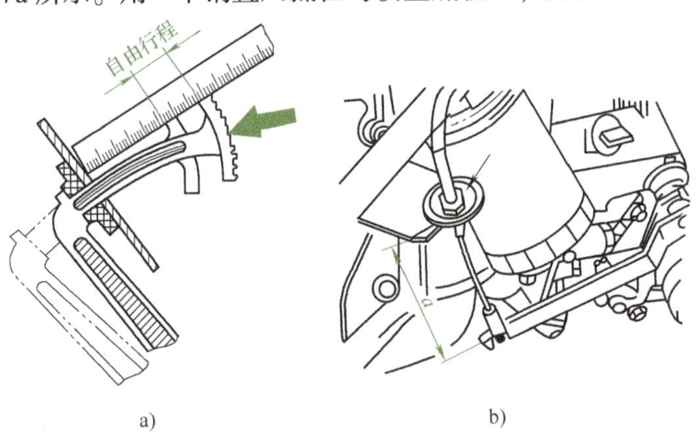

图4-27 离合器踏板自由行程的调整

操纵机构的调整如图4-27b所示。调整的关键是保持离合器正常的行程，如果离合器踏板行程过小，会造成离合器分离不彻底，并易导致离合器摩擦片的早期磨损，应确保离合器踏板的行程不得少于150mm。调整时，应先拧松放松螺母，按需要拧紧或拧松螺母，以便将行程调至规定值。螺母拧紧是增加踏板行程，拧松是减少行程，调好后应拧紧防松螺母。

根据结构的不同，踏板自由行程的调整方法可分为：

1）机械操纵式离合器踏板自由行程的调整，一般是通过分离叉拉杆调整螺母调整拉杆或钢索长度。如上海桑塔纳轿车离合器踏板的自由行程为15~25mm，总行程为150mm。

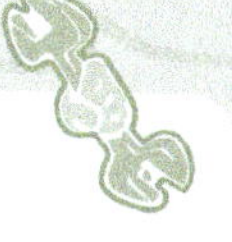

2）液压操纵式离合器踏板自由行程，一般是主缸活塞与其推杆之间和分离杠杆内端与分离轴承之间两部分间隙之和在踏板上的反映。因此，踏板自由行程的调整实际上就是这两处间隙的调整。调整时先调整主缸活塞与推杆间隙，有的通过调整螺母调整推杆长度，有的通过踏板臂与推杆相连的偏心装置调整推杆伸出长度。其间隙量有的可直接测量，有的则测量此间隙在踏板上反映的自由行程量。

BJ2020型汽车就是通过偏心螺栓调整推杆伸出长度，使其与活塞的间隙为0.5～1.0mm，反映到踏板上的自由行程应为3～6mm。再调整分离杠杆端部与分离轴承平面的间隙。该间隙的规定值为2.5mm。这一间隙由改变工作缸的分离叉推杆的长度来实现。调整时，旋松锁紧螺母，调整分离叉推杆的长度，旋入间隙变大；反之，变小。调整完毕后，用锁紧螺母锁紧。离合器踏板自由行程应为32～40mm。

思考问题

1. 为什么要调整离合器间隙？
2. 膜片弹簧离合器中的膜片弹簧在工作过程中起什么作用？

任务二　变速器操纵机构的调整

学习目标

1. 能通过与客户交流、查阅相关维修技术资料等方式获取车辆信息。
2. 通过查阅资料和观摩，掌握变速器操纵机构的组成及其工作原理。
3. 熟悉变速器操纵机构的调整过程。
4. 能对操作结果进行测试，检查和评估其修复质量。
5. 能根据环保要求，妥善处理辅料、废弃液体和损坏零部件。

任务情境

客户一辆桑塔纳2000轿车，行驶过程中出现从档位上突然跳到空档，特别是汽车行驶到坑洼不平处、中高速行驶、负荷突然变化或汽车剧烈振动时，且大多数是在高速档位时容易出现此种状况。

任务分析

此种状况称为“跳档”。变速器跳档故障的主要原因有以下几个：

1）由于结合零件配合松旷，如变速齿轮、齿套或同步器锥盘轮齿磨损严重，在工作中受振抖、转速变化的影响，迫使啮合的齿轮沿轴向脱开。

2）变速叉弯曲变形，磨损严重、固定螺钉松动或变速杆变形等，使齿轮不能正常啮合。

3）自锁装置磨损松旷、弹簧弹力不足或折断，造成锁止力量不足，使变速叉轴不能可靠地定位。

4）轴和轴承磨损严重，轴向间隙过大，或第一、二轴与中间轴不平行，使齿轮不能正常啮合而上下摆动引起跳档。

5）变速器固定不牢固。

经检查，本例故障汽车自动跳档的原因是变速器自锁装置失效，因此需要拆除变速器操纵机构中的自锁装置并进行更换。

任务实施的相关专业知识

一、变速器的作用

1. 实现变速、变矩

汽车上所应用的发动机具有转矩变化范围小、转速高的特点，这与汽车实际的行驶状况是不相适应的。如果没有变速器而直接将发动机与驱动桥连接在一起，首先由于发动机的转矩小，不能克服汽车的行驶阻力，使汽车根本无法起步；其次，假使汽车行驶起来，也会由于车速太高而不实用，甚至无法驾控。所以必须改造发动机的转矩、转速特性，使发动机的转矩增大、转速下降以适应汽车实际行驶的要求。变速器通过不同的档位来实现这一功用。

2. 实现倒车

发动机的旋转方向从前往后看为顺时针方向，且不能改变，为了实现汽车的倒向行驶，变速器中设置了倒档。

3. 实现中断动力传动

在发动机起动和怠速运转、变速器换档、汽车滑行和暂时停车等情况下，都需要中断发动机的动力传动，因此变速器中设有空档。

二、变速器操纵机构的功用及要求

变速器操纵机构的功用是进行档位变换，为了保证变速器能够准确地挂入选定的档位，并可靠地工作，变速器操纵机构必须满足下列要求：

1）能够防止自动挂档及自动脱档，并保证各档传动齿轮以全齿长啮合。挂档时驾驶人对于是否挂入了档位应具有“手感”，为此，在操纵机构中应设有自锁定位装置。

2）能够保证不会同时挂入两个档，避免同时啮合的两档齿轮因其传动比不同而互相卡住，造成运动干涉甚至造成零件损坏。为此，在操纵机构中必须设有互锁装置。

3）能够防止误挂倒档，防止汽车在前进中因误挂倒档而造成极大的冲击，使零件损坏，并防止在汽车起步时误挂倒档而造成安全事故。为此，在操纵机构中应当设有倒档锁。

三、变速器操纵机构的构造

变速器操纵机构通常由换档拨叉机构和定位锁止装置两部分组成。

变速器操纵机构根据其变速操纵杆（简称变速杆）与变速器的相互位置的不同，可分为直接操纵式和远距离操纵式两种类型。

1. 直接操纵式

变速杆及所有换档操纵装置都设置在变速器盖上，变速器布置在驾驶人座位的近旁，变速杆由驾驶室底板伸出，驾驶人可直接操纵变速杆来拨动变速器盖内的换档操纵装置进行换档。这种操纵机构一般由变速杆、拨块、拨叉、拨叉轴及安全装置等组成。多集装于上盖或

侧盖内，结构简单、操纵方便。大多数轿车和长头货车的变速器都采用这种操纵形式。

一种六档变速器直接操纵式操纵机构如图 4-28 所示。变速杆的上部为驾驶人直接操纵的部分，伸到驾驶室内，其中间通过球节支承在变速器盖顶部的球座内，并用弹簧罩压紧以消除间隙。球节上开有竖槽，固定于变速器盖的销钉伸入该槽内与其滑动配合，从而使变速杆只能够以球节为支点前后左右摆动，而不能转动。变速杆的下端为削扁了的球头。4 根拨叉轴的两端均支承于变速器盖相应的座孔中，可在孔中轴向滑动，以便为拨叉的移动导向。所有拨叉和拨块都以弹性销固定于相应的拨叉轴上。三、四档拨叉和一、二档拨块，五、六档拨块及倒档拨块顶部制有凹槽。变速器处于空档位置时，各凹槽在横向平面内对齐，叉形拨杆下端的球头即伸入这些凹槽中。选档时可使变速杆绕其中部球形支点横向摆动，则其下端推动叉形拨杆绕换档轴的轴线摆动，从而使叉形拨杆下端的球头对准与所选档位对应的拨块凹槽，然后使变速杆纵向摆动，带动拨叉轴及拨叉向前或向后移动，即可实现挂档。

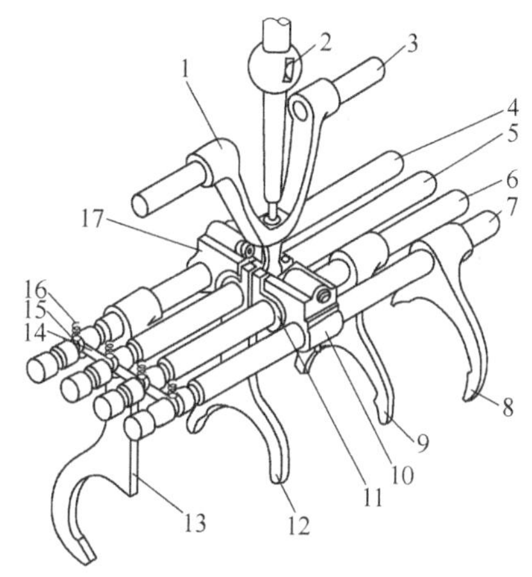

图 4-28　变速器直接操纵式操纵机构示意图

1—叉形拨杆　2—变速杆　3—换档轴　4—五、六档拨叉轴　5—三、四档拨叉轴　6—一、二档拨叉轴　7—倒档拨叉轴　8—倒档拨叉　9—一、二档拨叉　10—倒档拨块　11—一、二档拨块　12—三、四档拨叉　13—五、六档拨叉　14—互锁销　15—互锁钢球　16—互锁弹簧　17—五、六档拨块

不同变速器的档数和操纵机构的结构与布置都有所不同，相应于各变速杆上端手柄位置排列即档位排列也不相同。因此，各汽车驾驶室内的操纵手柄上标有变速器档位排列图。

2. 远距离操纵式

有些汽车，由于其总体布置的需要，变速器的安装位置离驾驶人座位较远，因而变速杆不能直接布置在变速器盖上，为此在变速杆与变速器之间加装了一套传动杆件，构成远距离操纵的形式。图 4-29 所示为一种较为简单的远距离操纵机构，变速杆 7 安装在驾驶人侧旁驾驶室底板上，中间通过外变速杆 4 操纵变速器换档。

图 4-29　桑塔纳 2000 轿车五档手动变速器的远距离操纵机构

四、定位锁止装置

变速器定位锁止装置包括自锁、互锁和倒档锁。

1. 自锁装置

所谓自锁就是对各档拨叉轴进行轴向定位锁止，以防止其自动产生轴向移动而造成自动挂档或自动脱档。大多数变速器的自锁装置都是采用定位钢球对拨叉轴进行轴向定位锁止。

图4-30所示的自锁装置在变速器盖6的前端凸起部钻有深孔，在孔中装入自锁钢球2及自锁弹簧1，其位置正处于拨叉轴3的正上方，每根拨叉轴对着钢球的表面沿轴向设有三个凹槽，槽的深度小于钢球的半径。中间的凹槽对正钢球时为空档位置，前边或后边的凹槽对正钢球时则处于某一工作档位置，相邻凹槽之间的距离保证齿轮处于全齿长啮合或是完全退出啮合。凹槽对正钢球时，钢球便在自锁弹簧的压力作用下嵌入该凹槽内，拨叉轴的轴向位置便被固定，其拨叉及相应的接合套或滑动齿轮便被固定在空档位置或某一工作档位置，而不能自行挂档或自行脱档。当需要换档时，驾驶人通过变速杆对拨叉轴施加一定的轴向力，克服弹簧的压力而将自锁钢球从拨叉轴凹槽中挤出并推回孔中，拨叉轴便可滑过钢球进行轴向移动，并带动拨叉及相应的接合套或滑动齿轮轴向移动，当拨叉轴移至其另一凹槽与钢球对正时，钢球又被压入凹槽，此时拨叉所带动的接合套或滑动齿轮便被拨入空档或被拨入另一工作档位。

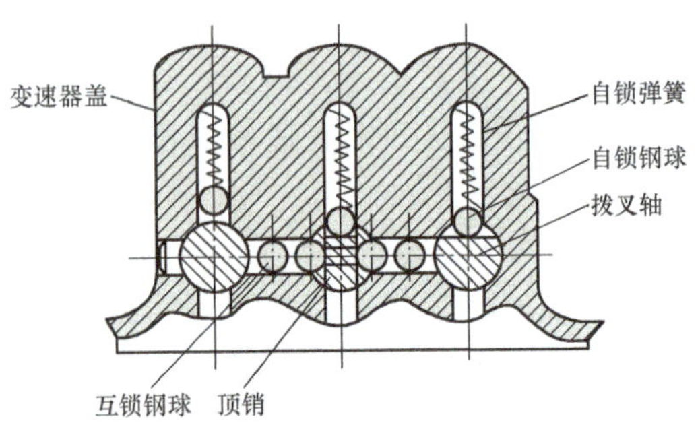

图4-30　变速器自锁装置

2. 互锁装置

互锁装置的作用是阻止两根拨叉轴同时移动，即当拨动一根拨叉轴轴向移动时，其他拨叉轴都被锁止，从而可以防止同时挂入两个档位。

互锁装置的结构形式很多，最常用的有锁球式和锁销式。锁球式互锁装置由互锁钢球4和互锁顶销5组成（图4-31）。在变速器盖前，三根拨叉轴孔的中心平面内，沿垂直于轴线的方向钻出与拨叉轴孔相通的横向孔道，在每两根拨叉轴之间的孔道中各装有两个互锁钢球，每根拨叉轴朝向互锁钢球的侧面上都制有一个深度相等的凹槽，中间拨叉轴的两侧都有凹槽，凹槽之间钻有通孔，互锁顶销5就装在此孔中。两个互锁钢球的直径之和等于相邻两拨叉轴圆柱表面之间的距离加上一个凹槽的深度，互锁顶销的长度则等于拨叉轴的直径减去一个凹槽的深度。

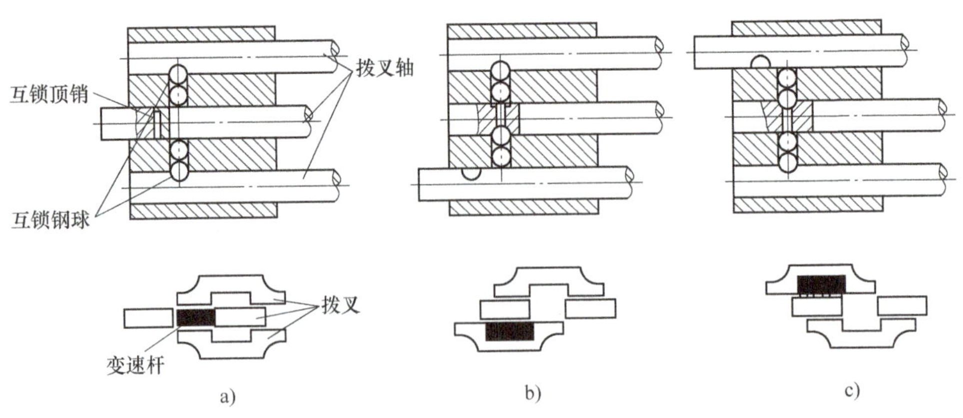

图4-31　互锁装置工作示意图

a）移动中间拨叉轴2位置　b）移动拨叉轴3位置　c）移动拨叉轴1位置

当变速器处于空档位置时，所有拨叉轴侧面的凹槽与钢球都在一条直线上，此时拨叉轴和互锁钢球及顶销都处于自由状态，相互之间不卡紧，每一根拨叉轴都可以沿轴向拨动。但要挂档移动某一根拨叉轴时，如图 4-31a 所示，为移动中间拨叉轴 2，轴 2 两侧的钢球便从其侧面凹槽中被挤出，而两外侧钢球 6 和 4 则分别嵌入拨叉轴 1 和 3 侧面的凹槽中，因而将拨叉轴 1 和 3 刚性地锁止在空档位置，不能轴向移动。如果要移动拨叉轴 3，则必须先将拨叉轴 2 退回到空档位置，如图 4-31b 所示，使拨叉轴及互锁钢球都回到自由状态，然后拨动拨叉轴 3，这时钢球 4 便从 3 的凹槽中被挤出，于是 4 个互锁钢球及互锁顶销将拨叉轴 2 和 1 都锁止在空档位置；同理，当移动拨叉轴 1 时，拨叉轴 2 和 3 都锁止在空档位置，因而可防止同时挂入两个档位。

3. 倒档锁装置

倒档锁装置要求驾驶人必须进行与挂前进档不同的操纵方式或对变速杆施加更大的力，才能挂入倒档，从而防止无意中误挂倒档。

倒档锁有多种类型，最常用的是弹簧锁销式倒档锁，如图 4-32 所示。倒档锁销及倒档锁弹簧安装在一、倒档拨块相应的孔中，锁销内端与拨块的侧面平齐，锁销可以在变速杆下端球头推压下，压缩弹簧而轴向移动。当驾驶人要挂倒档时，必须有意识地用较大的力向侧面摆动变速杆，使其下端球头右移，克服倒档锁弹簧的张力将锁销推入孔中，这样才能使变速杆下端球头进入拨块的凹槽内，以拨动一、倒档拨叉轴进行挂档。

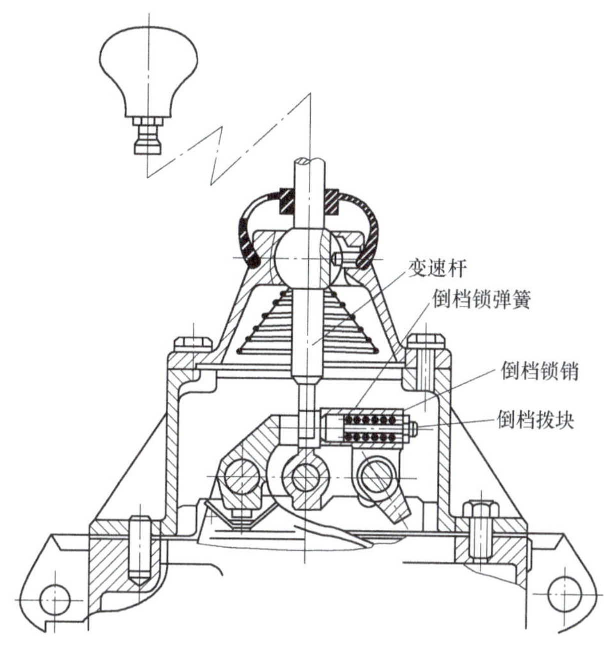

图 4-32　变速器倒档锁装置

任务实施

以桑塔纳 2000 轿车五档手动变速器的操纵机构为例进行介绍，图 4-33 为桑塔纳 2000 轿车五档手动变速器操纵机构分解图。

1. 变速器操纵机构的调整

挂入一档，将上变速杆向左推至缓冲垫处。慢慢松开上变速杆，上变速杆应朝右返回约 5 ~ 10mm，挂入五档。将上变速杆向右推至缓冲垫，慢慢松开上变速杆，上变速杆应朝左返回约 5 ~ 10mm。当上变速杆朝一档和五档压去时，上变速杆大致返回同样的距离；如有必要，可通过移动变速杆支架的椭圆形孔进行调整。检查各档齿轮啮合是否平滑。如果啮合困难，要进行调整。将上变速杆置于极限位置上。旋松夹箍的螺母，移动上变速杆，要求下变速杆在连接时自由滑动，如图 4-34 所示。

取下换档手柄和防尘罩，将变速杆支架孔与变速杆罩壳的孔对准，并旋紧螺栓，如图

4-35 所示。

用专用工具 VW5305/7 进行安装，将其嵌入变速杆支架前孔中，将上变速杆放在“C”位置上，如图 4-36 所示。

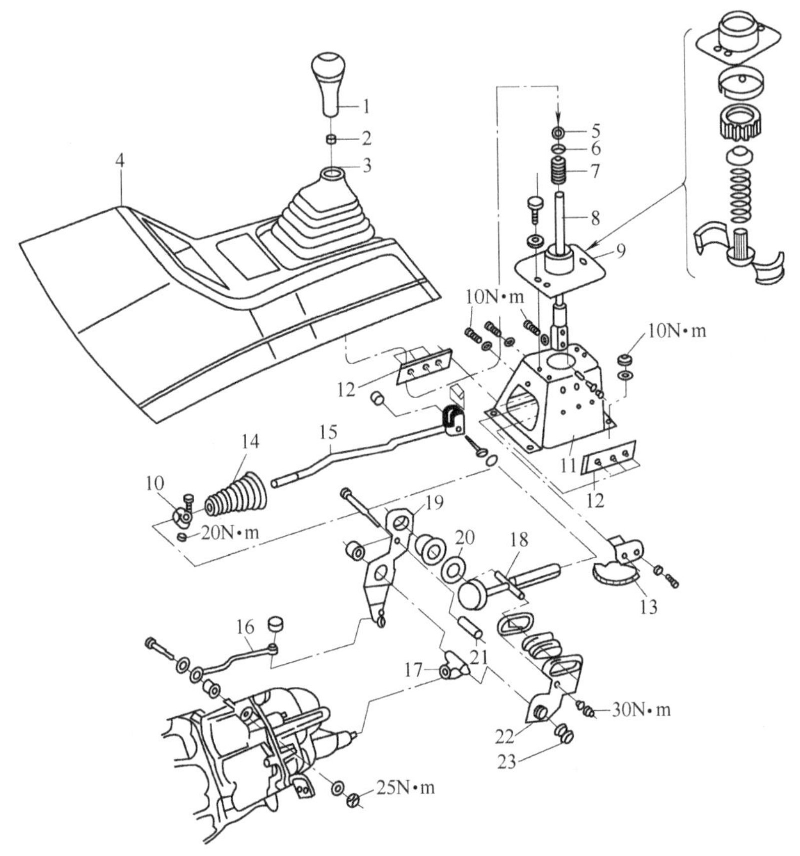

图 4-33　桑塔纳 2000 轿车五档手动变速器操纵机构分解图

1—换档手柄　2—防尘罩衬套　3—防尘罩　4—仪表板　5—锁圈　6—挡圈　7—弹簧　8—上变速杆　9—变速杆支架　10—夹箍　11—变速杆罩壳　12—缓冲垫　13—倒档缓冲垫　14—密封罩　15—下变速杆　16—支承杆　17—离合块　18—换档连接套　19—轴承右侧压板　20—罩盖　21—支承轴　22—轴承左侧压板　23—塑料衬套

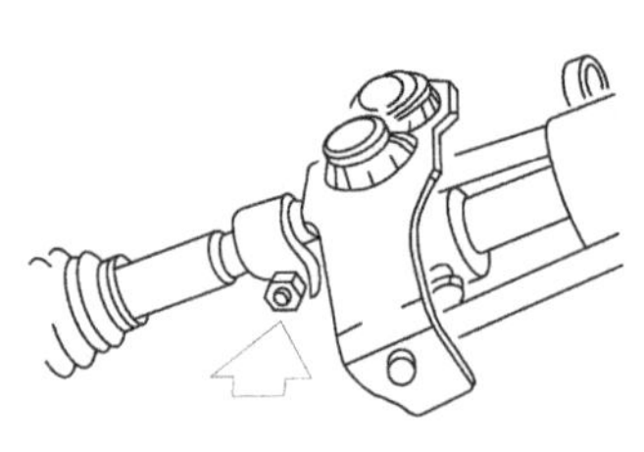

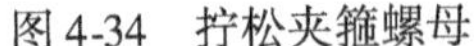

图 4-34　拧松夹箍螺母

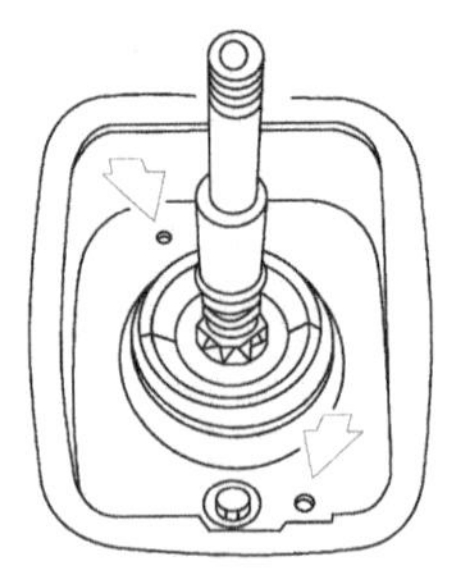

图 4-35　对准变速杆支架孔与变速杆罩壳的孔

轻轻地旋紧下面的螺栓，将专用工具 VW5305/7 固定好。将上变速杆放到最右面，直至缓冲垫，旋紧定位器螺栓。将上变速杆放在“B”位置上，如图 4-37 所示。

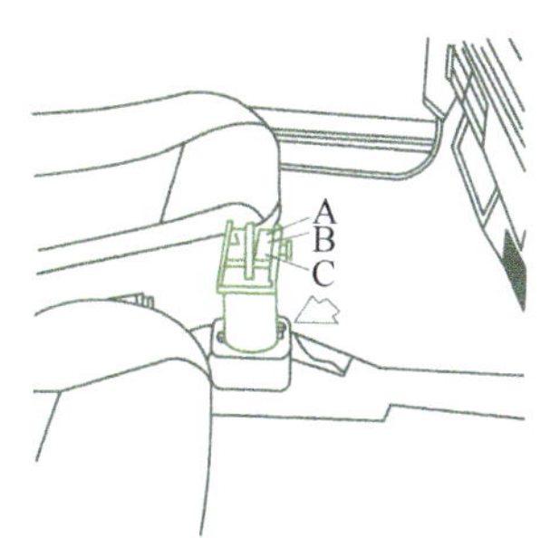

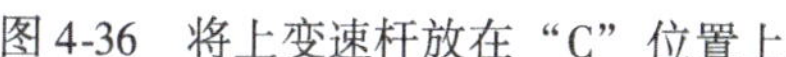
图 4-36　将上变速杆放在“C”位置上

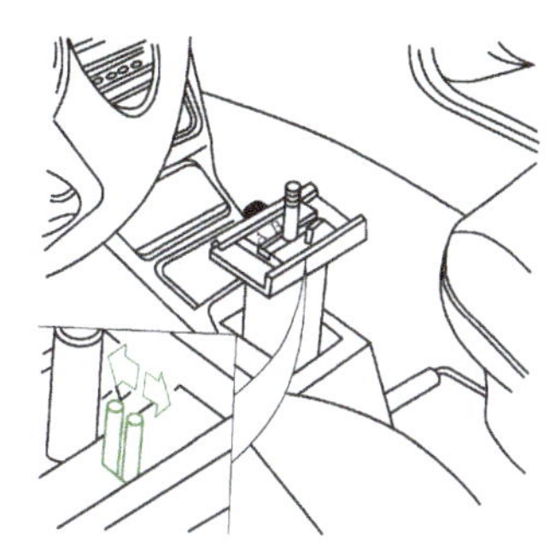
图 4-37　将上变速杆放在“B”位置上

用 20N·m 的力矩旋紧夹箍螺母。取下专用工具 VW5305/7，挂入一档，将上变速杆向左压到底。松开上变速杆，由于弹簧的作用上变速杆返回到右边。挂入五档，将上变速杆向右压到底。松开上变速杆，由于弹簧的作用上变速杆返回到左边。先后挂入所有的档位，特别要注意倒档的锁止功能。装上仪表板、防尘罩和换档手柄。

2. 变速器操纵机构的拆装

拆装时要参看图 4-33。

1）上变速杆的拆卸。

①拆下换档手柄，取下防尘罩。

②取下仪表板。

③拆下固定在上变速杆的弹簧锁圈（注意锁圈一经拆卸，就要更换），取下挡圈和弹簧。

④拆下变速杆支架。

⑤拆下变速控制器罩壳，使上、下变速杆脱离。

2）上变速杆的安装。上变速杆的安装按照与拆卸相反的顺序进行，但注意以下事项：

①检查所有零件的完好情况，更换已经损坏的零件；

②润滑衬套和挡圈；

③调整上变速杆；

④用快干胶固定换档手柄。

3）变速杆支架的拆卸。

①取下换档手柄和防尘罩。

②拆下锁圈、挡圈和弹簧（锁圈一经拆卸，就要更换）。

③拆下变速杆支架的固定螺栓，取下变速杆支架。

④变速杆支架只有加润滑油时才分解，一旦发现任何零件损坏，就要全部更换。

4）变速杆支架的安装。

①用润滑脂润滑变速杆支架内部件，装上变速杆支架，螺栓不用旋紧，将变速杆支架上的孔与变速操纵机构罩壳上的孔对准，用 10N·m 的力矩旋紧螺栓。

②装上弹簧挡圈和新的锁圈。

③检查各档的啮合情况。

④装上防尘罩和手柄。

思考问题

1. 变速器自锁装置不起作用会导致什么结果?
2. 变速器中为什么要设置互锁装置?

任务三　变速器同步器锁环的更换

学习目标

1. 掌握变速器同步器的结构及其工作原理。
2. 熟悉变速器同步器锁环更换的工作过程。
3. 能根据具体车型，制订变速器同步器锁环的更换方案。
4. 具备三轴变速器传动总成拆装调整的技能。

任务情境

一辆行驶里程为 150000km 的桑塔纳 2000 轿车出现了以下问题：变速器挂档困难，其故障现象是起步前挂档，尽管离合器踏板已踏到底，但仍不容易挂上档。产生此类故障，有可能是离合器分离不彻底故障，但也可能是变速器故障，如何分辨和判断究竟是哪里故障，就必须明白手动变速器的工作原理与结构。

任务分析

产生此类故障，有可能是离合器分离不彻底故障，但也可能是变速器故障，其原因如下：

1）拨叉轴上固定拨叉的紧固螺钉松动，或变速拨叉、锁环严重变形、磨损。

2）离合器分离不彻底。检查离合器，间隙过大、摩擦片变形、离合器轴承磨损严重等原因都可以使离合器分离不彻底而造成变速器挂档困难。

3）由于操作不当，挂档时产生齿轮撞击现象，以致齿轮倒角一侧崩齿或变形。

4）锁定弹簧压紧力过大，变速杆变形，拨叉轴扭曲变形不易移动。

如果是变速器故障，应拆解变速器，检查更换新件或修复、校直有关零件。

任务实施的相关专业知识

一、普通齿轮变速器的工作原理

普通齿轮变速器由若干可变换传动比的齿轮副和外壳组成，从而实现变速、变矩和变向。

1. 变速原理

若小齿轮为主动轮，如图 4-40a 所示，其转速经大齿轮传出时就降低了，即 $n_1>n_2$，称为减速传动，此时传动比 $i>1$；若大齿轮为主动轮，如图 4-40b 所示，其转速经小齿轮传出

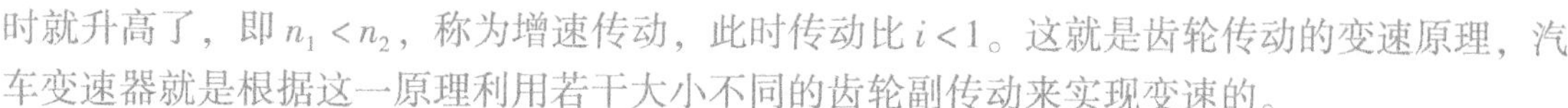

时就升高了，即 $n_1 < n_2$，称为增速传动，此时传动比 $i < 1$。这就是齿轮传动的变速原理，汽车变速器就是根据这一原理利用若干大小不同的齿轮副传动来实现变速的。

一对齿轮传动只能得到一个固定的传动比，构成一个档位。为了扩大变速器输出转速的变化范围，通常都采用多组大小不同的齿轮啮合传动，构成了不同的档位，从而得到不同的输出转速。一般轿车和轻、中型客、货车辆的变速器通常有 3 ~6 个前进档和一个倒档。

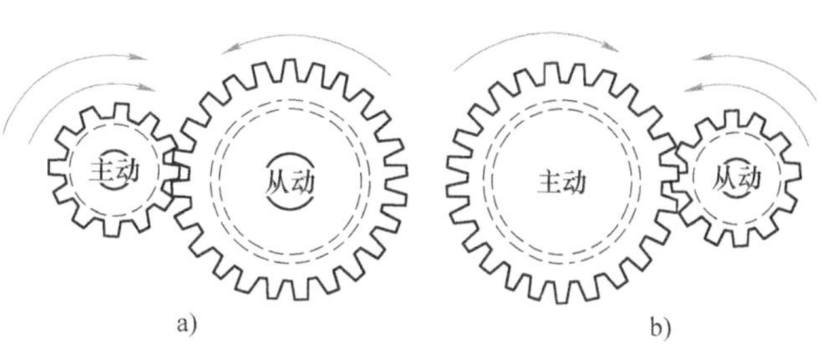

图 4-40　齿轮传动的基本原理

a）减速传动　b）增速传动

所谓变速器档数就是指其前进档数。传动比值 $i > 1$ 的档位称为降速档，其输出轴转速低于发动机转速，而且传动比越大则输出转速越低；$i = 1$ 的档位称为直接档，其输出轴转速与发动机转速相等；$i < 1$ 的档位称为超速档，其输出轴转速超过发动机转速。

齿轮式变速器在改变转速的同时也改变了输出转矩，降速则增矩，增速则降矩。汽车变速器就是利用这一原理，通过改变传动比来改变输出转速，从而改变其输出转矩，以适应汽车行驶阻力的变化。

2. 变向原理

外啮合的一对齿轮旋向相反，每经过一个传动副，其轴便改变一次转向，所以，二轴式变速器的倒档是在输入轴与输出轴之间加装了一根倒档轴和倒档齿轮（此为惰轮），使其输出轴与前进档时的旋向相反，从而可以使汽车倒向行驶。

二、两轴式变速器

两轴式齿轮变速器主要应用于发动机前置、前轮驱动（FF 方式）和发动机后置、后轮驱动（RR 方式）的中、轻型轿车上，以便于汽车的总体布置。目前，轿车上采用发动机前置、前轮驱动的布置形式越来越广泛，其中前置发动机有纵向布置和横向布置两种形式，与其配用的两轴式变速器也有两种不同的结构形式。图 4-41 所示桑塔纳轿车变速器是一种典型的与纵向布置发动机配合使用的两轴变速器。

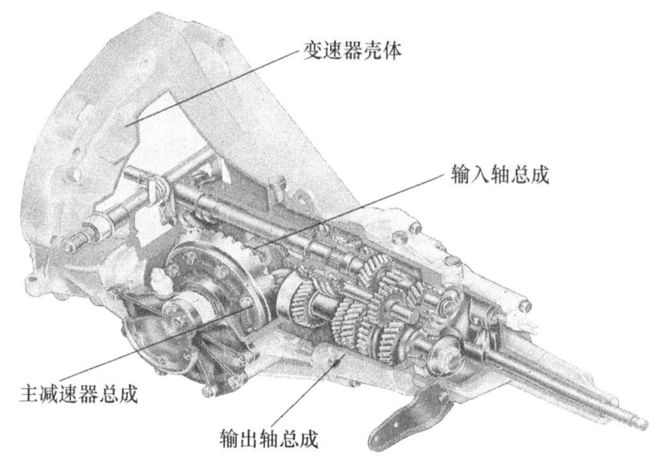

图 4-41　桑塔纳轿车变速器

1. 基本构造

该变速器变速传动机构包括输入轴总成和输出轴总成。它共有四个前进档和一个倒档。输入轴与输出轴各档齿轮均为常啮合齿轮，所有档位均用锁环式惯性同步器进行换档。

输入轴也称为主动轴或第一轴，第一轴前端与离合器从动盘通过花键联接，中间及后端

通过轴承支承在变速器壳体上。第一轴上共有五个齿轮，其中一档齿轮、二档齿轮和倒档齿轮与第一轴固定，三、四档齿轮分别用滚针轴承空套在第一轴上。位于三、四档齿轮中间的同步器通过花键毂与轴联接。

输出轴也称为从动轴或第二轴，与主减速器主动锥齿轮制成一体，通过前、后两端的轴承支承在变速器壳体上。第二轴上一、二档齿轮用滚针轴承空套在轴上，三、四档齿轮与轴固定。同步器位于一、二档齿轮之间，倒档齿轮与该同步器接合套连成一体。图 4-42 所示为桑塔纳 2000 轿车五档手动变速器的结构。

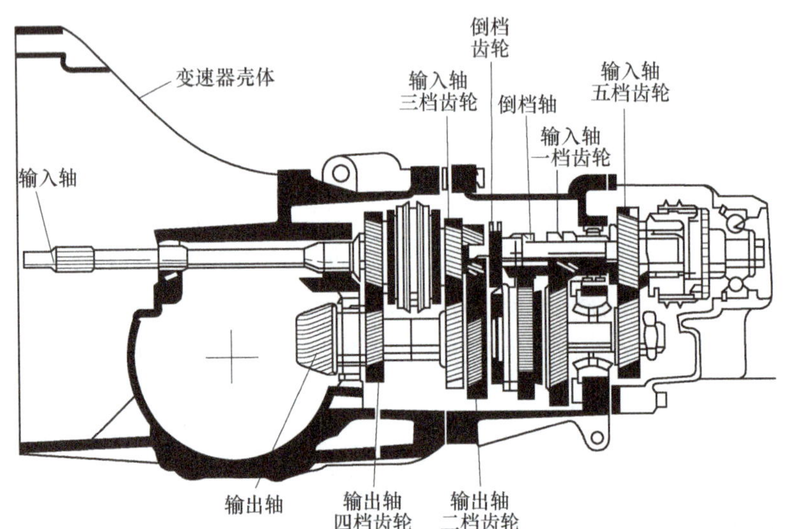

图 4-42　桑塔纳 2000 轿车五档手动变速器的结构

2. 各档的动力传递过程

离合器从动盘将动力传给变速器输入轴，驾驶人可通过变速器操纵机构挂上所需档位。

(1) 空档　图 4-43 所示为变速器的空档位置。当输入轴 1 旋转时，一、二档及倒档的主动齿轮与之同步旋转。三、四档主动齿轮（8、2）则处于自由状态。一、二档的从动齿轮（15、21）随输入轴 1 的旋转而在输出轴 24 上空转，输出轴 24 不被驱动，汽车处于静止或空档滑行状态。

(2) 一档　操纵变速杆，通过一、二档换档拨叉使一、二档同步器接合套 18 右移，经一档同步器锁环 17 作用，使一档从动齿轮 15 与一、二档同步器在接合套 18 的作用下同步旋转。这样，从离合器传来的发动机转矩，经输入轴 1 上的一档主动齿轮 11 及与其常啮合的从动齿轮 15、同步器接合套 18 和花键毂 14，经花键传到输出轴 24，直至主减速器。一档传动比 $i_1 = 3.455$。

(3) 二档　操纵变速杆，通过一、二档换档拨叉使一、二档同步器接合套 18 左移，退出一档进入空档。继续向左推动该换档拨叉，使一、二档同步器接合套 18 借同步器锁环 19 作用，使二档从动齿轮 21 与该档同步器花键毂 14 同步旋转。发动机传来的转矩经输入轴 1 上的二档主动齿轮 9 及与其常啮合的从动齿轮 21、同步器接合套 18 和花键毂 14，经花键传到输出轴 24，直至主减速器。二档传动比 $i_2 = 1.944$。

(4) 三档　操纵变速杆，通过三、四档换档拨叉推动三、四档同步器接合套 5 右移，经三档同步器锁环6作用，使三档主动齿轮8与三、四档主动齿轮同步器花键毂25同步旋转。来自发动机的转矩从输入轴1上的花键传到三、四档同步器，经该同步器接合套5到三档主动齿轮8，以及与其常啮合的三档从动齿轮22，由于三档从动齿轮与输出轴固定，所以此时动力直接由三档从动齿轮传给输出轴24，直至主减速器。三档传动比 $i_3 = 1.286$。

（5）四档　操纵变速杆，通过换档拨叉使三、四档同步器接合套5左移，退出三档进入空档。继续向左推动该换档拨叉，使三、四档同步器接合套5借同步器锁环4作用，使四档主动齿轮2与该档同步器花键毂25同步旋转。发动机传来的转矩，从输入轴1上的花键经三、四档同步器花键毂25，经该同步器接合套5传到四档主动齿轮2，传给与之常啮合的四档从动齿轮23，传到输出轴24，直至主减速器。四档传动比 $i_4 = 0.909$。

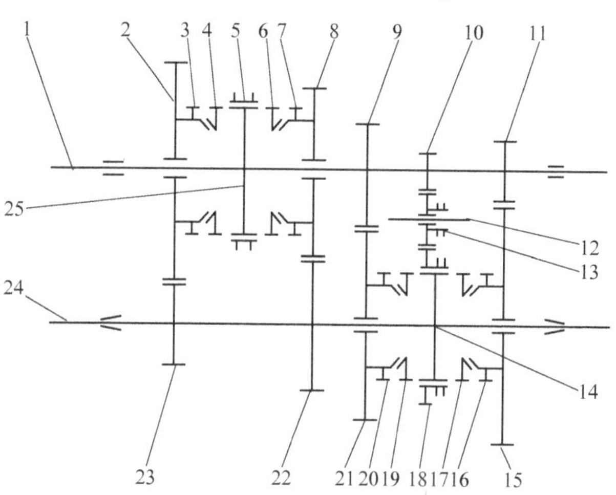

图4-43　桑塔纳轿车变速器传动机构示意图

1—输入轴　2—四档主动齿轮　3、7、16、20—接合齿圈　4、6、17、19—同步器锁环　5—三、四档同步器接合套　8—三档主动齿轮　9—二档主动齿轮　10—倒档主动齿轮　11—一档主动齿轮　12—倒档齿轮轴　13—倒档中间齿轮　14—一、二档同步器花键毂　15—一档从动齿轮　18—一、二档同步器接合套　21—二档从动齿轮　22—三档从动齿轮　23—四档从动齿轮　24—输出轴　25—三、四档同步器花键毂

（6）倒档　要使汽车能倒向行驶，在输入轴1与输出轴24之间增设一个倒档齿轮轴12和一个倒档中间齿轮（惰轮）13，倒档轴是固定式轴，倒档中间齿轮空套在倒档轴上，可以在倒档拨叉的作用下左右移动。

挂倒档时，用倒档拨叉拨动倒档轴上的惰轮13，使其同时与输入轴上的倒档主动齿轮10及输出轴一、二档同步器接合套上的倒档从动齿轮相啮合。发动机传来的转矩经输入轴上的倒档齿轮传给中间惰轮，再传至倒档从动齿轮，最后由一、二档同步器的花键毂14传给输出轴。由于在动力传递的过程中多了一个中间惰轮，所以输出轴的旋转方向与各前进档位时相反。倒档传动比 $i_R = 3.167$。

该变速器除倒档外，所有前进档均为一对常啮合齿轮，故传动效率比较高。由于采用了全同步器换档，使换档迅速、操纵轻便，减少了换档时的冲击和噪声。因为只有输入、输出两根轴传动，变速器壳体空间得到了充分利用，变速器与主减速器和差速器三者共同安装于一个外壳之中，取消了万向传动装置，整个传动系统都集中在汽车的前部。这种布置方式使传动系统减少了零件数量，结构更为紧凑，并且有效地减小了体积和质量；但给加工制造方面带来一定困难，有些零件必须经过特殊工艺加工才能达到要求。

三、手动变速器的换档装置

变速器换档装置的主要作用是保证顺利的挂档和退档，同时，还可保证汽车在行驶过程中不会自动脱档。

手动变速器的换档装置常见的有直接滑动齿轮式、结合套式和同步器式，目前普遍使用的是同步器式。

同步器式换档装置是在接合套换档装置的基础上发展起来的，其功用是使接合套与待接合的齿圈迅速达到同步，并阻止二者在同步前进入啮合，从而消除换档时的冲击，缩短换档时间，简化换档过程。

同步器由同步装置（包括推动件和摩擦件）、锁止装置和接合装置三部分组成，目前所有的同步器几乎都是采用摩擦式同步装置，但其锁止装置不同，因此工作原理亦有所不同。按工作原理不同，同步器可分为常压式和惯性式两大类。目前应用最广泛的是各种类型的惯性同步器，而轿车上应用最普遍的是锁环式惯性同步器。

1. 基本结构

如图4-44所示，锁环式惯性同步器主要由花键毂10、接合套5、锁环（也称同步环）4和6组成。花键毂10以其内花键套装在第二轴的外花键上，并用垫圈和卡环轴向固定，花键毂的外花键与接合套5的内花键相啮合。两端与齿轮2和8之间各有一个青铜制的锁环。锁环上有短花键齿圈，其花键齿的尺寸和齿数，与花键毂、齿轮2和8的外花键齿均相同。两个齿轮和锁环上的花键齿，在对着接合套的一端都有倒角（称为锁止角），且都与接合套齿端的倒角相同。锁环具有内锥面，其锥角与齿轮2和8齿圈上的外锥面相同，两者通过锥面相接触。在锁环内锥面上车制有细密的螺纹槽，使两锥面接触后能够破坏锥面间的油膜，提高摩擦系数，以便增加锥面之间的摩擦力，锁环的另一端有三个缺口。锁环内锥面摩擦副是摩擦件，外沿带倒角的齿圈是锁止件。三个滑块分别安装在花键毂的三个均布的轴向槽中，并可沿槽轴向移动。两个弹簧圈用来靠其径向力将滑块压向接合套，使滑块中部的凸起部位压嵌在接合套中部的环槽中。滑块与弹簧形成了推动件。滑块两端伸入锁环的缺口中，但滑块的宽度较缺口宽度小，二者之差等于锁环上的花键齿宽，而且缺口与花键齿有恰当的周向位置，使锁环相对于花键毂左右只能转动半个齿，而且只有当滑块位于锁环缺口的中央位置时，接合套与锁环才能进入啮合。

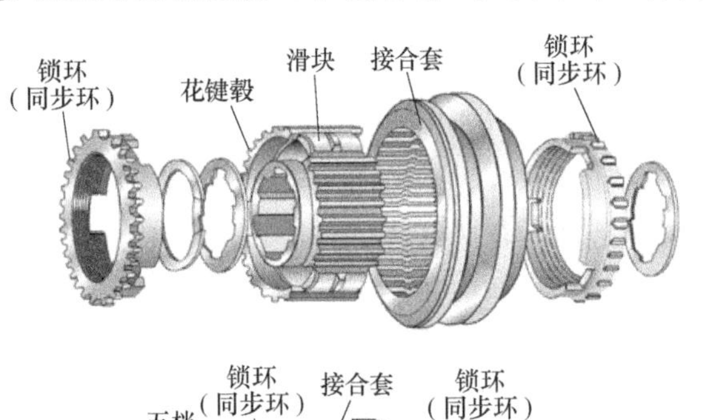

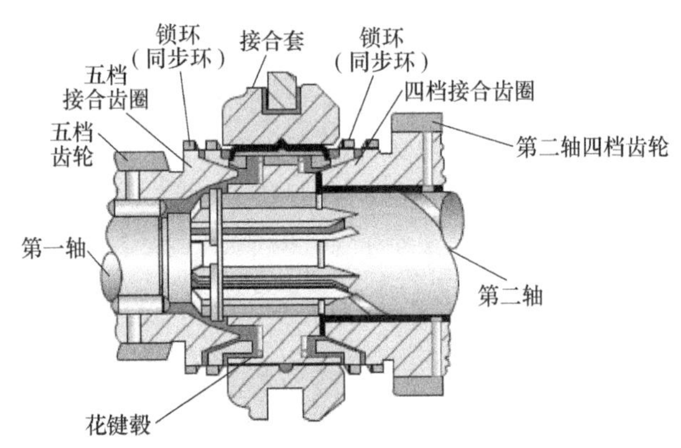

图4-44　锁环式惯性同步器的结构图

2. 工作原理

现在以该变速器由四档换入五档过程为例说明锁环式惯性同步器的工作原理，如图4-45所示。

（1）空档位置　图4-45a所示为接合套刚从四档退到空档时的情况。此时接合套处于中间位置，接合套5和花键毂10连同锁环4（与第二轴相联系）以及待啮合的五档齿圈3

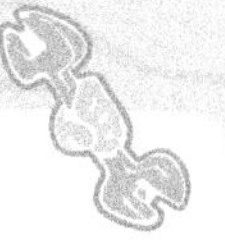

(与第一轴相联结),都在其自身及其所联系的一系列运动件的惯性作用下继续沿原方向(图中箭头所示方向)旋转。设接合套5、锁环4和齿圈3的转速分别为n_5、n_4和n_3,显然此时$n_4 = n_5$,$n_3 > n_5$,故$n_3 > n_4$。此时锁环是轴向自由的,其内锥面与齿圈的外锥面并不接触。

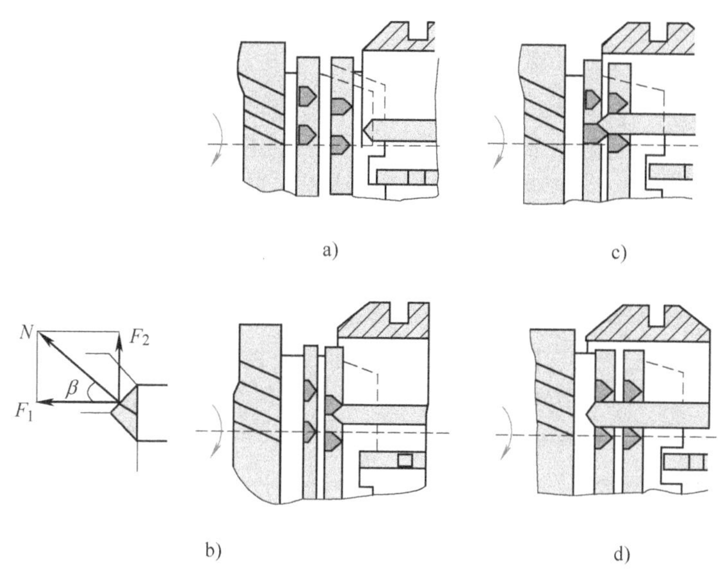

图4-45　锁环式惯性同步器工作原理图

(2)接合套移动,摩擦力矩产生　要挂入五档时,通过变速器操纵机构向左推动接合套5,并带动滑块一起向左移动。当滑块左端面与锁环的缺口底面接触时,便推动锁环移向齿圈3,使两锥面相接触。由于驾驶人作用在接合套上的推力,使两锥面间产生正压力,同时齿圈3与锁环4转速不相等,即$n_3 > n_4$,所以两者一经接触便在其锥面之间产生摩擦力矩M_1。通过摩擦力矩M_1的作用,齿圈3带动使锁环4相对于接合套5及花键毂10快转(顺转)一个角度,直到锁环缺口靠在滑块的另一侧(图中上侧)为止,随后锁环即与接合套同步转动。此时接合套锁环上的齿错开了约半个齿厚,接合套齿端的倒角与锁环齿端的倒角恰好互相抵住,因而接合套不能再向左移动进入啮合。

(3)锁止作用的产生　在上述两倒角相互抵触的情况下,如果要使接合套与锁环齿圈进入啮合,则必须使锁环相对于接合套向后倒转一个角度。此时,驾驶人作用在接合套并通过接合套作用在锁环齿端倒角面上的轴向力P,可以分解成倒角斜面上的法向正压力N及其切向分力F_2。切向力F_2便形成一个力图拨动锁环相对于接合套向后倒转的力矩M_2,称为拨环力矩。轴向力P则使锁环4与齿圈3的锥面进一步压紧,产生更大的摩擦力矩M_1,迫使待啮合的齿圈3相对于锁环4迅速减速而趋向与锁环同步。由于齿圈3的减速旋转,根据惯性原理,便产生一个与其旋转方向相同的惯性力矩,此惯性力矩通过摩擦锥面以摩擦力矩的形式传递到锁环上,阻止锁环相对于接合套向后倒转。在待接合齿圈3与锁环4未达到同步之前,摩擦锥面的摩擦力矩在数值上就等于此惯性力矩。

这就是说,在待啮合齿圈与锁环及接合套之间未达到同步之前,在锁环上作用着方向相反的两个力矩:一个是齿端倒角面上力图拨动锁环相对于接合套向后倒转的拨环力矩M_2;

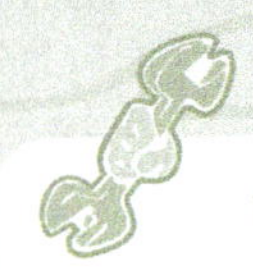

另一个是摩擦锥面上阻止锁环向后倒转的惯性力矩（即摩擦力矩）M_1。如果 $M_2>M_1$，锁环即可相对于接合套向后倒转一个角度，以便接合套进入啮合；如果 $M_1>M_2$，锁环则不能够倒转，而通过其齿端锁止角阻止接合套进入啮合，这就是锁环的锁止作用。由于锁环的锁止作用是依靠待啮合的齿圈3及与其相联系的零件的惯性力矩而形成的，因此称为惯性式同步器。

对于一定的轴向推力 F_1，拨环力矩 M_2 的大小取决于锁环及接合套齿端倒角（即锁止角）的大小，而惯性力矩 M_1 的大小则取决于摩擦锥面的锥角大小。实际上同步器在设计时，都经过适当地选择齿端倒角和摩擦锥面锥角，保证在达到同步之前始终保持 $M_1>M_2$，而且，不论驾驶人施加的轴向力 F_1 有多大，锁环都能够有效地阻止接合套进入啮合，从而使同步器可起到锁止作用，防止在同步前挂上档。

（4）同步啮合　随着驾驶人对接合套施加推力不断加大，摩擦锥面之间的摩擦力矩不断增加，使齿圈3的转速迅速降低，直至齿圈3与锁环4及接合套达到同步，相对角速度为零。此时惯性力矩消失，于是在拨环力矩 M_2 的作用下，锁环4连同齿圈3一起相对于接合套向后倒转一个角度，使滑块处于锁环缺口的中央，接合套5与锁环的花键齿不再抵触，锁环的锁止作用消除，接合套压下弹簧圈继续向左移动，与锁环的花键齿圈进入啮合。

接合套与锁环进入啮合后，轴向力不再作用于锁环上，因此锁环与齿圈锥面间的摩擦力矩消失。此时驾驶人还要继续向前拨动接合套，使接合套最终与待啮合的五档接合齿圈3进入啮合。如果此时接合套的花键齿恰好与齿圈3的花键齿发生抵触，则作用于接合套上的轴向力在齿圈3的倒角面上也将会产生一个切向分力，靠此切向分力便可拨动齿圈3及与其相联系的零件相对于接合套转过一个角度，从而使接合套5与齿圈3进入啮合，如图4-45d所示，最终完成换入五档的过程。

反之，如果由高速档换入低速档，上述过程也适用，但此时齿圈7和齿轮8是被加速到与锁环6（即接合套5）同步，从而使接合套先后与锁环及齿圈7进入啮合而完成换档过程。

任务实施

一、变速器总成的拆解

1）把变速器固定在修理架上，放出变速器油，如图4-46所示。

2）拆卸变速器后盖紧固螺钉，如图4-47所示。

图4-46　放出变速器油

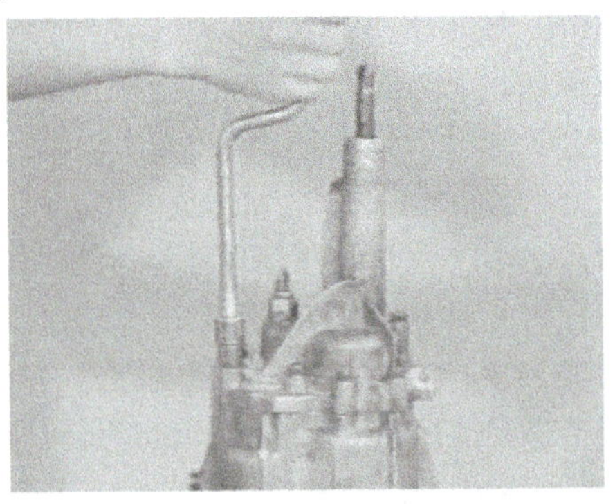

图4-47　拆卸变速器后盖紧固螺钉

3）将变速器后盖拆下，取出调整垫片和密封圈，如图 4-48、图 4-49 所示。

图 4-48　取出调整垫片

图 4-49　取出密封圈

4）小心地将后壳体上的第三、四档拨叉轴向后拉出一点至小自锁销能够取出，如图 4-50 所示。

5）取出小自锁销，如图 4-51 所示。将变速杆重新推至空档位置（注意：拨叉轴不能拉出太远，否则同步器内的档块会弹出来，拨叉轴不能回到空档位置）。此时已无自锁作用。

图 4-50　向后撬出三、四档拨叉轴

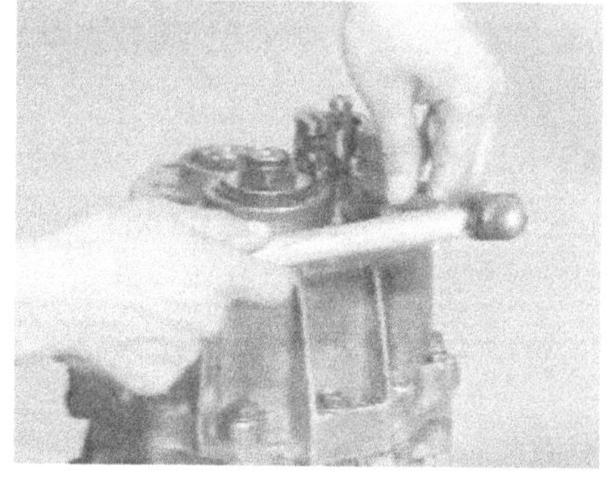

图 4-51　取出小自锁销

6）同时将一、二档拨叉轴和倒档拨叉轴向后拉（图 4-52），使倒档齿轮和一档齿轮同时啮合，锁住输出轴。

7）旋下输出轴后螺母，如图 4-53 所示。

8）拆卸后壳体紧固螺钉，如图 4-54 所示。取下输入轴的挡圈和垫片。

9）用顶拔器拉出输入轴的向心轴承。若没有专用工具，先旋出壳体和后盖的联接螺栓，用塑料锤（或木锤）敲击输入轴的前端和后壳体，直至后盖和后壳体结合处出现松动，如图 4-55 所示。

10）取下后壳体。此时变速器的输入轴和输出轴都在后壳体上，如图 4-56 所示。

11）将变速器壳体固定在台虎钳上，钳口应有较软的金属保持垫片，以防夹坏机件。

12）取出第三、四换档拨叉后端的弹性销，如图 4-57 所示。

图 4-52　同时将一、二档拨叉轴和倒档拨叉轴向后拉

图 4-53　旋下输出轴后螺母

图 4-54　拆卸后壳体紧固螺钉

图 4-55　敲击输入轴前端

图 4-56　取下后壳体

图 4-57　取出三、四换档拨叉后端的弹性销

13）将第三、四档拨叉轴往回拉，如图 4-58 所示，取出第三、四档变速杆拨叉，如图 4-59 所示。

14）取下倒档轴卡簧，如图 4-60 所示。

15）压出倒档齿轮轴，并取出倒档齿轮，如图 4-61 所示。

图 4-58　将第三、四档拨叉轴往回拉

图 4-59　取出第三、四档变速杆拨叉

图 4-60　取下倒档轴卡簧

图 4-61　压出倒档齿轮轴

16）将换档拨叉重新放在空档位置，取出输入轴。

17）用小冲头冲出一、二档换档拨块上的弹性销，如图 4-62 所示，并取出弹性夹片，如图 4-63 所示。

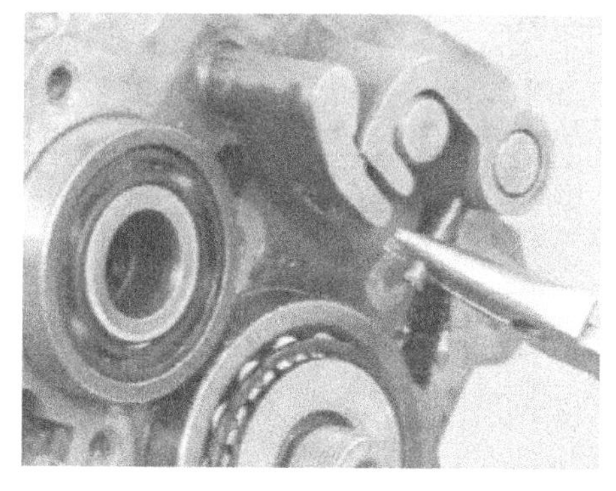

图 4-62　冲出一、二档换档拨块上的弹性销

图 4-63　取出弹性夹片

18）取下输出轴后壳体轴承内圈，如图 4-64 所示。

19）用工具拉出输出轴总成（注意：在拉出输出轴总成的同时，应注意一、二档拨叉轴的间隙，以防卡住），如图 4-65 所示。

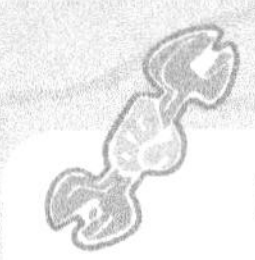

图 4-64　取下输出轴后壳体轴承内圈

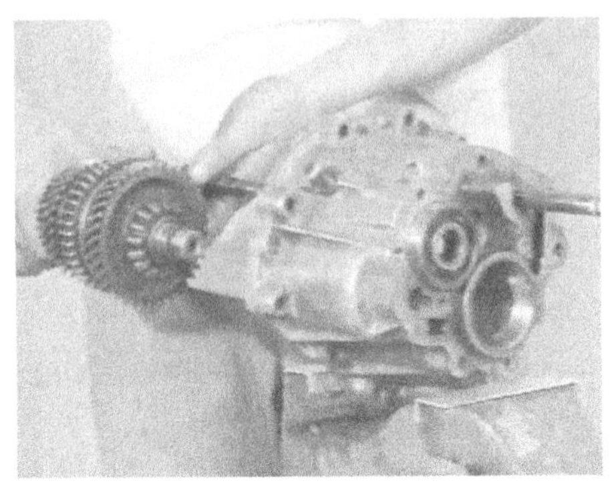

图 4-65　拉出输出轴总成

二、变速器输入轴总成的分解与组装

输入轴分解图如图 4-66 所示。

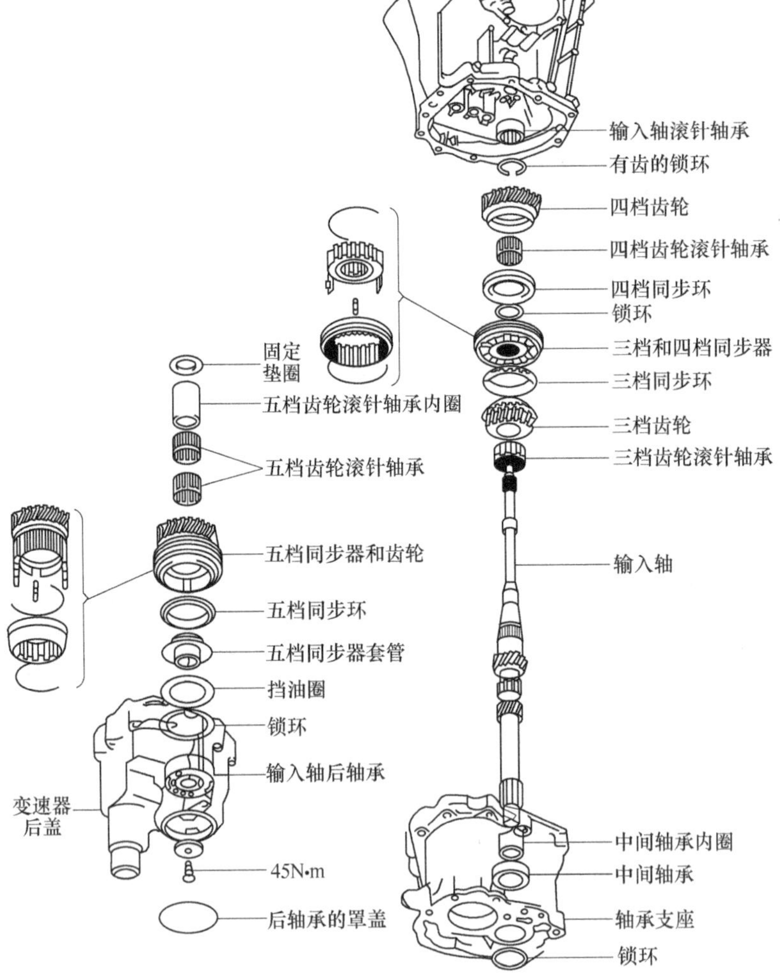

图 4-66　输入轴分解图

1）分解输入轴总成时，先拆下挡圈，如图 4-67 所示，取下四档齿轮、同步环和滚针轴承。

2）拆下同步器锁环，如图 4-68 所示。

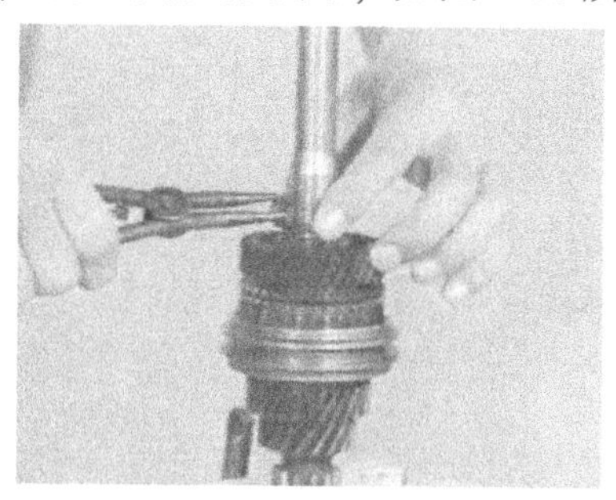

图 4-67　拆卸挡圈

图 4-68　拆下同步器锁环

3）用压床压出三、四档同步器齿毂，如图 4-69 所示。

4）按顺序分解输入轴，如图 4-70 所示。

图 4-69　用压床压出三、四档同步器齿毂

图 4-70　按顺序分解输入轴

5）输入轴总成组装时，将组装好的三档齿轮和轴承，压入三、四档齿毂齿套，齿毂内花键的倒角朝向三档齿轮的方向。

6）压入一、二档齿毂齿套，安装齿毂和齿套时，槽应对着一档齿轮；安装滑块弹簧时，其开口错开 120°，弹簧弯曲端须固定在滑块内。

三、变速器输出轴总成的分解和组装

1. 输出轴总成分解

先压出一档齿轮和轴承，压出二档齿轮和同步器总成，压出三档齿轮和四档齿轮（注意：压出前应拆下各轴向挡圈）。图 4-71 所示为输出轴分解图。

2. 输入轴的安装

1）检查主减速器主动锥齿轮的情况。如果已经损坏，同主减速器从动锥齿轮一起更换，并计算从动锥齿轮和主动锥齿轮调整垫片的厚度。

2）检查所有齿轮和轴承的损坏情况。如需要更换，除更换所损坏的部件外，还需将其他轴上的相应齿轮更换。

3）用钢丝刷清洗同步环的内锥面，如图 4-72 所示。

4）在更换一档齿轮滚针轴承的内圈或输出轴的后轴承时，计算输出轴的调整垫片厚度。

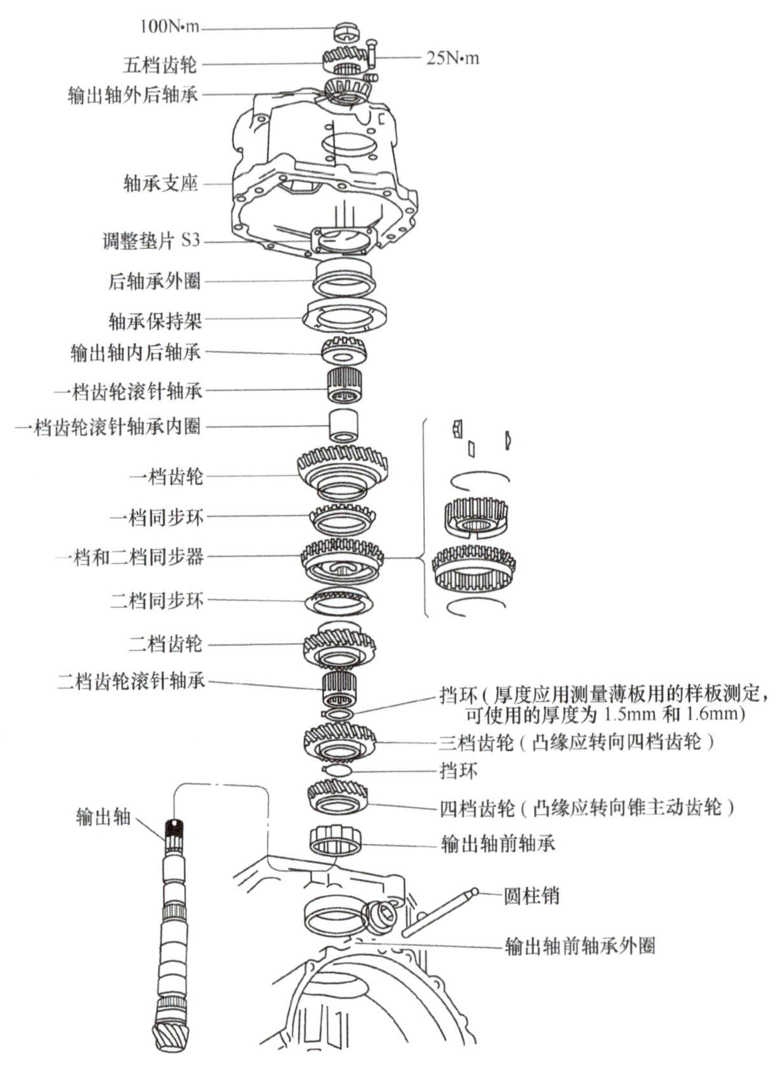

图 4-71　输出轴分解图

5）将同步环压在各自齿轮的锥面上，检查间隙 A 值，如图 4-73 所示。将同步环贴在极其平滑的表面上（平板、玻璃等）对其扭曲进行分析。用轻度的压力将同步环装在各自齿轮的锥面上，移动齿轮的锥环，对过度的侧面间隙（成椭圆形）进行分析。如果出现上述任何一种不正常现象，应更换同步环。

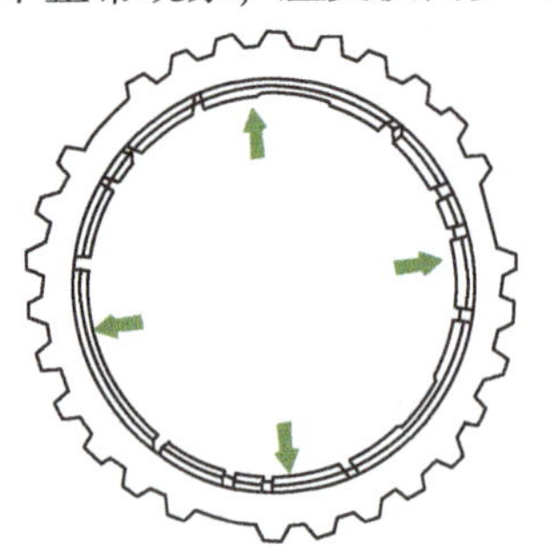

图 4-72　清洗同步环内锥面

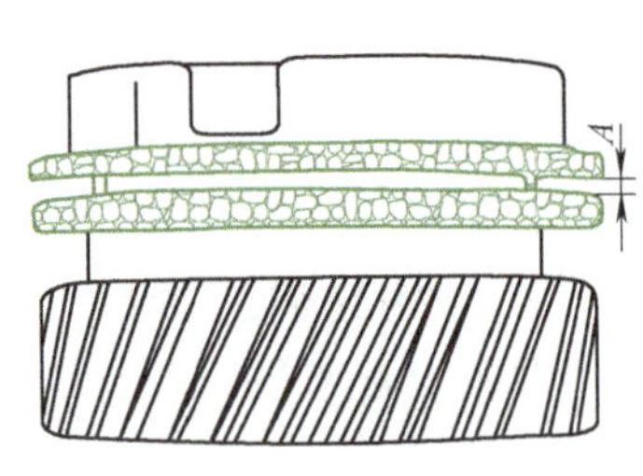

图 4-73　检查间隙

6）参照图 4-71，按顺序安装输出轴。

四、变速器的装配

变速器变速传动机构的组装（组装时按分解的逆顺序进行）：

1）压入输出轴总成。压入输出轴总成时，要将变速杆与第一、二档换档拨叉和输出轴总成一起装入后壳体，然后压入后轴承。压入时，注意第一、二档换档滑杆的活动间隙，必要时，轻轻敲击以免卡住。

安装一、二档拨块，压入弹性销，安装倒档齿轮，压入轴。安装输入轴时，要拉回二、四档拨叉至能够装入滑动齿套为止，同时应位于空档位置，并用弹性销固定好拨叉。放好新的密封环，将输入轴和输出轴及后壳体一起与壳体用 M8 ×45 的螺栓联接，紧固力矩为 25N · m。使用支撑桥将输入轴支承住，压入输入轴的向心轴承或组合式轴承。向心轴承保持架密封面对着后壳体，而组合式轴承的滚柱对着后壳体。安装三、四档拨叉轴上的小止动块，拧紧输出轴螺母，力矩为 100N · m。将换档叉轴置于空档位置（变速器不能拉出太远，否则同步器内的止动块可能弹出来，变速滑杆可能不能再压回到空档位置。这种情况下须重新拆卸变速器，将 3 个锁块压到同步器齿套内并推入滑动套筒）。最后安装差速器。

2）安装变速器后盖。由于输出轴本身是主减速器的主动齿轮，因此后盖上的垫片要合理选择。安装壳体后盖，将所选用的垫片放入后盖，将异型弹簧放到内变速杆上，将异型弹簧压紧后与内变速杆一起向内推，直到弹簧的另一端弯头支承在后盖和调整垫片上为止。再按顺时针方向旋转内变速杆，直至异型弹簧滑进正确位置为止。以 25N · m 的力矩拧紧螺钉。

装配时，严格拆装程序并注意操作安全，注意各零件、部件的清洗和润滑。分解变速器时不能用锤子直接敲击零件，必须采用铜棒或硬木垫进行冲击，以免损伤部件。

拓展提高

汽车在直线行驶时，左、右两个驱动轮的转速是相同的，但在转弯时两边车轮行驶的距离不是等长的，因此车轮的转速也会不同。差速器的作用就是允许左、右两边的驱动轮以不同的转速运行。

差速器的位置处于传动轴与左、右半轴的交汇点，从变速器输出的动力在这里被分配到左、右两个半轴。

一、差速器的构造

如图 4-74 所示，整个差速器的核心是 4 个齿轮：两个行星齿轮 4 和两个与传动轴相连的半轴齿轮 3。这 4 个齿轮都在差速器壳内，这个壳体连接着传动轴 5，本身也要转动，在行驶时它的转动方向与车轮转动方向相同。

差速器壳体的两极连接的是汽车的左、右半轴 5。这里安装着两个半轴齿轮 3，两齿轮中心的连线就是差速器壳体转动的轴线。

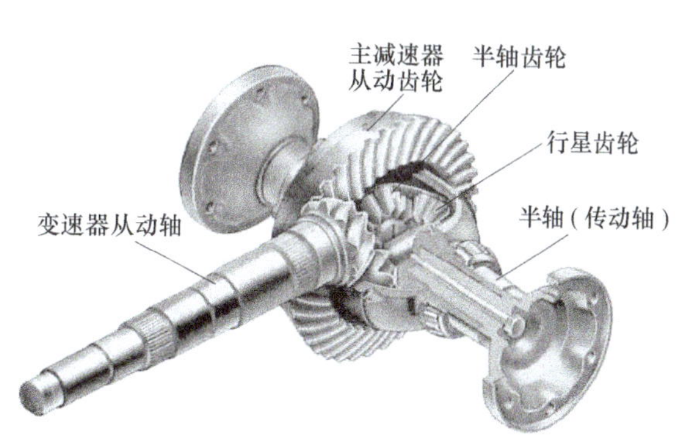

图 4-74　差速器的结构

除了两个半轴齿轮外，还有两个行星齿轮 4。两个齿轮对向安装并且与半轴齿轮垂直。这两个齿轮经常要朝相反方向转动，从而实现差速作用。壳体在自转过程中会带着两个齿轮公转。

这 4 个齿轮虽然安装在壳体内部但都是可以独立于差速器壳体转动的，只是它们相互啮合在一起，每个半轴齿轮都啮合着两个行星齿轮，每个行星齿轮都啮合着两个半轴齿轮，只要其中一个齿轮转动都会牵扯到其他 3 个齿轮一起转动，而且其中一个齿轮朝某个方向转动，与它相对的另一边齿轮必定朝反方向转动。

二、差速器的运作原理

直线行驶时的特点是左、右两边驱动轮的阻力大致相同。从发动机输出的动力首先传递到差速器壳体上使差速器壳体开始转动。接下来要把动力从壳体传递到左、右半轴上，由于两边车轮阻力相同，因此两边达到平衡，差速器壳体内的行星齿轮跟着壳体公转的同时不会产生自转，两个行星齿轮啮合着两个半轴齿轮以相同的速度转动，这样汽车就可以直线行驶了，如图 4-75 所示。

假设车辆现在向左转，左侧驱动轮行驶的距离短，相对来说会产生更大的阻力。差速器壳体通过齿轮和输出轴相连，在传动轴转速不变情况下差速器壳体的转速也不变，因此左侧半轴齿轮会比差速器壳体转得慢，这就相当于行星齿轮带动左侧半轴会更费力，这时行星齿轮就会产生自转，把更多的转矩传递到右侧半轴齿轮上，由于行星齿轮的公转外加自身的自转，导致右侧半轴齿轮会在差速器壳体转速的基础上增速，右车轮就比左车轮转得快，从而使车辆实现顺滑的转弯，如图 4-76 所示。

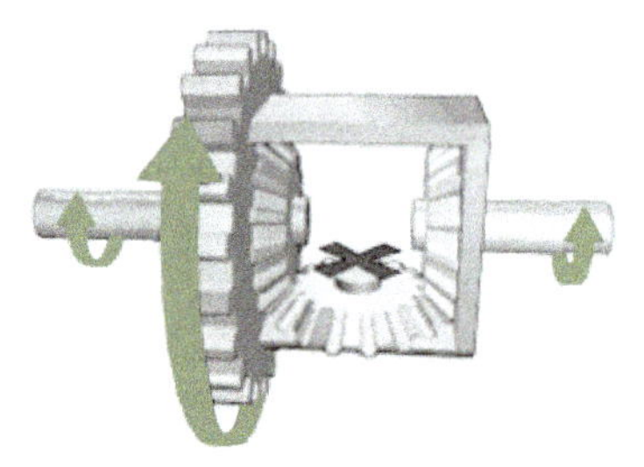

图 4-75　车辆直线行驶时差速器状态

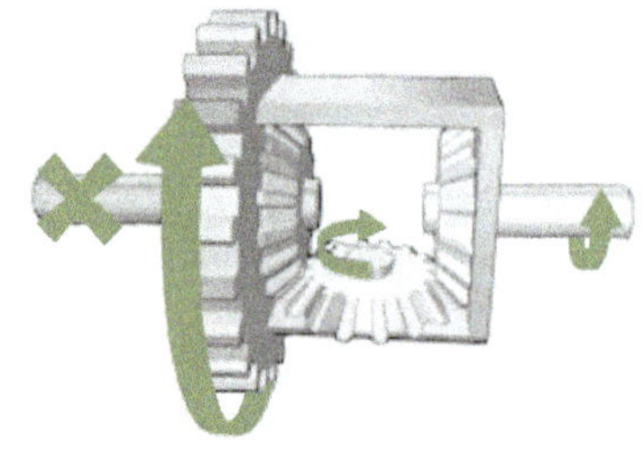

图 4-76　一侧车轮遇到阻力

三、普通差速器的弊端

一侧驱动轮失去抓地力时为什么车辆就无法前行？这是因为当一侧车轮失去抓地力之后，相当于这一侧车轮的阻力为 0，而另一侧车轮的阻力相对于失去抓地力的这一侧来说太大了，在跟着壳体公转的同时，差速器内的行星齿轮自身还会自转，把动力源源不断地传递到失去抓地力的那一侧车轮，因此车子只会待在原地不动。

这也是为什么很多高性能车要装备限滑差速器的原因。限滑差速器的作用是在左、右半轴的转速差过大时锁止普通差速器，让动力能够在左、右两侧半轴合理分配。而一些专业的越野车装备四驱装置和差速锁，在抓地力不足的情况下通过手动控制或者电子设备自动把差速器锁止，此时差速器就不起作用了，动力被平均分配到 4 个车轮上帮助车辆摆脱困境。

思考问题

1. 变速器同步器是如何工作的？
2. 变速器的倒档是如何获得的？

任务四 悬架减振器的更换

学习目标

1. 掌握悬架系统的结构及工作原理。
2. 熟悉悬架减振器的更换过程。
3. 掌握弹簧、减振器、导向机构的类型及结构特点。
4. 能根据相关技术规定，制订悬架减振器的更换方案（重点）。
5. 能对前、后悬架进行拆装。

任务情境

客户的捷达 Gix 已经行驶 7.3 万 km，客户反映汽车在路况不好时车身前部发出异响，并感觉异常震动。用手下压汽车四角，发现右前车头下压费力，放手明显缺少阻尼弹性。

任务分析

减振器是汽车悬架的重要组成部分，在悬架中主要起减振作用。减振器损坏不仅影响汽车的舒适性，而且影响到汽车行驶及操控性，是汽车底盘中较常见的故障。汽车经长期使用或长期在恶劣路况下行驶，会导致减振器损坏。因此，应掌握汽车悬架减振器的更换方法。

拆卸右悬架后，检查右前减振器，发现右前减振器损坏，更换减振器，故障排除。

任务实施的相关专业知识

一、悬架的作用、组成

悬架的主要作用是把路面作用于车轮上的垂直反力（支承力）、纵向反力（驱动力和制动力）和侧向反力以及这些反力所形成的力矩传递到车架（或承载式车身）上，以保证汽车的正常行驶。

如图 4-77 所示，悬架主要由弹性元件 1、导向装置 2 和 5、减振器 3 三部分组成。

弹性元件使车架与车桥之间作弹性联系，承受和传递垂直载荷，缓和不平路面所引起的冲击；导向装置用来传递纵向力、侧向力及其力矩，并保证车轮相对于车架或车身具有一定的运动规律；减振器用以加快振动的衰减，限制车身和车轮的振动。由此可见，上述三个组成部分分别起缓冲、导向和减振作用，三者相匹配实现共同传力的作用。为防止车身在不平路面行驶或转向时发生过大的横向倾斜，部分汽车还装有辅助弹性元件——横向稳定器平衡杆。

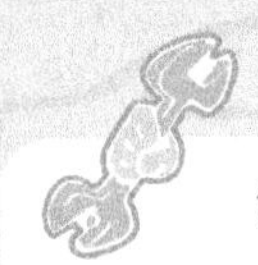

需要指出的是：任何悬架只要具备上述功用，在结构上并非必须有以上全套装置。如汽车上广泛采用的多片钢板弹簧悬架，它既有缓冲、减振的功能，又担负有传力和导向的任务，因此，不需要再安装导向机构，甚至不要减振器（如后悬架）。

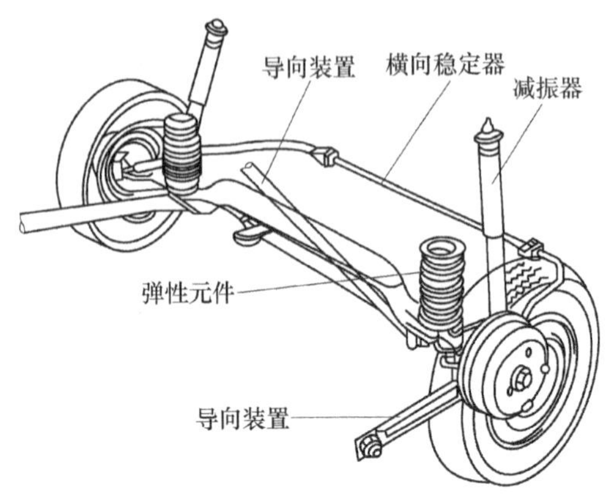

图 4-77　悬架组成示意图

二、悬架的分类

根据汽车两侧车轮运动是否相互关联，汽车悬架可分为非独立悬架和独立悬架两种。

1. 非独立悬架

非独立悬架（图 4-78a）的结构特点是汽车两侧车轮分别安装在一根整体式的车轴两端，车轴通过弹性元件与车架相连接。这种悬架当一侧车轮因道路不平而跳动时，将会影响另一侧车轮的工作，因此称为非独立悬架或相关悬架。

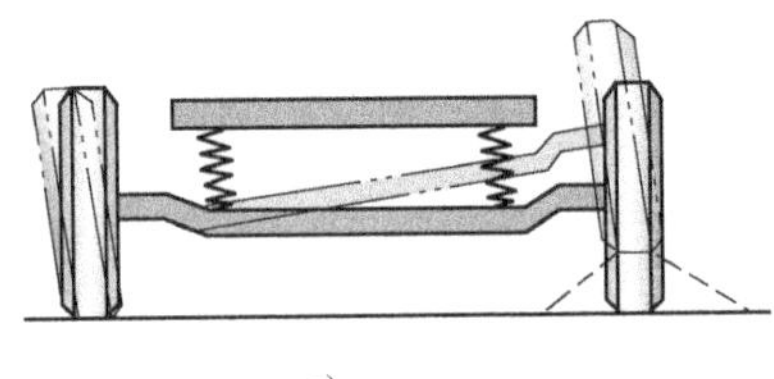

a)

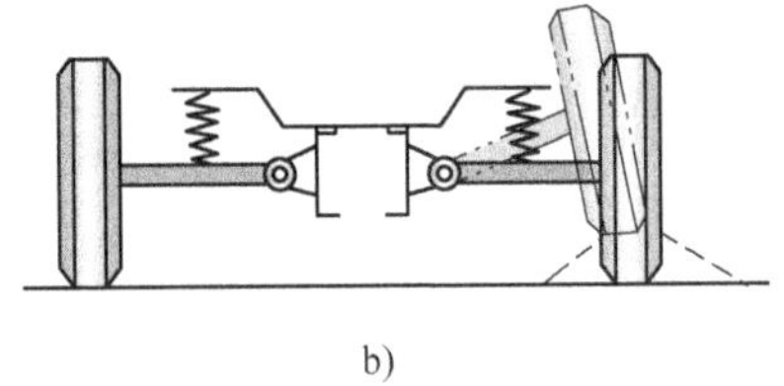

b)

图 4-78　非独立悬架与独立悬架示意图

a）非独立悬架　b）独立悬架

非独立悬架结构简单，广泛应用于货车和客车上，用在轿车上时只作为后悬架。

（1）钢板弹簧式非独立悬架　钢板弹簧被用作非独立悬架的弹性元件，由于它兼起导向机构的作用，使得悬架系统大为简化。如图 4-79 所示，悬架中部用 U 形螺栓 3 将钢板弹簧固定在车桥上，悬架前端为固定铰链，俗称“死吊耳”。它由钢板弹簧销钉将钢板弹簧前端卷耳部与钢板弹簧前支架连接在一起，为减小磨损，前端卷耳孔中装有衬套。后端卷耳通过钢板弹簧吊耳销 4 与后端吊耳和吊耳架相连，后端可以自由摆动，形成“活动吊耳”。当车架受到冲击，弹簧变形时，两卷耳之间的距离是变化的。

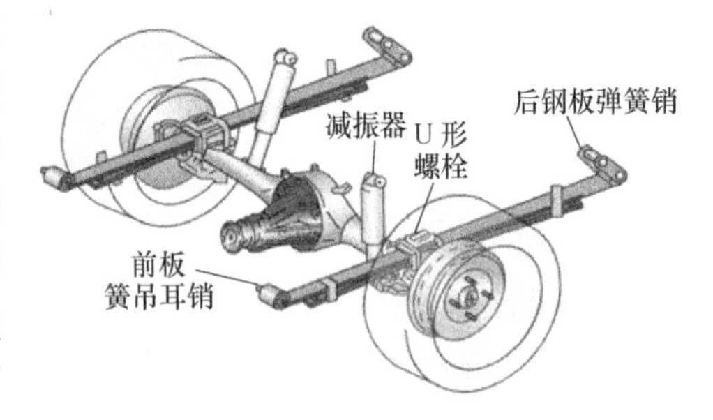

图 4-79　钢板弹簧式非独立悬架

（2）螺旋弹簧非独立悬架（拖拽臂式非独立悬架）　因为螺旋弹簧作为弹性元件只能承受垂直载荷，所以其悬架系统要加设导向机构和减振器。螺旋弹簧非独立悬架一般只用作轿车的后悬架，如桑塔纳、捷达、红旗轿车等。如图 4-80 所示，两个后轮用后桥 2 相连，纵摆臂 1 的一端和车轴固定，另一端通过橡胶衬套的孔和车身相连。橡胶衬套可在各个方向产生较小的变形来防止运动干涉。

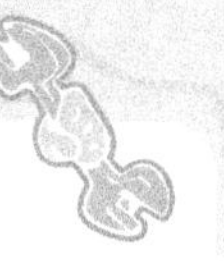

2. 独立悬架

独立悬架（图 4-78b）是两侧车轮分别安装在断开式车轴的两端，每段车轴和车轮单独通过弹性元件与车架相连。这样当一侧车轮跳动时，对另一侧车轮不产生影响，因此称为独立悬架。独立悬架的前轮可调整定位，故在轿车上被广泛应用，而非独立悬架因结构简单、制造和维修方便，故被中、重型汽车普遍采用。

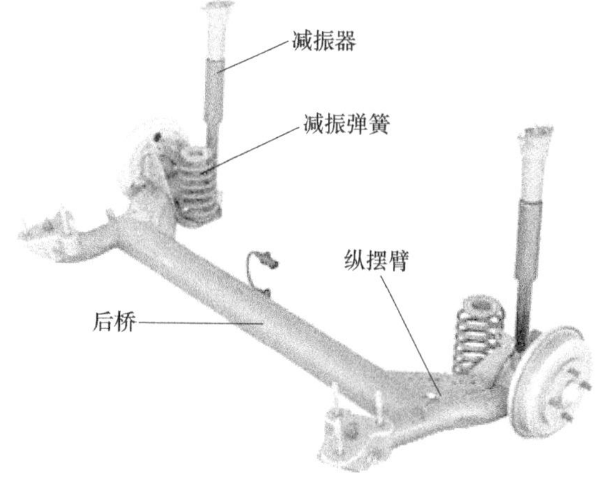

图 4-80　螺旋弹簧非独立悬架

(1) 横臂式独立悬架　横臂式独立悬架分为单横臂式和双横臂式两种。

1）单横臂式独立悬架。图 4-81 所示为单横臂式独立悬架示意图。采用单横臂式独立悬架的车轮上下运动时，车轮平面将产生倾斜而改变轮距的大小，并使主销内倾角及车轮外倾角均发生较大变化。轮距变化使轮胎产生横向滑移，破坏轮胎与地面的附着，因此这种悬架很少在转向轮中采用。

2）双横臂式独立悬架。图 4-82 所示为双横臂式独立悬架。上、下两摆臂不等长，选择长度比例合适，可使车轮和主销的角度及轮距变化不大。这种独立悬架被广泛应用在轿车前轮上。双横臂的臂做成 A 字形或 V 字形。V 形臂的上、下 2 个 V 形摆臂以一定的距离，分别安装在车轮上，另一端安装在车架上。

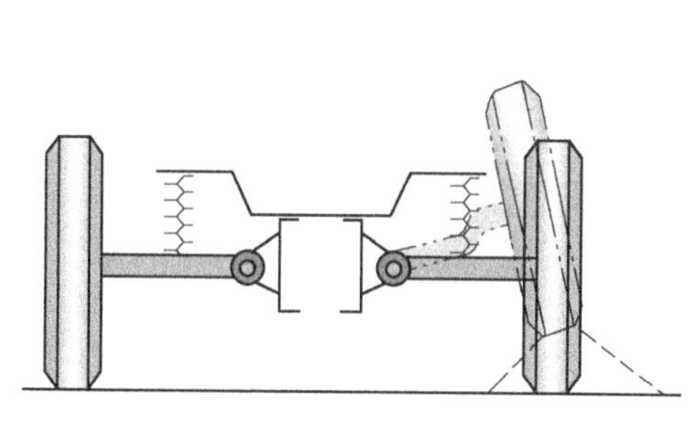
图 4-81　单横臂式独立悬架

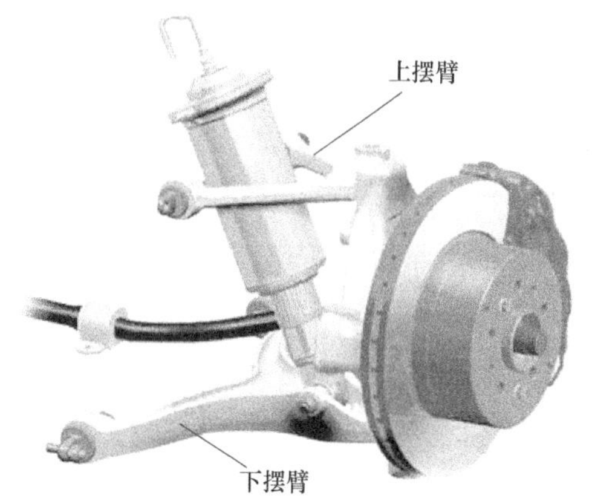

图 4-82　双横臂式独立悬架

(2) 纵臂式独立悬架

1）单纵臂式独立悬架。单纵臂式独立悬架在车轮上下跳动时，主销后倾角会产生很大变化，一般不用在前悬架中。

2）双纵臂式独立悬架。如图 4-83 所示，悬架的两个纵臂长度一般制成相等，形成平行四连杆机构。这样可使车轮上下跳动时，主销后倾角不变，因而这种形式的悬架适用于转向轮。

(3) 多连杆式独立悬架　多连杆式悬架系统分为五连杆后悬架和四连杆前悬架系统。

顾名思义，五连杆后悬架系统包含 5 条连杆，分别为控制臂、后置定位臂、上臂、下臂和前置定位臂，其中控制臂可以调整后轮前束，如图 4-84 所示。五连杆悬架的优点是构造简单、重量轻，减少悬架系统占用的空间。五连杆后悬架能实现主销后倾角的最佳位置，大幅度减小来自路面的前、后方向力，从而改善加速和制动时的平顺性和舒适性，同时也保证了直线行驶的稳定性，因为由螺旋弹簧拉伸或压缩导致的车轮横向偏移量很小，不易造成非直线行驶。

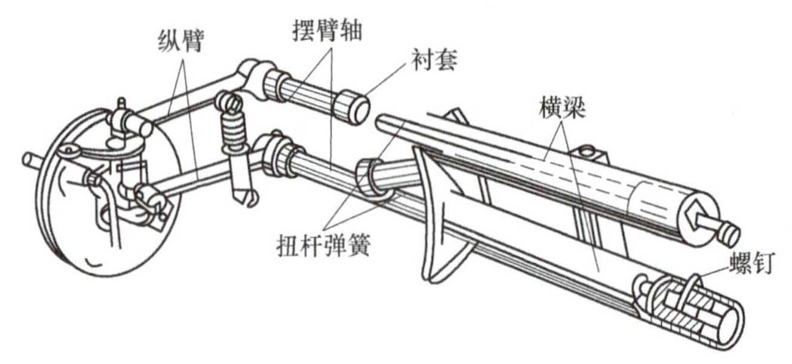

图 4-83　双纵臂扭杆弹簧式前独立悬架

多连杆独立后悬架能提供给车辆更好的操控性和舒适性。

图 4-84　典型的多连杆独立悬架结构图

（4）车轮沿主销移动的悬架　车轮沿主销移动的悬架包括两种形式：一种是车轮沿固定不动的主销轴线移动的烛式独立悬架；另一种是车轮沿摆动的主销轴线移动的麦弗逊式独立悬架。

1）烛式独立悬架。烛式独立悬架的车轮沿固定不动的主销轴线移动。主销刚性地固定在车架上，转向轮、万向节装在套筒上。这种悬架的主销定位角不变化，使汽车转向操纵及行驶稳定性较好，但侧向力全部由套在主销上的套筒和主销承受，套筒与主销之间的摩擦阻力大，磨损严重。

2）麦弗逊式独立悬架。这种悬架使车轮沿摆动的主销轴线移动，目前在轿车中采用很多。如图 4-85 所示，麦弗逊式悬架将减振器作为引导车轮跳动的滑柱，螺旋弹簧与其装于一体。这种悬架将双横臂上臂去掉并以橡胶作支承，允许滑柱上端作少许角位移；内侧空间大，有利于发动机布置，并降低车子的重心；车轮上下运动时，主销轴线的角度

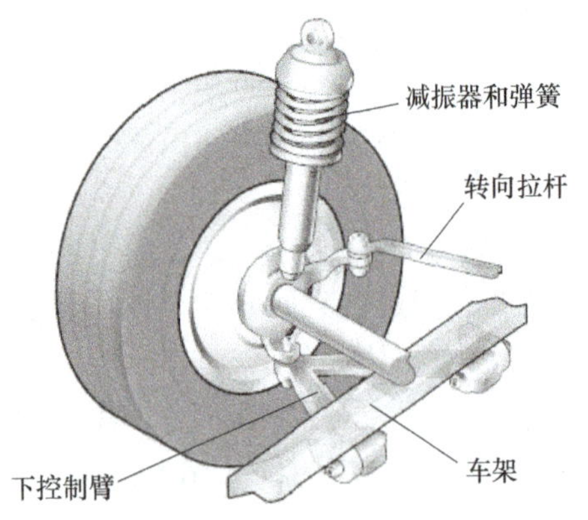

图 4-85　麦弗逊式独立悬架

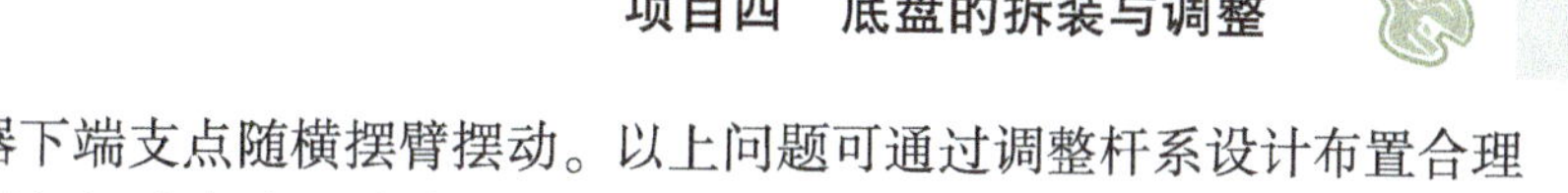

会有变化，这是因为减振器下端支点随横摆臂摆动。以上问题可通过调整杆系设计布置合理得到解决。一汽奥迪 100、捷达/高尔夫、富康及上海桑塔纳型轿车均采用这种悬架。

三、弹性元件

汽车悬架所用的弹性元件有钢板弹簧、螺旋弹簧、扭杆弹簧、气体弹簧和橡胶弹簧等。一般载货汽车的非独立悬架广泛采用钢板弹簧，大多数轿车的独立悬梁应用螺旋弹簧和扭杆弹簧；而在重型载货汽车上气体弹簧得到广泛的应用。

1. 钢板弹簧

钢板弹簧是汽车悬架中应用最广泛的一种弹性元件。它是由若干片长度不等、曲率半径不同、厚度相等或不等的弹簧钢片叠合在一起组成的一根近似等强度的弹性梁（图 4-86）。

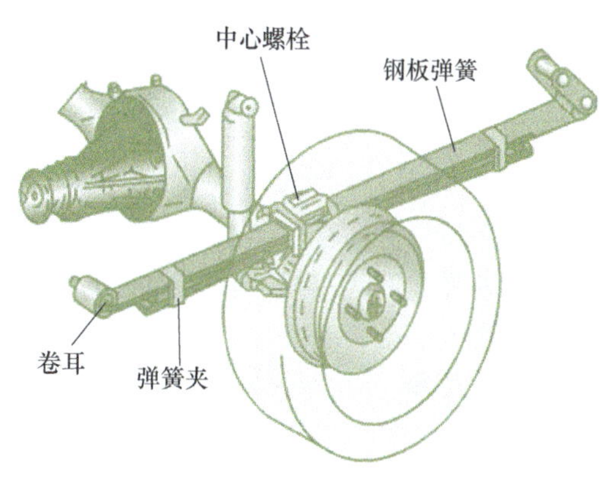

图 4-86　钢板弹簧

钢板弹簧中部一般由 U 形螺栓与车桥刚性固定，其两端用钢板弹簧销铰接在车架的支架上。为加强第一片的卷耳，常将第二片末端也弯成卷耳，把第一片卷耳包住。弹簧受压变形时为防止它们之间产生相对滑动，在第一片与第二片卷耳之间留有较大的空隙。

2. 螺旋弹簧

螺旋弹簧广泛地应用于前独立悬架。螺旋弹簧（图 4-87）与钢板弹簧相比，具有无须润滑、不忌泥污、所占纵向空间不大、弹簧质量小等优点。

螺旋弹簧本身没有减振作用，因此在螺旋弹簧悬架中必须另装减振器。此外，螺旋弹簧只能承受垂直载荷，故必须装设导向机构以传递垂直力以外的各种力和力矩。螺旋弹簧通常用弹簧钢棒料卷制而成，可做成等螺距或变螺距的，前者刚度不变，后者刚度是可变的。

3. 扭杆弹簧

扭杆弹簧是一根具有扭转弹性的直线金属杆件（图 4-88）。其断面一般为圆形，少数为矩形或管形。它的两端可以制成花键、方形、六角形或带平面的圆柱形等，以便将一端固定在车架 3 上，另一端通过摆臂 1 固定在车轮上。当车轮跳动时，摆臂便绕着扭杆轴线摆动，使扭杆产生扭转弹性变形，借以保证车轮与车架的弹性联系。有的扭杆由一些矩形断面的薄扭片组合而成，这样弹簧更为柔软。

图 4-87　轿车悬架螺旋弹簧

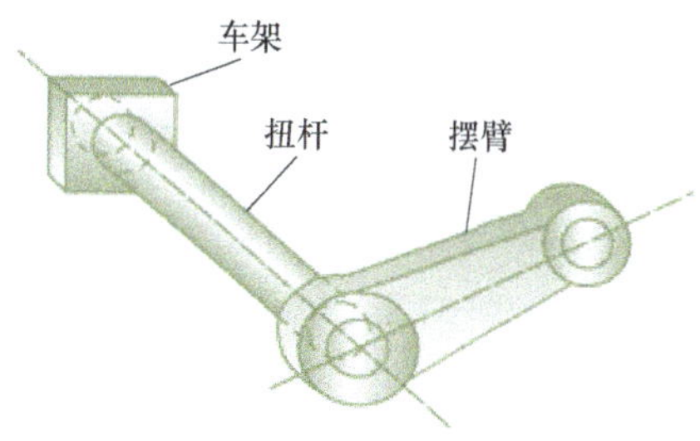

图 4-88　扭杆弹簧

扭杆本身的扭转刚度虽然是常数，但采用扭杆的悬架刚度却是可变的。若将扭杆的固定

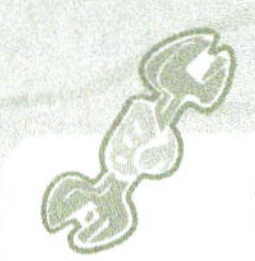

端转过一个角度，则摆臂的初始位置将改变，借以可调节车架与车轮间的距离，即调节车身高度。扭杆弹簧与钢板弹簧相比较，具有质量小、不需润滑的特点。

4. 气体弹簧

气体弹簧是在一个密封的容器中充入压缩气体，利用气体的可压缩性实现其弹簧作用的。这种弹簧的刚度是可变的，因为作用在弹簧上的载荷增加时，容器内的定量气体气压升高，弹簧的刚度增大。反之，当载荷减小时，弹簧内的气压下降，刚度减小，故它具有较理想的弹性特性。气体弹簧可以通过专门的高度控制阀自动调节气室中的初始充气压力，以调节车身与地面的高度。

5. 橡胶弹簧

橡胶弹簧是利用橡胶本身的弹性来缓和冲击、减小振动的。它可以承受压缩载荷与扭转载荷。橡胶弹簧的优点是：单位质量的储能量较金属弹簧多，隔声性能好，多用在悬架的副簧和缓冲块上。

四、减振器

减振器的作用是吸收弹簧起落时车辆的振动，使其迅速恢复平稳的状态，以改善汽车行驶的平稳性。减振器和弹性组件是并联安装的，如图 4-89 所示。

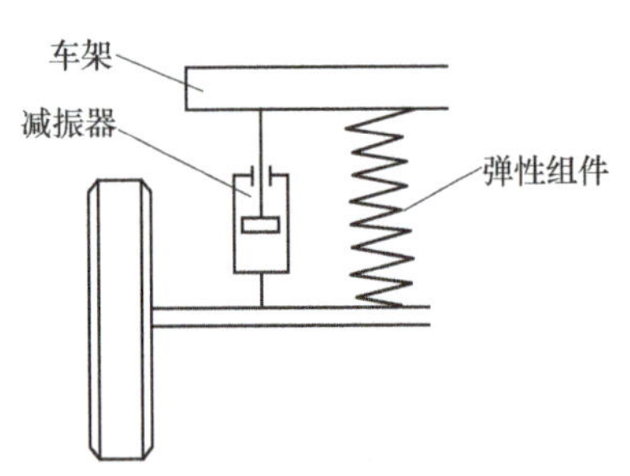

图 4-89　减振器和弹性组件的安装示意图

汽车悬架系统中广泛采用液力减振器。其工作原理是利用液体流动的阻力来消耗振动的能量。当车架与车桥相对运动时，活塞在缸筒内上下移动，减振器壳体内的油液便反复地从一个内腔通过一些窄小的孔隙流入另一个内腔。此时，孔壁与油液间的摩擦及液体分子内摩擦便形成对振动的阻尼，使车身和车架的振动能量转化为热能而被油液和减振器壳体吸收，最后散到大气中去。减振器的阻尼力大小随车架与车桥的相对运动速度的增减而增减，并且与油液的黏度有关。

减振器的阻尼力越大，振动衰减得越快，但却使得并联的弹性组件的作用不能充分发挥。另外，过大的阻尼力还可能导致减振器连接件及车架损坏。为解决弹性组件与减振器之间的这一矛盾，对减振器提出如下要求：

1）在悬架压缩行程（车桥与车架相对移近的行程）内，减振器阻尼力应较小，以便充分利用弹性组件的弹性，以缓和冲击。

2）在悬架伸张行程（车桥与车架相对远离的行程）内，减振器阻尼力应较大，以迅速减振。

3）当车桥（或车轮）与车架的相对速度过大时，减振器应当能自动加大液流通道面积，使阻尼力始终保持在一定限度之内，以避免承受过大的冲击载荷。

在压缩和伸张两行程内均能起作用的减振器，称为双向作用式减振器。目前，汽车上广泛采用双向作用筒式减振器。

图 4-90 所示为双向作用筒式减振器结构示意图。它一般都具有压缩阀、伸张阀、流通阀和补偿阀。流通阀和补偿阀是一般的单向阀，其弹簧很软，当阀上的油压作用力与弹簧力同向时，阀处于关闭状态，完全不通液流；而油压作用力与弹簧力反向时，只要有很小的油

压，阀便能开启。压缩阀和伸张阀是卸压阀，其弹簧较强，预紧力较大，只有当油压增高到一定程度时，阀才能开启；而当油压降低到一定程度时，阀即自行关闭。

（1）压缩行程　当车桥移近车架（或车身）时，减振器受压缩，减振器活塞下移，活塞下面的腔室容积小，油压升高，油液经流通阀流到活塞上面的腔室。由于活塞杆占去上腔室的部分容积，使上腔室增加的容积小于下腔室减小的容积，因此还有一部分油液不能进入上腔室而只能打开压缩阀，流回储油缸筒。油液流经上述阀孔时，受到一定的节流阻力。为克服这种阻力而消耗了振动能量，使振动衰减。

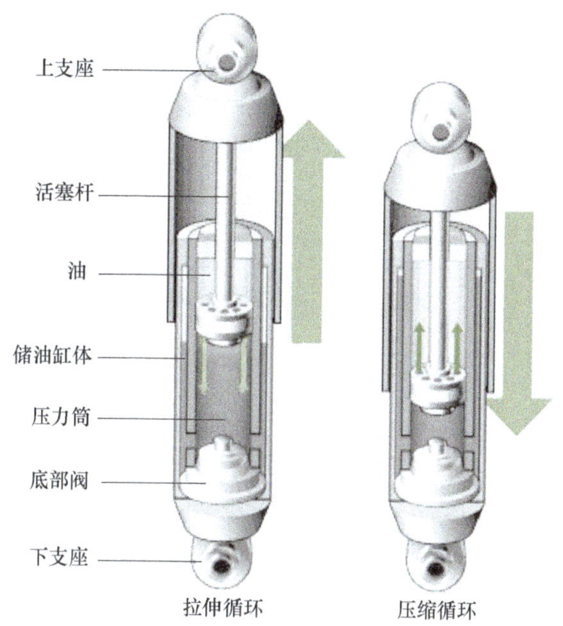

图 4-90　双向作用筒式减振器结构示意图

（2）伸张行程　当车轮相对车身移开，减振器受拉伸。此时减振器活塞向上移动，活塞上腔油压升高，流通阀关闭，上腔的油液便推开伸张阀流入下腔。同样，由于活塞杆的存在，自上腔流来的油液还不足以充满下腔所增加的容积，下腔内产生一定的真空度，这时储油缸中的油液便推开补偿阀流入下腔进行补充。这时，这些阀的节流作用即造成对悬架伸张运动的阻尼力。

压缩阀的节流阻力应设计成随活塞运动速度变化而变化。例如，当车架或车身振动缓慢时，油压不足以克服压缩阀弹簧的预紧力而推开阀门，此时多余部分的油液经由一些常通的缝隙流回储油腔。当车身振动剧烈，即活塞向下运动的速度高时，则活塞下腔油压骤增，达到能克服压缩阀弹簧的预紧力时，便推开压缩阀，使油液在很短的时间内通过较大的通道流回储油缸。这样油压和阻尼力都不致超过一定限度，以保证压缩行程中弹性组件的缓冲作用得到充分发挥。

同理，伸张行程中减振器的阻尼力也应设计成随活塞运动速度而变化。当车轮向下运动速度不大时，油液经伸张阀的常通孔隙流入下腔，由于通道截面积很小，便产生较大的阻尼力，从而消耗了振动能量，使振动迅速衰减。当车身振动剧烈时，活塞上移速度增大到使油压足以克服伸张阀弹簧的预紧力时，伸张阀开启，通道截面积增大，使油压和阻尼力保持在一定限度以内。这样，可使减振器及悬架系统的某些零件不会因超载而损坏。

任务实施

1. 前悬架的拆装

桑塔纳前悬架的分解图如图 4-91 所示。

1）拆下车轮装饰外罩，拆下轮胎紧固螺母，卸下车轮，如图 4-92 所示。

2）拔下轮速传感器接头并将线固定在不影响减振器拆卸的地方。

3）拆下车轮轮速传感器，如图 4-93 所示。

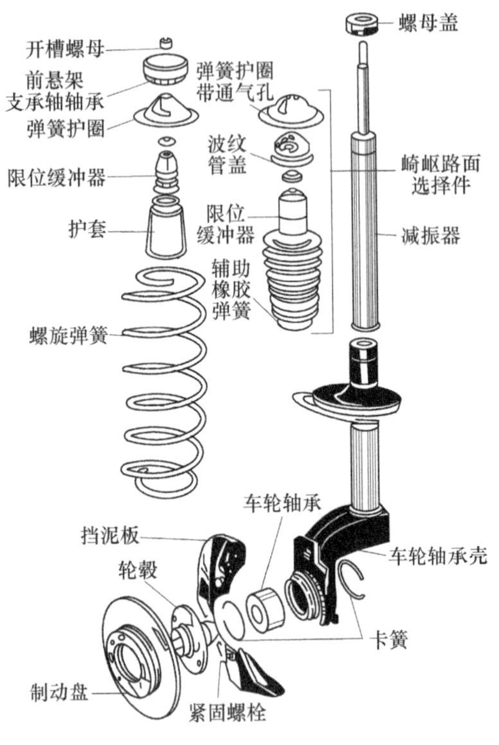

图 4-91　桑塔纳前悬架的分解图

图 4-92　拆卸车轮

图 4-93　拆下轮速传感器

4）拧下制动钳固定螺钉，拆下制动钳固定螺栓，取下制动钳，如图 4-94 所示。

5）取下制动块，如图 4-95 所示。

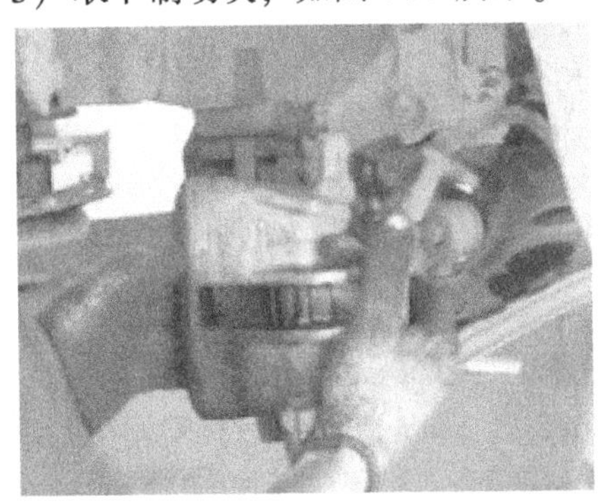

图 4-94　拆卸制动钳

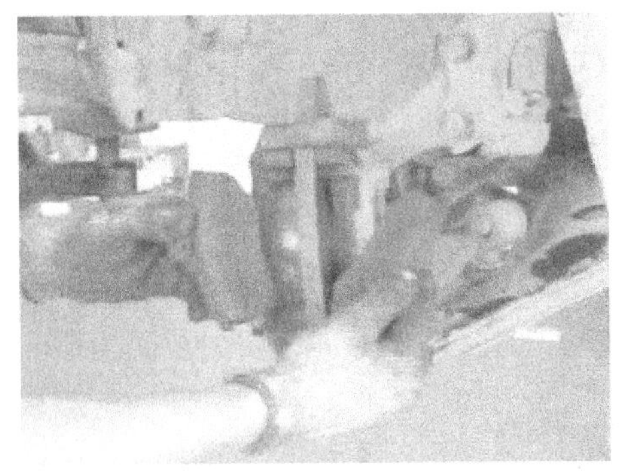

图 4-95　拆卸制动块

6）拧下制动钳支架固定螺钉，拆下制动钳支架，如图 4-96 所示。

7）取下制动盘，把带制动软管的制动钳总成挂在车身上，如图 4-97 所示。

8）拆掉减振器支柱外壳与轮毂的紧固螺栓，如图 4-98 所示。

9）用顶拔器从减振器支柱外壳上压出横拉杆接头，如图 4-99 所示。

10）从下摆臂下方拆下稳定杆的螺母和传动轴与轮毂上的固定螺母，向下撬压前悬架摆臂，从车轮轴承壳内拉出传动轴。如果拉不出，可用顶拔器压出，但不可加热轮毂，否则

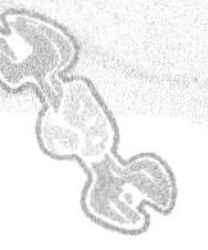

轮毂轴承会损坏。

图 4-96　拆下制动钳固定螺钉

图 4-97　拆卸制动盘

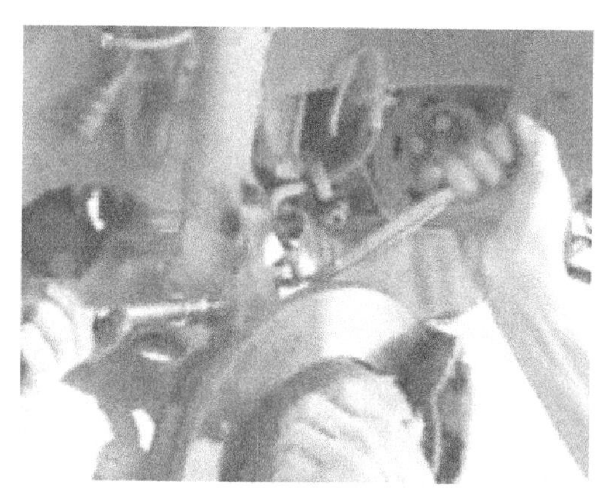
图 4-98　拆掉减振器支柱外壳与轮毂的紧固螺栓

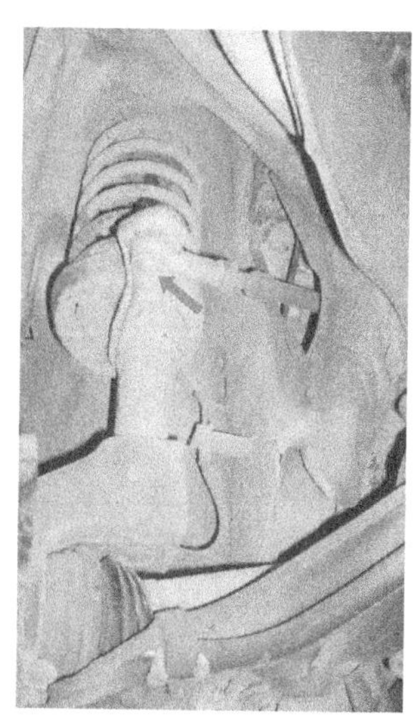
图 4-99　压出横拉杆接头

11）取下盖子，顶住减振器支柱下部，用内六角扳手固定住滑柱，拆下减振器活塞杆上的螺母，如图 4-100 所示。

12）螺母旋出后，将减振器带弹簧总成从车上拆下，如图 4-101 所示。

图 4-100　拆下固定螺母

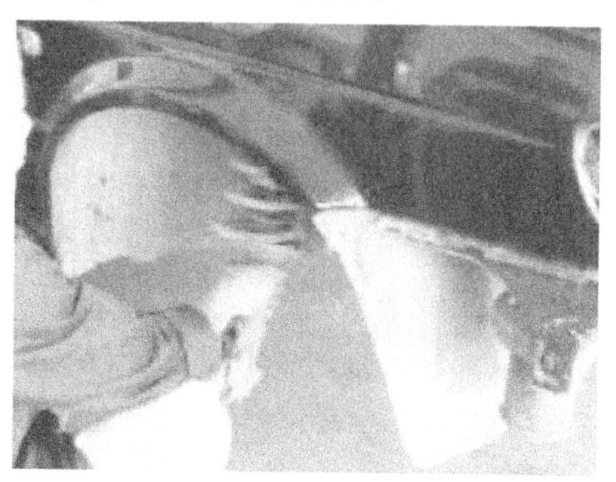
图 4-101　拆卸减振器带弹簧总成

13）用专用工具压缩减振器弹簧，如图4-102所示。

14）用扳手和六角扳手旋松开槽螺母和螺母盖，如图4-103所示。

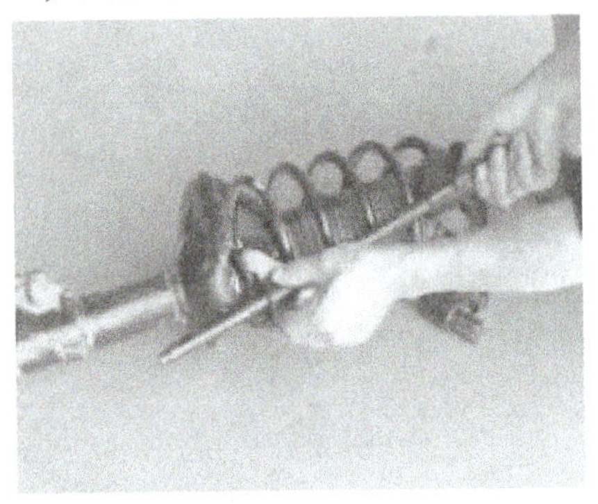

图4-102　用专用工具压缩减振器弹簧

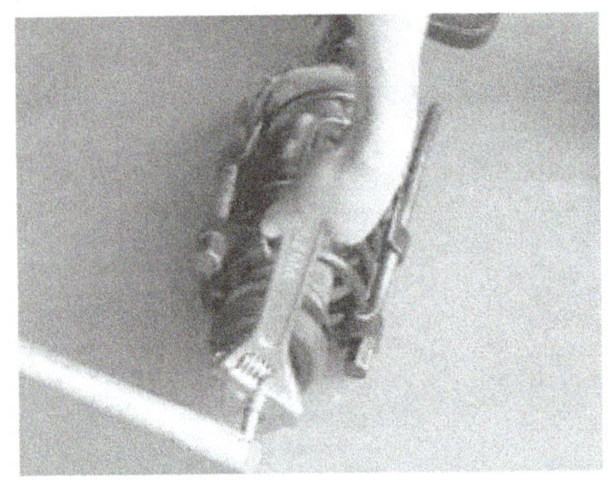

图4-103　用扳手和六角扳手旋松开槽螺母和螺母盖

15）放松并取下弹簧，如图4-104所示。

16）取下防护套和缓冲块，如图4-105所示。

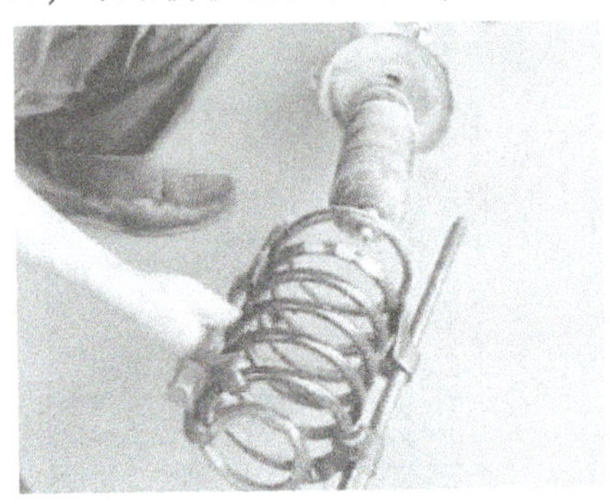

图4-104　取下弹簧

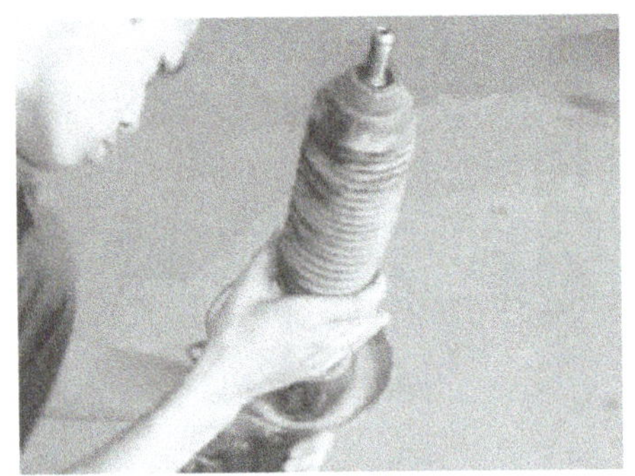

图4-105　取下防护套和缓冲块

17）在台虎钳上轻轻夹住万向节臂处，抽出前减振器。

小贴士：

1）所有螺母均应换成新件。

2）螺栓、螺母的紧固力矩应符合规定值，不应过紧或过松。

3）不合格的零件均应更换。

4）传动轴与轮毂花键齿面的油污及密封剂应擦净。

5）对有液压转向的，要在传动轴花键处涂5mm宽的密封胶。装好后经60min才可开始工作。

2. 后悬架的拆装（弹簧减振器总成）

后悬架的分解图如图4-106所示。

损坏的减振器一般不做修理，而是从车身上拆下，更换新的减振器。

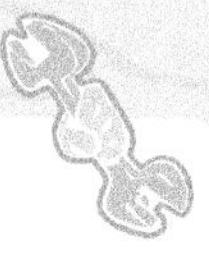

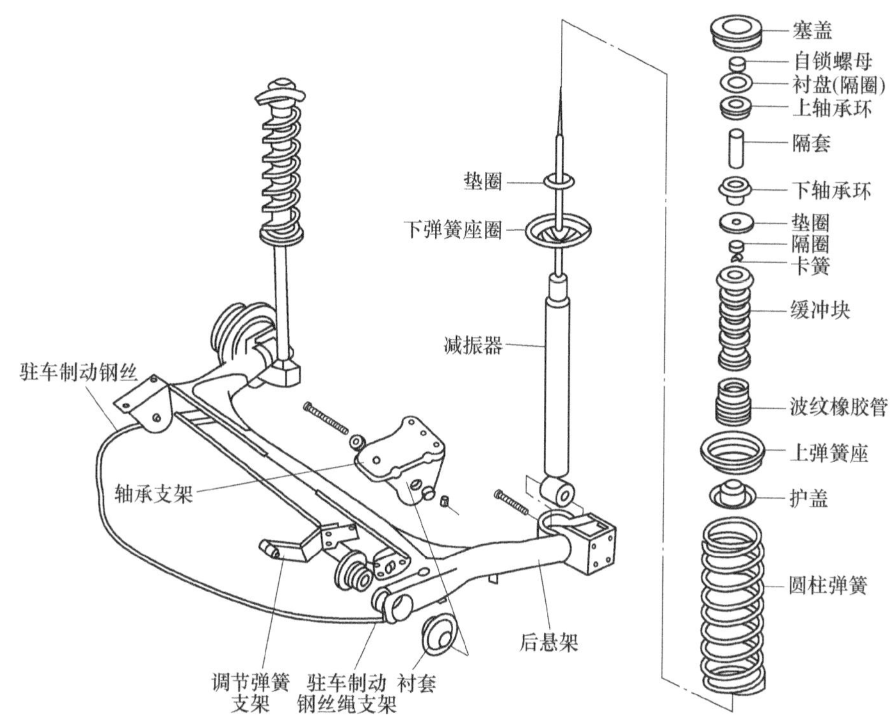

图 4-106　后桥的分解图

1）将车辆在硬实的地面停稳，用千斤顶或垫块支承住后桥。

2）拆卸后减振器下部与后桥的固定螺母，如图 4-107 所示。

3）用专用工具拆去减振器上端与车身的固定螺母，如图 4-108 所示。

图 4-107　拆卸后减振器下部与后桥的固定螺母

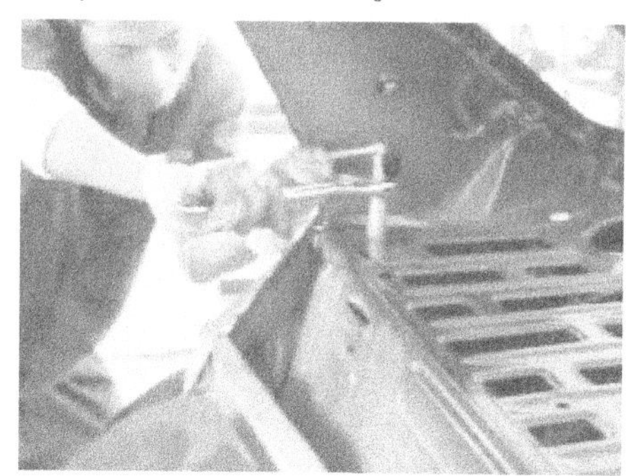

图 4-108　拆去减振器上端与车身的固定螺母

4）用杠杆用力压下后悬架臂，同时取出弹簧减振器总成，如图 4-109 所示。

5）用专用工具压缩弹簧，如图 4-110 所示。

6）用专用工具拆卸后减振器顶部的自锁螺母，如图 4-111 所示，取消弹簧座、缓冲块等。

7）取出后减振器，如图 4-112 所示。

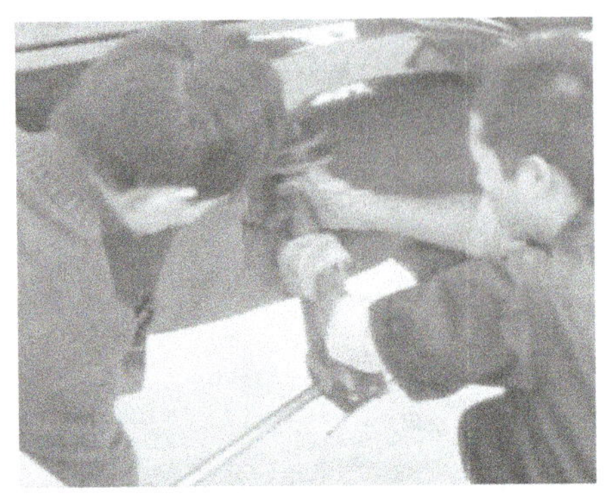

图4-109　取出弹簧减振器总成

图4-110　用专用工具压缩弹簧

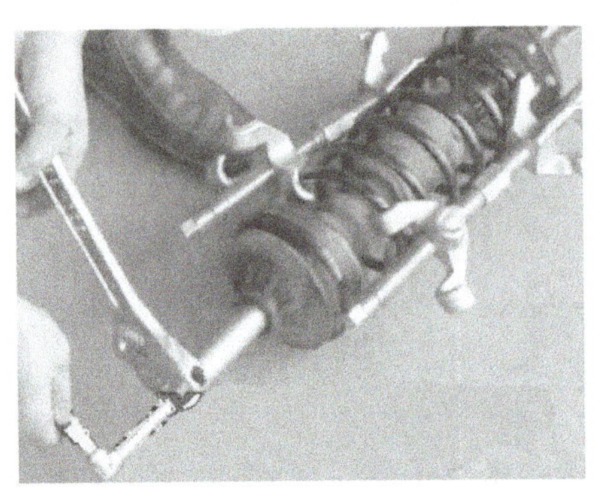

图4-111　用专用工具拆卸后减振器顶部的自锁螺母

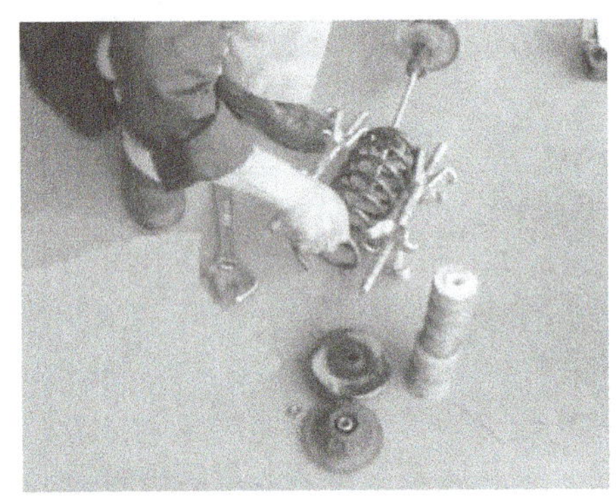

图4-112　取出后减振器

安装时按与拆卸的相反顺序进行，注意其螺母的紧固力矩。支架上自锁螺母的紧固力矩为34N·m，减振器支承上的螺母的紧固力矩为60～70N·m。安装完毕后，应将后搁板两边用粘带封住。

拓展提高

电控可调式悬架系统

电子控制汽车悬架的基本目的是通过控制调节悬架的刚度和减振器阻尼，突破被动悬架的局限区域；使汽车的悬架特性与行驶的道路状况相适应，保证平顺性和操纵稳定性两个相互排斥的性能要求都能得到满足。目前，采用电子控制的悬架主要有主动和半主动悬架两种。

由于被动悬架设计的出发点是在满足汽车平顺性和操纵稳定性之间进行折中，所以，对于不同的使用要求，只能是在满足主要性能要求的基础上牺牲次要性能，无法适应广泛的性能需求和道路条件。尽管被动悬架在设计上以不断改进被动元件而实现了低成本、

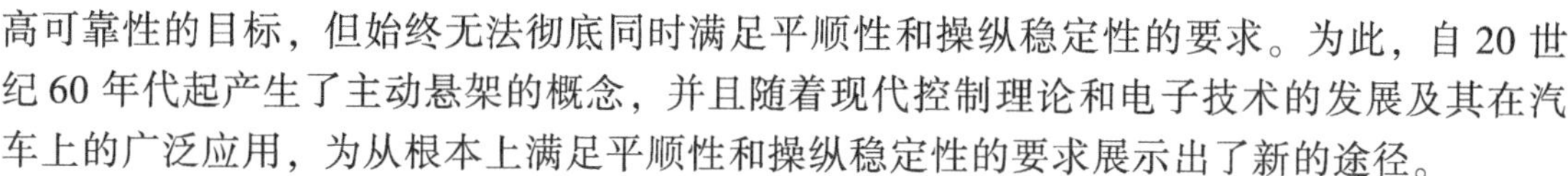

高可靠性的目标，但始终无法彻底同时满足平顺性和操纵稳定性的要求。为此，自20世纪60年代起产生了主动悬架的概念，并且随着现代控制理论和电子技术的发展及其在汽车上的广泛应用，为从根本上满足平顺性和操纵稳定性的要求展示出了新的途径。

可调式悬架根据车辆不同的需求状态来对悬架的高度和软硬进行调整，从而使车辆处在最佳的行驶状态。当下汽车的可调式悬架按控制类型可分为三大类。

1. 空气式可调悬架

空气式可调悬架指利用空气压缩机形成压缩空气，并通过压缩空气来调节汽车底盘的离地间隙的一种悬架方式。

一般装备空气式可调悬架的车型在前轮和后轮的附近都设有离地距离传感器，按离地距离传感器的输出信号，行车计算机判断出车身高度的变化，再控制空气压缩机和排气阀门，使弹簧自动压缩或伸长，从而起到减振的效果。空气式可调悬架中的空气弹簧的软硬能根据需要自动调节。当在高速行驶时，空气悬架可以自动变硬来提高车身的稳定性，而长时间在低速不平的路面行驶时，行车计算机会使悬架变软来提高车辆的舒适性。代表车型：奥迪A8、奔驰S350、保时捷卡宴。空气式悬架结构示意图如图4-113所示。

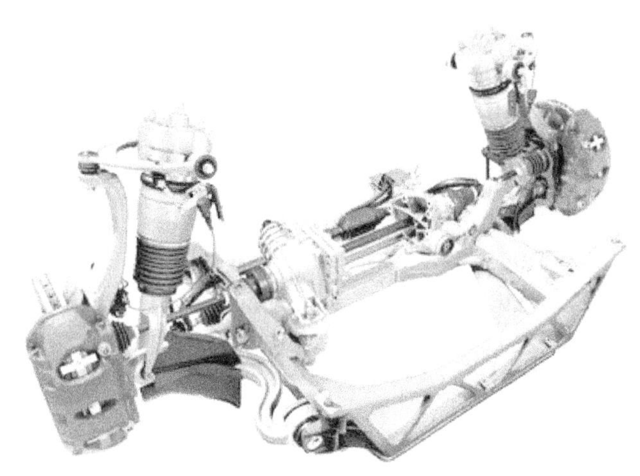
图4-113　空气式悬架结构示意图

2. 液压式可调悬架

液压式可调悬架指根据车速和路况，通过增减液压油的方式调整汽车底盘的离地间隙来实现车身高度升降变化的一种悬架方式。

在汽车重心附近安装有纵向、横向加速度和横摆陀螺仪传感器，用来采集车身振动、车轮跳动、车身高度和倾斜状态等信号，这些信号被传送给行车计算机，行车计算机根据输入信号和预先设定的程序操纵前后四个执行液压缸工作。通过增减液压油的方式实现车身高度的升或降，即根据车速和路况自动调整离地间隙，从而提高汽车的平顺性和操纵稳定性。代表车型：宝马7系。

3. 电磁式可调悬架

电磁式可调悬架指利用电磁反应来实现汽车底盘的高度升降变化的一种悬架方式。它可以针对路面情况在1ms时间内做出反应，抑制振动，保持车身稳定，特别是在车速很高又突遇障碍时更能显出它的优势。它的反应速度比传统的悬架快5倍，即使是在最颠簸的路面，也能保证车辆平稳行驶。

电磁悬架系统由行车计算机、车轮位移传感器、电磁液压杆和直筒减振器组成。在每个车轮和车身连接处都有一个车轮位移传感器，传感器与行车计算机相连，行车计算机又与电磁液压杆和直筒减振器相连。直筒减振器有别于传统的液压减振器，没有细小的阀门结构，

不是通过液体的流动阻力达到减振的目的。电磁减振器中也有减振液，但是，那是一种被称为电磁液的特殊液体，由合成的碳氢化合物和微小的铁粒组成。

电磁式可调悬架的工作过程是：当路面不平引起车轮跳动时，传感器迅速将信号传至控制系统，控制系统发出指令，将电信号发送到各个减振器的电子线圈，电流的运动产生磁场，在磁场的作用下，减振器中的电磁液的密度改变，控制车身，达到减振的目的。如此变化可以1s中进行1000次，可谓瞬间完成。电磁悬架系统可以快速有效地弥补轮胎的跳动，并扩大悬架的活动范围，降低噪声，提高车辆的操控准确性和乘坐舒适性。代表车型：凯迪拉克SLS赛威，其电磁悬架系统结构图如图4-114所示。

图4-114 凯迪拉克SLS赛威的电磁悬架系统结构图

思考问题

1. 各种汽车悬架各有何特点？
2. 如何检查减振器的好坏？

任务五 汽车轮胎的拆装

学习目标

1. 能通过与客户交流、查阅相关维修技术资料等方式获取车辆信息。
2. 通过查阅资料了解汽车轮胎的结构和类型。
3. 了解汽车轮胎表面所示字母、数字的具体含义。
4. 能正确使用轮胎拆装机拆装轮胎。

任务情境

客户一辆桑塔纳2000轿车，最近行驶感觉加速无力，油耗增加。观察轮胎表面，轮胎宽度方向两侧磨损较为严重；检查轮胎气压，压力低于标准值，因此原因是汽车车轮轮胎气压过低。充足气后不久，又出现类似情况。进一步检查，发现一处被细钢丝扎入。

任务分析

汽车行驶过程中轮胎被刺破是每辆车都会遇到的，在维修过程中要求能够熟练地拆卸车轮和轮胎，这项工作是汽车维修人员应会的基本操作。

任务实施的相关专业知识

汽车行驶性能的好坏与车轮和轮胎有密切的关系。车轮与轮胎是汽车行驶系统中的主要部件，汽车通过车轮由轮胎直接与地面接触在道路上行驶。其主要功用是：承载汽车总质量；吸收与缓和汽车行驶时所受到的路面冲击和振动；保证轮胎与路面的良好附着性能，以提高汽车的动力性、制动性和通过性；产生平衡汽车转向行驶时离心力的侧抗力，在保证汽车正常转向行驶的同时，通过轮胎产生的自动回正力矩使汽车保持直线行驶。

一、车轮

车轮不但是安装轮胎的骨架，也是将轮胎和车轴连接起来的旋转部件，由轮毂、轮辋及其连接元件轮辐组成。轮毂通过圆锥滚柱轴承套装在车桥或万向节轴颈上。轮辋俗称为钢圈，用以安装轮胎，与轮胎共同承受作用在车轮上的负荷，并散发高速行驶时轮胎上产生的热量及保证车轮具有合适的断面宽度和横向刚度。轮辐将轮辋与轮毂连接起来。轮辋与轮辐可以是整体的（不可拆式），也可以是可拆式的。

1. 车轮的类型

按轮辐的构造不同，车轮可分为辐板式和辐条式两种。目前，普通级轿车和轻、中型载货汽车多采用辐板式车轮，而高级轿车、竞赛汽车及重型载货汽车多采用辐条式车轮。

（1）辐板式车轮　如图 4-115 所示，辐板式车轮由挡圈、轮辋和辐板组成。辐板为钢质圆板，它与轮毂和轮辋连接为一体，大多数是冲压制成的，少数是与轮毂制成一体。辐板与轮辋是铆接或焊接在一起的，焊接在一起的称为整体式车轮。对使用无内胎轮胎的车轮，为提高轮辋的密闭性，一般采用整体式车轮。

轿车车轮的辐板所用材料较薄，常冲压成各种形状，以提高刚度。辐板上开有若干个孔，用以减小质量，同时有利于制动器散热，安装时也可作为把手。

（2）辐条式车轮　用于重型载货汽车的辐条式车轮多采用铸造辐条，如图 4-116 所示。其特点是辐条与轮毂铸成一体，与轮辋用衬块及螺栓固定在一起。配合锥面用来保证轮辋与辐条对中。也有采用类似于自行车的钢丝作辐条的车轮，这种车轮质量小，但价格高，维修及安装不方便，故常在某些高级轿车及竞赛汽车上使用。

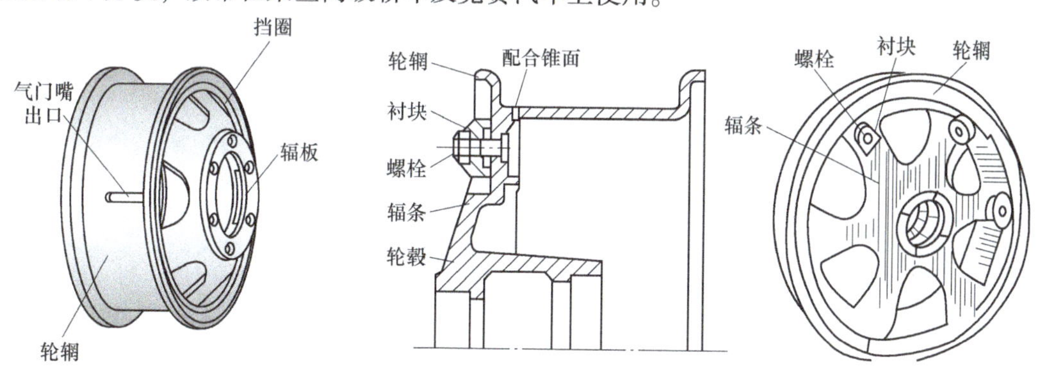

图 4-115　辐板式车轮

图 4-116　辐条式车轮

2. 轮辋的类型

按照轮辋结构的不同，轮辋可分为深槽式、平底式和对开式（可拆式）三种形式。

如图4-117a示，深槽轮辋是一种整体轮辋，其结构特点是断面中部有一个深凹槽，可使轮胎拆装方便。两侧有带肩的凸缘用来固定轮胎，并与胎圈接触。肩部一般以5°±1°的倾斜度向中央倾斜。这种轮辋结构简单、刚度大、质量小，对于尺寸小而弹性大的轮胎最适宜，故适用于轿车或轻型、微型汽车的车轮上，如红旗CA7560、天津夏利TJ7100型轿车及北京BJ2020N型越野汽车均装用这种类型的轮辋，由于载货汽车多采用较大较硬的外胎，为使其拆装方便，一般多采用平底轮辋，如图4-117b所示，解放CA1091和东风EQ1090E型载货汽车采用这种轮辋。一些越野车采用对开式轮辋，如图4-117c所示。

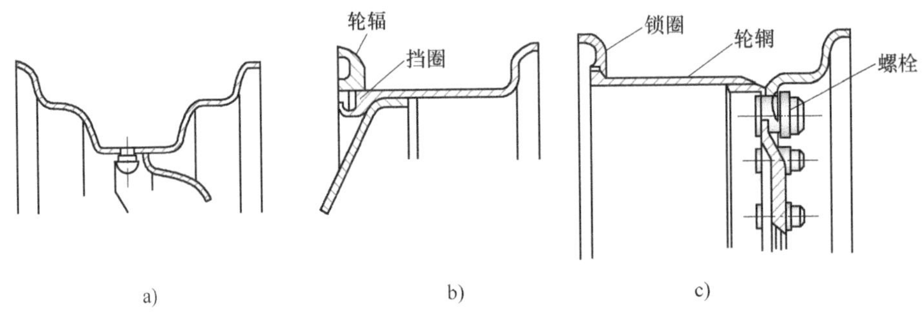

图4-117　轮辋断面形式

a) 深槽轮辋　b) 平底轮辋　c) 对开式轮辋

轮辋是轮胎的装配基础，原则上每种轮胎只配用一种标准轮辋，必要时可用与标准轮辋相接近的容许轮辋。如果轮辋与轮胎配合不当，会造成轮胎早期损坏，特别是使用在过窄的轮辋上的轮胎。

3. 国产轮辋规格的表示方法

轮辋的规格代号应使用数字和字母按下面优先顺序表示：

(1) 轮辋名义直线

现型轮辋的名义直径用尺寸代号（基于英制尺寸）表示。

与新型的轮胎一起使用的新型轮辋，其名义直径用毫米数表示。

(2) 轮辋形式（可选）

符号“×”表示一件式轮辋。

符号“-”表示多件式轮辋。

(3) 轮辋名义宽度

现型轮辋名义宽度用尺寸代号（基于英制尺寸）表示。

与新型的轮胎一起使用的新型轮辋，其名义宽度用毫米数表示。

(4) 轮辋轮廓　用字母表示装胎侧的轮辋轮廓，如GB/T 3487中的B、J和K，GB/T 3372中的C、D、E和F。

通常，轮廓标记位于轮辋名义宽度之后。然而，它也可位于轮辋名义宽度之前或分布于轮辋名义宽度的两侧。

(5) 轮缘高度　对于非道路车辆用轮辋，尺寸代号（基于英制尺寸）中斜线号“/”后的一个或几个数字（英寸）表示轮缘高度。这种表示对于多件式轮辋是可选的。

以下是现型轮辋规格代号的示例。

乘用车：13 ×4.5B。

轻型商用车：15 ×5 1/2J。

非道路车辆：25-13.00/2.5。

二、轮胎

轮胎安装在轮辋上，直接与路面接触，其作用是：支承汽车的总质量，与汽车悬架共同吸收和缓和汽车行驶时所受到的冲击和振动，以保证汽车具有良好的乘坐舒适性和行驶平顺性；保证车轮与路面良好附着而不致打滑，使汽车行驶平稳。

汽车轮胎按胎体结构可分为充气轮胎和实心轮胎。现代汽车绝大多数采用充气轮胎；实心轮胎目前仅应用在沥青混凝土路面的干线道路上行驶的低速汽车或重型挂车上。

充气轮胎按组成结构不同，可分为有内胎轮胎和无内胎轮胎两种；按胎内的工作压力大小，可分为高压胎、低压胎和超低压胎三种；按胎体中帘线排列的方向不同，可以分为普通斜交胎、带束斜交胎和子午线胎；按帘布材料的不同可分为棉帘轮胎、人造丝轮胎、尼龙轮胎、钢丝轮胎、聚酯轮胎、玻璃纤维轮胎和无帘布轮胎；按胎面花纹的不同，可以分为普通花纹胎、混合花纹胎和越野花纹胎。

1. 有内胎的充气轮胎

这种轮胎由外胎、内胎和垫带组成，如图 4-118 所示。

（1）外胎　外胎是用耐磨橡胶制成的强度较高而又有弹性的外壳，直接与地面接触，保护内胎不受损伤。它由胎圈、缓冲层、胎面和帘布层等组成，如图 4-119 所示。

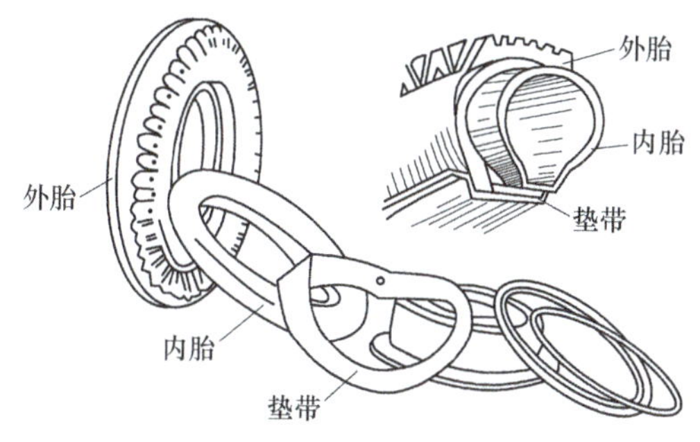

图 4-118　有内胎的充气轮胎的组成

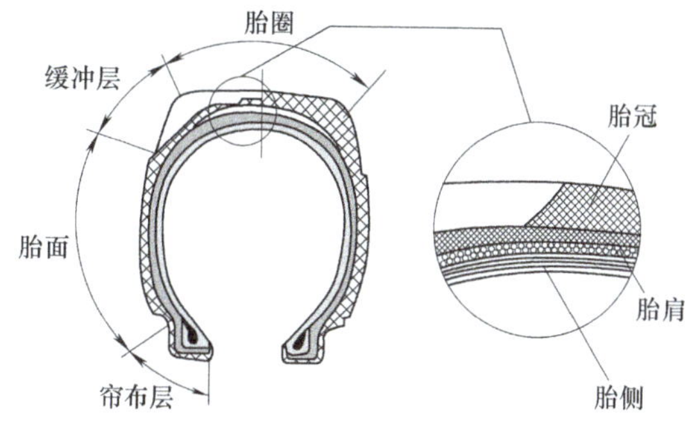

图 4-119　外胎的构造

1）胎面：胎面是外胎的外表面，包括胎冠、胎肩和胎侧三部分。胎冠也称行驶面，它与路面直接接触，承受冲击和磨损，并保护胎体不受机械损伤。为了增加轮胎与路面间的附着力，防止纵横向滑移，在胎冠上制有各种形式的花纹（图 4-120）。如图 4-120a 所示，普通花纹适用于较好的路面。这种花纹细而浅，花纹接地面积大，耐磨性和附着性都较好，适用于比较好的硬路面。其中的纵向花纹，轿车、货车都可选用，而横向花纹仅用于货车。越野花纹凹部深而且宽，在软路面上与地面附着性好，越野能力强，适用于在矿山、建筑工地使用，不宜在平坦的硬路面上使用，否则会加大花纹磨损，如图 4-120c 所示。混合花纹介于普通花纹和越野花纹之间，兼顾了两者的使用要求，如图 4-120b 所示。

2）帘布层：帘布层是外胎的骨架，也称胎体，其主要作用是承受负荷（汽车重力、路面冲击力和内部气压），保持轮胎外缘尺寸和形状。帘布层通常由多层胶化的棉线或其他纤维编织物叠成，并按一定的角度交叉排列。为使其负荷均匀分布，帘布层数多采用偶数。帘

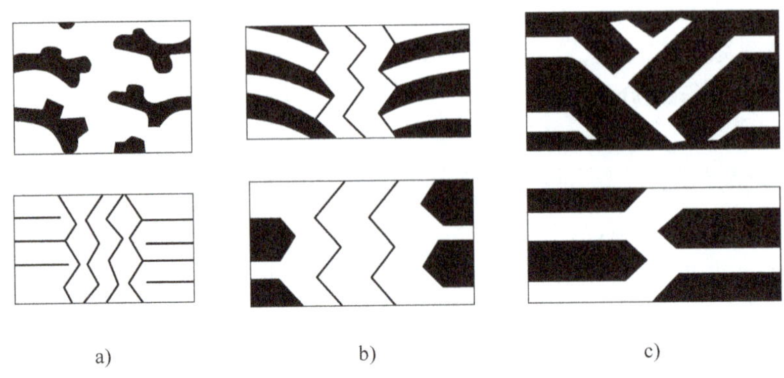

图4-120　轮胎的花纹

a）普通花纹　b）混合花纹　c）越野花纹

布层数的多少要根据轮胎承受的负荷、内压以及轮胎的类别和用途来确定，一般在外胎表面上注有帘布层数。

3）缓冲层：缓冲层位于胎面和帘布层之间，质软而弹性大。其作用是加强胎面与帘布层的结合，以缓和汽车在行驶时所受到的不平路面的冲击，防止汽车在紧急制动时胎面与帘布层脱离。

4）胎圈：胎圈是帘布层的根基，它靠胎圈固装在轮辋上。胎圈由钢丝圈、帘布层和胎圈包布组成。

（2）内胎　内胎是一个环形的橡胶管，上面装有气门嘴，以便充入或排出空气。内胎里充满了一定压力的压缩空气。一般气压为0.5～0.7MPa者称为高压胎，气压为0.15～0.45MPa者称为低压胎，气压为0.15MPa以下者称为超低压胎。目前，轿车、货车几乎全都采用低压胎，因为低压胎弹性好、断面宽，与道路接触面大，壁薄而散热性好，所以提高了汽车的行驶平顺性、转向操纵的稳定性，同时，道路和轮胎本身的使用寿命也得以延长。但由于橡胶性能的改善，已使轮胎负荷能力大为提高，虽然轮胎气压已在高压胎范围，但轮胎的缓冲性能仍保持原来同规格的低压胎性能，这类轮胎国内、外仍将其归于低压胎之列。

（3）垫带　垫带是一个环形的橡胶带，它垫在内胎与轮辋之间，保护内胎不被轮辋胎圈磨坏，并防止尘土及水汽浸入胎内。

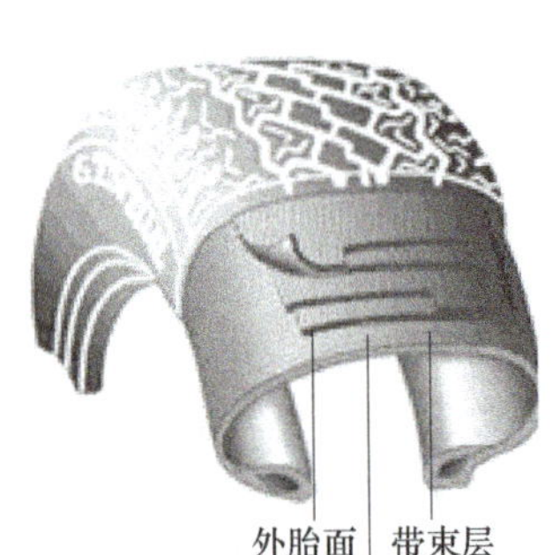

图4-121　子午线轮胎

（4）子午线轮胎　如图4-121所示，子午线轮胎的帘布层的帘线与轮胎子午断面接近一致（即与胎面中心线成90°或接近90°排列），以带束层箍紧胎体。其特点是帘线的这种排列能使其强度被充分利用，故它的帘布层数比普通轮胎可减少将近一半，最少的只有一层，且没有偶数限制，所以胎体柔软，帘线在圆周方向上只靠橡胶来联系。为了承受汽车行驶时产生的较大切向力，子午线轮胎具有若干层帘线与子午断面呈大角度（交角70°～75°）、高强度、不易拉伸的周向环形的类似缓冲层的带束层。同时带束层采用强度高、伸缩率小的帘线材料制成，故带束层像一条刚性环带似的箍在胎体上，极大地提高了胎面的刚度和强度。子午线轮胎与普通斜交胎相比，具有许多优越性：

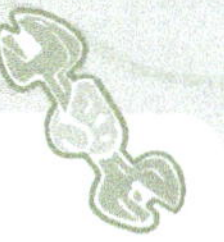

1）滚动阻力小，节约燃料。子午线轮胎外胎面刚性大，受力后滚动变形小，因此它的滚动阻力小，节约燃料。其滚动阻力比斜交胎低25%～30%，油耗降低6%～8%。

2）耐磨性好，使用寿命长。轮胎滚动时胎面会变形并产生滑移，从而加剧轮胎磨损，而子午线轮胎的胎冠刚度大、胎面宽，触地面积大，单位压力小，因而减少了磨损，延长了使用寿命。

3）性能好，安全性高。子午线轮胎高速旋转时变形小、温升低，产生驻波的临界速度比斜交胎高，因而提高了行驶中的安全性。子午线轮胎还具有减振性好、附着性能高的特点，其承载能力也高于斜交胎的14%。同时，其胎面耐穿刺，在恶劣条件下行驶时轮胎不易爆破。

子午线轮胎在现代汽车上得到了广泛的应用。但它也有缺点：胎侧薄，变形大，胎侧与胎圈受力比普通斜交胎大很多，容易在胎侧和与轮辋接触处产生裂纹。同时，因其胎侧变形大，其侧面稳定性较差。另外，其成本也较高。子午线轮胎与斜交胎混装将会影响汽车的操纵性能，故两种轮胎不能混装于一辆车上。

2. 无内胎轮胎

如图4-122所示，无内胎轮胎在外观和结构上与有内胎轮胎相似，所不同的是它没有内胎和垫带，空气直接压入外胎中，其密封性是由外胎和轮辋来保证的。无内胎轮胎的内壁上附加了一层厚约2～3mm的专门用来封气的橡胶密封层，有的还在该层下面贴着一层特殊混合物制成的自粘层。当轮胎穿孔时，自粘层能自行将刺穿的孔粘合，故这种轮胎也称为有自粘层的无内胎轮胎。在胎圈外侧有一层胎圈橡胶密封层，用以增加胎圈与轮辋结合的气密性。轮辋底部是倾斜的，并涂有均匀的漆层。气门嘴直接固定在轮辋的一侧，其间垫以密封用的橡胶密封垫，并用螺母旋紧密封。铆接轮辋和辐板的铆钉自内侧塞入，并涂上一层橡胶。

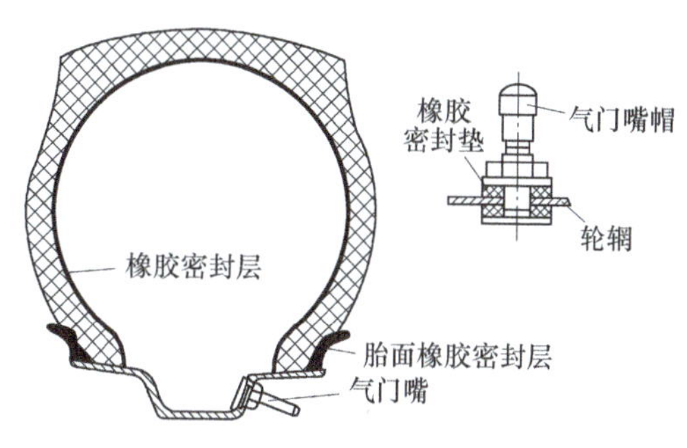

图4-122　无内胎轮胎

无内胎轮胎的优点是：只在爆破时才会失效，而穿孔时漏气缓慢，胎压不会急剧下降仍能继续行驶；同时因无内胎，故摩擦生热少，散热快，适于高速行驶；此外，自粘层只有在穿孔尺寸不大时才能粘合。天气炎热时自粘层可能软化而向下流动从而破坏车轮平衡，因此，一般多采用无自粘层的无内胎轮胎。它的外胎内壁只有一层密封层，当轮胎穿孔后，由于其本身处于压缩状态而紧裹着穿刺物，故能长期不漏气，即使穿刺物拔出，也能保持胎内气压。无内胎轮胎一般配用深式轮辋，目前在轿车上应用较多。

3. 轮胎的规格

轮胎规格的表示方法基本上有公制和英制两大系统，目前大多数国家包括我国在内均采用英制表示法。充气轮胎的尺寸标注如图4-123所示。其单位为in。

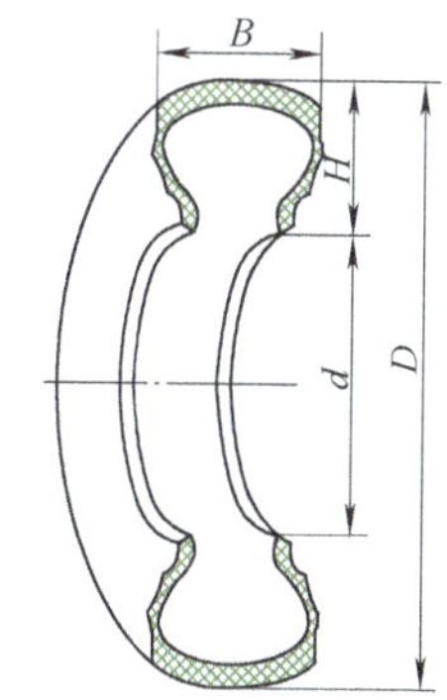

图4-123　充气轮胎的尺寸标注

D—外径　*d*—内径（即轮辋直径）

B—断面宽度　*H*—断面高度

按国家标准规定，在外胎的两侧要标出生产编号、制造厂商标、尺寸规格、层级、最大负荷和相应气压、胎体帘布汉语拼音代号、安装要求及行驶方向记号等。

胎体帘布材料以汉语拼音表示，如 M 表示棉布帘，R 表示人造丝帘布，N 表示尼龙帘布，G 表示钢丝帘布，ZG 表示钢丝子午线胎。

注有“Δ”“－”“□”等符号或注有“*W*”“*D*”等字母，表示轮胎最轻的部位，安装内胎时，应将气门嘴对准符号安装，以使轮胎周围的质量平均，保持轮胎高速转动时平稳。如有箭头“→”，则表示有方向性的轮胎，应使箭头指的方向与旋转方向一致进行安装。高压胎用 $D \times B$ 表示，D 代表轮胎名义直径，B 代表轮胎的断面宽度，单位为英寸。“×”表示高压胎。低压胎用 B-d 表示，B 是轮胎断面宽度，d 为轮辋直径，“－”表示低压胎。由于断面宽度 B 约等于断面高度 H，所装轮辋尺寸 d 可按 $d = D - 2B$ 计算。

轮胎断面宽度和高度比（扁平比）是描述轮胎尺寸的重要指标。轮胎的主要结构尺寸如图 4-123 所示。轮胎断面宽度是指轮胎按规定充气后，两外侧之间的最大距离，一般以 5mm 为一单位进行划分。断面高度是指轮胎充气后，外直径与轮辋名义直径之差的一半。轮胎高宽比（H/B）是轮胎断面高度 H 与断面宽度 B 的比率，经圆整后用其小数表示，一般是 5 的倍数，如轿车子午线轮胎有 60、65、70、75、80 等几个系列。

轮胎规格的标识如下：

一般普通断面货车轮胎和轿车斜交轮胎使用此标志。它主要由以下几部分组成：

1）轮胎名义断面宽度，单位为 in。

2）轮胎结构标志。

3）轮辋名义直径，单位为 in。

4）层级。

层级是指轮胎承受最大负荷的特定强度标志，它不一定代表帘布层的实际层数，例如 9.00 规格 12 层级轮胎，可有几种实际层数，但最大负荷为 2050kg。

例如：

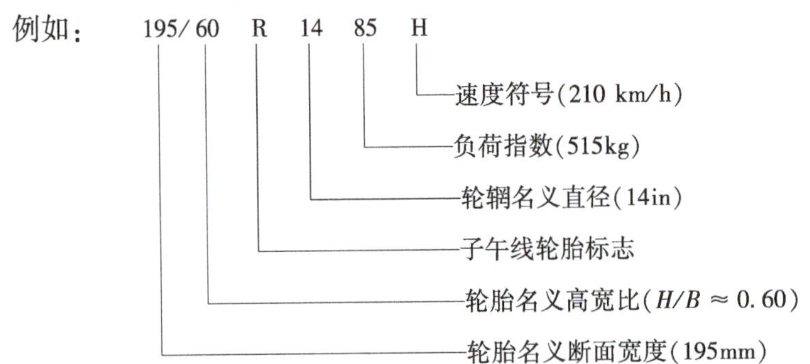

国产红旗轿车装用 185/80R1490S 型子午线无内胎轮胎；富康轿车装用 165/20R14 或 165/70R13 子午线轮胎；切诺基轿车装用 P205（或 215、225）/75R15 轮胎。这里 P 表示乘用车辆。205 表示断面宽度（mm），75 为扁平比，R 为子午线轮胎，15 为轮辋直径（in）。

任务实施

（1）拆下车轮装饰外罩。

（2）车轮着地时旋下轮毂传动轴紧固螺母。

（3）用千斤顶（或举升机）顶（或举）起汽车相应部位。

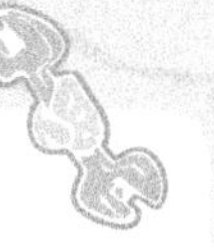

（4）取下车轮。

（5）拆解轮胎。

1）放气，将气门针旋开，如图 4-124 所示。

2）将轮胎放置在轮胎拆装机的旁侧手柄操纵处。轻踩爪盘操纵踏板，使轮辋与外胎分离，正、背双面均一次，如图 4-125 所示。

图 4-124　将轮胎完全泄气

图 4-125　将轮胎与轮辋分离

3）将轮胎放置且固定在爪盘上，踩下固定踏板将轮胎固定，放下固定架，调整与轮胎间距，以便于拆装，如图 4-126 所示。

4）将撬杠深插入轮胎内部，如图 4-127 所示。

图 4-126　固定轮胎并调整固定架

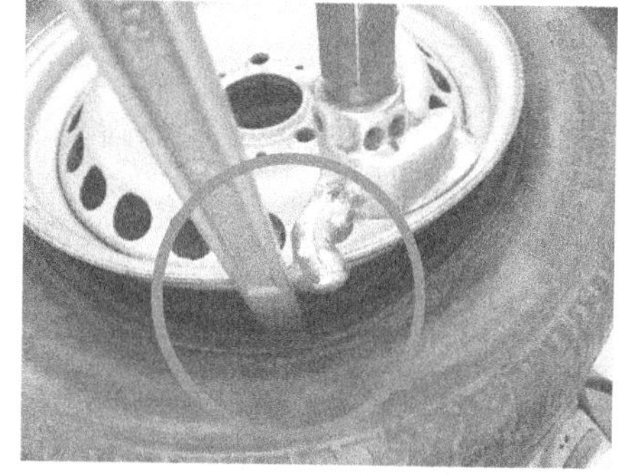

图 4-127　将撬杠深插入轮胎内部

5）撬杠通过摘装头将外胎正面撬起，如图 4-128 所示。

6）踩爪盘操纵踏板使其正转，将轮辋与外胎分离，如图 4-129 所示。

图 4-128　撬杠通过摘装头将外胎正面撬起

图 4-129　踩爪盘操纵踏板将轮辋与外胎分离

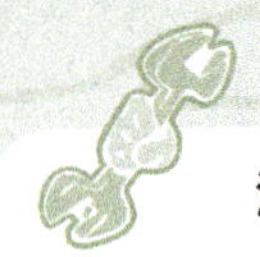

(6) 装配轮胎

1) 检查轮胎拆装机各个部件灵活度。

2) 检查轮辋表面有无划伤、变形、麻点等。轮胎内圈圆周涂油。

3) 放置轮辋在爪盘上，踩爪盘操纵板，将其固定同时安装气门嘴，调整导引头位置。

4) 调整轮胎位置，同时将导引头压上，如图 4-130 所示。

5) 踩爪盘操纵踏板正转，使得外胎背侧安装到位。同时，将轮胎正面压到摘装头下，使正面也安装到位。同时以手辅助轮胎归位，如图 4-131 所示。

图 4-130　调整轮胎位置，同时将引导头压上

图 4-131　以手辅助轮胎归位

6) 移去导引头，踩爪盘操纵踏板松开轮胎后，将其气门嘴顶置放好，如图 4-132 所示。

(7) 轮胎充气

1) 旋开气门针，将充气管卡在气门嘴上，如图 4-133 所示。

图 4-132　将气门嘴顶置放好

图 4-133　将充气管卡在气门嘴上

2) 调整充气时间。215/75R15 的充气时间为 30 ~ 35s，P235/75R15 的充气时间为 35 ~ 40s。

3) 打开充气感应阀。

4) 充气完毕后，迅速将气门针旋紧，且安装防尘帽。

(8) 按照与拆装车轮相反的顺序将车轮装上车

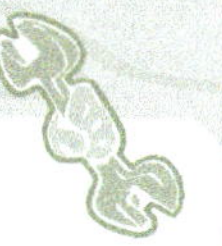

注意：

1）注意自身安全，预防装配过程中手被夹伤。

2）注意轮辋表面被爪盘或摘装头划伤。

3）请勿将气门嘴夹扁。

4）在拆卸轮胎时排除暴力，请将外胎向上轻抬。

5）气压在（280±20）Pa。

6）要让轮辋与外胎充分接合。可以一边充气一边让轮胎上下跳动；亦可使轮胎气门嘴处背侧先接合后轻按正侧。

拓展提高

车轮定位参数主要包括车轮外倾角、主销后倾角、转向轴线内倾角（转向主销内倾角）、车轮摆动角（前束）等。

一、车轮主要定位参数及作用

1. 外倾角

前轮安装在车桥上时，其旋转平面向外倾，这种现象称为车轮外倾。车轮旋转平面与纵向垂直平面之间的夹角称为车轮外倾角，如图 4-134 所示。

车轮外倾角的作用是提高车轮工作的安全性与转向操纵的轻便性。由于主销与衬套之间、轮毂与轴承等处都存在着装配间隙，空载时车轮的安装正好垂直于路面，而满载时上述间隙将发生变化，车桥内倾将使路面对车轮垂直反作用的轴向分力压向轮毂外端的小轴承，使该轴承及其锁紧螺母承受的载荷增大，降低了它们的使用寿命，严重时会损坏锁紧螺母而使车轮脱出，为此，安装车轮时要预先留有一定的外倾角，以防止上述不良影响。

2. 主销后倾角

主销装在前轴上，其上端向后倾斜，这种现象称为主销后倾。在纵向垂直平面内，垂线与主销轴线之间的夹角，称为主销后倾角，如图 4-135 所示。

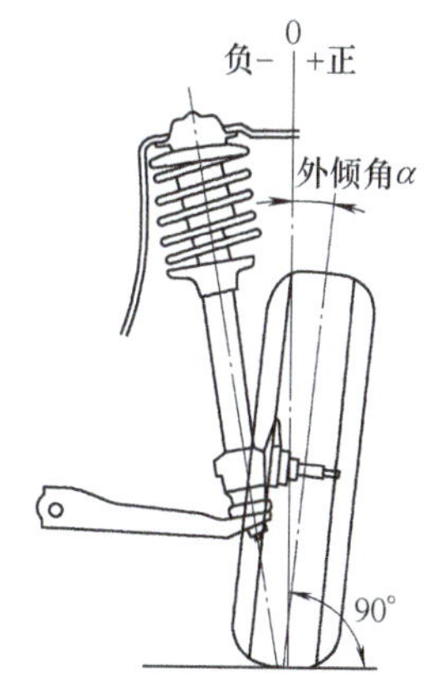

图 4-134　车轮外倾示意图

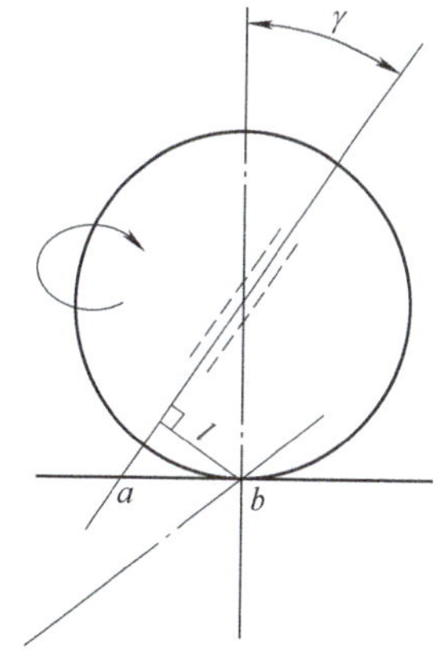

图 4-135　主销后倾示意图

主销后倾的作用主要是保持汽车行驶的稳定性，并使汽车转向后转向轮有自动回正功能。

当车轮向左转动时由于主销后倾角的作用使左侧万向节向下压，由于万向节与车轮接地距离不变，实际上左侧车身略向上提升。在车身自重的作用下，迫使万向节向上提升，回到原来的向前方行驶的位置。这样可使车轮复位及提高直线行驶的稳定性。

如果后倾角是正的，当前轮转向时，车辆内侧会向下降，结果底盘将会升高。因此会增加负荷至万向节，如果两轮的后倾角相同，车辆转向后会回到正前方。增加正的后倾角角度则可增加转向盘的稳定性，但是转向时力量会变大；减小正的后倾角则转向盘的稳定性降低，但是转向时力量会变小。

3. 主销内倾角

从车辆的前方看转向轴线与地面铅垂线所形成的角度称为主销内倾角，如图 4-136 所示。

主销内倾角的作用是减小转向操纵力，也就是将轮胎转动所需力矩减到最小，同时减少回跳和跑偏现象。转向轴线的内倾角同转向轴线的后倾角一样，使车辆完成转向时具有“自动回正”的功能，用以改善车辆直线行驶的稳定性。

4. 车轮前束

车轮前束是从车辆的前方看，在两轮轴高度相同的情况下，左右轮胎中心线的前端和后端距离的差值，如图 4-137 所示。

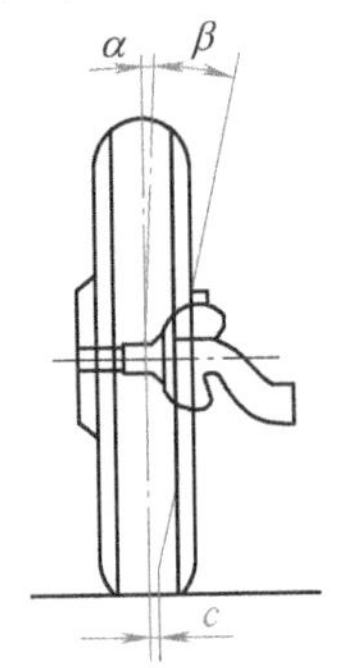

图 4-136　主销内倾示意图

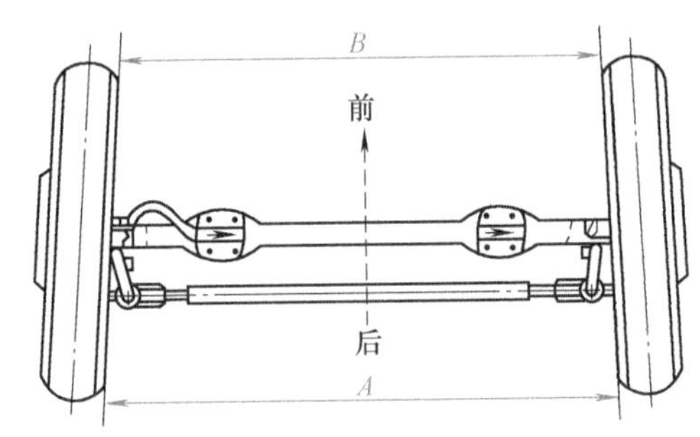

图 4-137　前轮前束示意图

采用正外倾角的前轮，使车轮顶部朝外倾斜，当车辆向前行驶时，车轮要朝外侧滚动，从而产生侧滑会造成轮胎磨损。所以，前束作用是消除由于外倾角所产生的轮胎侧滑。

二、车轮定位不准确对汽车行驶性能的影响

1. 车轮外倾的影响

不管采用正外倾角或负外倾角，由于车轮内侧和外侧转动的半径不一致而车轮转速相同必然造成车轮内、外磨损不均。主销后倾角过大时，转向沉重，驾驶人容易疲劳；主销后倾角过小时，在汽车直线行驶时容易发生前轮摆振，转向盘摇摆不定，转向盘自动回正能力变弱，驾驶人不敢放松转向盘，难于操纵或极易引起驾驶人疲劳等。

在现代汽车中，由于悬架和车桥比过去的坚固，加上路面平坦，所以，采用正外倾角的车辆越来越少。而采用零倾角的车或负外倾角的车越来越多，以改善转弯时的稳定性和行驶时的平顺性。在负外倾角的车辆转弯时外侧角减小，车辆倾斜度也相应减小。轿车高速转向

时，离心力增大，车身向外倾斜加大，产生了更大的正外倾，使外侧悬架超负载，加剧了外侧轮胎的变形。外侧轮胎与地面接触处的内、外滚动半径不同，外侧小于内侧，这不仅加剧了轮胎磨损，也会使转向性能降低。所以现代汽车车轮外倾角减小甚至为负值可使内、外侧滚动半径近似相等，使轮胎的内、外侧磨损均匀，还提高了车身的横向稳定性。

2. 主销后倾的影响

后倾角越大，车速越高，前轮的稳定性越好，但后倾角过大会造成转向盘沉重。现代汽车由于轮胎气压低，弹性较大，行驶时由于轮胎与地面的接触面中心向后移动，引起稳定力矩增加，故后倾角可以减小到接近于零，甚至为负值（即主销前倾）。

后倾角的角度不会影响轮胎磨损，它用来稳定车行方向和转向时自动回正。如果车辆配备传统的手动转向盘，则后倾角角度很小甚至于趋向负的后倾角可使转向容易。如果车辆配备动力转向盘，则后倾角通常设定较大的正后倾角，使驾驶人转向较有感觉，增加正后倾角的角度会增加转向力量，但可增加车辆直行的稳定性。

3. 主销内倾的影响

主销内倾角越大或前轮转角越大，则汽车前部抬起就越高，前轮的自动回正作用就更明显，但转向时转动转向盘费力，转向轮的轮胎磨损增加。

主销后倾和主销内倾都有使汽车转向自动回正、保持直线行驶位置的作用。但主销后倾的回正作用与车速有关，而主销内倾的回正作用几乎与车速无关。因此，高速时主销后倾的回正作用占主导地位，而低速时则主要靠主销内倾起回正作用。此外，直行时前轮偶尔遇到冲击而偏转时，也主要依靠主销内倾起回正作用。

4. 前束的影响

正前束太大，轮胎外侧磨损会有正外倾角太大所形成的磨损形态，胎纹磨损形式为羽毛状。当用手从内侧向外侧抚摸时，胎纹外缘有税利的刺手感觉。

负前束太大，轮胎内侧磨损会有负外倾角太大所形成的磨损形态，胎纹磨损形式为羽毛状。当用手从外侧向内侧抚摸时，胎纹外缘有锐利的刺手感觉。

思考问题

1. 汽车轮胎出现偏磨的原因有哪些？
2. 汽车备胎能否长期使用？

任务六　转向器的拆装

学习目标

1. 掌握汽车转向系统的结构和类型。
2. 了解汽车转向传动机构的结构特点。
3. 能正确选择和使用拆装汽车转向器的工具。
4. 能够正确掌握各种转向器的拆装程序及调整要领。
5. 能够了解转向操纵机构的拆装要领。

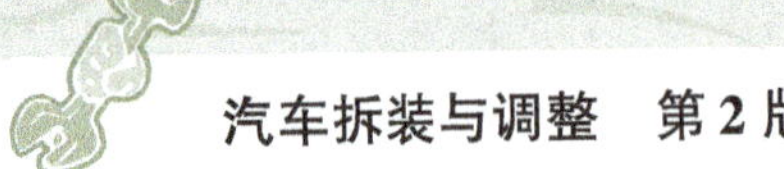

任务情境

客户桑塔纳 2000 轿车转向沉重，特别在低速时，感觉特别吃力。

任务分析

影响汽车转向的因素很多，如汽车转向器故障或调节不当，动力转向系统故障，操纵机构及传动装置效率降低等。其中，最为常见的是转向器的原因，因此，首先要掌握转向器的结构和检查、调整方法。

任务实施的相关专业知识

汽车在行驶中，经常需要改变行驶方向。汽车上用来改变汽车行驶方向的机构称为汽车转向系统。汽车行驶方向的改变是由驾驶人通过操纵转向系统来改变转向轮（一般是前轮）的偏转角度实现的。转向系统不仅可以改变汽车的行驶方向，使其按照驾驶人规定的方向行驶，而且可以克服由于路面侧向干扰力使车轮自行产生的转向，恢复汽车原来的行驶方向。

一、转向系统的类型

汽车转向系统根据其转向能源的不同，可以分为机械转向系统和动力转向系统两大类型。

1. 机械转向系统

机械转向系统以驾驶人的体力作为转向能源，又称为人力转向系统。机械转向系统一般由三部分组成，即转向操纵机构、转向器和转向传动机构。驾驶人操纵转向器工作的机构称为转向操纵机构，如图 4-138 所示，包括转向盘、安全转向轴等机件。转向轴下端为转向器。机械转向器 6 是一个减速增矩机构，经机械转向器放大的力矩传给转向传动机构。转向横拉杆 9、11，转向节臂，转向节等机件构成转向传动机构。当一个转向节转动时，另一个转向节也随着变位，使汽车实现转向。

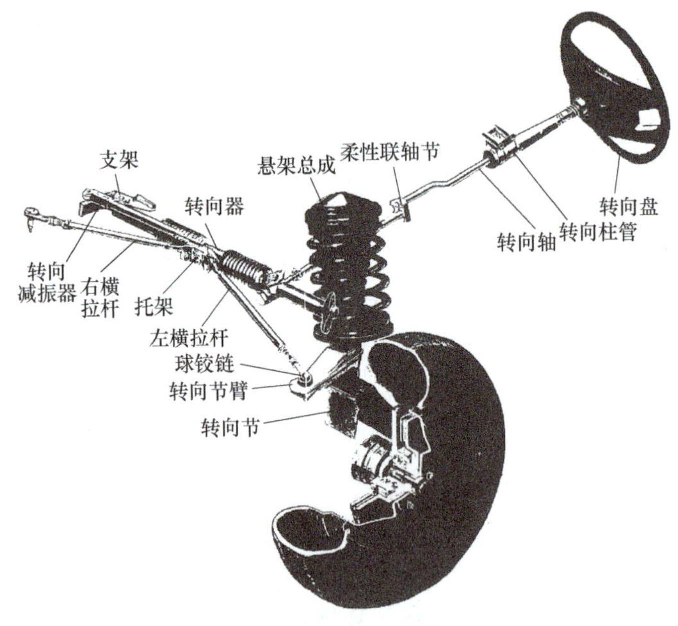

图 4-138　红旗 CA7220 型轿车转向器布置图

2. 动力转向系统

动力转向系统兼用驾驶人体力和发动机动力作为转向能源，并且以发动机动力作为主要能源。动力转向系统是在机械转向系统基础上加设一套转向加力装置而成的（图 4-139）。转向加力装置包括转向油罐 5、转向油泵 4、转向控制阀和转向动力缸（转向控制阀、转向动力缸和机械转向器共同构成整体式转向器 10）等。转向油泵 4 由发动机驱动，以产生高压油液。当驾驶人逆时针方向转动转向盘 1 时，转向摇臂 9 将拉动转向横拉杆 8 向前运动。转向横拉杆 8 的拉力作用在转向节臂 7 上，使左侧转向节及左侧转向轮绕主销向左偏转一个角度，同时另一侧转向节与转向轮绕该侧转向主销偏转一定的角度，这时汽车将向左转向。与此同时，转向直拉杆 11 带动转向控制阀中的滑阀移动，使转向动力缸的左腔接通转向油泵 4 的出油口，右腔通过转向控制阀与转向油罐 5 接通，转向动力缸活塞所受的向右的液压作用力便通过推杆作用在转向横拉杆 8 上。由于液压作用力较大，在很大程度上减轻了驾驶人的操纵力。

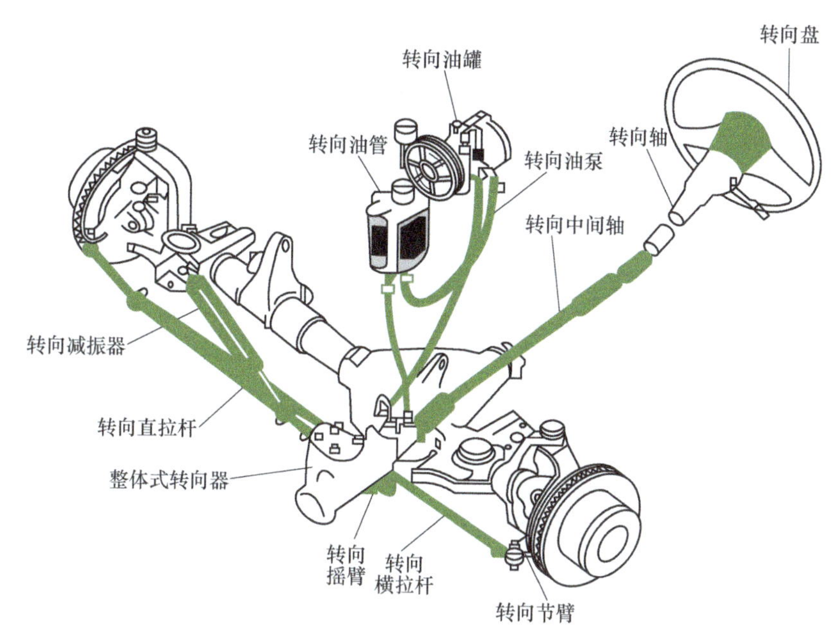

图 4-139　动力转向系统示意图

二、转向器

转向器的功用是将驾驶人加在转向盘上的力矩放大，并降低速度，然后传给转向传动机构。

由于转向器是一个大传动比的机构，其传动效率一般较低。转向器的输出功率与输入功率之比称为转向器的传动效率。在功率由转向柱输入、由转向摇臂输出的情况下求得的传动效率称为正效率，而当传动方向与此相反时求得的效率称为逆效率。为了减轻驾驶人操纵转向盘的体力消耗，应尽量提高转向器的传动效率，特别是其正效率是很重要的。正效率与逆效率均很高的转向器称为可逆式转向器，逆效率极低的转向器称为不可逆式转向器。

可逆式转向器可以使转向结束后转向轮及转向盘自动回正，但汽车在坏路面行驶时，转向轮受到的冲击力会传到转向盘上，发生“打手”现象。经常在良好路面行驶的汽车，多采用可逆式转向器。不可逆式转向器使转向轮受到的冲击力不会传到转向盘上，但也使转向轮及转向盘无自动回正作用，而且还使驾驶人无法由转向盘上感受地面对转向轮作用力的信息，即所谓丧失“路感”。因此，目前汽车上一般不采用不可逆式转向器。

由于转向器各机件间都会有一定的装配间隙，这些间隙还会随着机件的磨损而增大，反映到转向盘上就会产生一定的空转角度。这种转向盘在空转阶段中的角行程称为转向盘自由行程。一定的转向盘自由行程对缓和路面冲击，避免驾驶人过度紧张是有利的，但如果转向盘自由行程过大，就会影响其转向灵敏性。因此，转向盘自由行程应限制在一定的范围以内，并应经常进行调整。

汽车上采用多种结构形式的转向器，如齿轮齿条式、循环球—齿条齿扇式、循环球—曲柄指销式和蜗杆曲柄指销式转向器等。轿车上使用最多的是齿轮齿条式转向器。

齿轮齿条式转向器结构简单，制造方便。它的传动方式是齿轮齿条直接啮合，操纵灵敏度非常高，滑动和转动阻力小，转矩传递性能较好，转向力非常轻，并可安装转向助力机构。齿轮齿条式转向器的正效率与逆效率都很高，属于可逆式转向器，自动回正能力强，因此常用于轻型轿车的转向系统中。但由于其传动比较小，在使用中受到一定的限制。

图4-140所示为齿轮齿条式转向器。作为传动副主动件的转向齿轮9与转向齿条5啮合。整个系统通过外壳两端固定在车身上。齿轮和齿条啮合装配情况如图4-140a所示。为保证齿轮齿条无间隙啮合，压紧弹簧产生的压紧力通过压块将转向齿轮和转向齿条压靠在一起。弹簧的预紧力可以通过调整螺塞进行调整。

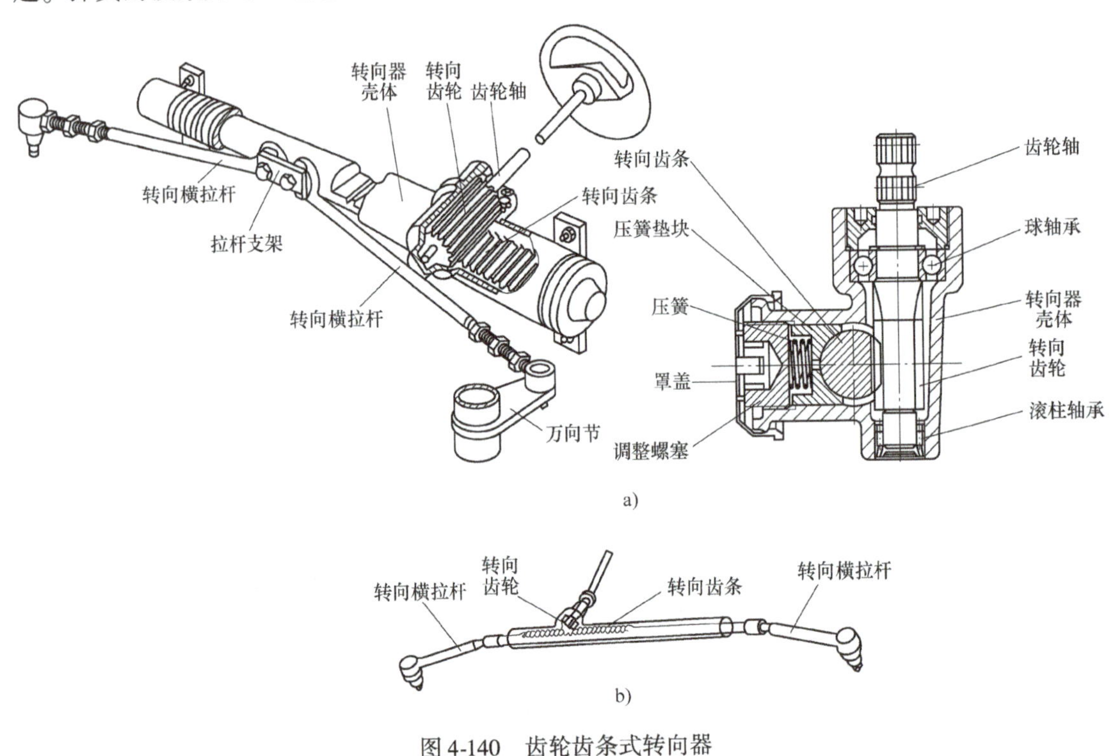

图4-140　齿轮齿条式转向器

齿轮齿条式转向器结构简单，加工方便，工作可靠，使用寿命长，所以得到了广泛的应用，如被一汽捷达/高尔夫和上海桑塔纳轿车等使用。

三、转向操纵机构

1. 转向操纵机构的组成和布置

从转向盘到转向传动轴这一系列部件和零件属于转向操纵机构。它包括：转向盘、转向柱管、转向轴等部件。它的作用是将驾驶人转动转向盘的操纵力传给转向器，如图4-141所示。有些转向系统考虑车架变形的影响，在转向操纵机构中增加了一个挠性万向节。还有一

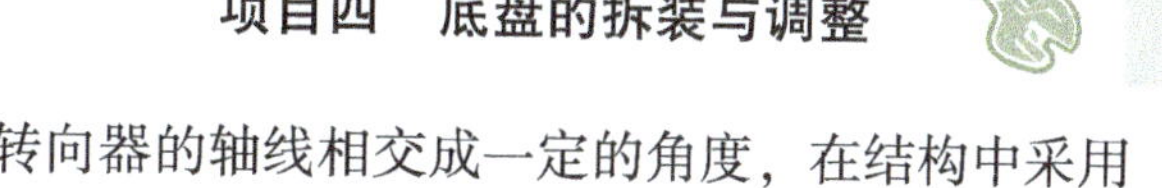

些转向系统，由于总布置的要求，转向盘与转向器的轴线相交成一定的角度，在结构中采用了万向节和传动轴。

由于在发生车祸时，对驾驶人造成主要威胁的是转向盘及转向柱管等，所以人们在设计转向操纵机构时，增加了安全措施。如采用安全转向柱、安全联轴节及能量吸收装置等。

2. 转向盘

转向盘由轮缘、轮辐和轮毂组成。轮辐一般为 3 根辐条或 4 根辐条，也有用两根辐条的。转向盘轮毂孔具有细牙内花键，借此与转向轴相连。转向盘内部由成型的金属骨架构成，如图 4-142 所示。

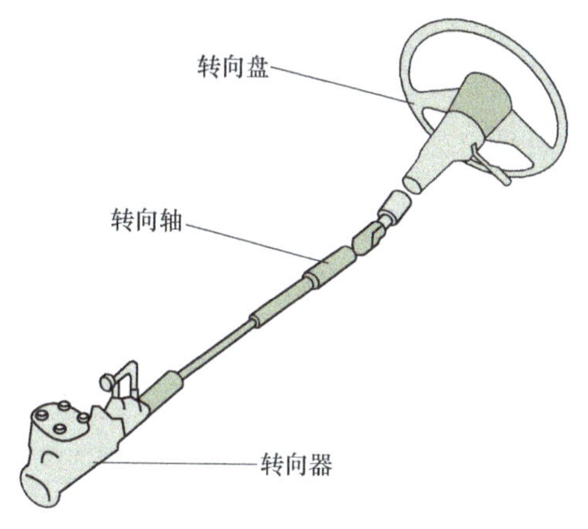

图 4-141　转向操纵机构

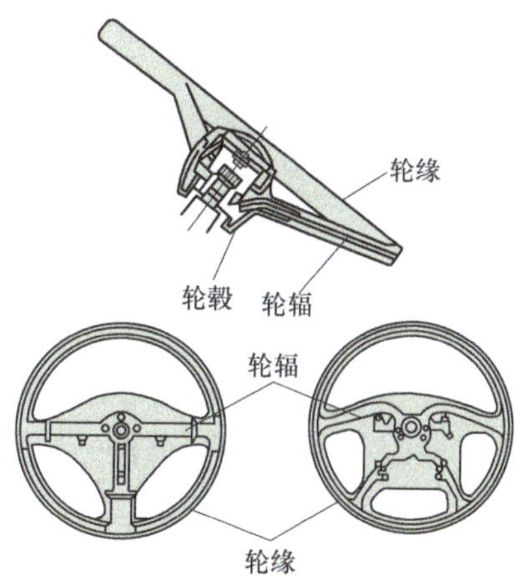

图 4-142　转向盘的组成

当汽车发生碰撞时，从安全性考虑，不仅要求转向盘应具有柔软的外表皮，可起缓冲作用，而且还要求转向盘的骨架在撞车时能够产生变形，以吸收冲击能量，减轻驾驶人的受伤程度。

转向盘上都装有喇叭按钮，有些轿车的转向盘上还装有车速控制开关和安全气囊装置。

3. 转向轴和转向柱管的吸能装置

转向轴是连接转向盘和转向器的传动件，可传递它们之间的转矩。转向柱管安装在车身上，支承着转向盘。转向轴从转向柱管中间穿过。

转向轴多用无缝钢管制成，上部用轴承或衬套支承在转向管柱内，下部支承在下固定支架内的轴承中，轴承下端装有弹簧，可自动消除转向管柱与转向轴的轴向间隙。转向管柱的下端压装在下固定支架的孔内。下固定支架用两个螺栓固定在驾驶室底板上。转向管柱上端通过上支架固定在驾驶室前围仪表板上，如图 4-143 所示。

近年来，由于公路路况的改善、汽车车速的提高，许多国家都制定了严格的安全法规。对于轿车除要求装有吸能装置的转向盘外，还要求转向柱管也必须备有缓和冲击的吸能装置。转向轴和转向柱管的吸能装置有多种形式。其基本机构原理是转向轴受到巨大冲击时，转向轴产生轴向位移，使支架或某些支承件产生塑性变形，从而吸收冲击能量。

四、转向传动机构

转向传动机构的功用是将转向器输出的力矩放大传到转向桥两侧的转向节，使两侧的转向轮偏转，且使两转向轮偏转角按一定关系变化，实现汽车的转向行驶。转向传动机构的组

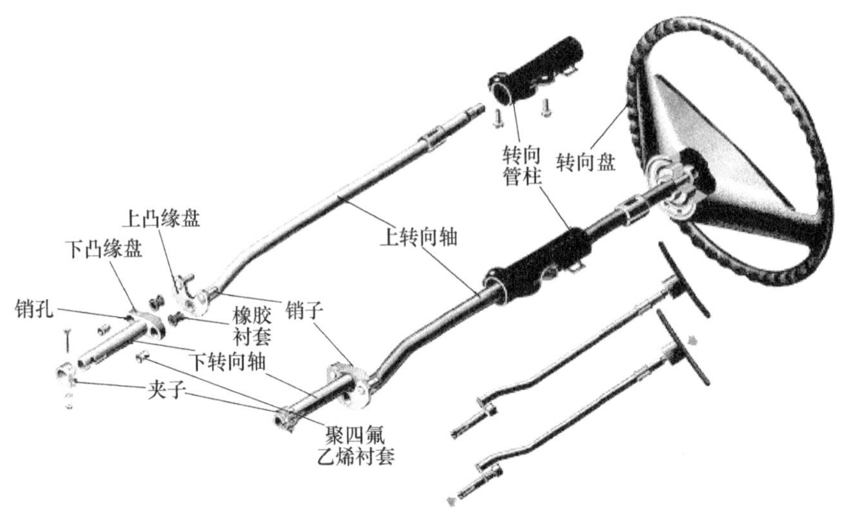

图4-143　转向轴的吸能装置

成与布置形式取决于转向器的位置和转向轮悬架的类型。

1. 与非独立悬架配用的转向传动机构

如图4-144所示，与非独立悬架配用的转向传动机构主要包括转向摇臂2、转向直拉杆3、转向节臂4及梯形臂5和转向横拉杆6。在前桥仅为转向桥的情况下，由转向横拉杆6和左、右梯形臂5组成的转向梯形机构一般布置在前桥之后，如图4-144a所示。当转向轮处于与汽车直线行驶相应的中立位置时，梯形臂5与横拉杆6在与道路平行的水平面内的交角$\theta>90°$。在发动机位置较低或转向桥兼驱动桥的情况下，为避免运动干涉，往往将转向梯形布置在前桥之前，此时上述交角$\theta<90°$，如图4-144b所示。若转向摇臂不是在汽车纵向平面内前后摆动，而是在与道路平行的平面内向左右摇动，则可将转向直拉杆3横置，并借球头销直接带动转向横拉杆6，从而推动两侧梯形臂转动，如图4-144c所示。

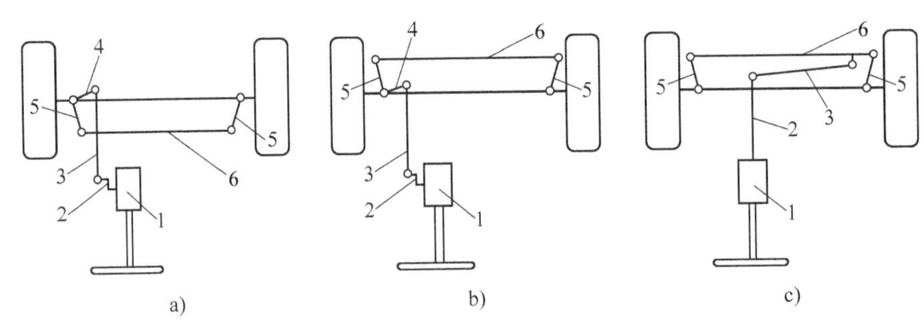

图4-144　与非独立悬架配用的转向传动机构示意图

1—转向器　2—转向摇臂　3—转向直拉杆　4—万向节臂　5—梯形臂　6—转向横拉杆

2. 与独立悬架配用的转向传动机构

当转向轮为独立悬架时，每个转向轮都需要相对于车架作独立运动，因而转向桥必须是断开式的。与此相应，转向传动机构中的转向梯形也必须是断开式的。图4-145所示为几种与独立悬架配用的转向传动机构示意图。其中，图4-145a、b所示机构与循环球式转向器配

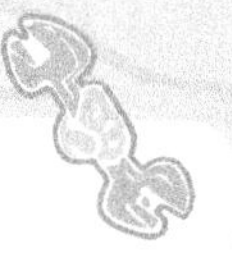

用，图 4-145c、d 所示机构与齿轮齿条式转向器配用。

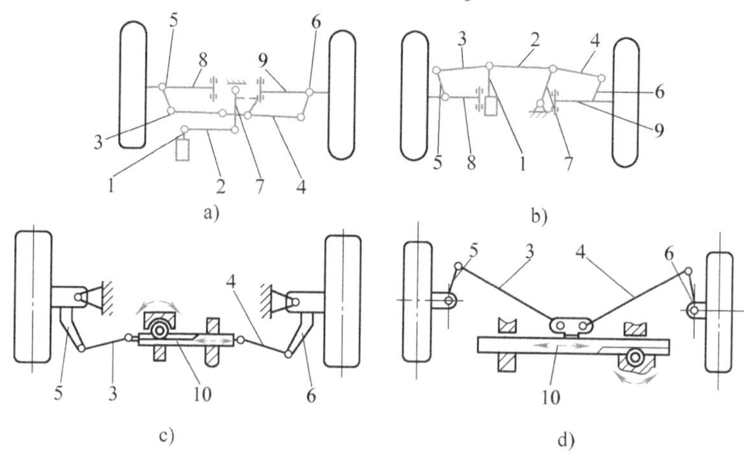

图 4-145　与独立悬架配用的转向传动机构示意图

1—转向摇臂　2—转向直拉杆　3—左转向横拉杆　4—右转向横拉杆　5—左梯形臂
6—右梯形臂　7—摇杆　8—悬架左摇臂　9—悬架右摇臂　10—齿轮齿条转向器

五、动力转向系统

动力转向系统包括机械式转向器、转向动力缸和转向控制阀。

1. 动力转向系统的基本结构组成和工作原理

液压动力转向系统是在机械式转向系统的基础上加一套动力辅助装置而成的，其一般组成如图 4-146 所示。转向油泵 6 安装在发动机上，由曲轴通过传动带驱动并向外输出液压油。转向油罐 5 有进、出油管接头，通过油管分别与转向油泵和转向控制阀 2 连接。转向控制阀用以改变油路。机械转向器与转向动力缸总成内有左、右两个工作腔，它们分别通过油道与转向控制阀连接。

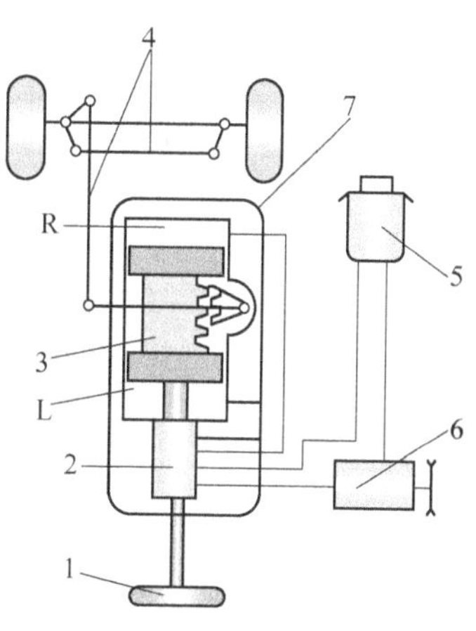

图 4-146　液压动力转向系统示意图

1—转向操纵机构　2—转向控制阀
3—机械转向器与转向动力缸总成
4—转向传动结构　5—转向油罐
6—转向油泵　7—动力转向器
R—转向动力缸右腔
L—转向动力缸左腔

当汽车直线行驶时，转向控制阀 2 将转向油泵 6 泵出来的工作液与油罐接通，转向油泵处于卸荷状态，动力转向器不起助力作用。当汽车需要向右转向时，驾驶人向右转动转向盘，转向控制阀将转向油泵泵出来的工作液与 R 腔接通，将 L 腔与油罐接通，在油压的作用下，活塞向下移动，通过传动机构使左、右轮向右偏转，从而实现右转向。向左转向时，情况与上述相反。

2. 动力转向器

目前国产轿车上大部分都采用了转阀式的整体动力转向器。图 4-147 为捷达轿车整体转阀式动力转向器示意图。齿轮齿条式机械转向器、转向动力缸和控制阀设计成一体，组成整体式动力转向器。其控制阀为转阀。转向动力缸内的活塞 2 与齿条 4 制成一体，活塞 2 将动力缸分成了两部分，扭杆 10 的前端用销与转向齿轮连接，后端与阀芯 12 相

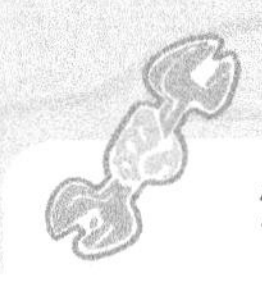

连，而阀芯与转向轴 11 的末端相连，因此转向轴可以通过扭杆带动齿轮转动。

转向控制阀（转阀）处于中立位置时，如图 4-147a 所示，由转向油罐 7、转向油泵 6、流量控制阀 5 组成的供能装置输出的油液流入转阀进油孔进入阀腔。由于转阀处于中立位置，它使动力缸的两腔相通，则油液经回油管路 8 流回转向油罐 7。因此转向动力缸完全不起作用。故该动力转向装置为常流式转阀体式动力转向器。

当刚一开始向右转动转向盘时，如图 4-147b 所示，转向轴连同阀芯被顺时针转动时，因受到万向节臂传来的路面转向阻力，动力缸活塞和齿条暂时都不能运动，所以转向齿轮暂时也不能随转向轴转动。这样由转向轴传到转向齿轮的转矩只能使扭杆 10 产生少许扭转变形，使转向轴相对转向齿轮转过不大的角度，从而转阀使动力缸右腔（驾驶人方向）成为高压的进油腔，使左腔成为低压的回油腔。作用在动力缸活塞上向左的液压作用力帮助转向齿轮迫使转向齿条开始左移，转向轮开始向右偏转。同时转向齿轮本身也开始与转向轴同向转动。只要转向盘继续转动，扭杆 10 的扭转变形便一直保持不变，转向控制阀所处的位置也不变。一旦转向盘停止转动，动力缸暂时继续工作，导致转向齿轮继续转动，使扭杆的扭转变形减小，直到扭杆恢复自由状态，控制阀回到中间位置，动力缸停止工作为止。此时转向盘停驻在某一位置上不动，则车轮转角就保持一定角度，若转向盘继续转动时，则转向动力缸又继续工作。这种转向动力缸随转向盘的转动而工作，又随转向盘的停止转动而停止加力动作的作用称为动力转向装置的随动作用。

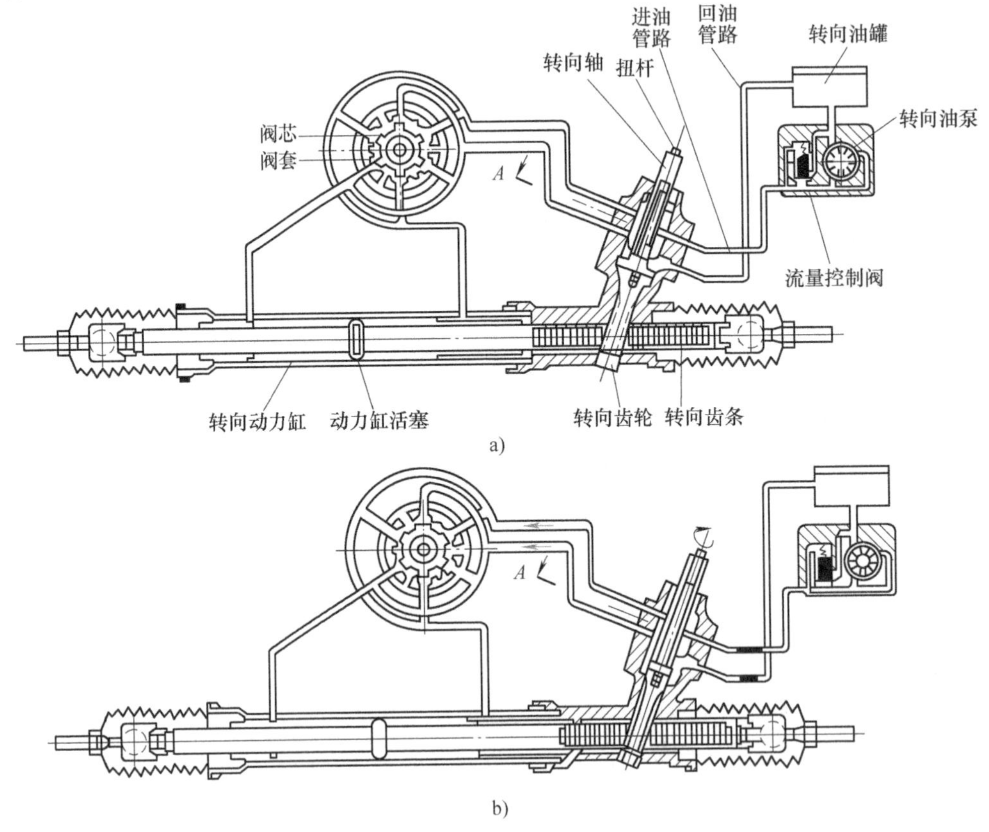

图 4-147　捷达轿车整体转阀式动力转向器示意图

3. 转向油泵

转向油泵是助力转向系统的动力源，其作用是将输入的机械能转换为液压能输出。在转向油泵只受发动机驱动的情况下，一旦发动机停止转动，油泵即无压力油输出。

对于重型汽车而言驾驶人无法实现在没有助力油压的情况下轻松转向。为了确保动力转向装置的可靠性，有些重型汽车在转型油泵的驱动装置中采用自由轮机构使转向油泵在正常的情况下受发动机驱动，发动机熄火后转向油泵受高速滑行的汽车的惯性力驱动，另外也有一些汽车加装了应急转向油泵，它既可以由传动系统驱动也可以由蓄电池驱动。

转向油泵结构形式有齿轮式、叶片式、转子式、柱塞式等。转向油泵经转向控制阀向转向动力缸提供一定压力和流量的工作油液。目前，转向油泵大多采用双作用式叶片泵，这种油泵有两种结构形式，一种为潜没式，另一种为非潜没式。潜没式油泵潜没在储液罐的油液中。非潜没式转向油泵的储液罐与转向油泵分开安装，用油管与转向油泵相连接。

图4-148为双作用式叶片泵工作原理示意图。当转子顺时针转动时，叶片在离心力和高压油的作用下紧贴在定子的内表面上，从进油口吸入油液；而后工作容积由大变小，压缩油液，经出油口向外供油。由于转子每旋转一周，每个工作腔都吸、压油两次，故将这种形式的叶片泵称为双作用式叶片泵。双作用式叶片泵有两个吸油区和两个排油区，并且各自的中心角是对称的，所以作用在转子上的油压作用力互相平衡，因此这种油泵也称为卸荷式油泵。

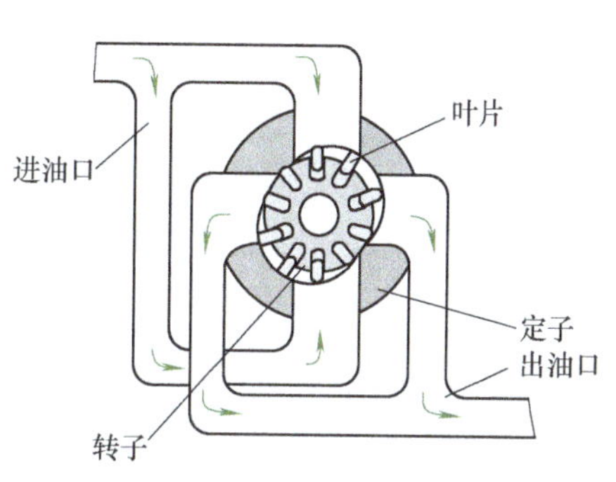

图4-148　双作用式叶片泵工作原理示意图

当汽车原地转向或低速行驶时，发动机怠速运转，油泵的转速也较低，而此时转向阻力较大，要求转向油泵此时能供给助力转向系统足够流量的油液。当车速增加时，转向阻力变小，如果没有流量控制阀，则转向油泵的供油量将大大超过助力转向的需要，过量的循环油液将使转向过分灵敏，使转向操纵性变坏，同时油泵所消耗的功率也会增大。为此，设置流量控制阀以限制油泵输出，保证助力转向系统能正常工作。

若转向阻力过大或操作不当，助力转向系统内的油液压力将会过高，有可能使系统因过载而损坏。因此，系统中还装设限制系统最高压力的安全阀。

任务实施

以桑塔纳轿车的机械转向器为例

1. 拆卸转向器

将车轮放在直线行驶的位置上，转向指示灯开关放在中间位置上。

1）撬下转向盘盖板。

2）拔掉喇叭导线，如图4-149所示。

3）松开转向盘紧固螺母，如图4-150所示，拉出转向盘总成。

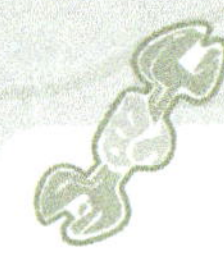

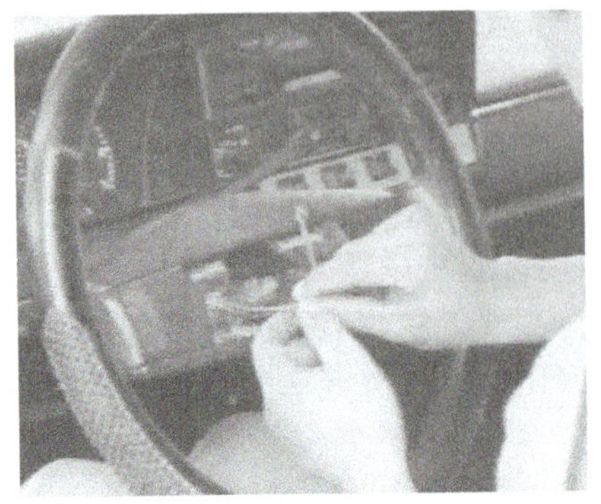

图4-149　拔掉喇叭导线

图4-150　松开转向盘紧固螺母

4）拆卸组合开关下护罩，拔掉导线，如图4-151所示。

5）取下组合开关。

6）拆下仪表盘下护板，如图4-152所示。

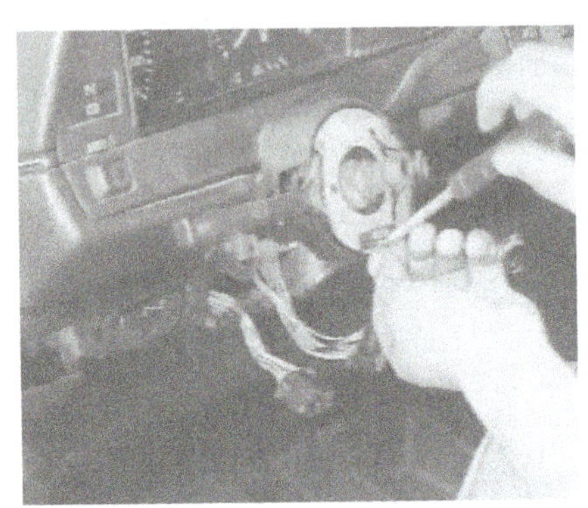

图4-151　拆卸组合开关下护罩

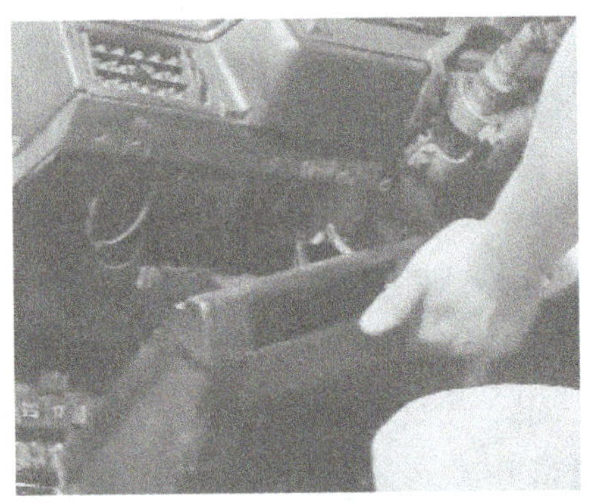

图4-152　拆下仪表盘下护板

7）拧下转向柱套管紧固螺栓，如图4-153所示。

8）取下转向柱上段，如图4-154所示。

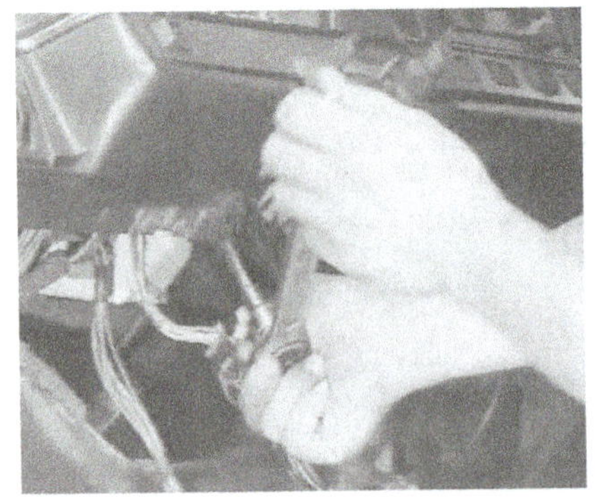

图4-153　拧下转向柱套管紧固螺栓

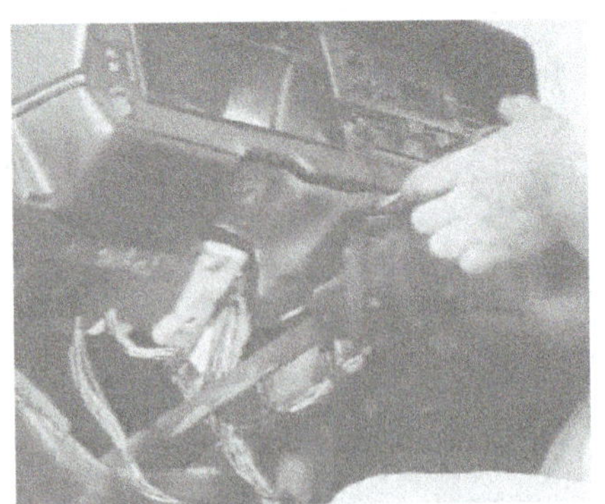

图4-154　取下转向柱上段

9）拆下左、右横拉杆外端球头销紧固螺母，压出球头销，如图 4-155 所示。

10）拆除转向器中部及前端凸缘与车身的联接螺栓。取下转向器总成，如图 4-156 所示。

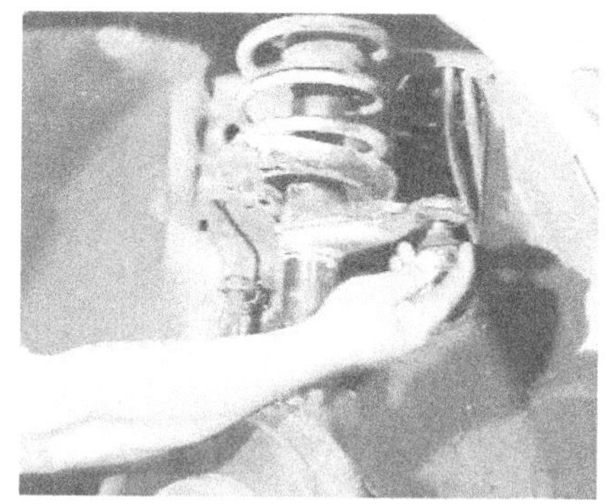

图 4-155　拆下左、右横拉杆外端球头销

图 4-156　取下转向器总成

2. 分解转向器（图 4-157）

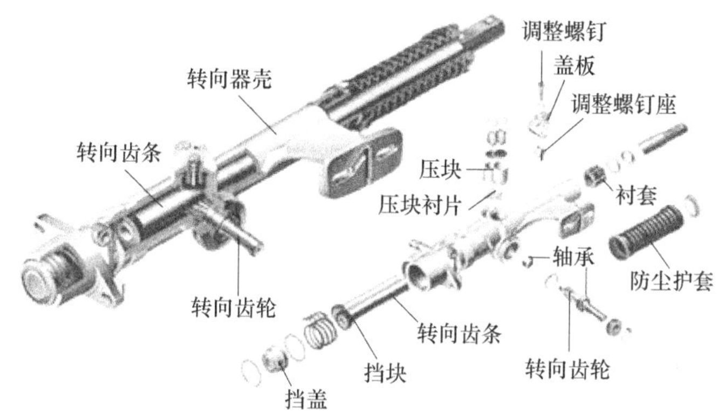

图 4-157　桑塔纳轿车转向器

具体操作步骤如下：

1）拆下转向柱壳体与转向减振器联接螺栓，如图 4-158 所示，取下转向减振器。

2）拧松下转向轴夹子紧固螺钉，拆卸下转向轴，如图 4-159 所示。

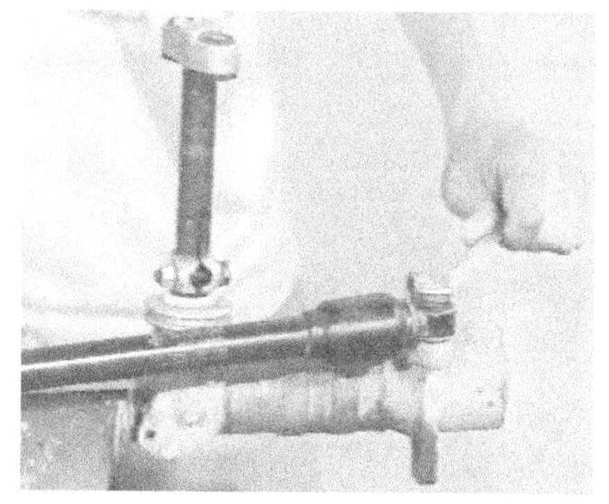

图 4-158　拆下转向柱壳体与转向减振器联接螺栓

图 4-159　拧松下转向轴夹子紧固螺钉

3）拆卸调整螺钉，取出补偿弹簧，如图4-160所示。

4）拆下主动齿轮密封环、卡簧、轴承，取出主动齿轮。

5）松开齿条端盖帽，拆卸齿条杆上的防尘罩、挡圈、密封圈，抽出齿条。

3. 装配与调整转向器

1）用专用工具将转向器小齿轮装入转向器壳内。

2）装入轴承挡圈和新油封。

3）装入转向器齿条。齿条齿面及其表面应涂2号锂基润滑脂，如图4-161a所示。插入齿条时，应防止碰伤衬套，再装上导向块、弹簧和螺塞，如图4-161b所示。

4）调整齿条预紧力。

①旋转调整螺塞，拧紧力矩为6.86N·m。

②前后移动齿条约15次，使齿条处于稳定状态后，再继续拧紧调整螺塞，拧紧力矩为12.25N·m。

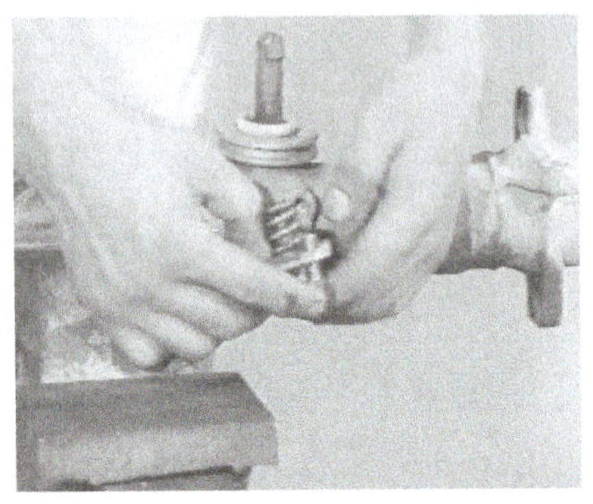

图4-160　拆卸调整螺钉，取出补偿弹簧

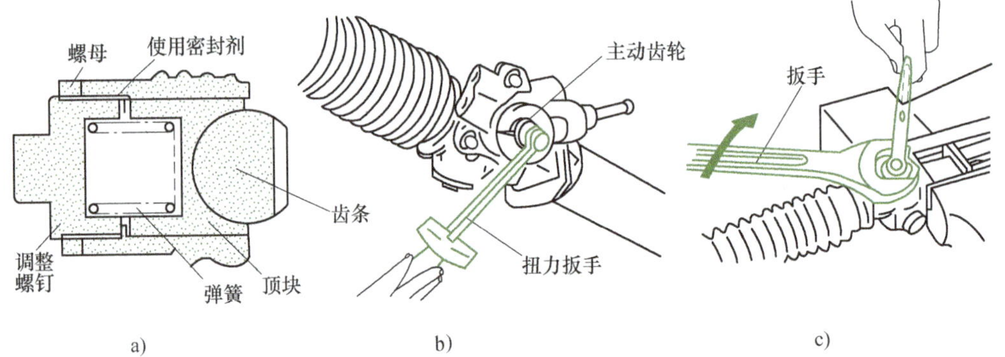

图4-161　齿条调整螺钉的安装与调整

③用扳手将调整螺塞向回拧45°~55°。

④用专用工具测量齿条的预加载荷，标准起动力矩为29.4~58.8N·m

5）如果起动力矩没有符合标准值，应重复以上的操作方法。

6）安装调整螺塞锁紧螺母，拧紧力矩为34.3~44.1N·m。再一次检查小齿轮起动力矩，应为29.4~58.8N·m。

7）装配齿条接头总成，螺母拧紧力矩为49~63N·m。

8）装入齿条防尘罩、防尘罩锁簧和管箍。

9）装上转向拉杆接头。

按照与拆卸转向器总成相反的顺序对转向器总成进行装配。

拓展提高

电动式电子控制动力转向系统

随着计算机在汽车上的广泛应用，出现了电动式电子控制动力转向系统，简称电动式

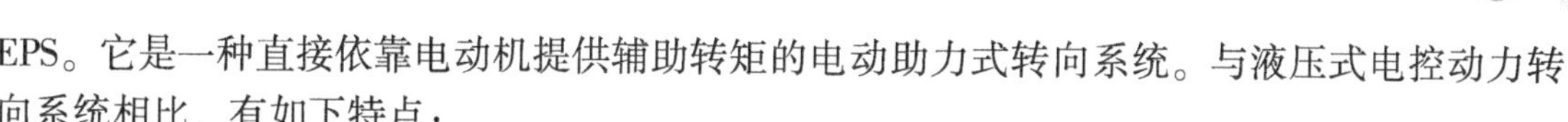

EPS。它是一种直接依靠电动机提供辅助转矩的电动助力式转向系统。与液压式电控动力转向系统相比，有如下特点：

1）将电动机、离合器、减速装置、转向杆等各部件装配成一个整体，中间无管道、控制阀的连接，使其结构紧凑、拆装方便。

2）没有液压式动力转向系统所必需的常运转转向油泵，电动机只是在需要转向时才接通电源，所以动力消耗和燃油消耗均可降到最低。

3）省去了油压系统，所以不需要给转向油泵补充油，也不必担心漏油。

4）可以比较容易地按照汽车性能的需要设置、修改转向助力特性。

1. 电动式 EPS 的组成、原理

电动式 EPS 通常由转矩传感器、车速传感器、电控单元（ECU）、电动机和电磁离合器等组成，如图 4-162 所示。电动式 EPS 利用直流电动机作为动力源，ECU 根据转向参数和车速等信号，控制电动机转矩的大小和方向。电动机的转矩由电磁离合器通过减速机构减速增扭后，加在汽车的转向机构上，使之得到一个与工况相适应的转向作用力。

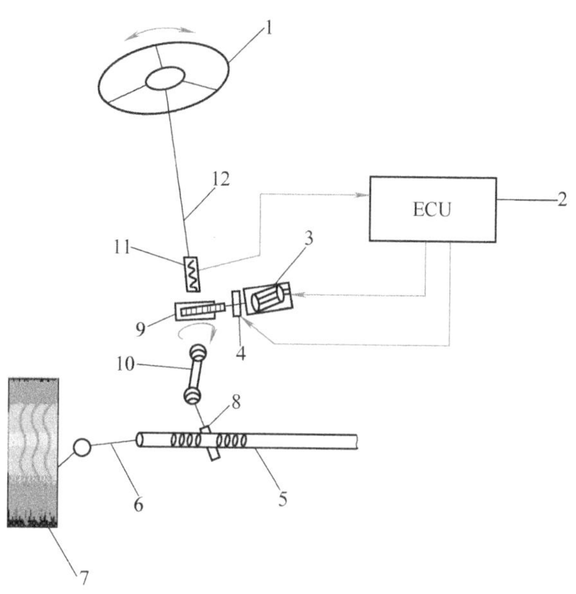

图 4-162　电动式 EPS 的组成

1—转向盘　2—车速传感器　3—电动机　4—电磁离合器　5—齿条　6—拉杆　7—转向轮　8—转向齿轮　9—减速机构　10—扭力杆　11—转矩传感器　12—转向轴

当操纵转向盘 1 时，装在转向盘轴上的转矩传感器 11 不断地测出转向轴上的转矩信号，该信号与车速信号同时输入到 ECU。ECU 根据这些输入信号，确定助力转矩的大小和方向，即选定电动机的电流和转向，调整转向辅助动力的大小。电动机的转矩由电磁离合器 4 通过减速机构 9 减速增扭后，加在汽车的转向齿轮 8 上，使之得到一个与汽车工况相适应的转向作用力。图 4-163 所示为丰田雷克萨斯轿车电动转向装置。

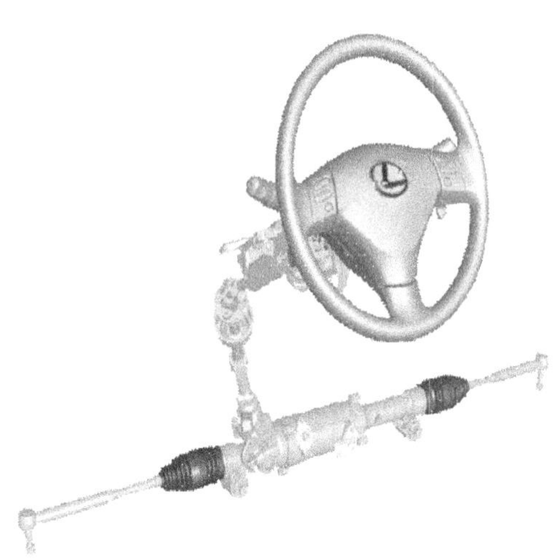

图 4-163　丰田雷克萨斯轿车电动转向装置

2. 电动式 EPS 主要部件的结构及工作原理

（1）转矩传感器　转矩传感器的作用是测量转向盘与转向器之间的相对转矩，以作为电动助力的依据之一。图 4-164 所示为滑动可变电阻式转矩传感器的结构。它将负载力矩引起的扭力杆角位移转换为电位器电阻的变化，并经集电环传递出来作为转矩信号。

（2）电动机　电动式 EPS 用电动机与起动用直流电动机原理上基本相同，但一般采用永磁磁场。其最大电流一般为 30A 左右，电压为 DC12V，额定转矩为 10N · m 左右。转向助力用直流电动机通过简单的控制电路进行正、反转控制。图 4-165 所示为丰田轿车转向助力电动机。

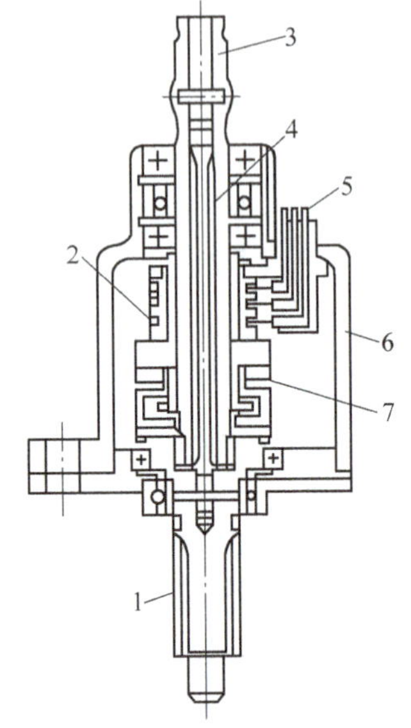

图 4-164　滑动可变电阻式转矩传感器的结构
1—转向齿轮　2—集电环　3—转向轴　4—扭力杆　5—输出轴　6—外壳　7—电位器

（3）电磁离合器　图 4-166 所示为单片干式电磁离合器的工作原理。当电流通过集电环进入电磁离合器线圈时，主动轮产生电磁吸力，带花键的压板被吸引与主动轮压紧，于是电动机的动力经过轴、主动轮、压板、花键、从动轴传递给执行机构。

（4）减速机构　减速机构是电动式 EPS 不可缺少的部件。目前实用的减速机构有多种组合方式，一般采用蜗轮蜗杆与转向轴驱动组合式，也有的采用两级行星齿轮与传动齿轮组合式。为了抑制噪声和提高耐久性，减速机构中的齿轮有的采用特殊齿形，有的采用树脂材料制成。

电动式 EPS 一般都设定一个工作范围，例如当车速达到 45km/h 时，就不需要辅助动力转向，这时电动机就停止工作，为了不使电动机和电磁离合器的惯性影响转向系统的工作，离合器应及时分离，以切断辅助动力。另外，当电动机发生故障时，离合器会自动分离，这时仍可手动控制转向。

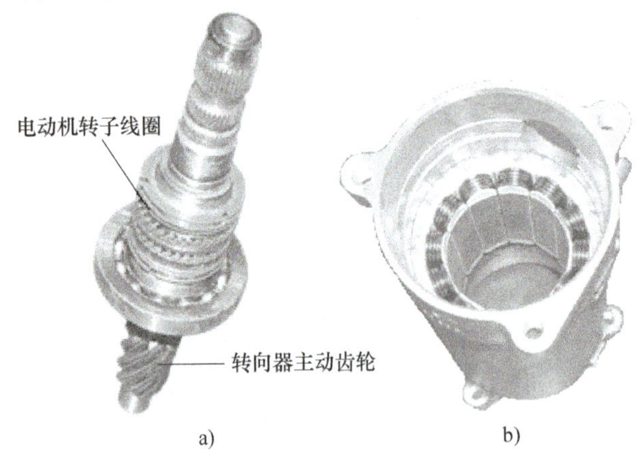

图 4-165　丰田轿车转向助力电动机
a）电动机转子　b）电动机定子

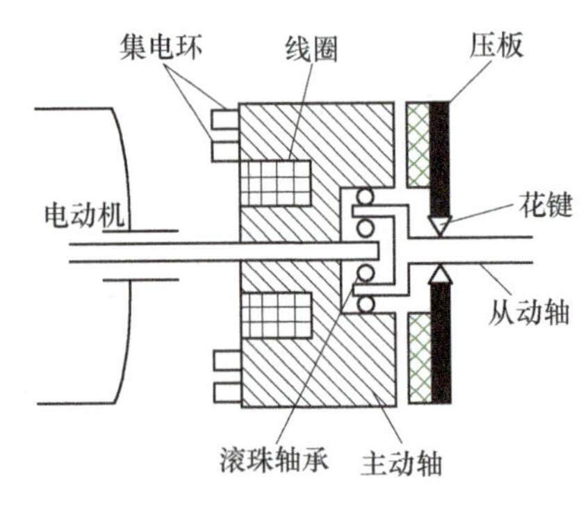

图 4-166　单片干式电磁离合器的工作原理

思考问题

1. 转向盘的转向力是如何传到车轮上的？
2. 动力转向控制阀是如何工作的？

任务七　制动摩擦片的更换

学习目标

1. 了解汽车常规制动系统的基本组成和工作原理。
2. 掌握鼓式制动器的结构和工作原理。
3. 正确、熟练地对盘式制动器、鼓式制动器、驻车制动器进行拆装和调整。

任务情境

客户反映车辆在制动过程中制动踏板行程过大，制动作用迟缓，制动效能很低甚至丧失，制动距离增长。

任务分析

当汽车行驶在宽阔平坦、车流和人流较少的路况时，可以通过高速行驶以提高运输生产效率。但汽车行驶过程中也会遇到复杂多变的路面状况，如进入弯道、遇到不平的道路、两车交会、突遇障碍物，为了保证行驶安全，就要求汽车在尽可能短的距离内将车速降低，甚至停车。为了提高汽车安全行驶的性能，汽车设置了制动系统。制动效率降低直接影响到行车的安全性，应及时解决修复，根据故障分析，故障的原因可能是：

1）制动油压力不足。制动时依靠液压油传递制动力，由于制动主缸缺油、制动管路破裂、油管接头渗漏、油路堵塞等原因造成系统制动液不足，制动压力过低，使车轮制动力不足而产生此故障。

2）制动系统内有空气。由于制动油液是不可压缩的，因此用制动油液可传递制动力，但如果油液中混有空气，由于空气是可以被压缩的，因此造成制动踏板产生的制动力部分用来压缩内部的空气而不能全部传递到车轮，结果造成制动迟缓。这时连续踩下制动踏板，如踏板逐渐升高且有弹性感觉，但稍停一会后再踩踏板时仍然很低，即为制动系统内有空气，这时应对制动系统进行排气。

3）制动踏板自由行程或制动器间隙过大，制动蹄摩擦片接触不良，磨损严重或有油污。这时如果制动不灵，但连续踩几次踏板时制动效果很好，一般为制动踏板自由行程过大或制动间隙过大。应调整踏板自由行程，而后检查制动器间隙。若踩下制动踏板时，不软弱、不沉，但就是制动效果不良，这一现象为车轮制动器故障，如制动蹄片有油或接触不良、摩擦片老化、磨损，制动鼓磨损不均。应对制动技术状况进行检查，必要时进行调整和修复。

4）制动主缸、轮缸活塞和缸管磨损或拉伤，皮碗老化损坏。

根据进一步检查，本故障是制动摩擦片磨损造成的，应更换制动摩擦片。

任务实施的相关专业知识

一、制动系统的作用与基本组成

汽车制动系统的功用是根据需要使汽车减速或在最短的距离内停车，以保证行车的安全；对停驶的车辆，使之可靠地驻留原地不动。

汽车上普遍设置的制动系统一般有两套：

1. 行车制动系统

行车制动系统用于使行驶中的车辆减速或停车，制动器安装在全部的车轮上，通常由驾驶人用脚操纵。

2. 驻车制动系统

驻车制动系统用于使停驶的汽车驻留原地，通常由驾驶人用手操纵。

汽车制动系统具有以下四个基本组成部分：

（1）供能装置　包括供给、调节制动所需能量以及改善传能介质状态的各种部件。

（2）控制装置　包括产生制动动作和控制制动效能的各种部件，如制动踏板。

（3）传动装置　包括将制动能量传输到制动器的各个部件，如制动主缸和制动轮缸。

（4）制动器　产生阻碍车辆的运动或运动趋势的力（制动力）的部件，其中包括辅助制动系统中的缓速装置。

图 4-167 为轿车典型制动系统组成示意图。

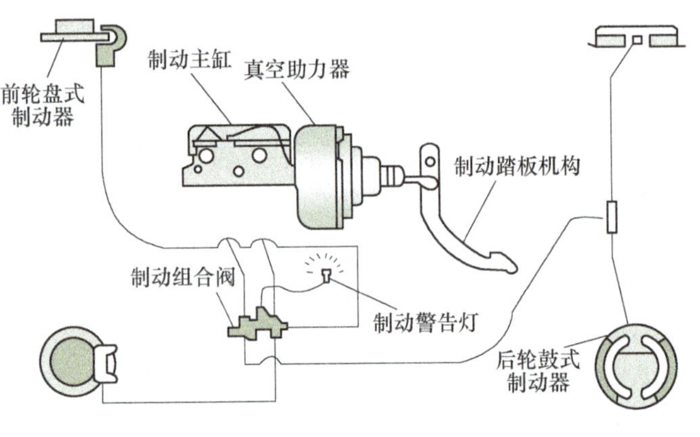

图 4-167　轿车典型制动系统组成示意图

较为完善的制动系统还有制动力调节装置。如用来调节前、后车轮制动力的分配元件、防抱死制动系统（ABS）、电子制动力分配系统（EBD）、电子稳定程序（ESP）和驱动防滑系统或称牵引力控制系统（TRC 或 ASR）。

通常按照制动传动系统的不同分为：

1）人力式制动传动机构：单靠驾驶人施加于制动踏板或手柄上的力作为制动力源的传动机构，分液压式和机械式两种，机械式仅用于驻车制动。

2）伺服制动传动机构：利用发动机的动力作为制动力源，并由驾驶人通过踏板或手柄加以控制的传动机构，分为气压式、真空液压式、空气液压式。

此外，许多汽车还装有第二制动装置，其作用是一旦行车制动装置失效，保证汽车仍能实现减速或停车。经常在山区行驶的汽车，若单靠行车制动装置来限制下长坡的汽车车速，则可能导致制动器过热而降低制动效能，甚至完全失效，故还应增装辅助制动装置。另外，较完善的制动系统还具有报警装置、压力保护装置等附加装置。

二、制动系统的工作原理

制动系统的工作原理是，利用与车身或车架相连的非旋转元件、与车轮或传动轴相连的

旋转元件，依靠旋转元件与非旋转元件之间的相互摩擦来阻止车轮的转动或转动的趋势，并将运动着的汽车的动能转化为摩擦副的热能散到大气中。

图 4-168 是一种简单的液压制动系统工作原理示意图。以内圆面为工作表面的金属制动毂固定在车轮轮毂上，随车轮一起旋转。在固定不动的制动底板上，有两个支承销，支承着两个弧形制动蹄的下端，制动蹄的外圆面上装有摩擦片。制动底板上还装有液压制动轮缸，用油管与装在车架上的液压制动主缸相连通。驾驶人踩踏制动踏板，经过推杆来操纵主缸中的活塞。

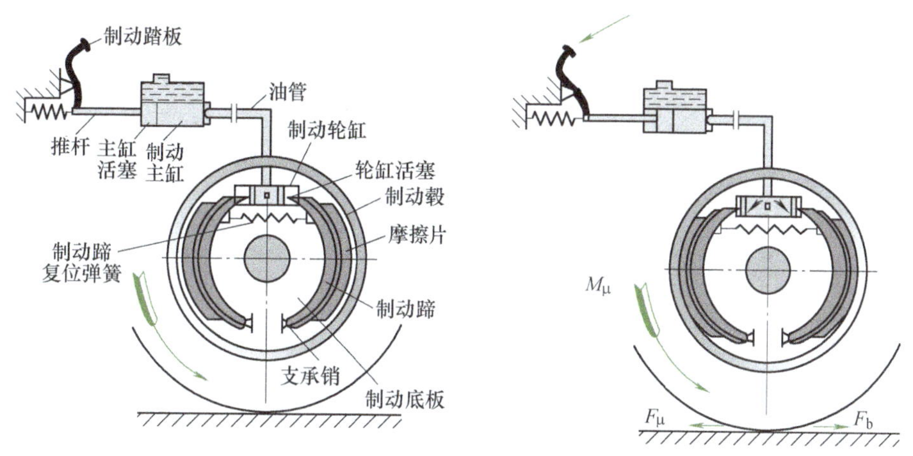

图 4-168　制动系统工作原理示意图

工作过程：制动系统不工作时，制动毂的内圆面与制动蹄摩擦片的外圆面之间保持一定的间隙，简称制动间隙。它使车轮和制动毂可以自由旋转。若使行驶中的汽车减速或停车，驾驶人应踩下制动踏板，通过推杆推动主缸活塞，使主缸内的油液在一定压力下流入轮缸，并通过两个轮缸活塞推动两制动蹄绕支承销旋转，上端向两边分开而以其摩擦片压紧在制动毂的内端面上。这样，不旋转的制动蹄就对旋转着的制动毂作用一个摩擦力矩 M_μ，其方向与车轮旋转方向相反。制动鼓将该力矩 M_μ 传到车轮后，由于车轮与路面间有附着作用，车轮对路面作用一个向前的周缘力 F_μ，同时路面对车轮作用一个向后的反作用力，即制动力 F_b。制动力 F_b 由车轮经车桥和悬架传给车架及车身，迫使整个汽车产生一定的减速度。制动力越大，则汽车减速度越大。当放开制动踏板时，制动蹄复位弹簧 13 即将制动蹄拉回原位，摩擦力矩 M_μ 和制动力矩 F_b 消失，制动作用即终止。

阻碍汽车运动的制动力 F_b 不仅取决于制动力矩 M_μ，还取决于轮胎与路面间的附着条件。在讨论制动系统的结构问题时，一般假定路面都具备良好的附着条件。

三、制动器

利用固定元件与旋转元件的工作表面摩擦而产生制动作用的制动器，称为摩擦制动器。制动器按其安装的位置不同分为车轮制动器和中央制动器。车轮制动器的旋转元件固装在车轮或半轴上，制动力矩作用于两侧车轮。中央制动器的旋转元件固装在传动轴上，制动力矩需经驱动桥再作用于两侧车轮。按照摩擦工作表面的不同，制动器分为鼓式和盘式制动器。鼓式制动器的旋转元件为制动鼓，其工作表面为圆柱面。盘式制动器的旋转元件为圆盘状的制动盘，其端面为工作表面。

1. 鼓式车轮制动器

(1) 鼓式制动器的组成　简单的鼓式车轮制动器由旋转部分、固定部分、促动装置和定位调整机构组成，如图4-169所示。

1) 旋转部分。旋转部分多为制动鼓。制动鼓由螺栓固定在车轮上，工作时随着车轮一起旋转。制动鼓通常为浇铸件，对于受力小的制动鼓也可用钢板冲压而成，如图4-170所示。

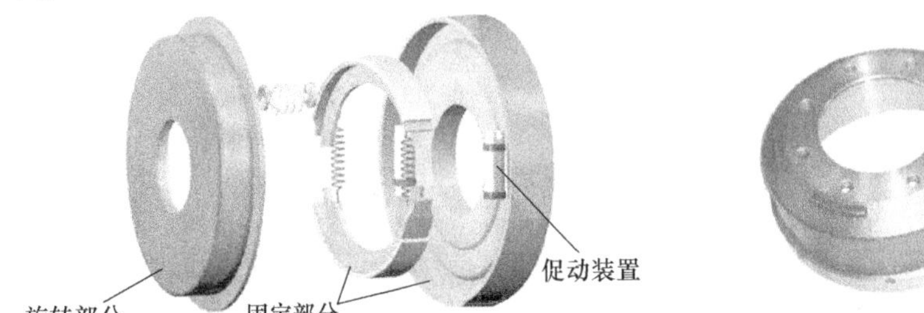

图4-169　鼓式制动器的组成

图4-170　汽车制动鼓

2) 固定部分。固定部分是制动底板和制动蹄。制动底板固装在车桥的凸缘盘上，通过支承销与制动蹄相连。制动蹄常用钢板冲压后焊接而成或由铸铁或轻合金浇铸，采用T形截面，以增大刚度，摩擦片采用黏接或铆接的方式固定于制动蹄上，如图4-171所示。

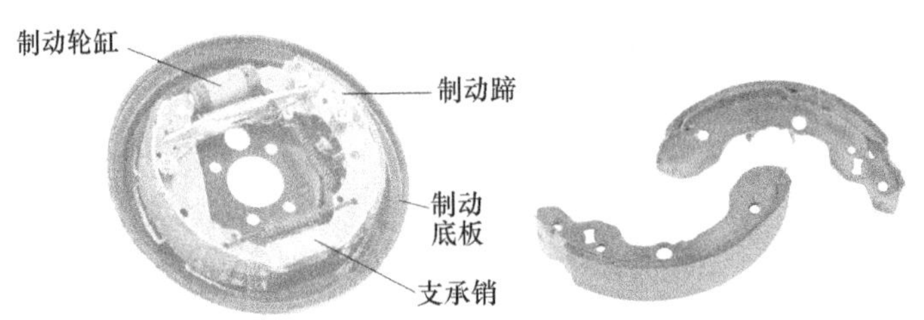

图4-171　制动底板与制动蹄

3) 促动装置。促动装置的作用是对制动蹄施加力使其向外张开。常用的促动装置有制动凸轮和制动轮缸。

4) 定位调整装置。制动蹄在不工作时，其摩擦片与制动鼓之间应有合适的间隙，此间隙一般为0.25～0.5mm。若间隙过小，易造成制动解除不彻底；若间隙过大，将使制动踏板行程过大，以致使驾驶人操作不便，同时也会推迟制动器起作用的时刻。但是在制动过程中，摩擦片的不断磨损必将导致此间隙逐渐增大。因此，各种形式的制动器均设有检查、调整此间隙的装置。

定位调整装置的作用是保持和调整制动蹄和制动鼓间正确的相对位置。

(2) 鼓式制动器的类型与原理　根据制动过程两制动蹄产生制动力矩的不同，制动器可分为领从蹄式制动器、双领蹄式制动器、双从蹄式制动器、自增力式制动器等。

1) 领从蹄式制动器。

①增势和减势作用：图4-172中箭头所示为汽车前进时制动鼓的旋转方向，即制动鼓的正向旋转方向。制动轮缸6施加给制动蹄1的促动力F_s使该制动蹄绕支承点2张开时的旋

转方向与制动鼓的旋转方向相同。具有这种属性的制动蹄称为领蹄。与此相反，制动轮缸 6 施加给制动蹄 4 的促动力 F_s 使得该制动蹄绕支承点 3 张开时的旋转方向与制动鼓的旋转方向相反。具有这种属性的制动蹄称为从蹄。当汽车倒驶，即制动鼓反向旋转时，制动蹄 1 变成从蹄，而制动蹄 4 则变成领蹄。这种在制动鼓正向旋转和反向旋转时，都有一个领蹄和一个从蹄的制动器，称为领从蹄式制动器。

在图 4-172 所示领从蹄式制动器的结构中，轮缸中的两活塞直径相同，且都可在轮缸内轴向移动，因此，制动时两活塞对两个制动蹄所施加的促动力是相等的。凡两蹄所受促动力相等的领从蹄式制动器称为等促动力制动器。制动时，在相等的促动力 F_s 的作用下，制动蹄 1 和 4 分别绕各自的支承点 2 和 3 旋转到紧压在制动鼓 5 上。旋转着的制动鼓即对两制动蹄分别作用着法向反力 N_1 和 N_2，以及相应的切向反力 T_1 和 T_2，这里法向反力 N 和切向反力 T 均为分布力的合力。两蹄受到的这些力分别被各自的支承点 2 和 3 的支承反力 S_1 和 S_2 所平衡。由图可见，制动蹄 1 上的切向力 T_1 所造成的绕支承点 2 的力矩与促动力 F_s 所造成的绕同一支承点的力矩是同向的。所以力 T_1 的作用结果是使制动蹄 1 在制动鼓上压得更紧，即力 N_1 变得更大，从而力 T_1 也更大。这表明领蹄具有“增势”作用。与此相反，切向力 T_2 则使制动蹄 4 有放松制动鼓的趋势，即有使 N_2 和 T_2 本身减小的趋势。故从蹄具有“减势”作用。

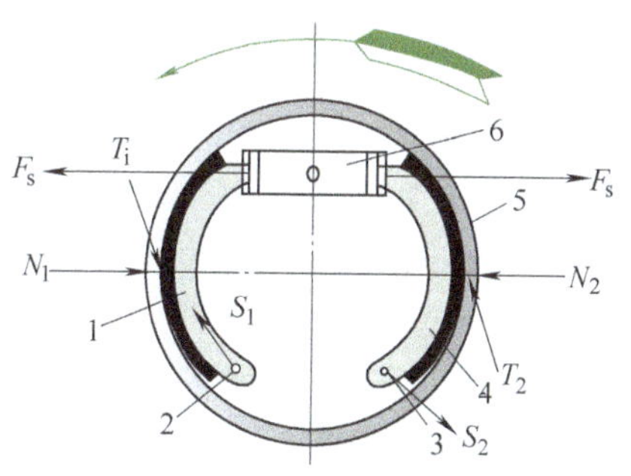

图 4-172　领从蹄式制动器示意图
1、4—制动蹄　2、3—支承点
5—制动鼓　6—制动轮缸

由上述可见，虽然领蹄和从蹄所受促动力相等，但所受制动鼓法向反力 N_1 和 N_2 却不相等，且 $N_1 > N_2$，相应的 $T_1 > T_2$。故两制动鼓所施加的制动力矩不相等。一般说来，领蹄产生的制动力矩约为从蹄制动力矩的 2～2.5 倍。倒车制动时，虽然制动蹄 4 变成领蹄，制动蹄 1 变成从蹄，但整个制动器的制动效能还是与前进制动时一样。显然，由于领蹄与从蹄所受法向反力不等，在两蹄摩擦片工作面积相等的情况下，领蹄摩擦片上的单位压力较大，因而磨损较严重。为了使领蹄和从蹄的摩擦片使用寿命相近，有些领从蹄式制动器领蹄摩擦片的周向尺寸设计得较大，但这样将使两蹄的摩擦片不能互换，从而增加了零件品种数和制造成本。

此外，领从蹄式制动器的制动鼓受到的来自两蹄的法向力 N_1 和 N_2 不相平衡，则两蹄法向力之和只能由车轮轮毂轴承的反力来平衡，这就对轮毂轴承造成了附加径向载荷，使其使用寿命缩短。制动鼓所受来自两蹄的法向力不能互相平衡的制动器，称为非平衡式制动器。

②制动蹄的支承方式（图 4-173）：制动蹄的支承方式可分为固定式和浮动式两种。浮动式支承蹄的支承端呈弧形，支靠在制动底板上的支承块 2 上，需用两个复位弹簧来拉紧定位。它可使整个制动蹄向鼓的方向张开，又可沿支承块的支承平面（图 4-173c 中垂直方向）移动。

2）双领蹄式制动器。两个制动蹄都为领蹄的制动器称为双领蹄式制动器，如图 4-174 所示。双领蹄式制动器与领从蹄式制动器在结构上主要有两点不相同，一是双领蹄式制动器的两制动蹄各有一个单活塞轮缸，而领从蹄式制动器的两蹄共用一个活塞式轮缸；二是双领蹄式制动器的两套制动蹄、制动轮缸、支承销在制动底板上的布置是中心对称的，而领从蹄

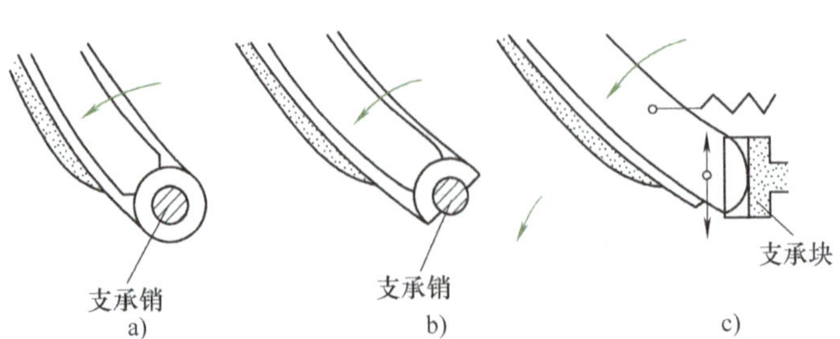

图4-173　制动蹄的支承方式

式制动器中的制动蹄、制动轮缸、支承销在制动底板上的布置是轴对称的。

双领蹄式制动器的两个轮缸可借助连接油管连通，使其中油压相等，这样，在前进制动时，两蹄都是领蹄，制动器的效能因而得到提高；但在倒车制动时，两蹄将都变成从蹄。

制动器工作时，摩擦所产生的热绝大部分传给了制动鼓，使其温度升高。制动鼓升温后将膨胀而使制动器间隙增大。为了减少升温，应当使制动鼓有较大的热容量，因此制动鼓都具有足够大的质量。

3）双从蹄式制动器。前进制动时两制动蹄均为从蹄的制动器称为双从蹄式制动器，如图4-175所示。这种制动器与双领蹄式制动器结构很相似，两者的差异只在于固定元件与旋转元件的相对运动方向不同。虽然双从蹄式制动器前进制动效能低于双领蹄式和领从蹄式制动器，但其效能对摩擦系数变化的敏感程度较小，即具有良好的制动效能稳定性。

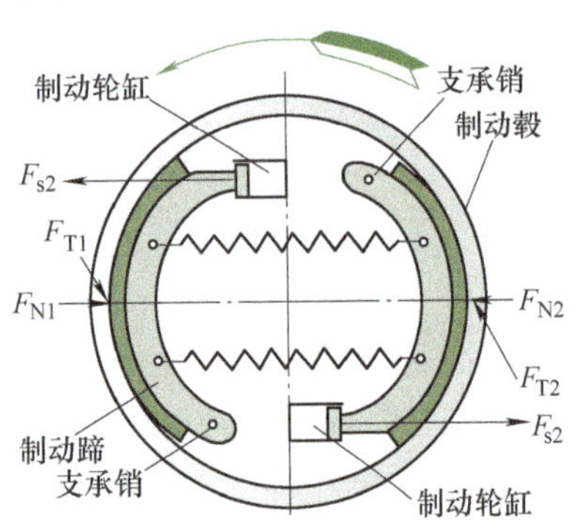

图4-174　单向双领蹄式制动器示意图

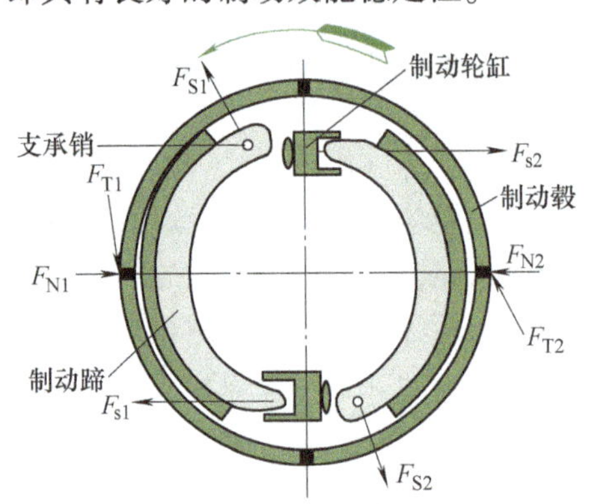

图4-175　双从蹄式制动器示意图

双领蹄、双从蹄式制动器的固定元件布置都是中心对称的。如果间隙调整正确，则其制动鼓所受两蹄施加的两个法向合力能互相平衡，不会对轮毂轴承造成附加径向载荷。因此，这三种制动器都属于平衡式制动器。

4）自增力式制动器。图4-176为单向自增力式制动器的示意图。第一制动蹄1和第二制动蹄2的下端分别支在浮动的顶杆6的两端。制动器只在上方有一个支承销4。不制动时，两蹄上端由各自的复位弹簧拉靠在支承销上。

汽车前进制动时，单活塞式制动轮缸5只将促动力F_{s1}加于第一蹄，使其上端离开支承销，整个制动蹄绕顶杆左端支承点旋转，并压靠到制动鼓3上。第一蹄是领蹄，并且在促动力F_{s1}、法向合力F_{N1}、切向（摩擦）合力F_{T1}和沿顶杆轴线方向的支反力F_{S1}的作用下处于

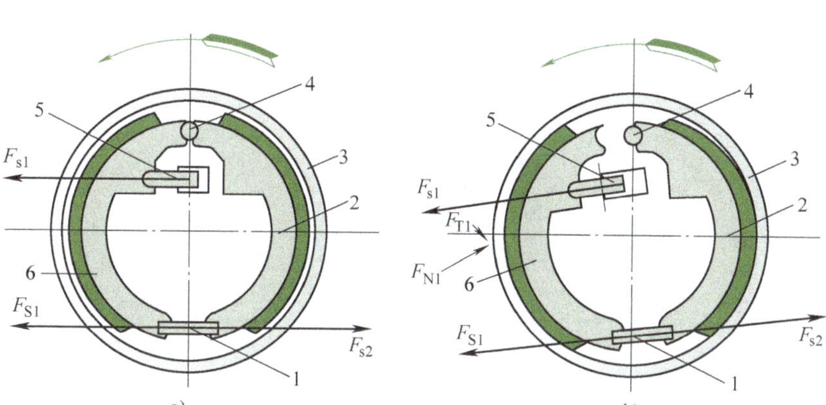

图 4-176　单向自增力式制动器的示意图

1—第一制动蹄　2—第二制动蹄　3—制动鼓　4—支承销　5—制动轮缸　6—顶杆

平衡状态。由于顶杆 6 是浮动的，自然成为第二蹄的促动装置，而将与力 F_{S1} 大小相等、方向相反的促动力 F_{s2} 施加在第二蹄的下端，故第二蹄也是领蹄。正因为顶杆是完全浮动的，不受制动底板约束，所以作用在第一蹄上的促动力和摩擦力的作用没有如一般领蹄那样完全被制动鼓的法向反力和固定于制动底板上的支承件反力的作用抵消，而是通过顶杆传到第二蹄上，形成第二蹄促动力 F_{s2}。对制动蹄 1 进行受力分析可知，$F_{s2} > F_{s1}$。此外，F_{s2} 对第一蹄支承点的力臂也大于 F_{s1} 对第一蹄支承点的力臂。因此，第二蹄的制动力矩必然大于第一蹄的制动力矩。由此可见，在制动鼓尺寸和摩擦系数相同的条件下，这种制动器的前进制动效能不仅高于领从蹄式制动器，而且高于双领蹄式制动器。

倒车制动时，第一蹄上端压靠支承销不动。此时第一蹄虽然仍是领蹄，且促动力 F_{s1} 仍可能与前进制动时的相等，但其力臂却大为减小，因而第一蹄此时的制动效能比一般领蹄的制动效能低很多。第二蹄则因未受促动力而不起制动作用。故此时整个制动器的制动效能甚至比双从蹄式制动器的效能还低。

以上各种鼓式制动器各有利弊。就制动效能而言，在基本结构参数和轮缸工作压力相同的条件下，自增力式制动器由于对摩擦助势作用利用得最为充分而居首位，以下依次为双领蹄式、领从蹄式、双从蹄式。但蹄鼓之间的摩擦系数很不稳定，摩擦片的材料、温度和表面状况（如是否沾水、沾油，是否有烧结现象等）的不同可在很大范围内变化。自增力式制动器的效能对摩擦系数的依赖性最大，因而其效能的热稳定性最差。此外，在制动过程中，自增力式制动器制动力矩的增长在某些情况下显得过于急速。双向自增力式制动器多用于轿车后轮，原因之一是便于兼作驻车制动器。单向自增力式制动器只用于中、轻型汽车的前轮，因倒车制动时对前轮制动器效能的要求不高。双从蹄式制动器的制动效能虽然最低，却具有良好的稳定性，因而被少数华贵轿车为保证制动可靠性而采用。领从式制动器发展较早，其效能及效能稳定性均居于中游，且有结构简单等优点，故目前仍广泛应用于各种汽车。

2. 盘式制动器

盘式制动器的基本结构如图 4-177 所示，其旋转元件是制动盘，它和车轮固装在一起旋转，以其端面为摩擦工作表面。其固定元件是：制动块、导向支销和轮缸及活塞，它们均被安装于制动盘两侧的钳体上，总称为制动钳。制动钳用螺栓与万向节或桥壳上的凸缘固装，并用调整垫片来调整钳与盘之间的相对位置。

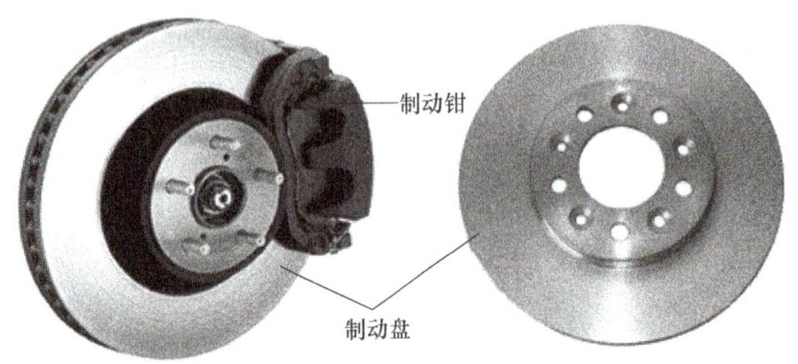

图 4-177　盘式制动器与制动盘

现代汽车上使用的盘式制动器有两种：一种是固定钳盘式制动器，另一种是浮动钳盘式制动器。

(1) 固定钳盘式制动器　固定钳盘式制动器的基本结构如图 4-178 所示。旋转元件是固定在车轮上以端面为工作面、用合金铸铁制成的制动盘 9。固定的摩擦元件是面积不大的制动块总成 4。制动钳的钳形支架 6 通过螺栓与万向节（前桥）或桥壳（后桥）固装，并用调整垫片 2 控制制动钳与制动盘之间的相对位置。另外，还有防尘护罩等。

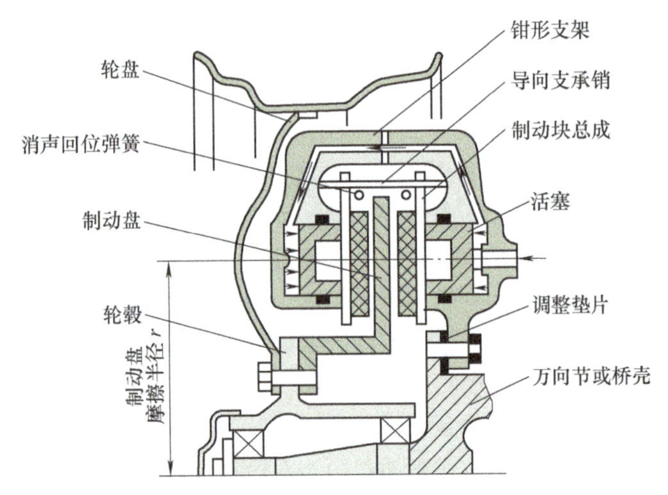

图 4-178　固定钳盘式制动器的基本结构简图

制动时，制动油液被压入内、外两油缸中，在液压作用下两活塞 3 带动两侧制动块总成 4 作相向移动压紧制动盘 9，产生摩擦力矩。在活塞移动过程中，矩形橡胶密封圈的刃边在活塞摩擦力的作用下随活塞移动而产生微量的弹性变形。相当于极限摩擦力的密封圈极限变形量 δ，应等于制动器间隙为设定值时的完全制动所需活塞行程，如图 4-179a 所示。解除制动时，活塞和制动块依靠密封圈的弹力和消声回位弹簧 8 的弹力回位，如图 4-179b 所示。由于矩形密封圈的刃边制动时，制动块摩擦片与制动盘的间隙每边都只有 0.1mm 左右，以保证解除制动。制动盘受热膨胀时，厚度只有微小的变化，故不会发生“拖滞”现象。但盘式制动器不能使用受热易膨胀的醇类制动油液，要求使用特制的合成型制动液。

若制动块摩擦片与制动盘的间隙因磨损加大，制动时活塞密封圈变形达到极限值 δ 以后，活塞仍可在液压作用下克服密封圈的摩擦力，继续移动，直到摩擦片压紧制动盘为止。但解除制动时，矩形密封圈能将活塞推回的距离与摩擦片磨损之前是相同的，即摩擦片与制动盘间隙仍等于 δ。由此可知，矩形密封圈能兼起活塞回位弹簧和自动调整制动器间隙的作

用。

（2）浮动钳盘式制动器　浮动钳盘式制动器具有结构简单紧凑、便于安装等特点，因此广泛应用于轿车和轻型汽车。桑塔纳、捷达等轿车均采用这种浮动钳盘式制动器。

浮动钳盘式制动器的工作原理如图 4-180 所示。制动时，活塞制动块在液压作用力 P_1 作用下，由活塞推靠在制动盘上，同时制动钳上的反力 P_2 推动制动钳沿定位导向销移动，使外侧的固定制动块也压靠在制动盘上，产生制动力，于是制动盘两边都被紧紧抱住，使其停止转动。制动盘和车轮轮毂装在一起，所以车轮也停止了转动。橡胶套不仅能稍微变形，以便消除制动器的间隙，而且可使导向销免于接触泥污。

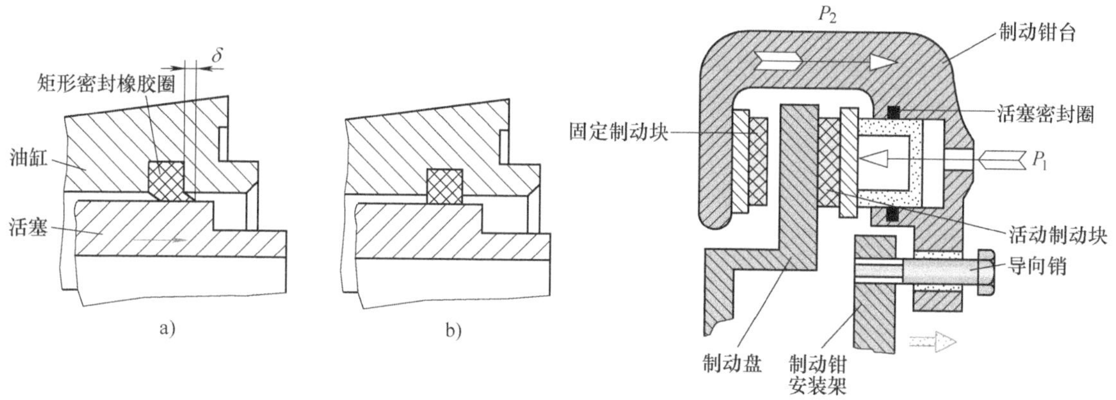

图 4-179　矩形密封圈工作情况

图 4-180　浮动钳盘式制动器的工作原理示意图
P_1—液压作用力　P_2—液压反作用力

解除制动时，橡胶衬套释放出来的弹性有助于外侧制动块离开制动盘。活塞密封圈 5 在制动时变形，解除制动时就恢复原状，使活塞回位。若制动盘和制动块产生了过量间隙，则活塞将相对于密封圈滑移，借此实现间隙的自动调整。

与固定钳盘式制动器相比较，浮动钳盘式制动器的单侧轮缸结构不需要设置跨越制动盘的油道，故不仅轴向和径向尺寸较小，有可能布置得更接近车轮轮毂，而且制动液受热汽化的机会较少。浮动钳盘式制动器现已基本取代了固定钳盘式制动器。

（3）盘式制动器的特点　盘式制动器与鼓式制动器相比较，有以下优点：

1）制动盘暴露在空气中，散热能力强。特别是采用通风式制动盘，空气可以流经内部，加强散热。

2）浸水后制动效能降低较少，而且只需经一两次制动即可恢复正常。

3）制动时的平顺性好。由于无摩擦助势作用，产生的制动力矩仅与油缸液压成比例，制动过程中制动力矩增长比鼓式缓和。同时，制动器效能受摩擦系数的影响较小，即效能较稳定。

4）制动盘沿厚度方向的膨胀量极小，不会像制动鼓的热膨胀那样使制动器间隙明显增加而导致制动踏板行程过大。此外，也便于装设间隙自调装置。

5）结构简单，摩擦片拆装更换容易，因而维修方便。

盘式制动器的缺点是：

1）因制动时无助势作用，故要求管路液压比鼓式制动器高，一般需在液压传动装置中

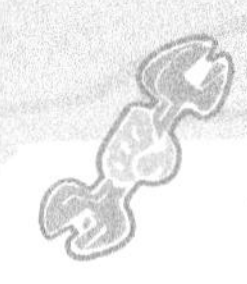

加装制动加力装置和采用较大缸径的油缸。

2）由于盘式制动器活塞的回位能力差，且轮缸活塞的断面积大，制动器间隙较小，故在液压系统中不能留有残余压力。

3）防污性能差，制动块摩擦面积小，磨损较快。

4）兼用于驻车制动时，需要加装的驻车制动传动装置较鼓式制动器复杂，因而在后轮上的应用受到限制。

四、液压传动装置

液压式制动传动装置是利用制动液将制动踏板力转换为制动液压力，通过管路传至车轮制动器，再将制动液压力转变为制动蹄张开的机械推力。

1. 液压式制动传动装置的基本组成

图 4-181 所示为单管路液压式制动传动装置。它由制动踏板、主缸推杆、制动主缸、储液罐、制动轮缸、油管等组成。

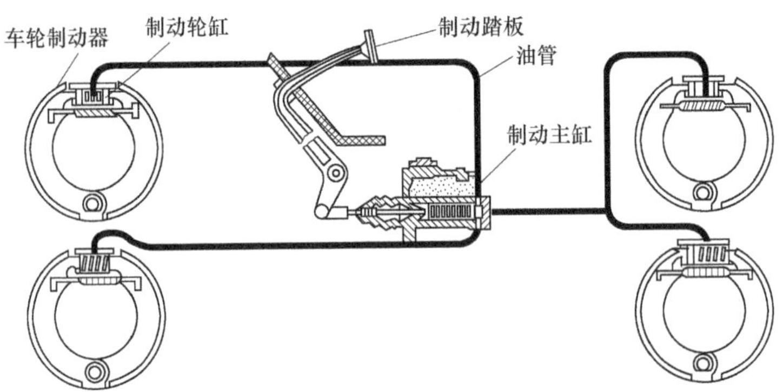

图 4-181　单管路液压式制动传动装置

单管路液压制动装置的任何一处漏油，都将使整个系统失效，其可靠性差，目前汽车上已极少使用，而应用较多的是双管路液压传动装置。常用的双管路液压制动传动装置有双管路前后独立方式和双管路交叉方式两种。

（1）双管路前后独立式　如图 4-182 所示，前后独立式双管路液压制动传动装置由双腔制动主缸通过两套独立的管路分别控制前桥和后桥的车轮制动器。这种布置方式结构简单，如果其中一套管路损坏漏油，另一套仍能起作用，但会破坏前、后桥制动力分配的比例，主要用于发动机前置后轮驱动的汽车，如南京依维柯等。

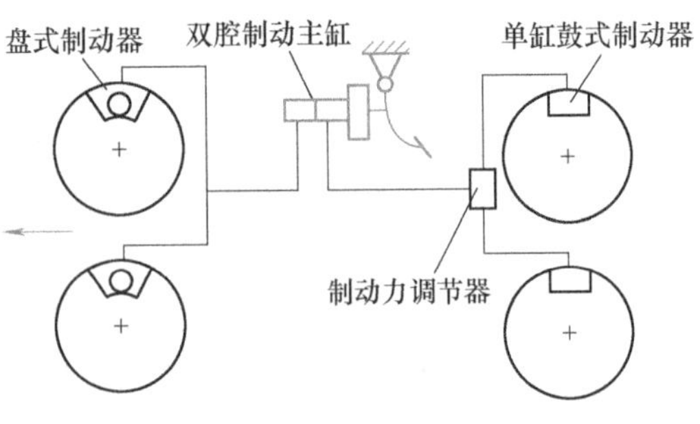

图 4-182　前后独立式双管路液压制动系统

（2）双管路交叉式（也称为对角线式）　如图 4-183 所示，交叉式双管路液压制动传动装置由双腔制动主缸通过两套独立的管路分别控制前、后桥对角线方向的两个车轮制动器。这种布置方式在任一管路失效时，仍能保持一半的制动力，且前、后桥制动力分配比例保持不变，有利于提高制动方向稳定性，主要用于发动机前置前轮驱动的轿车。

2. 液压传动装置主要部件

(1) 制动主缸 制动主缸又称为制动总泵，它处于制动踏板与管路之间，其功用是将制动踏板输入的机械力转换成液压力。

如图 4-184 和图 4-185 所示，串联式双腔制动主缸主要由储液罐、制动主缸外壳、前活塞、后活塞及前后活塞弹簧、推杆、皮碗等组成。

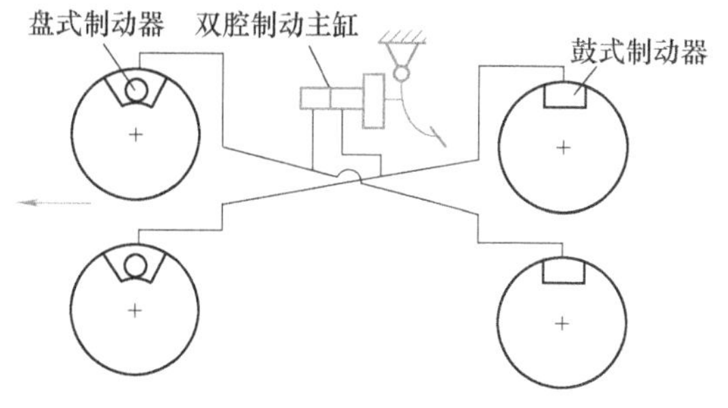

图 4-183 交叉式双管路液压制动传动装置

图 4-184 制动主缸的位置与组成

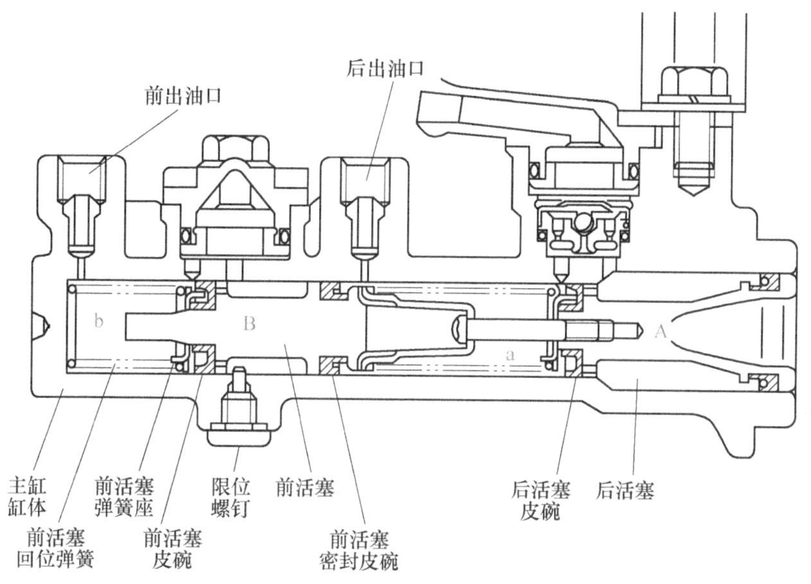

图 4-185 串联式双腔制动主缸

主缸缸体内有进油孔和补偿孔，并装有两个活塞，后活塞是主活塞，右端凹陷部与推杆间留有一定的间隙。前活塞位于缸筒的中间部分，将主缸内腔分隔为两个工作腔（即前腔 b 和后腔 a）。两工作腔分别和前、后两套液压管路相连，前腔 b 产生的液压通过出油口及管路与后轮制动器相连，后腔 a 产生的液压通过出油口及管路与前轮制动器相连。

当踩下制动踏板时，推杆推动主活塞左移，直到后活塞皮碗将补偿孔盖住后，后腔 a 中液压升高，建立一定液压。油液一方面通过后出油口流入前制动管路，另一方面又推动前活塞左移。在后腔 a 液压和弹簧的作用下，前活塞向左移动，前腔 b 压力也随之提高，油液通过腔内出油口进入后制动管路，于是两制动管路对汽车车轮制动器进行制动。

当继续踩下制动踏板时，前腔 b、后腔 a 的液压继续增高，使前、后车轮制动器制动加强。

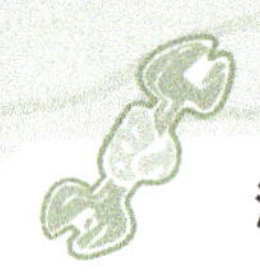

该行车制动器可兼作驻车制动器,因此在制动器中还装设了驻车制动机械促动装置。驻车制动杠杆12上端用平头销5与后制动蹄26连接,其上部卡入驻车制动推杆11右端的切槽中,作为中间支点,下端与拉绳连接。前、后制动蹄的腹板卡在驻车制动推杆11两端的切槽中。推杆外弹簧30左端钩在驻车制动推杆11的左弯舌上,而右端钩在后制动蹄26的腹板上,推杆内弹簧29的左端钩在前制动蹄1的腹板上,而右端则钩在驻车制动推杆11的右弯舌上。

进行驻车制动时，须将驾驶室中的手动驻车制动操纵杆拉到制动位置，经一系列杠杆和拉绳传动，将驻车制动器杠杆12的下端向前拉，使之绕上端支点（平头销5）转动。驻车制动杠杆12在转动过程中，其中间支点推动驻车制动推杆11左移，将前制动蹄1推向制动鼓，直到前制动蹄压靠到制动鼓上之后，驻车制动推杆11停止运动，则驻车制动杠杆12的中间支点成为其继续转动的新支点。于是驻车制动杠杆12的上端右移，使后制动蹄26压靠到制动鼓上，施以驻车制动。

解除制动时，应将驻车制动操纵杆推回到不制动位置，驻车制动杠杆12在复位弹簧作用下复位，同时制动蹄回位弹簧32将两蹄拉拢。推杆内弹簧29和外弹簧30除可将两蹄拉回到原始位置之外，还用以防止制动推杆在不工作时窜动，碰撞制动蹄而发出噪声。同时，这种以车轮制动器为驻车制动的系统也可用于应急制动。

1. 制动鼓的分解

1）拧松车轮紧固螺钉，卸下车轮，如图4-191所示。

2）拆下轴承防尘罩，如图4-192所示。

图4-191　拧松车轮紧固螺钉，卸下车轮

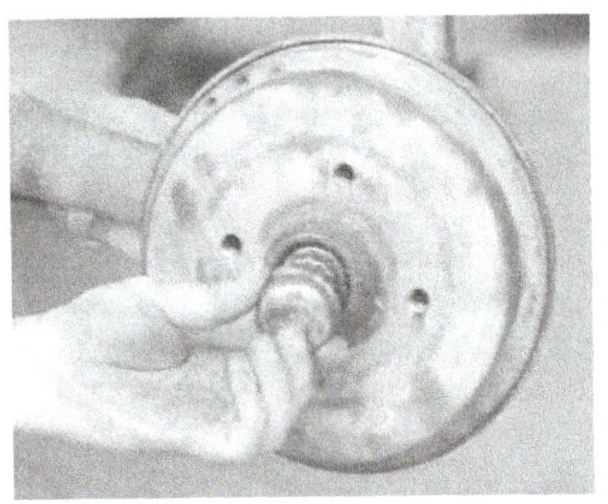

图4-192　拆下轴承防尘罩

3）拆掉开口销，如图4-193所示。

4）拆卸六角螺母、止动垫片，如图4-194所示。

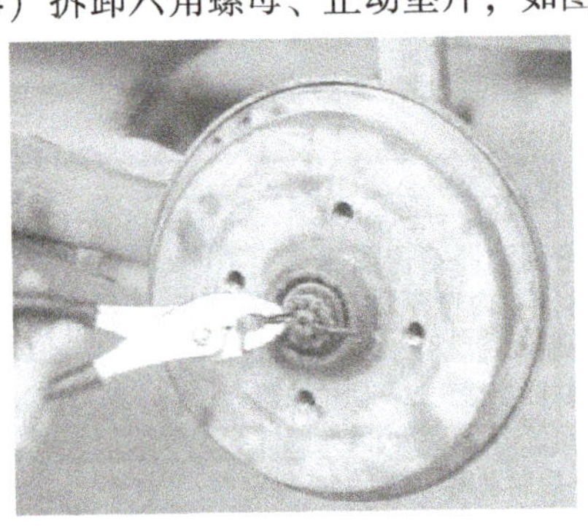

图4-193　拆掉开口销

图4-194　拆卸六角螺母

5）使用螺钉旋具通过车轮的螺栓孔将楔形件向上压，使制动蹄回位，如图 4-195 所示。

6）取下制动鼓和轴承，如图 4-196 所示。

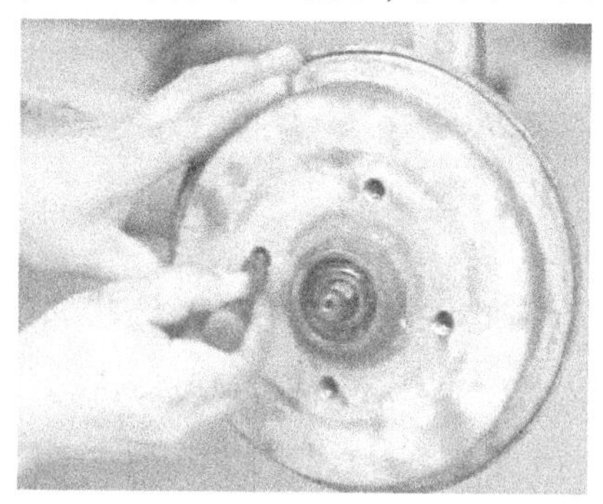

图 4-195　使用螺钉旋具使制动蹄回位

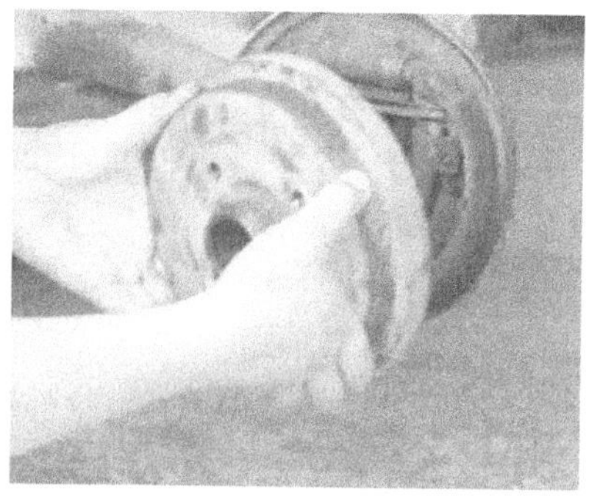

图 4-196　取下制动鼓和轴承

2. 制动蹄的分解

1）压下制动蹄定位销压簧，取下制动蹄定位销及压簧垫圈，如图 4-197 所示。

2）借助螺钉旋具、撬棍或用手从下面的支座上提起制动蹄，取出下回位弹簧，如图 4-198 所示。

图 4-197　取下制动蹄定位销及压簧垫圈

图 4-198　取出下回位弹簧

3）拆下制动杆上的驻车制动钢丝，如图 4-199 所示。

4）用鲤鱼钳取下楔形件的拉力弹簧和上回位弹簧，取下制动蹄，如图 4-200 所示。

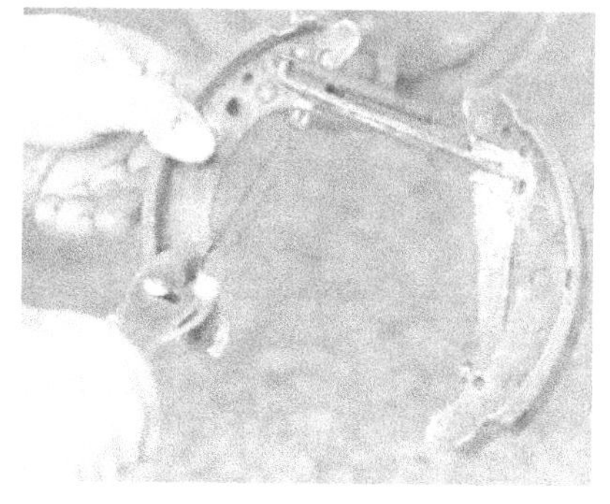

图 4-199　拆下制动杆上的驻车制动钢丝

图 4-200　取下制动蹄

3. 制动蹄、鼓的安装

1）装上回位弹簧，并将制动蹄与压力杆（推杆）连接好，装上楔形件（凸块朝向制动器底板）。

2）将另一个带有传动管的制动蹄装在压力杆上。

3）装入上回位弹簧（最大允许长度为130mm），在制动臂上套上驻车制动绳索，把制动蹄装在车轮制动分泵的活塞外槽上。

4）装入下回位弹簧，并把制动蹄提起，装到下面的支座上，装上楔形件的拉力弹簧（最大允许长度为113mm）。

5）装入制动蹄定位销、压簧及垫圈。

6）使制动蹄回位，安装制动鼓。

7）装上轮毂轴承，调整好轴承预紧度。

8）用力踩制动踏板一次，使制动蹄能正确就位。

二、桑塔纳2000轿车前制动制动块的更换

图4-201为桑塔纳轿车前轮浮动钳盘式制动器零件分解图。旋转元件是制动盘，它和车轮轮毂装在一起，并和车轮一起转动。制动盘两个制动表面之间沿径向铸有36条筋，形成36条通风道，以便散热。固定元件是制动钳体，装在制动钳支架上，制动钳支架固定在前桥万向节上。内部单装一个活塞的制动钳，可以通过固定在制动钳壳体上并插入制动钳支架孔中的导向销做轴向移动。制动钳上制动块所用的摩擦片与背板采用粘接法相连，工艺性好，并能提高摩擦片的使用寿命。

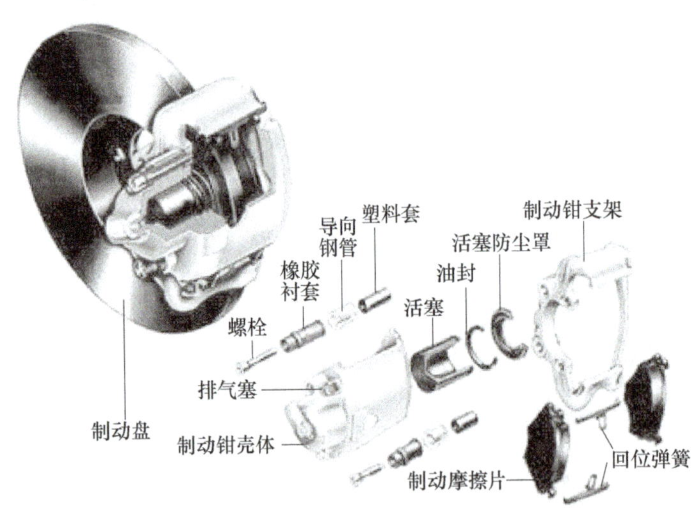

图4-201　桑塔纳轿车前轮浮动钳盘式制动器零件分解图

1）拆卸前，先从主缸储液室中放出2/3的制动液，以防止在维修时溢出。然后，顶起汽车（在车轮与轮毂间做标记，以便恢复原位），拆下前车轮。

2）拆卸制动摩擦片的回位弹簧，如图4-202所示。

3）用内六方扳手拆卸制动钳壳体固定螺栓2，如图4-203所示。

4）将活塞压回，如图 4-204 所示。取下制动钳壳体，用绳子拴吊在旁边。如需检修，拆卸油管将壳体拿掉，如图 4-205 所示。

图 4-202　拆卸制动摩擦片的回位弹簧

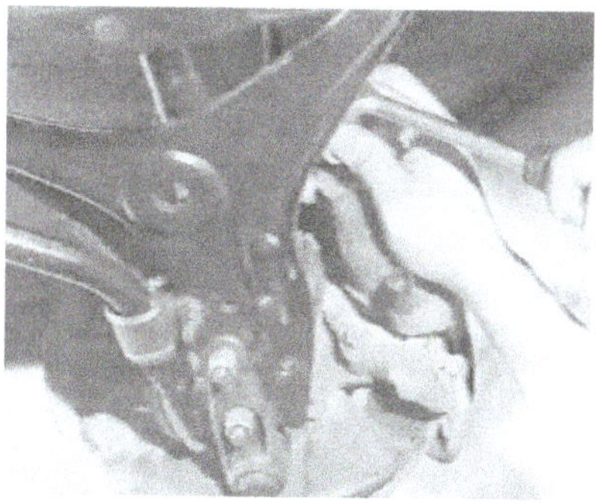
图 4-203　拆卸制动钳壳体固定螺栓

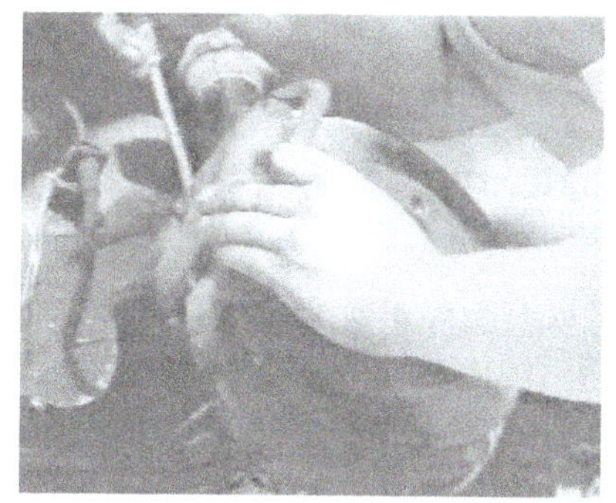
图 4-204　将活塞压回

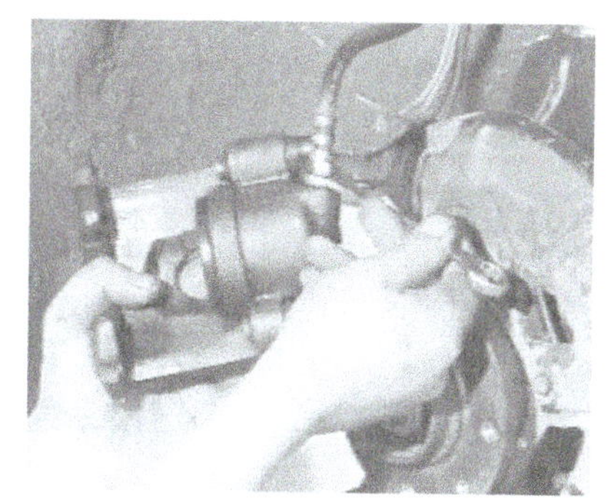
图 4-205　拆卸油管

5）从制动钳支架上取下制动摩擦片，如图 4-206 所示，更换制动摩擦片。如果制动盘磨损需要更换，需进一步操作。

6）拧下制动钳支架固定螺钉，取下制动钳支架，如图 4-207 所示。

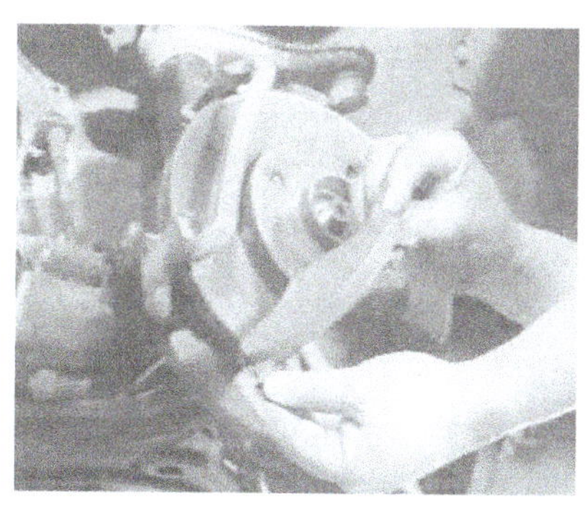
图 4-206　取下制动摩擦片

图 4-207　取下制动钳支架

7）拧下制动盘定位螺钉，拆下制动盘 1，如图 4-208 所示，更换新的摩擦片。

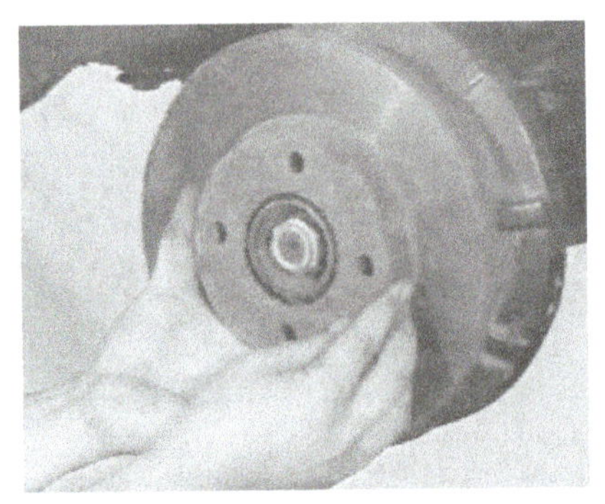

图4-208　拆下制动盘

安装按与拆卸相反的顺序进行。

拓展提高

防抱死制动系统

目前（Anti-lock Braking System 防抱死制动系统，ABS）已经成为轿车及客车的标准配置。

没有安装ABS的汽车，在行驶中用力踩下制动踏板时，车轮转速会急速降低。当制动力超过车轮与地面的摩擦力时，车轮就会被抱死，完全抱死的车轮会使轮胎与地面的摩擦力下降。如果前轮被抱死，驾驶人就无法控制车辆的行驶方向，如果后轮抱死，就极容易出现侧滑现象。

制动时车轮抱死，制动效能和制动方向稳定性都将变坏。如果制动时将车轮与路面的滑移率 S 控制在15%～30%，此时纵向附着系数最大，可得到最好的制动效能；同时横向附着系数也保持较大值，使汽车具有较好的制动方向稳定性。防抱死制动系统就是通过电控单元、车轮转速传感器和制动压力调节器，对作用于制动轮缸内的制动液压力进行瞬时的自动控制（每秒约10次），从而控制制动车轮上的制动器压力，使制动车轮尽可能保持在最佳的滑移率范围内运动，从而使汽车的实际制动过程接近于最佳制动状态。

1. 结构、组成

如图4-209所示，ABS通常由轮速传感器、液压控制单元、电控单元（ECU）和ABS警示装置等组成。

每个车轮上安置一个轮速传感器，它们将各车轮的转速信号及时地输入ECU。ECU是ABS的控制中心，它根据各个车轮轮速传感器输入的信号对各个车轮的运动状态进行监测和判定，并形成响应的控制指令，再适时发出控制指令给制动压力调节器。液压控制单元是ABS中的执行器，它是由调压电磁阀总成、电动泵总成和储液器等组成的一个独立整体，并通过制动管路与制动主缸和各制动轮缸相连，制动压力调节器受ECU的控制，对各制动轮缸的制动压力进行调节。警示装置包括仪表板上的制动警告灯和ABS警告灯。制动警告灯为红色，通常用“BRAKE”做标识，由制动液面开关、驻车制动开关及制动液压力开关并联控制。ABS警告灯为黄色，由ABS ECU控制，通常用“ABS或ANTILOCK”做标识。

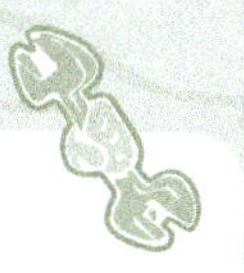

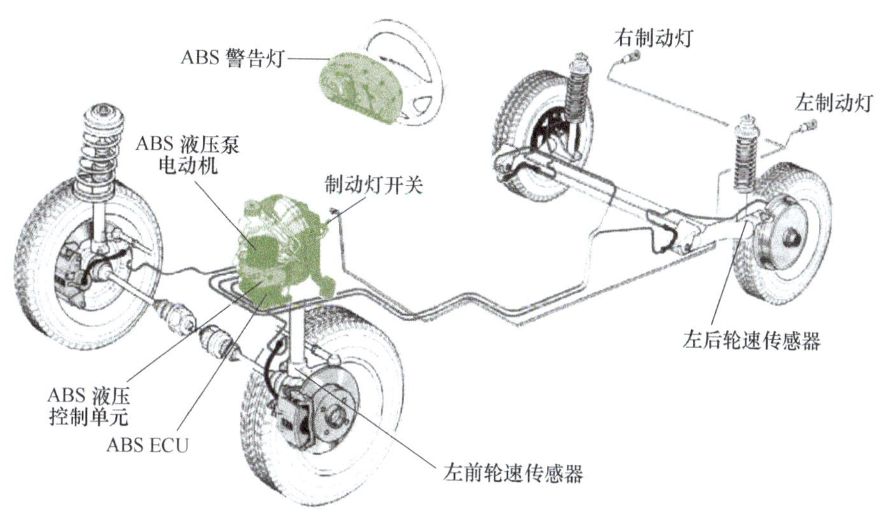

图 4-209 ABS 的组成

ABS 具有失效保护和自诊断功能，当 ECU 监测到系统出现故障时，将自动关闭 ABS，仅保留常规制动系统；同时存贮故障信息，并使 ABS 警告灯亮，提示驾驶人尽快进行修理。

桑塔纳 2000 轿车 ABS 压力控制单元采用整体式结构、循环式调压。它与 ABS ECU 组合为一体后安装于制动主缸与制动轮缸之间，其外形如图 4-210 所示。

制动压力控制单元的基本组成包括电磁阀、液压泵及低压储液器。低压储液器与电动液压泵合为一体装于液控单元上，液控单元内包括 8 个电磁阀，每个回路一对，其中一个是常开进油阀，一个是常闭出油阀。

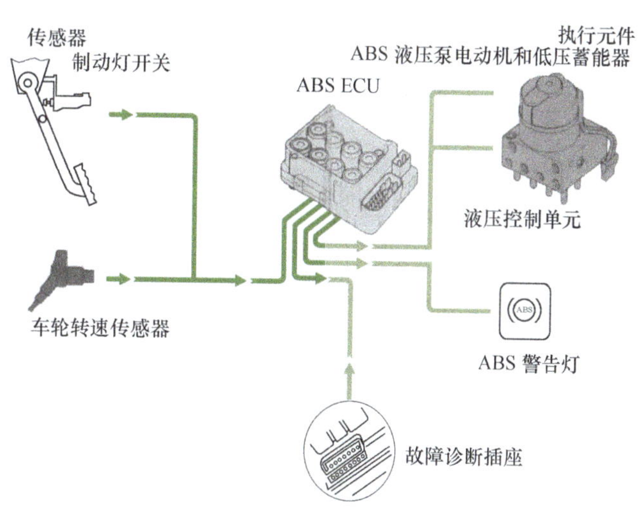

图 4-210 桑塔纳 2000 轿车 ABS 压力控制单元与 ECU 组成

2. 工作原理

（1）常规制动过程 常规制动过程如图 4-211 所示，踩下制动踏板，ABS 尚未工作时，两电磁阀均不通电，进油电磁阀处于开启状态，出油电磁阀处于关闭状态，制动轮缸与低压储液器隔离，与主缸相通。制动主缸里的制动液被推入轮缸产生制动。

（2）保压制动过程 保压制动过程如图 4-212 所示，当 ABS ECU 通过轮速传感器检测到车轮的减速度达到设定值时，使进油电磁阀通电关闭，出油电磁阀仍处于断电关闭状态，轮缸里的制动液处于不流通状态，制动压力保持。

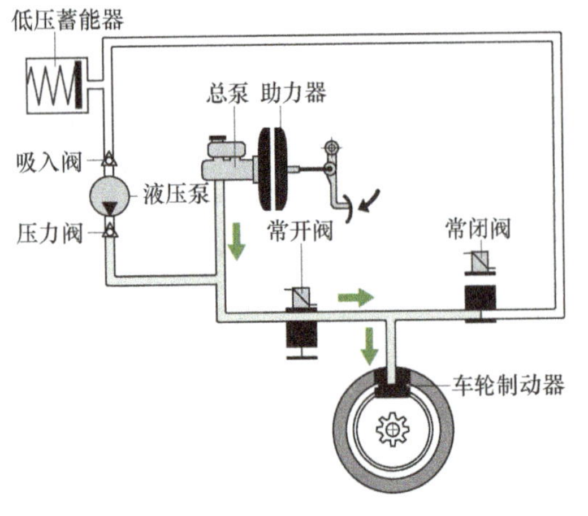

图 4-211　常规制动过程

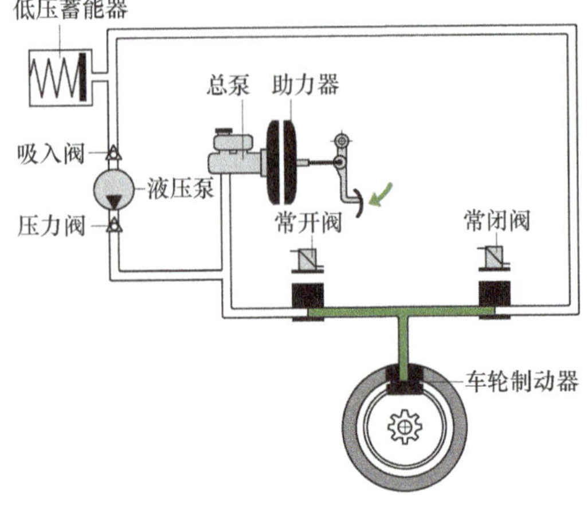

图 4-212　保压制动过程

(3) 减压制动过程　减压制动过程如图 4-213 所示，当 ABS 的电子控制单元（ECU）通过轮速传感器检测到车轮趋于抱死时，进、出油电磁阀均通电，轮缸与低压储液器相通，轮缸里的制动液在制动蹄复位弹簧作用下流到低压储液器，制动压力减小。同时，电动回油泵通电运转及时将制动液泵回主缸，踏板有回弹感。当制动压力减小到车轮的滑移率在设定范围内时，进油阀通电，出油阀断电，压力保持。

(4) 增压制动过程　如图 4-214 所示，当 ABS ECU 通过轮速传感器检测到车轮的加速度达到设定值时，进、出油电磁阀均断电，进油阀开启，出油阀关闭，同时回油泵通电，将低压储液器里的制动液泵到轮缸，制动压力增高。

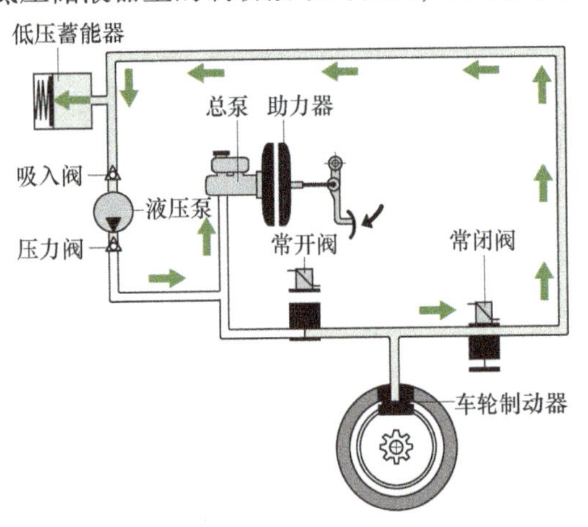

图 4-213　减压制动过程

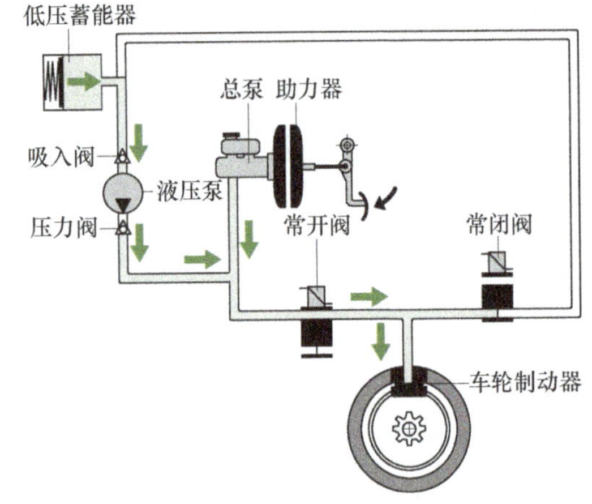

图 4-214　增压制动过程

ABS 制动压力调节器以 5 ~6 次/s 的频率按上述“增压制动—保压制动—减压制动—保压制动—增压制动”的循环对制动压力进行调节，直到停车。

思考问题

1. 制动液中进入空气会对制动产生什么影响？
2. 盘式制动器和鼓式制动器各有何特点？

参 考 文 献

[1] BOSCH公司. 汽车电器［M］. 北京：北京理工大学出版社，2002.

[2] 陈家瑞. 汽车构造［M］. 北京：人民交通出版社，2002.

[3] 仇雅莉. 汽车发动机构造与维修［M］. 北京：人民交通出版社，2010.

[4] 李东江，宋良玉. 现代汽车电子控制技术［M］. 北京：科学技术文献出版社，1998.

[5] 董继明. 汽车检测与诊断技术［M］. 北京：机械工业出版社，2007.

[6] 张春化，蹇小平. 汽车电器与电路［M］. 北京：人民邮电出版社，2003.

[7] 程国元. 汽车电气维修技能实训教程［M］. 北京：国防工业出版社，2006.

汽车拆装与调整

任务工单

学生姓名：______________________

学　　号：______________________

班　　级：______________________

指导老师：______________________

机械工业出版社
CHINA MACHINE PRESS

任 务 工 单

任务工单 1.1

<table>
<tr><td>任务名称</td><td>1.1　汽车拆装技术资料的准备</td><td>学时</td><td>6</td><td>班 级</td><td></td></tr>
<tr><td>学生姓名</td><td></td><td>学生学号</td><td></td><td>任务成绩</td><td></td></tr>
<tr><td>任务目的</td><td colspan="5">正确准备车辆资料</td></tr>
</table>

一、资讯

1. 车辆进厂维修程序。

2. 车辆进厂需要登记车辆哪些基本信息？为什么？

3. 车辆维修信息、程序、方法。

二、决策与计划

1. 确定维修车辆需登记的信息。
2. 确定查询维修资料的程序。

三、实施

1. 登记车辆下列基本信息。

牌照		车辆生产日期	
发动机号		车辆型号	
VIN 码		车辆品牌	
行驶里程		油箱油量	

2. 通过维修系统或维修手册查询实训车辆维修信息。

四、检查与评估

1. 检查工作完成质量。
2. 请根据自己任务完成的情况，对自己的工作进行自我评估，并提出改进意见。

任务工单1.2

任务名称	1.2 汽车拆装设备的准备	学时	6	班 级	
学生姓名		学生学号		任务成绩	
任务目的	准备拆装设备				

一、资讯

指出下图轿车车身各部分的名称。

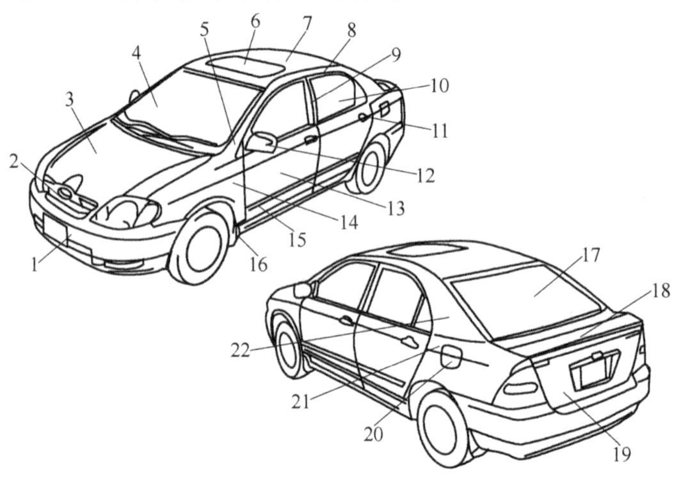

二、决策与计划

1. 根据车辆选择维修设备。
2. 举升机举升车辆支撑点选择。

三、实施

1. 2人一组进行举升器举升车辆练习。
2. 千斤顶举升练习。
3. 总结车间安全生产要求。

四、检查与评估

1. 检查工作完成质量。
2. 请根据自己任务完成的情况，对自己的工作进行自我评估，并提出改进意见。

任务工单 1.3

任务名称	1.3　汽车拆装工具的准备	学时	6	班 级	
学生姓名		学生学号		任务成绩	
任务目的	气缸、变速器的拆装				

一、资讯

1. 指出下列工具的选用顺序。　2. 指出下列组合工具中各种工具的名称、用途。

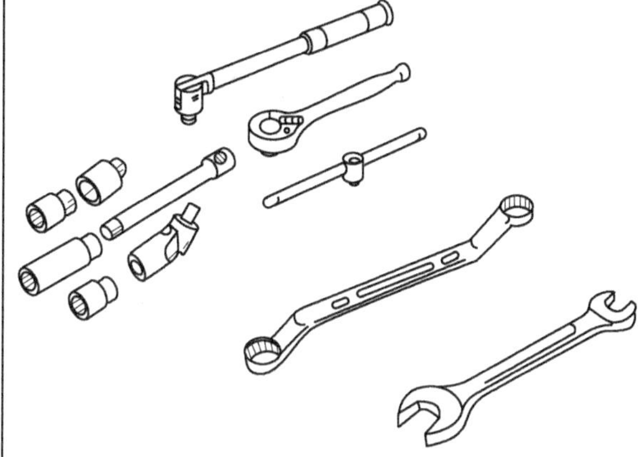

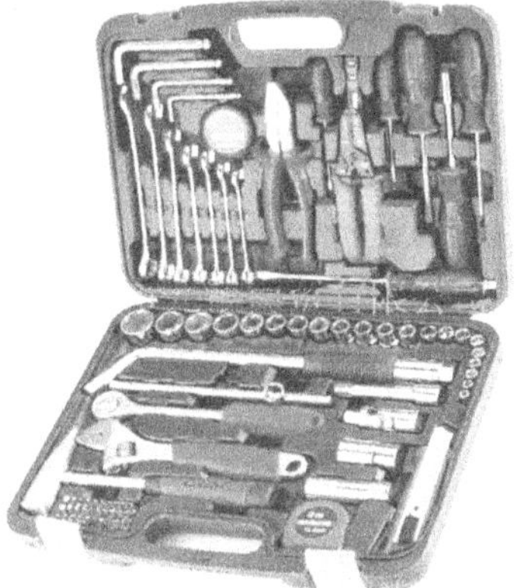

3. 在下图中标出螺母的拆装顺序。

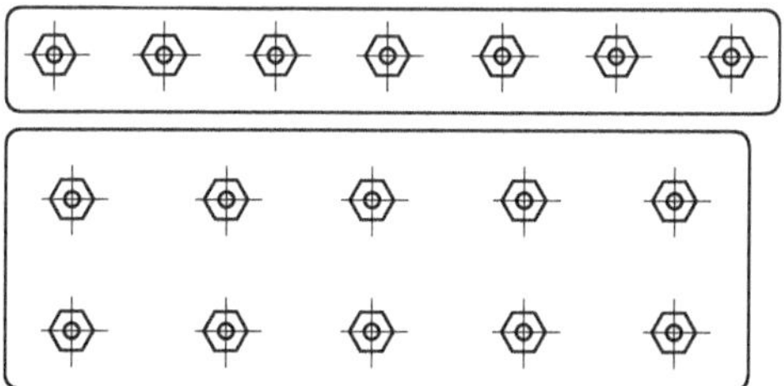

二、决策与计划

针对需要拆装的部件，选择、准备需要用到的工具。

三、实施

按操作的先后顺序，将选择的工具摆放整齐。

总结工具的使用规范及安全生产要求。

四、检查与评估

1. 检查工作完成质量。
2. 请根据自己任务完成的情况，对自己的工作进行自我评估，并提出改进意见。

任务工单 2.1

任务名称	2.1　汽车保险杠的拆装	学时	6	班 级	
学生姓名		学生学号		成绩	
任务目的	汽车前后保险杠的拆装				

一、资讯

1. 指出下图汽车的各部分参数。

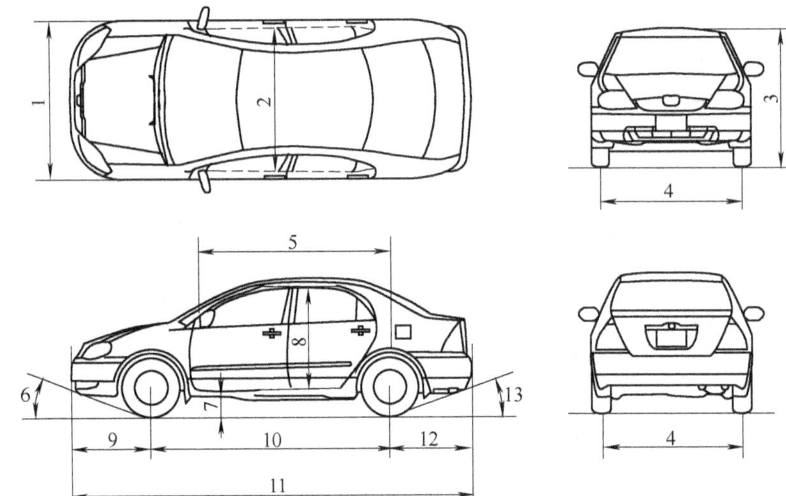

2. 查询资料手册，查出与各项性能有关的参数。

二、决策与计划

1. 检查保险杠与车体通过哪种方式连接，有多少连接点。
2. 确定、检查拆卸前、后保险杠所需要的设备、工具。

三、实施

1. 分组拆装汽车前、后保险杠。
2. 总结保险杠拆装步骤。

四、检查与评估

1. 检查拆卸安装质量。
2. 请根据自己任务完成的情况，对自己的工作进行自我评估，并提出改进意见。

任务工单 2.2

任务名称	2.2 汽车车门内饰板的拆装	学时	6	班 级	
学生姓名		学生学号		成绩	
任务目的	能分析汽车内饰的类型、组成、结构、连接方式，能够根据安全、环保技术规定正确拆装				

一、资讯

1. 说明汽车内部各组成部分的名称。

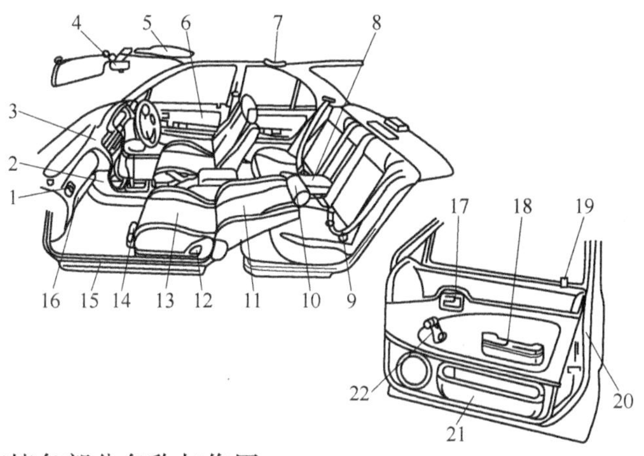

2. 说明汽车座椅各部分名称与作用。

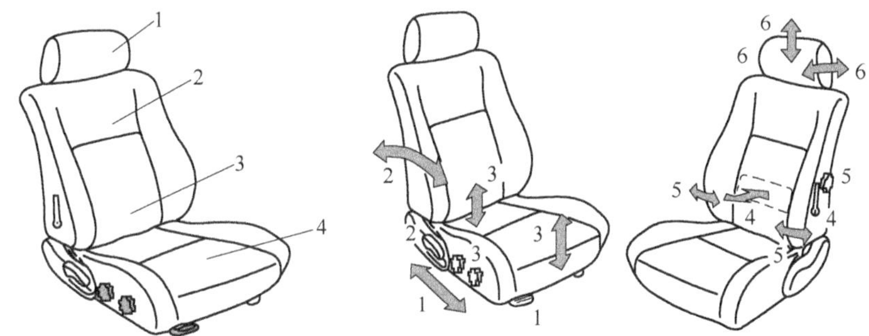

3. 检查车门内饰板与车门通过哪种方式连接，有多少连接点。

二、决策与计划

1. 确定车门内饰板拆装顺序。
2. 确定拆卸车门内饰板所需要的设备、工具。

三、实施

1. 分组拆卸车门内饰板。
2. 总结拆装汽车车门内饰板的步骤。

四、检查与评估

1. 检查拆卸安装质量。
2. 请根据自己任务完成的情况，对自己的工作进行自我评估，并提出改进意见。

任务工单 3.1

<table>
<tr><td>任务名称</td><td>3.1　发动机拆装</td><td>学时</td><td>6</td><td>班 级</td><td></td></tr>
<tr><td>学生姓名</td><td></td><td>学生学号</td><td></td><td>成绩</td><td></td></tr>
<tr><td>任务目的</td><td colspan="5">能正确使用工具，能够根据规范正确拆装发动机</td></tr>
<tr><td colspan="6">

一、资讯

1. 指出桑塔纳轿车发动机舱各部件名称和作用。

2. 讨论确定发动机拆装所需要的设备、工具。

3. 指出发动机的支承数量与位置。

二、决策与计划

1. 制订发动机吊装步骤。

2. 确定吊装发动机需要的设备和工具。

三、实施

1. 分组吊装发动机。
2. 总结发动机整体拆装步骤。

四、检查与评估

1. 检查拆卸安装质量。
2. 请根据自己任务完成的情况，对自己的工作进行自我评估，并提出改进意见。

</td></tr>
</table>

任务工单 3.2

任务名称	3.2 气缸垫的更换	学时	6	班 级	
学生姓名		学生学号		任务成绩	
任务目的	能正确使用工具，能够根据规范正确更换气缸垫				

一、资讯

指出图中所示各部件名称和作用。

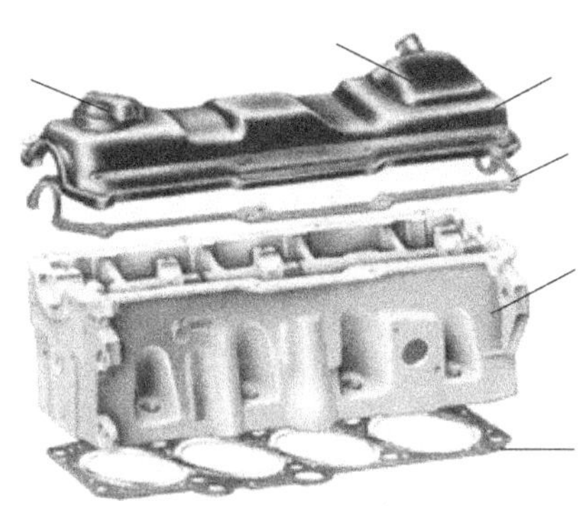
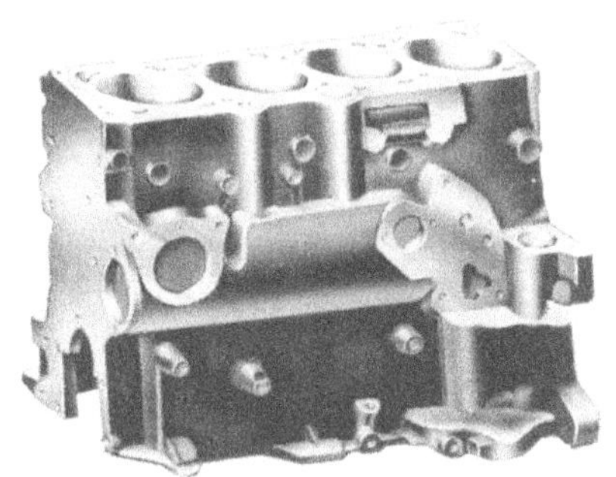

二、决策与计划

1. 讨论确定更换气缸垫所需要的设备、工具。

2. 气缸盖与气缸垫是如何连接的？拆卸安装应按什么样的顺序进行？

三、实施

1. 分组拆装气缸盖。
2. 总结发动机气缸盖拆装步骤。

四、检查与评估

1. 检查拆卸安装质量。
2. 请根据自己任务完成的情况，对自己的工作进行自我评估，并提出改进意见。

任务工单3.3

任务名称	3.3　发动机曲轴止动垫片的更换	学时	6	班 级	
学生姓名		学生学号		任务成绩	
任务目的	能正确使用工具，能够根据规范正确检查与更换曲轴止动垫片				

一、资讯

1. 指出曲轴各部分名称。

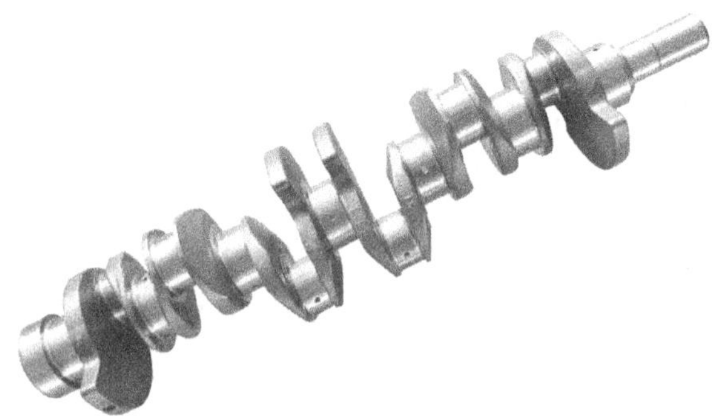

2. 曲轴需要几个轴承？

3. 曲轴轴向与径向位置如何确定？

二、决策与计划

曲轴轴承拆卸顺序。

讨论确定拆装曲轴所需要的设备、工具。

三、实施

1. 分组拆卸曲轴。
2. 总结发动机曲轴拆装步骤。

四、检查与评估

1. 检查拆卸安装质量。
2. 请根据自己任务完成的情况，对自己的工作进行自我评估，并提出改进意见。

任务工单 3.4

任务名称	3.4 发动机活塞环的更换	学时	6	班 级	
学生姓名		学生学号		任务成绩	
任务目的	能正确使用工具，能够根据规范正确拆装发动机活塞环				

一、资讯

1. 指出图中各部分名称与作用。

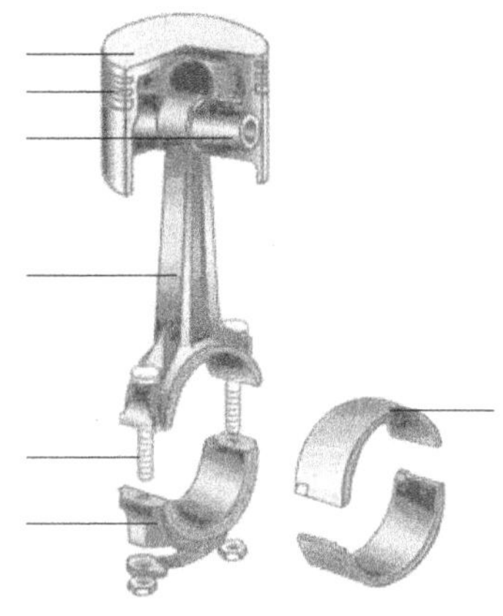

2. 活塞每个环槽中应安装什么样的活塞环？各起什么作用？
3. 简述连杆与活塞连接方式，连杆与曲轴如何连接。

二、决策与计划

讨论确定更换活塞环所需要的设备、工具、顺序。

三、实施

1. 分组拆卸活塞环。
2. 总结发动机活塞连杆拆装步骤。

四、检查与评估

1. 检查拆卸安装质量。

2. 请根据自己任务完成的情况，对自己的工作进行自我评估，并提出改进意见。

任务工单3.5

任务名称	3.5　发动机气门油封的更换	学时	6	班 级	
学生姓名		学生学号		成绩	
任务目的	能正确使用工具，能够根据规范正确拆装气门，更换气门油封				

一、资讯

1. 标出图中所指零件名称，叙述其作用。

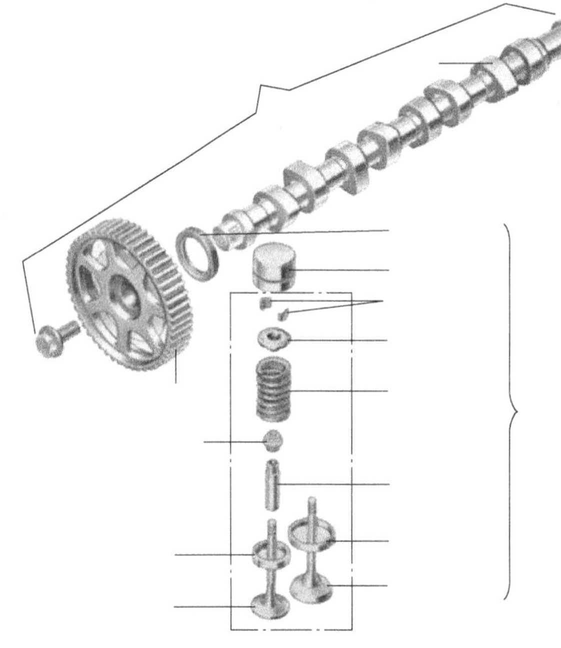

2. 叙述凸轮轴与曲轴的传动关系。

3. 凸轮轴是如何保证轴向和径向位置的？有几个支承？有几个连接点？

4. 气门如何连接在气缸盖上的？

二、决策与计划

1. 凸轮轴轴承的拆卸安装顺序。

2. 讨论确定更换气门油封所需要的设备、工具。

三、实施

1. 分组拆卸气门油封。
2. 总结气门油封拆装步骤。

四、检查与评估

1. 检查拆卸安装质量。

2. 请根据自己任务完成的情况，对自己的工作进行自我评估，并提出改进意见。

任务工单 3.6

任务名称	3.6 发动机机油泵的更换	学时	6	班 级	
学生姓名		学生学号		成绩	
任务目的	能正确使用工具，能够根据规范正确进行发动机机油泵的更换				

一、资讯

1. 指出图中各部分名称、作用并进行油路分析。

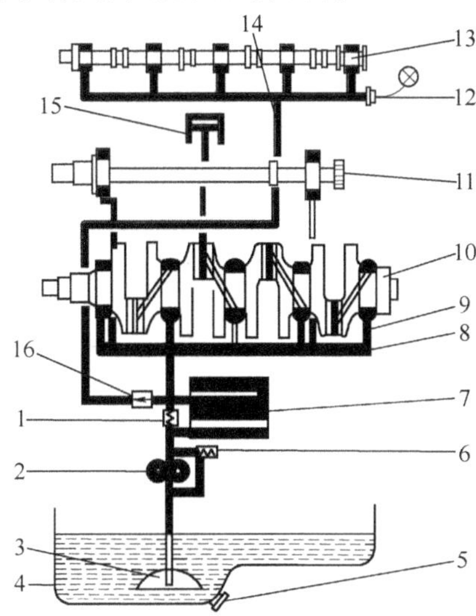

2. 机油泵如何固定在缸体上？有几个连接点？

二、决策与计划

讨论确定更换机油泵所需要的设备、工具、顺序。

三、实施

1. 分组拆卸机油泵。
2. 总结机油泵拆装步骤。

四、检查与评估

1. 检查拆卸安装质量。
2. 请根据自己任务完成的情况，对自己的工作进行自我评估，并提出改进意见。

任务工单3.7

任务名称	3.7 燃油泵的更换	学时	6	班 级	
学生姓名		学生学号		任务成绩	
任务目的	能正确使用工具按规范拆装燃油泵				

一、资讯

1. 指出图中各部分名称、作用。

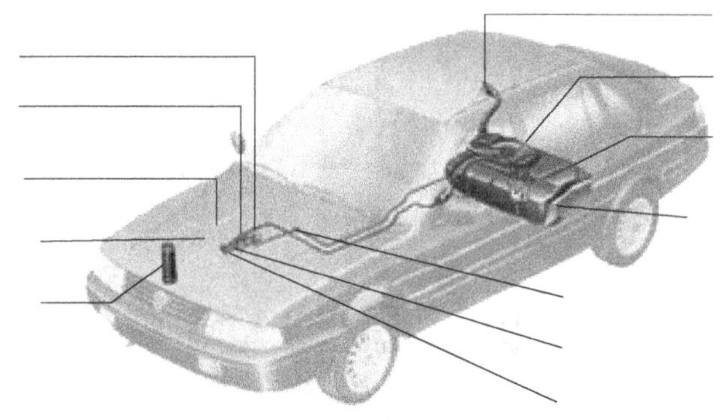

2. 燃油泵如何固定在油箱上？有几个连接点？

3. 电控发动机燃油供给系统有哪些传感器与执行器？指出安装位置，并说明起什么作用。

二、决策与计划

讨论确定拆装燃油泵所需要的设备、工具。

三、实施

1. 分组拆卸燃油泵。
2. 总结燃油泵拆装步骤。

四、检查与评估

1. 检查拆卸安装质量。
2. 请根据自己任务完成的情况，对自己的工作进行自我评估，并提出改进意见。

任务工单 3.8

任务名称	3.8 发动机水泵的更换	学时	6	班 级	
学生姓名		学生学号		成绩	
任务目的	能正确使用工具，能够根据规范正确进行发动机水泵的更换				

一、资讯

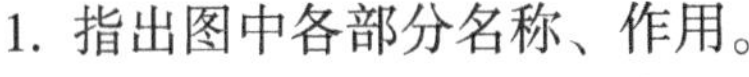

1. 指出图中各部分名称、作用。

2. 在图中标出大小循环的路线。

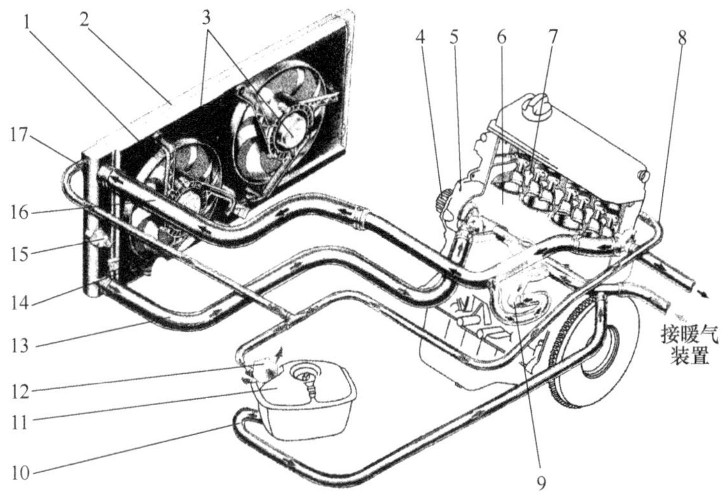

3. 水泵如何固定在发动机缸体上？有几个连接点？

二、决策与计划

讨论确定拆装水泵所需要的设备、工具。

三、实施

1. 分组拆卸水泵。
2. 总结水泵拆装步骤。

四、检查与评估

1. 检查拆卸安装质量。
2. 请根据自己任务完成的情况，对自己的工作进行自我评估，并提出改进意见。

任务工单 3.9

任务名称	3.9 发动机排气管的更换	学时	6	班 级	
学生姓名		学生学号		成绩	
任务目的	能正确使用工具，能够根据规范正确更换发动机排气管				

一、资讯

1. 指出图中各部分名称、作用。

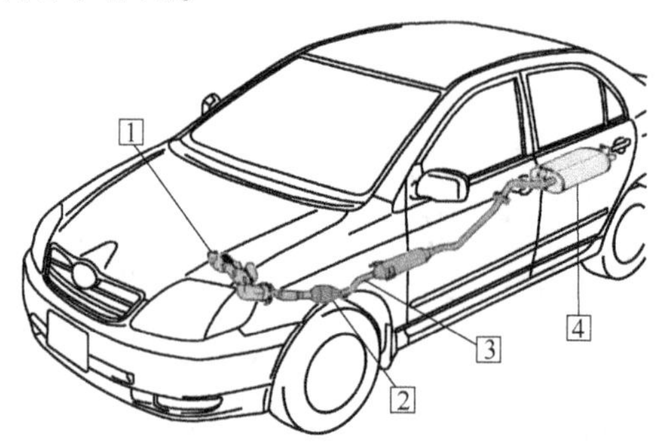

2. 排气系统各部分如何连接？有哪些连接点？

二、决策与计划

讨论确定拆装排气管所需要的设备、工具。

三、实施

1. 分组拆卸排气管。
2. 总结排气管拆装步骤。

四、检查与评估

1. 检查拆卸安装质量。
2. 请根据自己任务完成的情况，对自己的工作进行自我评估，并提出改进意见。

任务工单 4.1

<table>
<tr><td>任务名称</td><td>4.1　离合器片的更换</td><td>学时</td><td>6</td><td>班 级</td><td></td></tr>
<tr><td>学生姓名</td><td></td><td>学生学号</td><td></td><td>成绩</td><td></td></tr>
<tr><td>任务目的</td><td colspan="5">能分析汽车离合器的结构原理，能够根据安全、环保技术规定正确更换离合器片</td></tr>
</table>

一、资讯

1. 将图中各部分名称与功能填到表中。

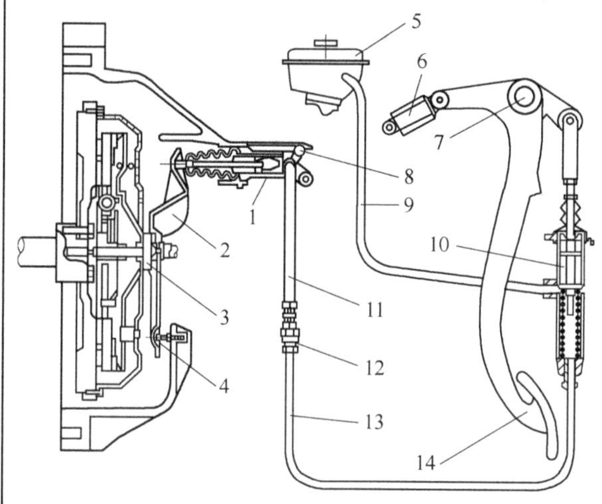

序号	名称	功　　能
1		
2		
3		
4		
5		
6		
7		
8		
9		
10		
11		
12		
13		
14		

2. 离合器与发动机缸体如何连接？有几个连接点？简述拆卸顺序。

二、决策与计划

讨论确定离合器拆装所需要的设备、工具。

三、实施

1. 分组拆卸离合器。
2. 总结离合器拆装步骤。

四、检查与评估

1. 检查拆卸安装质量。
2. 请根据自己任务完成的情况，对自己的工作进行自我评估，并提出改进意见。

任务工单4.2

任务名称	4.2　变速器操纵机构的调整	学时	6	班 级	
学生姓名		学生学号		成绩	
任务目的	能够根据安全、环保技术规定正确调整变速器操作机构				

一、资讯

将对应的零件名称的序号标注在下图中。

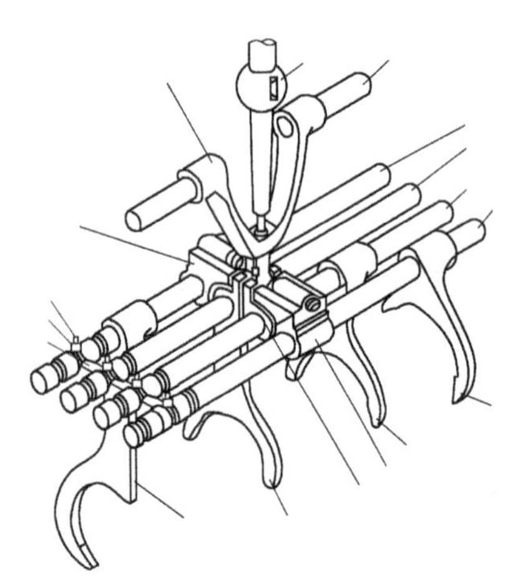

1—叉形拨杆
2—变速杆
3—换档轴
4—五、六档拨叉轴
5—三、四档拨叉轴
6—一、二档拨叉轴
7—倒档拨叉轴
8—倒档拨叉
9—一、二档拨叉
10—倒档拨块
11—一、二档拨块
12—三、四档拨叉
13—五、六档拨叉
14—互锁销
15—互锁钢球
16—互锁弹簧
17—五、六档拨块

二、决策与计划

讨论确定变速器操纵机构拆装所需要的设备、工具。

三、实施

1. 分组拆卸变速器。
2. 总结变速器操纵机构拆装步骤。

四、检查与评估

1. 检查拆卸安装质量。
2. 请根据自己任务完成的情况，对自己的工作进行自我评估，并提出改进意见。

任务工单 4.3

任务名称	4.3 变速器同步器锁环的更换	学时	6	班 级	
学生姓名		学生学号		任务成绩	
任务目的	能够正确使用工具，按规范进行变速器同步器锁环的更换				

一、资讯

1. 根据下图指出各部分名称、作用并分析各档位传动路线。

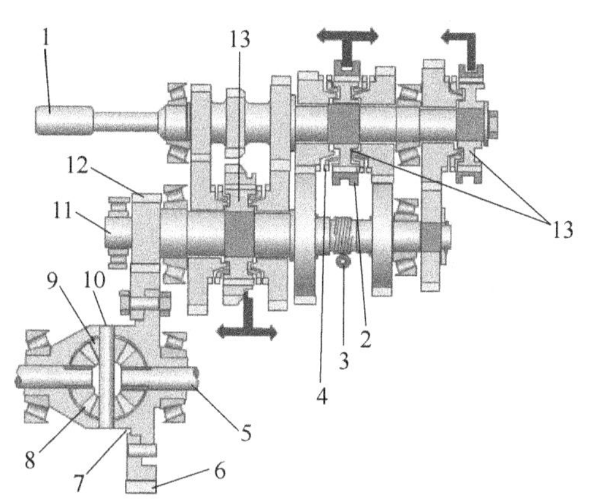

序号	名称	功 能
1		
2		
3		
4		
5		
6		
7		
8		
9		
10		
11		
12		
13		

2. 按图指出各部分的名称、作用。

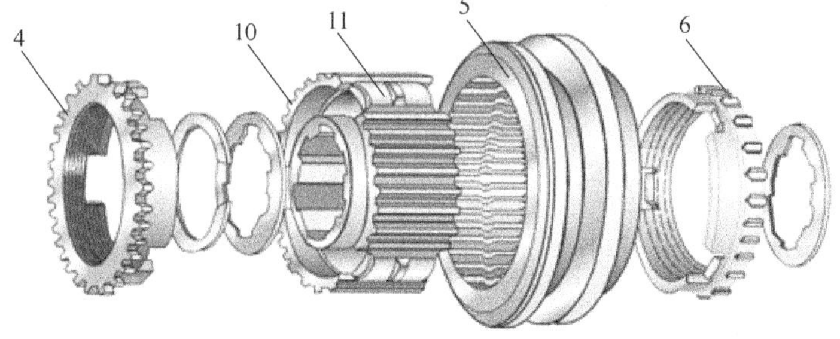

3. 变速器输入轴与输出轴两端采用什么轴承？轴向位置如何确定？轴端如何固定？

二、决策与计划

讨论确定拆装变速器操纵机构所需要的设备、工具。

三、实施

1. 分组拆卸变速器操纵机构。

2. 总结拆装变速器操纵机构步骤。

四、检查与评估

1. 检查拆卸安装质量。

2. 请根据自己任务完成的情况，对自己的工作进行自我评估，并提出改进意见。

任务工单 4.4

任务名称	4.4 悬架减振器的更换	学时	6	班级	
学生姓名		学生学号		任务成绩	
任务目的	能分析汽车悬架和减振器类型、组成，能够根据安全、环保技术规定正确拆装减振器				

一、资讯

1. 根据下图说明汽车悬架的组成。

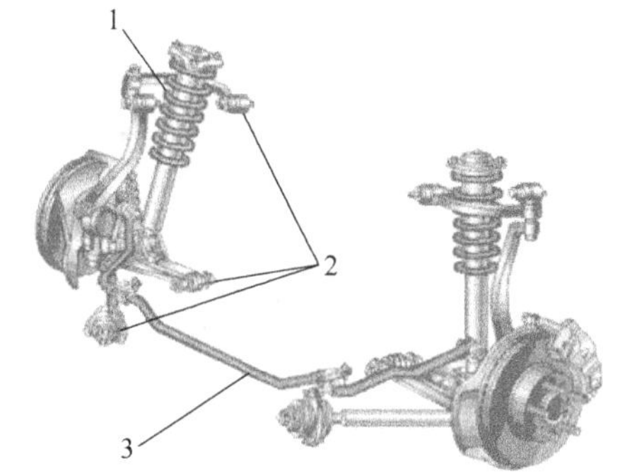

2. 指出下列各图属于哪种类型的悬架。

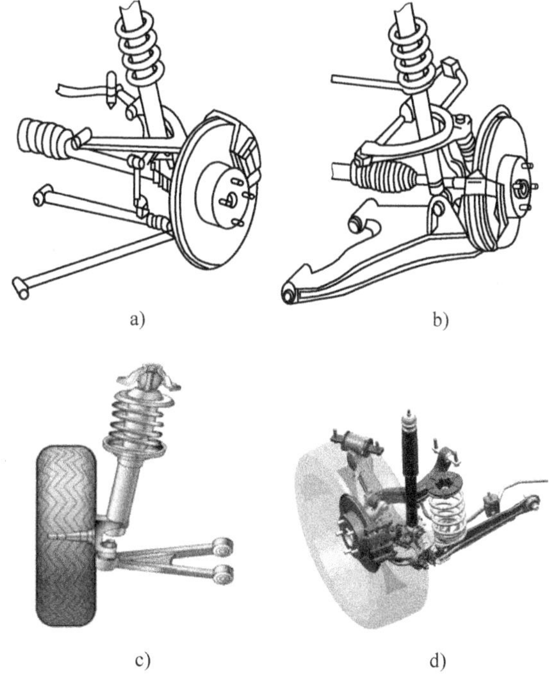

a)　b)

c)　d)

3. 对照下图，说明减振器是如何工作的。

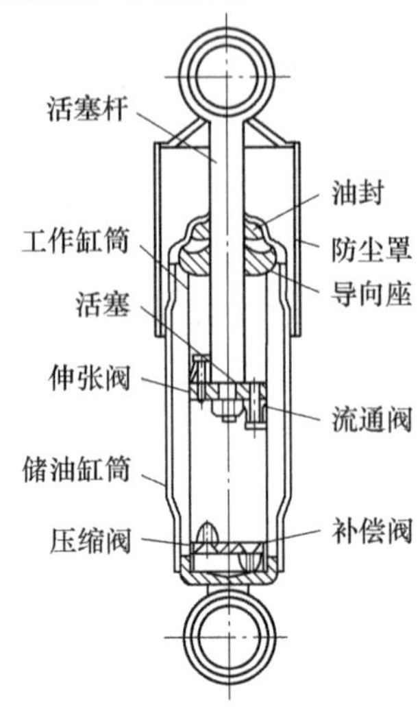

4. 前、后弹簧减振器总成与车身如何连接？有几个连接点？

二、决策与计划

讨论确定拆装前、后悬架所需要的设备、工具。

三、实施

1. 分组拆卸前、后悬架。

2. 总结前、后悬架拆装步骤。

四、检查与评估

1. 检查拆卸安装质量。

2. 请根据自己任务完成的情况，对自己的工作进行自我评估，并提出改进意见。

任务工单 4.5

任务名称	4.5　汽车轮胎的拆装	学时	6	班 级	
学生姓名		学生学号		成绩	
任务目的	能分析轮胎的类型、组成，能够根据技术规定正确更换轮胎				

一、资讯

1. 根据下图说明各部分名称。

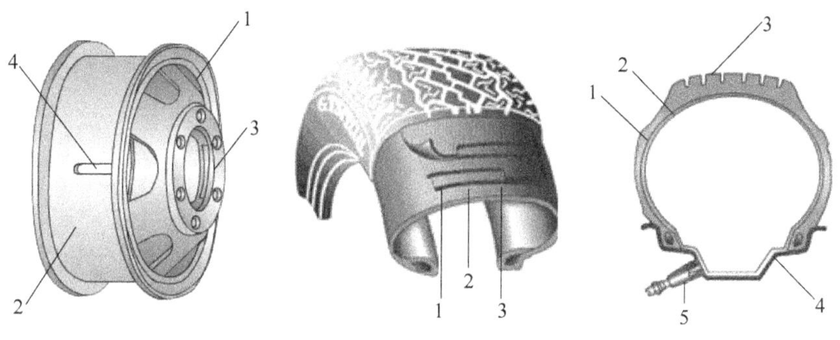

2. 解释下列轮胎规格代号含义。

165/70R13

二、决策与计划

讨论确定拆装轮胎所需要的设备、工具、顺序。

三、实施

1. 分组拆卸轮胎。

2. 总结轮胎拆装步骤。

四、检查与评估

1. 检查拆卸安装质量。
2. 请根据自己任务完成的情况，对自己的工作进行自我评估，并提出改进意见。

任务工单4.6

任务名称	4.6　转向器的拆装	学时	6	班 级	
学生姓名		学生学号		任务成绩	
任务目的	能分析汽车转向器的类型、组成，能够根据安全、环保技术规定正确拆装转向器				

一、资讯

1. 根据下图说明齿轮齿条式转向器各部分名称与工作原理。

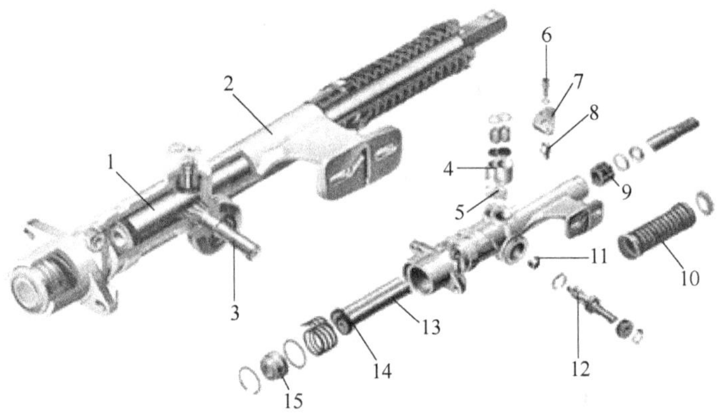

2. 下面是桑塔纳轿车的前车轮机械转向系统工作情况，说明各部分名称，分析转向操纵的原理。

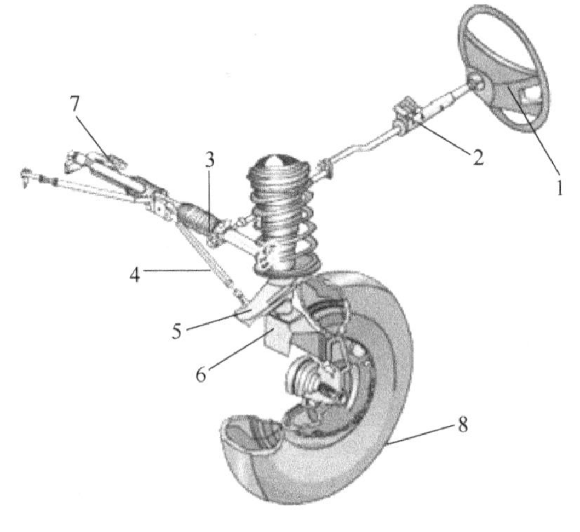

3. 说明下图动力转向系统各部分的名称并分析工作情况。

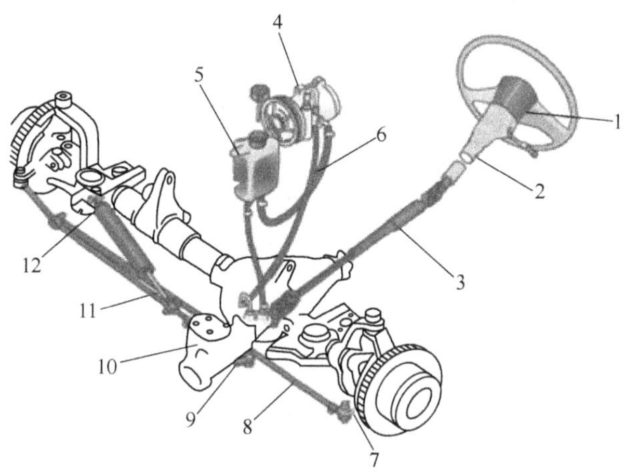

二、决策与计划

讨论确定拆装转向器所需要的设备、工具。

三、实施

1. 分组拆卸转向器。

2. 总结转向器拆装步骤。

四、检查与评估

1. 检查拆卸安装质量。

2. 请根据自己任务完成的情况，对自己的工作进行自我评估，并提出改进意见。

任务工单 4.7

<table>
<tr><td>任务名称</td><td>4.7 制动摩擦片的更换</td><td>学时</td><td>6</td><td>班 级</td><td></td></tr>
<tr><td>学生姓名</td><td></td><td>学生学号</td><td></td><td>成绩</td><td></td></tr>
<tr><td>任务目的</td><td colspan="5">能分析汽车制动器的类型、组成，能够根据安全、环保技术规定正确更换制动片</td></tr>
<tr><td colspan="6">

一、资讯

1. 根据下图说明盘式制动器的工作原理。

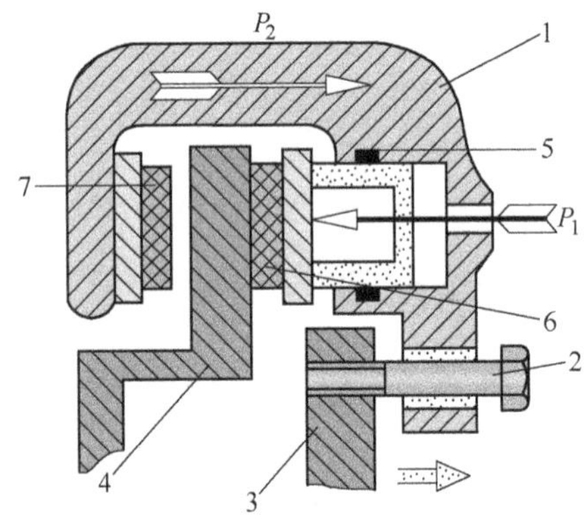

2. 桑塔纳轿车后轮制动器共有哪些固定点？

3. 下面是桑塔纳轿车的前车轮制动器，将各组件名称和功能填入下表。

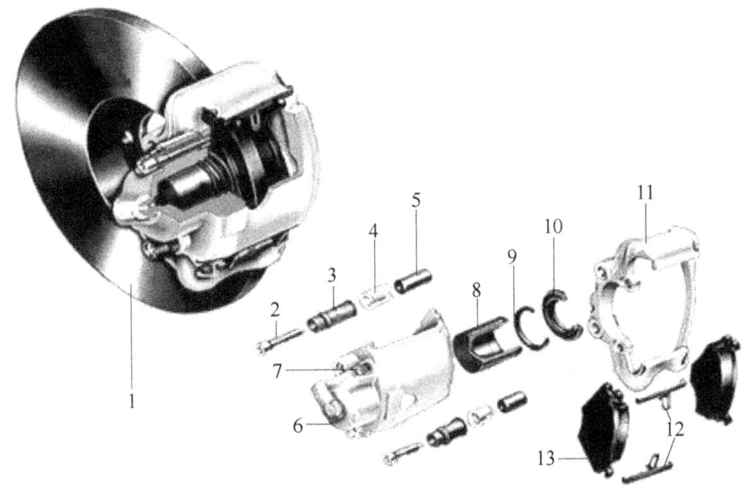

</td></tr>
</table>

序号	名　称	功　　能
1		
2		
3		
4		
5		
6		
7		
8		
9		
10		
11		
12		
13		

二、决策与计划

讨论确定拆装制动器所需要的设备、工具。

三、实施

1. 分组拆装制动器。

2. 总结制动器拆装步骤。

四、检查与评估

1. 检查拆卸安装质量。

2. 请根据自己任务完成的情况，对自己的工作进行自我评估，并提出改进意见。